Regina Fasold

Theodor Storm

Verlag J.B. Metzler
Stuttgart · Weimar

Die Deutsche Bibliothek – CIP-Einheitsaufnahme

Fasold, Regina:

Theodor Storm / Regina Fasold.
Stuttgart ; Weimar : Metzler, 1997
(Sammlung Metzler ; Bd. 304)
ISBN 3-476-10304-8

Gedruckt auf säure- und chlorfreiem, alterungsbeständigem Papier

ISBN 3-476-10304-8
ISSN 0558-3667

SM 304

Einbandgestaltung: Kurt Heger
Satz: Johanna Boy, Brennberg
Druck und Bindung: Franz Spiegel Buch GmbH, Ulm-Jungingen
Printed in Germany

Verlag J.B. Metzler Stuttgart · Weimar

Inhalt

Vorwort VII

I. Biographie 1

1. Kindheit und Schulzeit (1817-1837) 1
2. Studium in Kiel und Berlin (1837-1842) 10
   2.1 Bertha von Buchan 13
3. Husum (1843-1853) 16
   3.1 Die schleswig-holsteinische Erhebung; Storm und die Politik 23
4. Potsdam (1853-1856) 28
5. Heiligenstadt (1856-1864) 35
6. Husum (1864-1880) 46
   6.1 Politische Entwicklungen 46
   6.2 Familiäre Krisen 49
   6.3 Weltanschauliche Entwicklung, künstlerische Krise und Neuansatz 57
7. Hademarschen (1880-1888) 61

II. Werke 66

1. Lyrik 66
   1.1 Überblick über das lyrische Schaffen; Storms Lyrikverständnis 66
   1.2 Persönlichkeitsstruktur und lyrische ›Stimmungen‹ 69
   1.3 Forschungslage zur Lyrik 79
2. Prosa 85
   2.1 Frühe Prosa (1848-1853) 85
      2.1.1 Traditionen und Poetik 85
      2.1.2 Erinnerungsperspektive, der Forschungsstand 93
      2.1.3 *Immensee* (1850) 95
   2.2 Novellistik in Potsdam (1853-1856) 98
   2.3 Heiligenstädter Novellistik (1856-1864) 101
      2.3.1 *Auf dem Staatshof* (1859) 102
      2.3.2 *Im Schloß* (1862), *Veronica* (1861) 105
      2.3.3 *Auf der Universität* (1863) und andere Novellen 107

2.4 Spukgeschichten und Märchen 111
2.5 Späte Novellistik (1867-1888) 116
2.5.1 Der Überblick über das Spätwerk in der Forschungsliteratur (Einführungen und Gesamtdarstellungen) 116
2.5.2 Storms konzeptionelle Überlegungen zu seiner späten Novellistik 121
2.5.3 Von *In St. Jürgen* (1868) bis *Im Nachbarhause links* (1875) 127
2.5.4 *Aquis submersus* (1876) 134
Exkurs: Chroniknovellen 140
2.5.5 *Carsten Curator* (1878), *Der Herr Etatsrat* (1881), *Hans und Heinz Kirch* (1882), *Ein Doppelgänger* (1886) – Der Eltern-Kind-Konflikt in Storms späten Novellen 143
2.5.6 *Der Schimmelreiter* (1888) 152

III. Materialien 168

1. Der handschriftliche Nachlaß 168
2. Gesamtausgaben 169
3. Briefe 171
4. Bibliographische Hilfsmittel, Forschungsberichte 173
4.1 Bibliographische Hilfsmittel 173
4.2 Forschungsberichte 174
5. Biographien 175

Abkürzungsverzeichnis 178

Bibliographie 181
1. Materialien 181
2. Sekundärliteratur 186

Personenegister 218

Angaben zur Autorin 222

Vorwort

Der vorliegende Band baut auf frühere Forschungsberichte auf und berücksichtigt vorrangig die letzten 25 Jahre der wissenschaftlichen Beschäftigung mit Theodor Storm, die hier erstmals resümiert werden. Bestimmte Schwerpunktsetzungen innerhalb der Storm-Forschung der zurückliegenden Jahrzehnte sind jedoch nur verständlich, wenn die Rezeptionsgeschichte des Autors vor und unmittelbar nach 1945 nicht aus dem Blick gerät. Auf der Grundlage der bereits im 19. Jahrhundert beginnenden Herauslösung der Stormtexte aus dem historischen, geistesgeschichtlichen und poetologischen Bezugshorizont, so konstatierte es Vinçon 1973, war letztlich eine partielle faschistische Funktionalisierung des Autors möglich, die u.a. der wichtige Storm-Biograph Franz Stuckert mit zu verantworten hatte. Gerade seine Arbeiten, in den interpretatorischen Teilen nur leicht durch eine existentialistisch anmutende Sicht überformt, prägten noch nach 1945 das Stormbild in ganz entscheidender Weise. Vinçon hatte 1973 aus dieser spezifischen Rezeptionsgeschichte heraus, deren differenzierte Darstellung freilich noch aussteht, seinen rigoros vertretenen ideologiekritischen Ansatz begründet. Auch sonst war die deutsche Wissenschaft – voran die Storm-Gesellschaft und ihr langjähriger Sekretär und nunmehriger Präsident Karl Ernst Laage – seit Ausgang der 60er Jahre dezidiert darum bemüht, Autor und Werk aus dem Kontext von Literatur-, Sozial- und Politgeschichte zu erklären sowie im Zusammenhang mit Entwicklungen in Philosophie, Religionskritik und Naturwissenschaft in der 2. Hälfte des 19. Jahrhunderts zu sehen. Hauptaugenmerk galt dabei den gesellschaftskritischen Potentialen von Lyrik und Novellistik. Die Verdienste Peter Goldammers, der seit den 50er Jahren in der DDR die Stormforschung gleichsam repräsentierte und der die wichtige, über Jahrzehnte neben Kösters Ausgabe für wissenschaftliche Zwecke einzig geeignete Edition der Werke des Autors vorlegte, seien an dieser Stelle besonders hervorgehoben.

Seit den 80er Jahren kann man eine erfreuliche Ausdifferenzierung der Deutungsansätze auch an den Interpretationen der Storm-Novellen beobachten, so daß sich in der Darstellung eine Verknüpfung und synthetisierende Zusammenführung von z.T. recht heterogenen Auffassungen notwendig macht.

Der Band gibt sowohl eine Einführung in die Biographie des Autors als auch einen Überblick über die Werkentwicklung mit den wichtigsten Forschungsresultaten. Jedoch erfolgt damit keine erlebnisästhetische Projektion von biographischen Daten auf die literarischen Texte. Vielmehr soll in den interpretatorischen Passagen des Bandes vor allem auf die Kontinuitäten innerhalb der Werkgenese aufmerksam gemacht werden. In der Novellistik betrifft das die Entfaltung und Variation von Erzähltechnik und Kernmotivik, in der Lyrik die zentralen ›Stimmungen‹. Deshalb bilden die Kapitel zur Poetik von Lyrik und früher Novellistik, Kap. II.1.2. bzw. II.2.1., die in engem Zusammenhang mit Überlegungen zur Persölichkeitsstruktur des Autors entwickelt wurden, Ausgangs- und Bezugspunkt für die Deutungsansätze zu einzelnen Novellen, in deren Mittelpunkt der persönliche Mythos des Autors im Sinne Charles Maurons steht.

Bei der Erörterung des Spätwerks (1864-1888) sind nicht alle der 29, z.T. in ihrer ästhetischen Qualität recht umstrittenen Novellen berücksichtigt worden, sondern im wesentlichen nur jene, die auch in der wissenschaflichen Betrachtung einen Schwerpunkt bilden.

Das Stormbild wurde und wird in diesem Lande sehr wesentlich durch die Deutschlehrer mitgeprägt. Ein spezieller und sehr wichtiger Strang der Rezeptionsgeschichte erforderte deshalb eine gesonderte Untersuchung, die hier nicht geleistet werden konnte: die für Lehrerhandreichungen erarbeiteten interpretatorischen Ansätze und die unterrichtsdidaktischen Empfehlungen. Sie enthalten vor allem im Zusammenhang mit der Novelle *Der Schimmelreiter* hochinteressante und noch auszuwertende Aspekte; immerhin blickt man bei diesem Text mittlerweile auf 70 bis 80 Jahre der Vermittlung in deutschen Schulen zurück.

Die Forschungsliteratur ist in der Bibliographie im Materialienteil zusammengefaßt, geordnet nach der Kapitelgliederung des Buches und innerhalb dieser Gliederung chronologisch nach dem Erscheinungsjahr; nur die Briefwechsel werden alphabetisch nach den Adressaten verzeichnet. Im Text zitierte Literatur, die über den engeren thematischen Rahmen hinausreicht, steht in der Bibliographie am Ende der jeweiligen Kapitel.

Danken möchte ich an dieser Stelle all jenen, die meine Arbeit an diesem Band begleitet haben, im besonderen meinen Freunden und Kollegen Christine und Volker Giel, Michael Masanetz und Elke Richter.

Leipzig, im April 1997 Regina Fasold

I. Biographie

1. Kindheit und Schulzeit (1817-1837)

Unverzichtbar für das Erschließen der Biographie Theodor Storms sind seine autobiographischen Texte im engeren und weiteren Sinne. Man zählt dazu die Skizzen *Aus der Jugendzeit* und *›Aus der Familie <Mummy>‹ Meine Erinnerungen an Eduard Mörike* und *Ferdinand Röse*, die Tagebuchaufzeichnungen, vor allem *›Aus der Studienzeit‹* und *Was der Tag gibt*, (letzteres zuerst umfassend publiziert in LL, Bd.4, S.510-533) und natürlich die Briefzeugnisse. Die fiktive Prosa *Beroliniana* und *Eine Episode aus dem Berliner Studienjahr 1839* sowie die *Zerstreuten Kapitel* wären hinzuzuziehen.

Bei Storms Geburt war Husum ein Landstädtchen von ca. 3500 Einwohnern mit einem versandeten Hafen, der nur noch für die Küstenschiffahrt geeignet war. Über 200 Jahre zurück lag damals der florierende Getreidehandel von Husum nach den Niederlanden und damit die Blütezeit des städtischen Patriziates, aus dem Storms Familie mütterlicherseits stammt. Es ist von Bedeutung, wie Stuckert bereits betonte (1955, S.16), daß Storm ein Leben lang gerade im Bannkreis der Familie der Woldsens und der Feddersens (Familie seiner Großmutter) blieb. Die Familie väterlicherseits dagegen, die über viele Generationen als Erbpachtmüller im schleswigschen Dorfe Westermühlen nahe Rendsburg lebte, erhält in Storms Aufzeichnungen bei weitem nicht das Gewicht, sieht man von der Erinnerung an die Sommeraufenthalte auf dem Lande ab (LL, Bd.4, S.421-424). Die mütterliche Generationsreihe dagegen benutzte Storm, der später mit Recht seine liberale bzw. demokratische Gesinnung betonte, gleichsam wie ein Aristokrat seine Ahnengalerie. Angefangen von dem mythisierten Ursprung der Woldsen-Familie (»Im siebzehnten Jahrhundert kam auf einem Halligenschiff Einer ans Festland nach der Stadt Husum an der Westküste Schleswigs geschwommen; der hieß *Wold*«, LL, Bd.4, S.415), über den Höhepunkt ihrer Geschichte, verkörpert in Friedrich Woldsen, dem Urgroßvater des Dichters, der der letzte große Kauffahrer Husums gewesen sein soll und jährlich einen Marschochsen für die Armen schlachten ließ, bis hin zu der Familiengruft, in der sich der Dichter bestatten ließ, sind dies Elemente einer Familienlegende, in der sich Storm selbst einen letzten Platz zugewiesen hat.

Am 14. September 1817 als ältester Sohn Johann Casimir Storms (1790-1874) und dessen Frau Lucie (1797-1879) geboren, erhielt er in der Taufe den Namen Hans Theodor Woldsen Storm. Woldsen deshalb, weil die Familie mütterlicherseits keinen männlichen Nachkommen mehr besaß (die drei Brüder der Lucie Woldsen starben bereits in frühem Kindesalter). Als das Kind in einem bescheidenen Bürgerhaus am Markt 9 das Licht der Welt erblickte, war der Rechtsanwalt Johann Casimir Storm mit seiner Frau gerade ein Jahr verheiratet; in ihrer Ehe wurden sechs weitere Kinder geboren (nicht gerechnet die Totgeburten), und Theodor hat noch mit 16 Jahren die Geburt seines Bruders Aemil erlebt. Storm hatte als Junge nicht nur engen Kontakt zu seinen Großeltern, Magdalena und Simon Woldsen, die in einem respektablen Bürgerhaus in der Hohlen Gasse 3 wohnten (1820, nach dem Tod des Großvaters übersiedelten die Storms aus dem Haus Neustadt 56 dorthin), sondern bis 1829 lebte auch noch seine Urgroßmutter, Elsabe Feddersen, zu der man sonntags zur Kaffeetafel ging. Sie bewohnte ein Haus an der Schifferbrücke und besaß nicht weit davon einen Garten, der zu den liebsten Kindheitsorten Storms zählt (vgl. dazu Laage, 1978, S.61-69) und den er in verschieden Dichtungen, so z.B. in *Im Sonnenschein*, beschrieben hat. Vor allem sind es die Häuser der Vorfahren mit ihren Räumen voller Urgroßväter-Hausrat, die Storm vor Augen führten, in einer Tradition zu stehen, die Respektabilität und Solidität aus sicherem Besitz ableitete, Ehrenhaftigkeit aus selbstverständlichem gemeinnützigem Tun für die Stadt. Aber nicht nur die Vorfahren vermittelten ihm das Gefühl einer ungebrochenen, sicheren Wertewelt, die über bewegende politische Umbrüche hinaus Geltung haben sollte. Auch Storms Vater selbst, der sich erst 1815 in Husum ansiedelte, war eine der angesehensten Persönlichkeiten der Stadt, »wegen seiner Tüchtigkeit und Rechtschaffenheit sowie wegen der Bescheidenheit, womit er seine Anfodrungen für die Bemühungen seines Berufes stellte[,] im ganzen Lande geachtet« (LL, Bd.4, S.429). Er bekleidete das Amt des Sekretärs der schleswig-holsteinischen Ständeversammlung, war Mitglied der beratenden Stände für das Herzogtum Schleswig und hatte zudem verschiedene Verwaltungsämter inne, die Storm in seinen autobiographischen Aufzeichnungen benennt (vgl. LL, Bd.4, S.429). Der kleinstädtische Horizont sollte freilich nicht aus dem Blick geraten, innerhalb dessen sich Denken und Tun von Storms Vater vollzog, um nicht Gefahr zu laufen, Storms Familienmilieu mit dem des Lübecker Senatorssohns Thomas Mann gleichzusetzen – vor allem Bollenbeck verweist auf diese notwendige Differenzierung (Bollenbeck, 1991, S.31ff.). Die Bedeutung jedoch, die diese ungebrochene Familientradition in dem sonst so fragilen Selbstwertempfinden Storms gewinnen konnte, ist durchaus mit der Wirkung großbürgerlichen Standesbewußtseins in der Persönlichkeitsstruktur Manns vergleichbar. Für die depressiven Unsicherheiten, die enorme Reizbarkeit und Impulsivität, die ganze Frauenhaftigkeit von Storms späterem Charakter hat das strenge, auch rationalistisch-nüchterne Werteempfinden der Familie, in dessen Zentrum das Gefühl der Selbstverantwortlichkeit stand, stets ein starkes Gegengewicht gebildet. Storm widmete nicht von ungefähr den Familienhäusern in Husum eine Vielzahl von Beschreibungen in seinen Novellen (vgl. auch die autobiographischen *Zerstreuten Kapitel*, besonders *Von heut' und ehedem 3* bzw. *4*). Seine Raumcharakteristika vermitteln allerdings neben dem sichernden und identitätsstiftenden »Gefühl des Zusammenhanges mit einer großen Sippschaft« (LL, Bd.4, S.211) auch ein geradezu gegenteiliges Erlebnis, das für Storm so charakteristische beunruhigende Vergänglichkeitsempfinden. Seine Imaginationskraft bindet sich in den Räumen an tote Dinge, die für ihn mit großer Macht in das einst Lebendige hinabreichen und die ihm so auch zu Zeichen der Geschichte als Verfallsgeschichte werden, an dessen Ende er einsam zu stehen scheint. Man befindet sich hier bereits in einem zentralen Spannungsfeld der gesamten späteren Stormschen Dichtung (zum Motiv von Raum und Haus, zuletzt: Perraudin, 1994; über die literarisch interessanten Veränderungen, die Storm an dem mehrmals in den Novellen beschriebenen Urgroßmutterhaus am Hafen vornimmt, vgl. Laage, 1985, S. 43-55).

Storm war von Geburt dänischer Staatsbürger. Schleswig und Holstein gehörten als selbständige Herzogtümer seit 1773 zum dänischen Staat, Holstein daneben aber auch ab 1815 zum Deutschen Bund, als Ganzes waren die Fürstentümer seit dem Ripener Vertrag von 1460 zudem unteilbar. Diese Sonderstellung sollte mit dem Beginn nationalliberaler Bestrebungen in Deutschland und Dänemark zu politischen Auseinandersetzungen europäischen Ausmaßes führen. Zunächst kann aber konstatiert werden: Storms Kindheit und erste Jugendzeit fiel in die »praktisch unpolitische Zeit« (LL, Bd.4, S.436) nach der napoleonischen Ära und ist durch keine gesellschaftlich-politischen Konfikte im Lande gestört worden; erst der junge Advokat wird mit der patriotischen Bewegung in Schleswig-Holstein konfrontiert.

Zugleich war es eine Zeit allgemeiner wirtschaftlicher Stagnation. Der dänische Staatsbankrott 1813 brachte es mit sich, daß es für kommunale Bauten keinerlei Gelder gab – »nach Flensburg mahlten die Wagenräder viele Stunden lang im tiefsten Sande« (LL, Bd. 4, S.432). Durch den einsetzenden Preisverfall von Landbesitz schien die Stadt auf Dauer in ihrer Provinzialität und die bürgerliche Oberschicht in ihrem bescheidenen, über Generationen gepflegten Lebensstil zu verharren. Das sind durchaus Voraussetzungen, die den Rahmen für eine unbeschwerte Kindheit abzugeben vermögen. Storm spricht auch in seinen Erinnerungen stets von den großen Freiheiten, die ihm gewährt wurden, von wenig Erziehung und Reglementierungen im häuslichen und schulisch-religiösen Bereich. Glückhafte Kindheitserlebnisse zentrieren sich aber auffällig um Örtlichkeiten, in denen ein einsames Kind starke Daseinsempfindungen erfährt: »[...] durch die Heide, die damals noch zwischen Husum und einem Dorfe lag [...]«, sei er tief beeindruckt worden, »durch den einsamen Garten meiner Urgroßmutter, durch den mit alten Bildern bedeckten ›Rittersaal‹ des Husumer Schlosses etc., auch durch die Marsch, die sich dicht an die Stadt schließt, und das Meer, namentlich den bei Ebbe so großartig öden Strand der Nordsee.« (An Emil Kuh, 13. August 1873, GB, Bd.2, S.68). Einsam war Storm als Kind aber durchaus nicht: die Geschwisterschar, Hausangestellte, die Großmutter, Spielkameraden aus der Nachbarschaft und Verwandte aller Grade zu Familienfesten und -besuchen bevölkerten den großen Haushalt in der Hohlen Gasse. Und doch bleiben die Schilderungen von Menschen aus dieser Zeit häufig anekdotisch, die Versuche, die Eltern, vor allem die Mutter zu porträtieren, eigentümlich schemenhaft.

Den Vater beschreibt Storm als einen Mann »von heftigem Temperament und der tiefsten Innigkeit des Gemütes, die er gern verbirgt und unterdrückt« (An Emil Kuh, 13. August 1873, GB, Bd.2, S.64). Johann Casimir Storm war offenbar häufig unausgeglichen und dabei humorlos und hat, wie Storm an gleicher Stelle betont, »das Leben immer nur durch Arbeit und resigniertes Zusammenraffen überwinden können« (ebd., S.66). Unter diesem Charakter hatte die Familie, namentlich die Mutter, wie ein Brief Storms an seine Braut Constanze belegt, nicht selten zu leiden (vgl. An Constanze Esmarch [15. Juni 1844]; auffällig ist auch die große Abneigung dieses Mannes gegenüber der weiblichen Verwandtschaft, besonders gegenüber seinen Schwiegertöchtern, vgl. An Hermann Schnee, 14. Juli 1859, Goldammer, 1996, S.9 bzw. An Hans, 23. August 1869, Stargardt, S.17). Storm blieb bis weit in das reife Mannesalter finanziell von seinem Vater abhängig und hat sich zudem in entscheidenden Lebenssituationen der Autorität dieses Patriarchen nicht entziehen können. Jackson zitiert einen bisher unveröffentlichten Brief Storms an Constanze Esmarch, in dem noch härtere Worte fallen: »Mit einem Wort, im Herzensgrunde sind wir uns gegenseitig so recht durch und durch zuwider. Daß ich mich in der Nähe eines solchen Mannes, zumal ich von ihm abhänge und ihm daher unterordnen muß, unbehaglich fühle, ja daß ich nie rein gestimmt sein konnte, ist leicht begreiflich.« (Jackson, 1992, S.41; vgl. zum Vaterbild Storms auch Jackson, 1992, S.17ff.). Für seine Mutter findet Storm eigentlich nur die Charakteristik eines guten, klaren Verstandes und einer jugendlichen Frische der Seele. Gegenüber seiner Braut war er da wiederum viel offener: »[...] daß Vater nicht bei seiner Frau sein mag ist begreiflich, denn Mutter ist bis zum Exceß langweilig [...]« (Jackson, 1992, S.40). Im Rückblick spricht er ohne Klage von seinem eher nüchtern-distanzierten Verhältnis zu den Eltern: »Ein nahes Verhältnis fand während meiner Jugend zwischen mir und meinen Eltern nicht statt; ich entsinne mich nicht, daß ich derzeit jemals von ihnen umarmt oder gar geküßt worden.« Und fügt gleichsam entschuldigend hinzu: »Wir im Norden gehen überhaupt nicht oft über den Händedruck hinaus«, um mit einem Satz zu schließen, der bei dem Dichter der Heimatsehnsucht par exellence seltsam erscheint und deshalb verräterisch ist: »Was Heimweh sei, habe ich nie empfunden.«(An Emil Kuh, 13. August 1873, GB, Bd.2, S.68). Daß Storm seine Eltern aus dem ihm so wohlbekannten Gefühlskomplex Heimweh ausschloß und – auch im erwähnten Brief – an ihre Stelle die bereits zitierten Örtlichkeiten setzt, die er später zum Zielpunkt seiner Sehnsüchte macht, deutet auf eine Ersatzbildung hin, die ihre Wurzel in der mangelnden Zuwendung seiner Eltern haben könnte. Leider gibt es nur einige wenige Quellen, zudem späte Erinnerungen des Autors, welche die problematische, für die damalige Zeit jedoch durchaus nicht unübliche oder gar hartherzige Eltern-Kind-Beziehung belegen (vgl. dazu Bollenbeck, 1991, S.35ff.). Die psychoanalytischen Arbeiten von Hansen (1977, zu den Märchen), von G. Kaiser (1981, zu *Aquis submersus*) und Roebling (1983, zu einer biographischen Konstante in Storms Prosawerk) verweisen in diesem Zusammenhang auf einen Brief an Paul Heyse vom 27. März 1883, in dem Storm sich aus der Furcht heraus, der Freund könnte ihn verlassen, an ein Ereignis aus der Kindheit erinnert (übrigens hatte diese Erinnerung für Storm wohl einen besonderen Wert; er ließ nämlich von diesem Brief an Heyse eine Abschrift anfertigen, die sich in den Tagebuchaufzeichnungen *Was der Tag gibt. 1882-1883* wiederfindet, vgl. LL, Bd.4, S.522f.): Die vielbeschäftigte Mutter hatte ihrem Ältesten in seinen spielerischen Bedürfnissen wider Erwarten viel Zeit gewidmet und ihm für seine selbstgebaute Jahrmarktsbude in Kisten und Kasten des Hauses bunte Lappen zusammengesucht:

»Es war eine gute Mutter, meine Mutter; aber sie hatte doch gegen die allzu überschwangliche Güte meiner Großmutter (*ihrer* Mutter) in gewisser Weise Stellung genommen; und daher wurde ich von dieser so augenblicklichen und Alles übersteigenden Erfüllung meiner Wünsche ganz betäubt in meinem Kindskopfe. Tagsüber,[...], vergaß ich zwar darum; aber als ich Abends oben allein in meinem Trallenbette lag, überkam es mich wieder: Diese unerhörte Güte mußte eine ganz bestimmte Ursache haben; was konnte es sein? Und als ich weiter grübelte, hatte ich es endlich herausgefunden: meine Mutter wollte mich ermorden! Ein Entsetzen überfiel mich, und als meine Großmutter, wohl um, wie sie pflegte, noch einmal nach mir zu sehen, in die Stube kam, fand sie mich in Todesangst und Thränen über mein erbärmliches Geschick.« (An Paul Heyse, 27. März, 1883, H, Bd.3, S.46)

Irmgard Roebling (1983, besonders S.107 ff., Bollenbeck schließt sich ihr hierin an, 1991, S.38f.) folgert aus dieser Erinnerung und den Verlassensängsten des erwachsenen Mannes, daß Storm unter dem kühl-distanzierten, unempathischen Wesen seiner Mutter gelitten und für sein Zuwendungsverlangen nach Ersatz'objekten' gesucht habe. Mit einer zweiten Erinnerungsszene, die sich um die Geburt einer Schwester rankt (vgl. *Aus der Jugendzeit <4>*), versuchte Roebling nachzuweisen, daß Storms Liebesbedürfnis schließlich in seiner Schwesterbindung Erfüllung fand. Storm hat wiederholt in Brief und Gedicht von einer »sehr geliebte[n] Schwester« Lucie (1822-1829) gesprochen (LL, Bd.4, S.470) und erwähnt, daß ihr früher Tod sein erstes Gedicht veranlaßt habe. Auch ist in diesem Zusammenhang die frühe Prosaskizze Storms, *Celeste* (E: LL, Bd.4, S.265-268) zu erwähnen, die u.E. (vgl. auch Jackson, 1992, S.21) neben dem 1853 entstandenen Gedicht *»Geschwisterblut«* und der späten Novelle *Eekenhof* von 1879 die klarsten Aussagen Storms zum Inzest enthält (vgl. auch Kap. I.2.1.). Seine Fixierung an das im Kindesalter verstorbene Mädchen könnte nicht nur die spätere erotische Faszination durch kindhafte Frauen erklären, sondern auch die Ausbildung so charakteristischer Werkkonstanten wie die der unglücklichen Liebe eines geschwisterähnlichen Paares (vgl. Roebling, 1983; bereits Walther Herrmann, 1953, verwies auf das so auffällige Motiv der »Kinderliebe« bei Storm, angefangen bei *Immensee* bis hin zur Fragment gebliebenen *Die Armesünder-Glocke*). Wir nehmen darüber hinaus an, daß das Szenarium der frühen Konflikte in noch umfassenderer Weise Storms Textwelt beeinflußt hat. Der Erwachsene, vor allem der junge Mann in der Bräutigamszeit, offenbart in den Briefen deutliche Symptome einer narzißtischen Persönlichkeitsstörung – Verlassensängste in Einheit mit heftigen Zuwendungs- und Spiegelungsbedürfnissen, ein Schwanken zwischen Größenphantasien und Nichtigkeitsempfinden, Regressionsneigungen etc., die mit seiner kreativen Matrix engstens verbunden sind. Die narzißtische Psychopathologie entsteht aber gerade, so die Ergebnisse der neueren psychiatrischen Forschung, »in der Folge einer unempathischen, vernachlässigenden und/oder abwertenden Erziehung des Kindes« (vgl. Fiedler, 2. überarb. u. erw. Aufl. 1995, S.285), vor allem aber in der Beziehung zu einer Mutter, »die äußerlich gesehen ›gut funktioniert‹ und für ›geordnete Verhältnisse‹ sorgt, aber alles mit einem gewissen Zug von Härte, Indifferenz und unausgesprochener mürrischer Aggression« (Kernberg, 7. Aufl. 1993, S.270). Aus dieser frustrierenden Situation heraus ist es möglich, daß ein Kind kompensatorische Lebenstechniken entwickelt, die an eine frühzeitig vorhandene besondere Begabung gebunden sein können, eine Fähigkeit, welche objektiv dazu geignet ist, »Bewunderung, aber auch Neid zu erwecken« (ebd., S.270; Kernberg, 2. Aufl. 1989, beschreibt u.a. S.280f. ausführlich die Symptomatik der narzißtischen Persönlichkeit, die um ein pathologisches Größen-Selbst zentriert ist. Zum Verhältnis der psychischen Disposition Storms zu seinen lyrischen Grundstimmungen vgl. aber vor allem Kap. II.1.2.).

Storm erwähnt im Zusammenhang mit der erinnernden Suche nach den »Sternen«, die über seiner Kindheit standen (LL, Bd.4, S.177), eine Art ›Ersatzmutter‹: Lena Wies (1797-1868), eine ledige Bäckerstochter aus der Nachbarschaft, die eigentlich Sophia Magdalena Jürgens hieß. Ihr, und nicht den Eltern, widmet er noch im reifen Mannesalter ein Porträt (unter dem Titel *Lena Wies. Ein Gedenkblatt,* E: »Deutsche Jugend« 1873). Sie war eine große Märchenerzählerin, und die Art ihres Vortrags, »in gedämpftem Ton, mit einer andachtsvollen Feierlichkeit« (ebd., S.180), nimmt Storms eigenes mündliches Erzählen vorweg. Vor allem aber hatte er bei den Bäckersleuten »das sichere Gefühl, der Liebling des Hauses zu sein« (ebd., S.179), ein Gefühl, das in der eigenen Familie nicht aufkommen wollte. Storm betont in diesem Erinnerungsbild zudem die Skepsis der klugen Frau gegenüber Religion und Kirche. Diese im Rückblick als vorbildhaft begriffene Haltung zum christlichen Glauben wird bei ihm ergänzt durch die diesbezügliche Indifferenz im rationalistisch-nüchternen Elternhaus. In eigentümlichem Kontrast dazu steht die große und bis ins Alter andauernde Faszination Storms durch Spukerscheinungen und Vorgesichte aller Art – in der Beschreibung des dunklen Weges zu seiner Scheherezade Lena Wies erwähnt er auch das schaurig-schöne Gruselgefühl, das ihn offenbar häufig auf diesen abendlichen Wanderungen ergriff (vgl. ebd., S.175).

Storms Ausbildung begann recht früh, in seinem 4. Lebensjahr, in einer Art Vorschule und wurde ab seinem 9. Lebensjahr in der

Husumer Gelehrtenschule fortgesetzt, die ihre Schüler für die Universität vorbereitete (zum Schulsystem, vgl. Jackson, 1992, S.27f.). Von strenger Erziehung kann keine Rede sein – der früheste überlieferte Brief Theodor Storms vom 9. Dezember 1833, gerichtet an seinen Vetter Friedrich Gustav Stuhr (vgl. Laage, 1980), schildert in übermütigem Ton das höchst despektierliche Betragen der Schüler gegenüber einem neuen Lehrer. Auch daß man hier über Tage unbemerkt dem Unterricht fernbleiben konnte, spricht von dem nicht allzu strengen Reglement an der ältesten höheren Bildungsanstalt Schleswig-Holsteins. Die Hälfte der 26 Wochenstunden in den beiden oberen Klassen nahmen die alten Sprachen ein. Die deutsche Literatur dagegen war nur spärlich vertreten. »Unseren Schiller kannten wir wohl; aber Uhland hielt ich noch als Primaner für einen mittelalterlichen Minnesänger, und von den Romantikern hatte ich noch nichts gesehen als einmal Ludwig Tieck's Porträt auf dem Umschlage eines Schreibbuches. – Nichtsdestoweniger dichtete ich den ›Mattathias‹.« (LL, Bd.4, S.166). »Mattathias, der Befreier der Juden« ist Storms nicht erhaltener versifizierter Beitrag zu der alljährlich im Husumer Rathaus stattfindenden ›Redefeierlichkeit‹ der Gelehrtenschule, eine öffentliche Vorführung, bestehend aus den rhetorischen Künsten der oberen Gymnasialklassen sowie Ansprachen der Lehrer. Von der Dichtung Storms existieren in der Erinnerung seines Verfassers nur noch die ersten und letzten Zeilen sowie das Hochgefühl, das ihn ergriff, als ihm der Rektor das Manuskript ohne Korrektur lächelnd mit den Worten zurückgab, er selbst sei kein Dichter. »Ich will nicht leugnen, es überrieselte mich so etwas von einer exklusiven Lebensstellung, und ich mag in jenem Augenblick meinen Knabenkopf wohl um einige Linien höher getragen haben.« (LL, Bd.4, S. 165). Damit war Storms Kindheit in Husum beendet. Johann Casimir ließ nun die Kenntnisse seines Ältesten noch auf einer zweiten Schule vervollständigen; er schickte ihn im Herbst 1835 nach Lübeck auf das Katharineum, das auch Thomas Mann später absolvieren wird.

An dieser angesehenen Bildungsanstalt wirkten hervorragende, für ihren Beruf enthusiasmierte Lehrer, so der damalige Direktor Friedrich Jacob (1892-1854), der in der Prima Religion und Latein gab, sowie Johannes Classen (1805-1891), der Griechisch und Deutsch unterrichtete. Die Ansprüche lagen hier weit über denen der Husumer Gelehrtenschule, aber Storm hat sich diesem höheren Niveau durchaus zu stellen gewußt: Er rangierte mit seinen Leistungen im guten Mittelfeld, nahm unter 27 Schülern den 11. Platz ein. Seinem Lehrer Classen, der mit den Schülern auch außerhalb des Unterrichts deutsche Dramen las und diskutierte, blieb Storm bis ins Alter dankbar verbunden. Ausführlich nachzulesen über eine der »edelsten Pflegestätten des Neuhumanismus in Deutschland« (Stukkert, 1955, S.28) ist bei Stuckert, G. Storm (mit zeitgenössischen Stimmen zu den Lehrern, G. Storm, Bd.1, 1912, S. 102-106) bzw. Böttger (Böttger, [1959], S. 31 ff.). Die Vorbildlichkeit der antiken Sprachen und Literatur, die das humanistische Gymnasium hier vermittelte, hat im späteren Dichter – keineswegs zu seinem Nachteil – erstaunlich wenig nachgewirkt. Das klassische Formenspiel blieb Storm, anders als seinem lyrischen Antipoden, Emanuel Geibel (1815-1884), ein Leben lang fremd. Geibel, um zwei Jahre älter als Storm, hatte das Katharineum bereits 1835 verlassen, verbrachte aber die Sommermonate in seiner Heimatstadt Lübeck und galt bereits damals in den auch von Storm besuchten Familien als hochbegabter, vielversprechender Lyriker. Ausführlich dokumentiert und bewertet hat jüngst Hans-Henrik Krummacher (1991) die Beziehung Storms zu seinem späteren Konkurrenten um den Titel des ›letzten deutschen Lyrikers‹ (vgl. an Ferdinand Tönnies, 26. Dezember 1884, GB, Bd.2, S.313). Krummacher hat dabei nicht nur die berechtigten literarischen Urteile Storms über den weitaus erfolgreicheren Geibel neu kommentiert, dem »die Naivität«, »die Tiefe der Unmittelbarkeit« bei aller Formvollendung gefehlt habe (An Alfred Biese, November 1884, Borst, 1932, S.60). Er verweist in diesem Zusammenhang auch auf eine tiefe Kränkung Storms, auf ein »Gefühl ungerechter Vernichtung, das er lange nicht verwinden konnte« (Pietsch, 1868/69, S.102), nachdem Geibel mit ironischer Überlegenheit über erste lyrische Versuche des Jüngeren im Beisein von Kommilitonen geurteilt hatte. Dies wirft ein Licht auf Storms überaus leichte Kränkbarkeit, von der zu sprechen sein wird (vgl. Kap. II.1.2.). Noch in seiner Tischrede zum 70. Geburtstag wird er zur Verwunderung aller mit offenbar nie überwundenem Ressentiment heftig beklagen, ein Leben lang gegenüber Geibel literarisch zurückgestellt worden zu sein (vgl. Jensen, 1899/1900; vgl. in diesem Zusammenhang auch die interessante Studie von Selbmann, 1996, der als Folie für das von Storm selbst so überaus geschätzte *»Oktoberlied«* das Gedicht *»Hoffnung«* von Geibel entdeckt).

Einen wirklichen Freund und künstlerischen Anreger fand Storm aber in dem Lübecker Kaufmannssohn und Geibel-Freund Ferdinand Röse (1815-1859); ihn porträtiert Storm noch 1886 und widmete ihm dankbare Erinnerungen (unter dem Titel *Ferdinand Röse*, E: GW, Bd.4, S.525-531). Röse, zwei Jahre älter als Storm, führte ihn in die zeitgenössische deutsche Literatur ein. Er las mit ihm Goethes *Faust*, Lyrik von Eichendorff und Uhland und vor allem Heines *Buch der Lieder, das* Initialerlebnis des zukünftigen Lyrikers Storm schlechthin. Aber nicht den Ironiker Heine, der die Gefühlswelt zersetzt, schätzte Storm, sondern den Meister des »Stimmungsgedichts«, des Schlicht-Liedhaften: »Er, wie wenig Andere«, so bekennt Storm 1859 in der Vorrede zu den *Deutschen Liebesliedern seit Johann Christian Günther*, »hat gezeigt, was die einfachsten Worte vermögen, sobald nur die rhythmische Weise dazu gefunden ist [...]« (LL, Bd.4, S.382). Röse erschien dem Provinzler Storm damals intellektuell und künstlerisch überlegen. Bereits 1834 hatte jener zusammen mit Geibel Beiträge zu Chamissos »Musenalmanach« geliefert und arbeitete zum Zeitpunkt von Storms Lübecker Aufenthalt an einem großen Drama *Ahasver*. Seine berechtigten Hoffnungen auf eine bedeutende Gelehrten- und Künstlerlaufbahn wurden jedoch später nicht erfüllt; es ist bekannt, daß er u.a. noch ab 1844 an dem Volkskalender »Der deutsche Pilger durch die Welt« mitwirkte sowie eine Individualitäts-Philosophie entwickelte, deren ersten Band Storm noch gekannt hat (vgl. LL, Bd. 4, S. 942-948). Für die Untersuchung der weltanschaulichen Entwicklung des jungen Storm bzw. des Zeitgeistes dieser Generation wäre eine Kenntnisnahme der Röseschen Arbeiten (sofern sie noch verfügbar sind) sicherlich sehr wertvoll. Röse bleibt vor allem der künstlerische Anreger Storms und ein erster, strenger Kritiker der frühen Gedichte. Mit Röse zusammen besuchte der Primaner auch die Familie des Kaufmanns und schwedischen Konsuls Nölting in Lübeck. Frau Nölting gab literarisch-musikalische Gesellschaften, wo Emanuel Geibel als erklärter Liebling auftrat. Auch Storm hatte hier erstmals Gelegenheit, eigene Gedichte vorzutragen und mit der Gastgeberin zu musizieren. Diese Art von kunstinteressierter Geselligkeit bildet das Vorbild für Storms späteres Familienleben in Husum und Heiligenstadt.

Mit einer Prüfungsarbeit in lateinischer Sprache schloß Storm Ostern 1837 das Gymnasium in Lübeck ab. Der deutsche Titel seines Aufsatzes lautet: »Aus welchen Gründen unter der Regierung Philipp II. die Macht und das Ansehen Spaniens verfielen«.

2. Studium in Kiel und Berlin (1837-1842)

Ab 20. April 1837 studierte Storm an der Landesuniversität Schleswig-Holsteins in Kiel Jura. Offenbar fügte sich Storm mit der Studien- und Berufswahl widerspruchslos den väterlichen Wünschen : »Weshalb ich mich der Jurisprudenz ergab? Es ist das Studium, das man ohne besondere Neigung studieren kann; auch war mein Vater ja Jurist.« (An Emil Kuh, 21. August 1873, GB, Bd.2, S.69). Hervorzuheben ist für diese Entwicklungsphase mit Bollenbeck (1991,

S.49), daß der außerhalb seines Jurastudiums wenig Interessen zeigende junge Mann (Geschichte, Philosophie etc. wären naheliegend) nunmehr deutlich zur »ästhetisch-künstlerische[n] Wirklichkeitsaneignung« (Bollenbeck, 1991, S.49) neigte und, so wäre zu ergänzen, zu einem selbstverliebten Sich-Versenken in die eigene Gefühlswelt. Dies führte dazu, wie seine Aufzeichnungen *›Aus der Studienzeit‹* nachvollziehbar machen, daß er sich von der in Kiel vorgefundenen, profanen Korps-Studentenschaft indigniert abwendete und sich in die Imaginationen seiner schmerzlichen Sehnsüchte zurückzog:

»Ein ungestilltes, ein nie zu stillendes Sehnen nach einem unbekannten Etwas, dies unglückliche Sehnen hält mich gefesselt. – Was will ich? Wohin will ich? – Ich trage in mir ein Streben, aber kein Ziel. Oder ist mir das Ziel wohl bekannt, aber nicht was hinter dem Ziel liegt, das große, schreckliche Ende.« (LL, Bd.4, S.495f.). Daß es sich bei dem »Ziel« natürlicherweise um ein sexuelles handelt, wäre nicht weiter erwähnenswert, wenn nicht bereits in diesen frühen Tagebuchaufzeichnungen Storms Liebessehnsüchte Todesgedanken aufrufen und sich zudem aufs stärkste mit Raumbildern verbinden würden: Seine Sehnsucht gilt »auf dem Wege nach Düsternbrook« einem Gartenhäuschen, genauer dessen mit dichtem Geißblatt umrankten und von einer dunkelroten Gardine halb verhängten Fenster, hinter dem er sich eine »schöne, schlanke Jungfrau« phantasiert (ebd., S.496).

In den Semesterferien 1837, am 3. Oktober, verlobte sich Storm mit der 17jährigen Emma Kühl aus Föhr, einer Freundin seiner Schwester Helene, in die er breits als 12jähriger Junge verliebt gewesen war, wie er seiner Braut Constanze am 11. Juni 1844 bekennen wird. Er erschrak aber noch am gleichen Tag vor dieser Bindung und zog sich zurück; d.h., er schrieb dem Mädchen monatelang nicht. Am 28. Februar 1838 löste sie »mit dem Rechte einer Schwergekränkten« die Verlobung (An Constanze Esmarch, 11. Juni 1844, BB, S.38). Parallel zu dieser Episode baute sich aber bereits Storms Beziehung zu dem ›Kinde‹ Bertha von Buchan aus Altona auf.

Im Frühjahr 1838 folgte Storm zunächst seinem Freund Röse auf die Berliner Universität. Obwohl er dort bei Karl von Savigny Römisches Recht, bei dem Hegelianer Eduard Gans Naturrecht und bei Homeyer Privatrecht hörte, bleiben in seinen Erinnerungen an die Berliner Semester »nur eine[r] Tour nach dem Grunewald [...] und einige[r] Theaterabende« lebendig (LL, Bd.4, S.445). Auch die literarischen Skizzen unter dem Titel *Beroliniana* (erstmals gedruckt in ebd., S.448-466), die im heineschen Reisebildstil gehalten und vermutlich die früheste fiktive Prosa Storms sind (vgl. ebd., S.948), bzw. die Stammbucheintragung für seinen Berliner Bekannten Theodor Wagner (ebd., S.466-469), bezeugen das eher harmlos-gesellige Treiben der Kommilitonen: Ausflüge, Theater- und Kneipenabende, aber auch eigene kleine Theaterinszenierungen. Zum Freundeskreis zählten in Berlin neben Röse der spätere Professor am Katharineum, Wilhelm Mantels, der Maler Theodor Wagner, Markus Niebuhr, welcher beim preußischen König Friedrich Wilhelm IV. Kabinettsrat wurde, und der spätere Shakespeare-Forscher Nikolaus Delius (vgl. dazu Laage, 6. erw. u. überarb. Aufl. 1993, S.15). In Kontakt zur Literaten- und Künstlerszene Berlins gelangte Storm zu diesem Zeitpunkt nicht, wie er später bedauernd bekennt (An Hans, 28. Dezember 1867, BK, S.45).

Im Herbst 1839 ist Storm wieder in Kiel. In den darauffolgenden drei Jahren bis zu seinem Examen Mitte Oktober 1842 fand er hier Studenten unterschiedlicher Studienrichtungen wie die Juristen Lütkens und Lüders, den Mediziner Noodt, den Philologen Klander, den Theologen Koopmann (später Bischof von Holstein), die eines gemeinsam hatten, das lebhafte Interesse für die deutsche Literatur. Im Mittelpunkt des lockeren Freundeskreises standen die Brüder Mommsen, Theodor, der spätere berühmte Historiker, und Tycho (1819-1900), nachmals Altphilologe und Gymnasiallehrer. Vor allem Theodor Mommsen (1817-1903) war ein allen geistigen Erscheinungen seiner Zeit aktiv zugewandter junger Mann. Er entdeckte für die ›Clique‹ Eduard Mörike, er initiierte offenbar das Gruppenprojekt, die Sammlung von Sagen und Märchen aus den Herzogtümern (ab 1841), und weckte in Storm erstmals das Bewußtsein, Schleswig-Holsteiner zu sein und in einem lebendigen historischen Prozeß zu stehen. Auch bei der zweiten, erst nach Storms Weggang aus Kiel begonnenen gemeinsamen Arbeit, dem *Liederbuch dreier Freunde* (E: Kiel 1843), das den Ertrag ihrer lyrischen Versuche enthält, war Theodor Mommsen der Redakteur und zugleich scharfe Kritiker der aufzunehmenden Gedichte. Jackson (1992, S.32f.) nimmt an, daß Storm durch Mommsen auch erstmals in Berührung mit jungdeutschen und junghegelianischen Ideen kam. Über die persönlichen Beziehungen der ›Freunde‹, die sich niemals duzten, gibt vor allem Hans-Erich Teitge im Vorwort zu *Theodor Storms Briefwechsel mit Theodor Mommsen* von 1966 Auskunft sowie Minna K. Altmann 1980 (vgl. auch Kap. II.1.2.). Für die Mommsens war und blieb Theodor Storm offenbar vor allem ein verweichlichter, eitler Poet mit einigem Talent, dem es aber gänzlich an Zielstrebigkeit und Selbstkontrolle gemangelt habe. Sie sind beide in der Charakterisierung ihres ehemaligen Kommilitonen nicht zimperlich. Storm dagegen hat Theodor Mommsen wirklich geschätzt, ihn sehr vermißt, als er von Kiel wegging, und über ein ganzes Leben hin immer wieder um dessen menschliche Zuneigung geworben (vgl. Altmann, 1980, S.47). Mommsen jedenfalls, der 1844 kurz vor seiner großen Italienreise stand, traute Storm nicht zu, die Märchen- und Sagensammlung allein bis zur Buchreife zu führen und übergab sie, dem zögernden Storm seinen Willen diktierend, Karl Müllenhoff, der sich zur Mitarbeit gemeldet hatte, nachdem die Studenten 1843 in Biernatzkis »Volksbuch« einen Aufruf zur Sammeltätigkeit veröffentlicht hatten. (Müllenhoff brachte die Sammlung dann 1845 unter dem Titel *Sagen, Märchen und Lieder der Herzogtümer Schleswig, Holstein und Lauenburg* in Kiel heraus und würdigte in seiner Einleitung Mommsen und Storm als Anreger des Unternehmens und als Sammler, vgl. GB, Bd.1., S.581f.) Trotz persönlicher Differenzen und späterer Distanz zu den Mommsen-Brüdern blieb Storm von deren Intellektualität, strenger Selbstkritik und Offenheit für den Literaturprozeß der Gegenwart, geprägt. Von hier ab beobachtet Storm die Neuerscheinungen auf dem Büchermarkt genau und vermag mit zumeist sicherem Gespür literarische Qualität von Modetrends zu unterscheiden.

2.1. Bertha von Buchan (1826-1903)

Elmer Otto Wooley hat Anfang der 40er Jahre erstmals die Beziehung zu Bertha von Buchan erforscht und eine Dokumentation des überlieferten Materials vorgelegt, auf das man sich auch heute noch beziehen kann. Man findet seine Arbeit in den *Studies in Theodor Storm*, Bloomington 1943 bzw. in den »Schriften der Theodor-Storm-Gesellschaft« 2 (1953), die eine Übersetzung des englischsprachigen Wooley-Textes von 1951 darstellt. 1995 machte Gerd Eversberg die Dokumente und künstlerischen Texte im Zusammenhang mit dem Bertha-Erlebnis wieder einem größeren Publikum zugänglich, ergänzte sie durch Kommentare und einige bisher nicht gedruckte tagebuchartige Aufzeichnungen vom 18. Juni/August 1842 sowie durch einen Brief von Friederike Scherff vom 19. 5. 1842. Hervorzuheben ist auch der hier erstmals veröffentlichte, wohl im Sommer 1842 entstandene Entwurf zu der Novelle *Posthuma* (vgl. Kap. II.2.1.1.).

Bertha von Buchan entsprach vielleicht am stärksten dem von Storm erstrebten Mädchen- und Frauentypus, der durch die Schwesterbindung in ihm vorgeprägt war. Als er Bertha im Verwandtenkreis Weihnachten 1836 in Altona kennenlernte, war sie knapp 11 Jahre alt und Halbwaise. (Bertha wurde am 1. Februar 1826 in Rumburg in Böhmen geboren, die leibliche Mutter starb kurz darauf). Der Vater, Eduard von Buchan, hatte das Mädchen im Alter von vier Jahren einer Hamburger Dame, Therese Rowohl, übergeben, um sie im protestantischen Glauben erziehen zu lassen. Er selbst wohnte von seinem Kind getrennt in Dresden. Berthas äußere Familienkonstellation findet damit deutliche Parallelen zu Storms innerem Verhältnis zu seinen Eltern, das er in der Schwesterbindung kompensierte. Aufschlußreich sind in diesem Zusammenhang die regressiven Sehnsüchte, die in ihm aufsteigen, als er auf das Mädchen im Hause seiner Verwandten wartet:

»[...] ich dachte mich lebhaft in die Zeiten hinein, wo alles dies [der urgroßväterliche Hausrat, R.F.] von meinen Voreltern gebraucht und besessen war, ich dachte an ihre Feste und an ihre Hochzeiten, wovon mir die Großmutter erzählt hatte – – es hat einen tiefen Zauber, es zieht uns hinein – die alte Zeit. Endlich, endlich ging unten im Hause die Türglocke und – – – Ich denke dran; es ist manche Jahre her, und doch läßt es mich nicht – sie hat einen tiefen Zauber, die alte Zeit.« (LL, Bd.4, S.502)

Die »alte Zeit« ist die Glückszeit seiner Kindheit, und deren Zauber verbindet sich unwillkürlich mit dem des Mädchens, das er erwartet. Storm wird im März 1841 seiner Verwandten in Altona, Friederike Scherff, versichern: »[...] ich habe schon damals das Kind geliebt. Aber Du darfst nicht darüber nachdenken, liebe Friede, du mußt mir blindlings glauben!« (Wooley, 1953, S.34). Das an Bertha gerichtete und spätestens 1841 entstandene Gedicht mit den Anfangszeilen »Liegt eine Zeit zurück« (LL, Bd.1, S.224) beschreibt dann folgerichtig das »Heimweh« nach der »alten Zeit« und nach der »Heimat« als eine Sehnsucht, die der Zeit der Liebe zu dem Mädchen gilt – es verbinden sich hier erstmals in der für Storm so charakteristischen Weise die in hohem Grade affektbesetzten Motivkomplexe ›Erinnerung‹ – ›Kindheit‹ – ›Heimat‹ – ›Liebe‹. Wichtig sind in diesem Zusammenhang die als Traum inszenierten Szenen der »Phantasie« *Celeste* (LL, Bd.4, S.265-268; Lohmeier, ebd., S.748, datiert die Entstehung auf den Zeitraum um 1840; Jackson, 1992, S.31, hat diesen Text erstmals in biographische Überlegungen einbezogen). Sie enthüllen eindrucksvoll auch die tödliche Bedrohung, die mit dieser Sehnsucht nach einer früheren, verlorenen Vollkommenheit verbunden ist, auf deren Grund die inzestuöse Liebe ruht: Ein jugendliches Paar strandet auf einer Südseeinsel, und aus dem Gefühl des Heimatverlustes heraus spricht der junge Mann: »›Willst du mir ganz vertrauen, [...] willst du meine Schwester sein?‹ So sprach mein Mund; aber mein Herz sprach: ›Celeste, Celeste, sei mein Weib!‹« (LL, Bd.4, S.266). Die Faszination der »Schwester«, in der sich Geliebte, Kind und Mutter vereinigen und die somit neue Heimatfindung verspricht, korreliert kurz darauf mit Todesangst. Ausgelöst wird sie durch reißende Hyänen, welche eine Grotte umschleichen, in die sich das Paar zur Nacht geflüchtet hat. Die inzestuöse Liebe, deren sexuelle Komponente im Bild der Hyänen erscheint, verweist auf den Wunsch nach ewiger Infantilität im mütterlichen Bezirk; die Todesnähe im damit verbundenen Selbstverlust wird als Verlockung und Bedrohung zugleich erfahren. Denn der vom Mädchen zurückgehaltene junge Mann will die wilden Tiere töten; um der tödlichen Bedrohung zu entgehen, muß er die mütterlich-heimatliche Höhle verlassen, autonom werden und kämpfen, damit aber auch der Verlockung des imaginierten seligen Zustands der Schwesternliebe widerstehen.

Bertha von Buchan und Theodor Storm haben einander wenig gesehen – nach dem Kennenlernen 1836 erst wieder Ostern 1838 auf Storms Durchreise nach Berlin, dann im September 1839 und Ende Oktober 1840. Allerdings gehen einige, z.T. erhaltene Briefe hin und her, und Storm schickt u.a. das Märchen *Hans Bär*, Gedichte und eine Szene, die Bertha auf einem Polterabend rezitierte (LL, Bd.1, S.204-208). Die Korrespondenz erscheint dem heutigen Leser eher harmlos, vor allem Bertha berichtet recht kindlich über häusliche Belange, die Familie, ihren Unterricht, Krankheiten etc. Die Haltung Storms ist die eines sorgend besorgten brüderlichen Freundes. Deshalb überrascht um so mehr die Leidenschaftlichkeit des jungen Mannes in den Briefen an Friederike Scherff im März 1841 (zu dieser ambivalenten Haltung, die auf der frühen Identifikation des Jungen mit der Mutter basiert, vgl. Roebling, 1983, S.111). Er bittet die Cousine seiner Mutter um Mithilfe bei dem ernsthaften Werben um Bertha, das er nur deshalb noch nicht der Pflegemutter vorgetragen habe, weil das Mädchen noch nicht konfirmiert und er noch nicht examiniert wären. Therese Rowohl, der er sich gleichfalls im März 1841 erklärte, versuchte ihm schonend beizubringen, daß Bertha seine Gefühle keineswegs auf adäquate Weise erwidert. Storms Empfinden für das Mädchen war auf dem Höhepunkt der Beziehung 1841 und 1842 sicher eine starke und ihn tief erschütternde, schmerzliche Leidenschaft, aber sie entwikkelte sich ziemlich unabhängig von der Empfindungswelt des Mädchens, ja unabhängig vom direkten Kontakt zu ihr. Vor allem die Tagebucheintragungen vom März 1842 zeigen (Storm sieht das Mädchen in der Kirche und auf einem Spaziergang in Hamburg, nachdem man ein halbes Jahr ohne Nachricht voneinander geblieben war), daß ihm bereits kleinste Zeichen, Blickbegegnungen etwa, genügen, um im Innern Imaginationen auszulösen, die seinen heftigen Wünschen entgegenkommen. Sein erotisches Verlangen ist klar regressiv-symbiotischer Natur, was sich auch in seinem Liebesverständnis ausdrückt, das er Therese Rowohl andeutet, wenn er von »ein[em] gegenseitig[en] Ruhen im Gemüt« (Wooley, 1953, S.39) spricht. Aber die Verschmelzungswünsche gelten vorrangig seinen eigenen Projektionen, das Mädchen mit seiner eher nüchternen Gefühlswelt scheint dahinter zu versinken. Er macht ihr noch im Oktober 1842, obwohl sie einander seit der Märzbegegnung nicht geschrieben hatten, einen offiziellen Heiratsantrag. Bertha lehnt diesen freundlich, aber eindeutig und unwiderruflich ab. Sie führt dabei ein Argument an, das den von uns registrierten Realitätsverlust des Liebenden signalisiert: »Vieles in mir hat sich verändert, Du kennst mich nicht mehr ganz, sonst hättest Du mir so nicht geschrieben!« (ebd., S.43).

Bollenbeck (1991, S.64f.), zuletzt vor allem Paulin (1992, S.23f.) haben angedeutet, daß Storms Liebe zu Bertha von Buchan auch literarisch vorgeprägten Gefühlskonventionen folgte, und manche Gedichte aus dieser Zeit mit ihrem tradierten Bildmaterial (das gebrochene Herz etwa!) scheinen diese These zu stützen. Jedoch bleibt festzuhalten, daß Storm zu Beginn der 40er Jahre mit *»Repos d'Amour«* (LL, Bd.1, S.217f.), *»Lebwohl!«* (ebd., S.215f.) und vor allem *»Junges Leid«* (ebd., S.218f.) auch Gedichte glücken, die inhaltlich und formal auf seine bedeutende Lyrik vorausweisen. Die Forschung ist sich einig, mit dem Bertha-Erlebnis fand Storm den »unverwechselbaren Ton« seiner Liebes-Lyrik (vgl. GW, Bd.1, S.21, und Böttger, [1959], S.75 u. 78 spricht von der »›Schicksals‹- Tonart«). Und diese lyrische Eigenleistung, die über Dilettantismus und Nachahmung von Vorbildern eindeutig hinausgeht, ist nicht denkbar, ohne daß der Dichter wirklich in seinem emotionalen Zentrum getroffen war: » [...] wäre dies Gefühl mir erwidert worden, es hätte nie in mir erlöschen können; ohne Gegenseitigkeit konnte es nicht bestehen. Vielleicht wäre ich daran zugrunde gegangen, wenn dies Gefühl mir nicht zum Objekt geworden, das ich künstlerisch zu gestalten suchte«, schreibt Storm noch 1844 (An Constanze Esmarch, 21. Mai 1844, BB, S.17). Mit Eversberg ist festzustellen, daß »Storm zum erstenmal seine Fähigkeit« zeigt, »seelische Bedrückungen mit Hilfe von Schreibvorgängen abzuarbeiten und so zur Selbstheilung beizutragen« (Eversberg, 1995, S.22).

3. Husum (1843-1853)

Storm kehrte nach dem Abschlußexamen (am 17. Oktober 1842 in Kiel vor dem königlichen Oberappellationsgericht) in seine Heimatstadt zurück und begann zunächst in der Anwaltspraxis seines Vaters zu arbeiten. Anfang 1843 erhielt er vom dänischen König die Bestallung als Advokat, und im März 1843 eröffnete er eine eigene Anwaltspraxis. Diese befand sich anfangs in der Großstraße, wo ihm Tante Brick, das Urbild der Marthe in *Marthe und ihre Uhr*, den Junggesellenhaushalt führte. Im November 1845 übersiedelte Storm in das ihm vom Vater zur Verfügung gestellte Haus Neustadt 56, in das ab September 1846 auch seine Ehefrau einzog.

Alle Biographen erörtern den Berufseinstieg sehr ausführlich, um das im deutschen Kulturraum so gewichtige Verhältnis von Bürgerlichkeit und Künstlertum im Autor zu erfassen (vgl. dazu bereits Lukács, 1911; in jüngerer Zeit Laage, 1988). Bei Storm war diese Problematik zunächst mit der Frage verbunden, wie er sich mit der eher kleinbürgerlich-konservativen Lebensweise in Husum abfand, nachdem er in Lübeck, Kiel und Berlin mit den Ideen der hervorragendsten Intellektuellen seiner Zeit in Berührung gekommen war und er einen künstlerischen Anspruch entwickelt hatte, der klar über dichterischen Dilettantismus hinausging. Den Anforderungen des Juristenberufs hat er sich, nicht immer froh, doch stets pflichtbewußt gestellt, trotz wiederholt beklagter körperlicher Beschwerden, die wohl psychosomatischer Art waren (Kopf- und Rückenschmerzen, Magendruck, rheumatische Schmerzen, Anfälligkeit für Erkältungskrankheiten). Die Akzeptanz eines bürgerlichen Berufslebens, das freilich noch eine gewisse biedermeierliche Geruhsamkeit ausstrahlt, ist aus Storms späterem künstlerischem Selbstverständnis nicht wegzudenken. Eine Literatenexistenz wäre für ihn zu keiner Zeit in Frage gekommen (zu Storms Tätigkeit als Jurist vgl. die grundlegende Arbeit von Fisenne, 1960).

Problematischer dagegen war für ihn zu Anfang in Husum das Fehlen gleichgesinnter Freunde, mit denen wie in Kiel ein geistiger Austausch möglich gewesen wäre. Gegenüber Theodor Mommsen bekennt er sein Verlassenheitsgefühl. Dies bedeutete jedoch nicht, wie Bollenbeck herausgearbeitet hat (1991, S.69ff.), daß er sich vom Gesellschaftsleben der Stadt zurückgezogen hätte. Im Gegenteil, die Abende sind ausgefüllt mit Einladungen zu Essen, Tanzvergnügen, Spielpartien aller Art. Seiner Exklusivität im Geistigen bleibt er sich jedoch von Anfang an gegenüber den Husumer Honoratiorenfamilien bewußt. Vor allem als Direktor des »Singvereins«, den er im Frühjahr 1843 gründete, offenbarte sich einem größeren Kreis der Husumer seine künstlerische Kompetenz und sein Anspruch, aber auch der z.T. exzentrische Charakter, voller Heftigkeit, Dominanzstreben und wechselnder Stimmungslagen (vgl. Bollenbeck, 1991, S.73). Storm war selbst ein leidenschaftlicher Sänger, stimmlich in der Lage, die Tenorpartien aus der *Zauberflöte* und dem *Freischütz* zu singen, und er versetzte sich gern durch die Musik in rauschhafte Zustände: »So, nachdem eben der volle Chor ausgebraust, zu singen und so gehört zu werden ist eins der glückseligsten Momente des Menschenlebens.« (An Johann Casimir Storm, 11. März 1864, GB, Bd.1; S.455). Andererseits galt er in seinem Chorleiteramt auch als strenger und kritischer Arbeiter (vgl. dazu Sievers, 1969, Tanaka, 1989; den besten Überblick über Storms Arbeit als Chorleiter gibt aber jetzt die von der Storm-Gesellschaft 1993 herausgegebene Chronik).

Einen Freund und ebenbürtigen geistigen Partner fand der junge Anwalt schließlich in Hartmuth Brinkmann (1819-1910), der ab Juli 1844 als ›Amtshaussecretair‹ in Husum tätig wird und dessen spätere Frau, Laura Setzer, Storm selbst nicht gleichgültig gewesen ist (vgl. dazu Stahl, 1987).

Im Januar 1844 kam es jedoch zu der die Familie überraschenden Verlobung Storms mit seiner Cousine Constanze Esmarch (1825-1865) aus Segeberg. Die Mutter Constanzes, Elsabe Esmarch (1795-1873), war eine geb. Woldsen, eine Schwester von Lucie Storm, und hatte den Freund Johann Casimir Storms, Ernst Esmarch (1794-1875), Bürgermeister in Segeberg, geheiratet. Constanze und Theodor, beides die ältesten Kinder ihrer Eltern, waren sich also von Kindheit an vertraut. Storm besaß bereits als Knabe ein sehr inniges Verhältnis zur Mutter Constanzes, die ihn als Kind oft gepflegt haben soll (vgl. G. Storm, Bd.1, 1912, S.39f. bzw. BB, S.IIf.). Deshalb war die Familie auch erstaunt über die Verlobung, gab es doch bei beiden vorher kaum Anzeichen einer vertrauteren Beziehung. Storms Vater war wenig erfreut über die Verbindung, betonte gegenüber seinem Freund in Segeberg, daß er im allgemeinen nicht für Familienheiraten sei und daß er vor allem nicht verhehlen könne, »daß die alleinige Bedenklichkeit in meines Sohnes Charakter liegt, der, wie ich bekennen muß, launenhaft ist« (G. Storm, Bd.1, 1912, S.173). Dem Paar wird eine längere Verlobungszeit auferlegt, in der sich der Bräutigam auch die finanzielle Grundlage für den Hausstand schaffen sollte. Daß sich Storm – später eingestandenermaßen – mit seiner schönen Cousine ohne rechte sinnliche Leidenschaft verbinden wollte – »Du weißt es, nicht durch den Reiz des äußeren sinnlichen Eindrucks Deiner Erscheinung wurde meine Liebe zu Dir eröffnet; unser inneres Wesen war es, was uns gegenseitig einander zuführte« (An Constanze, 4. August 1846, BB, S.301) – hat sicherlich verschiedene Ursachen. Die Suche nach einem raschen Ersatz für Bertha von Buchan und das Bedürfnis, eine eigene Familie in Husum zu gründen, sind hier zu nennen. Psychologisch interessant jedoch ist, daß wiederum das Heimweh, diesmal *ihr*

Heimweh, die Zuwendung zur Frau begleitet, ja hier geradezu zum auslösenden Moment wird: »Weißt Du, mein liebes, einziges Kind, noch«, schreibt Storm der 20jährigen 1845, »als Du am Weihnachtsabend weintest vor Heimweh. Von da an schlossen wir uns aneinander; Deine Heimat ward an meinem Herzen – wären wir doch bald zu Hause!« (An Constanze, 14. August 1845, BB, S.69f.). Die zwischen 1844 und 1846 von Storm an Constanze geschriebenen Briefe bieten das umfangreichste Material für das Studium von Persönlichkeit und Ideenspektrum des damals Mittzwanzigjährigen. (Eine Neuedition ist dringend angezeigt, bringt doch die unkommentierte Ausgabe Gertrud Storms von 1915 nicht alle Briefe, viele nur in Auszügen bzw. regelrecht verstümmelt.) Es ist von den Biographen (Stuckert, Böttger, Goldammer) schon frühzeitig auf die ›Launenhaftigkeit‹ dieses Bräutigams aufmerksam gemacht worden, um den häufig quälerisch-selbstquälerischen Umgang Storms mit Constanze zu erklären. (Zu der narzißtische Persönlichkeitsstörung, die einem solchen Verhalten möglicherweise zugrunde liegt, vgl. jedoch vor allem Kap. II.1.2. dieses Bandes).

Hier soll im Zusammenhang mit dieser Korrespondenz vor allem auf Storms sich entwickelnde Auffassungen über Liebe und Ehe, Religion und Kirche hingewiesen werden. Ausführlich gehen Jackson (1989 bzw. 1992) und Baßler (1987) auf die weltanschauliche Entwicklung Storms in jenen Jahren ein, die durch feuerbachsche bzw. jungdeutsche Ideen geprägt erscheint. Im Zentrum von Storms Überlegungen um das zukünftige Zusammenleben mit Constanze steht ein Liebesideal, das sich in der bürgerlichen Ehe erhalten bzw. noch vervollkommnen sollte. Vor dem Hintergrund des feuerbachschen Ansatzes, der die Individualität zum Wesen der Wirklichkeit erhebt, arbeitet Baßler sehr richtig heraus, daß von Storm »die real erfahrene Liebe in ihrer Bedeutung in die Sphäre gehoben wird, die vorher dem transzendenten Göttlichen vorbehalten war, sie wird tatsächlich ›heilig‹; und sie wird damit – [...] im praktischen Leben – zum höchsten sinnkonstituierenden Faktor des Lebens« (Baßler, 1987, S.48; vgl. dazu auch die Diskussion der feuerbachschen Ideen zur Geschlechterliebe im Zusammenhang mit Storms Liebesauffassung bei Jackson, 1989, S.58f.). Zuzustimmen ist Baßler auch in seiner These, daß »Storm zwischen metaphysischem und realem Anspruch nicht trennt«, was dazu führe, »daß ihm jedes Alltagsproblem, soweit es seine Liebe zu Constanze betrifft, zum existenziellen Grundsatzproblem wird«. (Baßler, 1987, S.49). Der Autor gibt damit von der Weltanschauung her eine gute Erklärung für die permanente Überforderung des Mädchens durch die Ansprüche ihres Verlobten. Zugleich ist mit Jackson zu unterstreichen, daß die spezifische Beeinflussung Storms durch Feuerbach »[...] nur deshalb so tief und so permanent« war, »weil dessen Weltanschauung Grundbedürfnissen von Storms eigener Psyche« entgegenkam (Jackson, 1989, S.56). D.h. auch (vgl. Kap. II.1.2.), die Kausalität von Baßlers These ist umzudrehen: Nicht der »Absolutheitsanspruch an die Liebe wird zum Absolutheitsanspruch an die Geliebte« (Baßler, 1987, S. 49), sondern die psychopathologische Bedürftigkeit Storms nach totaler Hingabe und Verfügbarkeit des Partners zieht seine Faszination an der quasi-religiösen Liebesauffassung feuerbachscher Provinienz nach sich. Freilich, die Sakralisierung der Liebe zwischen Mann und Frau (Storm insistiert immer wieder auf die Ewigkeit ihrer Zuneigung, vgl. die Briefe an Constanze vom Juli 1846) ist immer vor dem Hintergrund der gleichzeitigen Aufgabe christlicher Glaubensdogmen zu sehen. Dies ist ein Prozeß, der Storm lange beschäftigen wird und der in den 60er Jahren im katholischen Heiligenstadt bzw. beim Tod seiner Frau nochmals kulminiert (den umfassendsten Überblick über Storms Verhältnis zum Christentum gibt Jackson, 1989). Der Kirche als Institution stand er von Beginn an schroff ablehnend gegenüber; er betrachtete die kirchliche Trauungszeremonie als eine »Profanation der Liebe«, als einen letzten »Barbarismus der modernen Zeit« (An Constanze, 29. August 1846, BB, S.310). Ein Phänomen des Säkularisierungsprozesses, in den Storm eingebunden ist, der Austausch eines religiösen Dogmas gegen ein anderes, hier das Sakrament der christlichen Trauung gegen die bloße, jedoch als ›heilig‹ betrachtete Gefühlsverbindung zwischen zwei Menschen, wird in diesen Briefzeugnissen besonders deutlich. Storm opponierte mit seiner Haltung klar gegen die Konventionen seiner Zeit und seiner Familie und besaß Kraft und Willen genug, um sich letztlich mit seiner Auffassung durchzusetzen: Die Ehe wurde am 15. September im Segeberger Rathaus in einer sogenannten Haustrauung geschlossen, was damals eine Sondergenehmigung erforderte. (Ungeklärt ist weiterhin, warum kein Verwandter Storms an der Zeremonie teilnahm; die Erkrankung von Storms Schwester ist u.E. kein hinreichender Grund.)

Storm fühlte sich in den 40er Jahren als moderner, allem progressiven Denken seiner Zeit aufgeschlossener Geist. Sein Frauenbild z.B. ist damals von jungdeutschen Ideen geprägt. Er wünschte sich eine ebenbürtige Partnerin, sinnlich wie geistig emanzipiert. Constanzes erotisches Begehren z.B. versuchte er, durch Zitate aus dem alttestamentarischen *Hohenlied Salomonis* anzufeuern (vgl. An Constanze Esmarch, [29.] Oktober 1845, BB, S.125f.), ihre Intellektualität mit Lektüreaufgaben, deren Resultate er geradezu pedantisch abprüfte (u.a. Goethes *Wilhelm Meister*). Seine Vorstellungen von »idealer Weiblichkeit« haben sich später gewandelt – im Vordergrund standen für ihn dann in ganz patriarchalischer Weise die Fähigkeiten der Frau, einen Haushalt zu führen und Kinder zu erziehen (vgl. An Hermione von Preuschen, 16. Dezember 1873, Ranft, 1973, S.69). Constanze ist ihrem Mann später eine wirkliche Gefährtin geworden, die neben dem großen Haushalt und der wachsenden Kinderschar Zeit und Geduld für ihren nervösen, zu Schwächezuständen neigenden Mann fand und ihn in seinen geistigen und künstlerischen Interessen verstand und unterstützte. Storm hat sie in seinen reifen Jahren tief verehrt, eine Verehrung, die nach ihrem frühen Tod 1865 geradezu religiösen Charakter annahm.

Zunächst aber wurde die Toleranz der jungen Frau auf eine harte Probe gestellt. Storm verliebte sich noch im ersten Jahr seiner Ehe leidenschaftlich in Dorothea Jensen (1828-1903), seine spätere zweite Frau, eine Senatorentochter aus Husum, die er gleichfalls bereits als Kind erlebt hatte. In seinen Erinnerungen, der vielzitierten »Beichte« gegenüber dem Ehepaar Brinkmann vom 21. April 1866, meinte er, er habe das Mädchen und ihre Liebe für ihn erstmals entdeckt, als sie 12 oder 13 Jahre alt war. Tatsächlich stand sie damals, 1844, im 16. Lebensjahr. Dorothea, blond, klein und zart, entsprach offenbar stärker als die brünette, großgewachsene und eigenwilligere Constanze dem Mädchenideal, das Storms Leidenschaft zu erwecken vermochte. In der bereits während der tödlichen Krebserkrankung geschriebenen Novelle *Ein Bekenntnis* von 1887 erzählt die männliche Hauptfigur eine vom Autor als »Jugenderlebniß« (An Paul Heyse, 15. Juli 1887, H, Bd.3, S.155) bezeichnete Vision von einem »etwa dreizehnjährigen Mädchen[s]«, die man im C.G. Jungschen Sinne als Anima-Erlebnis auffassen kann (vgl. dazu auch Terpstra, 1983, in seiner Interpretation von *Ein Bekenntnis*). In dieser Vision dürfte dem Leser auch das Bild von Dorothea Jensen vor Augen stehen:

»Schön war sie eben nicht; ein etwas fahlblondes Haar lag ein wenig wirr auf ihrem kleinen Kopfe; aber aus den feinen durchsichtigen Zügen ihres Antlitzes blickten ein Paar lichtgraue Augen unter dunklen Wimpern in die meinen, unablässig, sehnsüchtig, als solle ich sie nie vergessen; und mit unsäglichem Erbarmen blickten sie mich an: eine verzehrende Wonne überkam mich, ich hätte unter diesen Augen sterben mögen.« (LL, Bd.3,, S.588).

Neben dem »eigentümlichen Reiz unbewußt-sinnlichen Werbens«, wie Ranft in seiner Einführung zu dem Briefwechsel Storm-Dorothea geb. Jensen einschätzt (Ranft, 1979, S.35), war es wohl vor allem die geistige und körperliche Hingabebereitschaft, die subtile

Einfühlung in den geliebten und bewunderten Mann (bei diesem Typus oft begleitet von einer mangelnden Individuation), die Dorothea zur idealen Projektionsfläche des Stormschen Erlebens machten. Vor allem die Mittdreißigerin erweckt in ihren Briefen den Eindruck, daß ihre charakterlichen Vorzüge in dieser bis zur Identifikation und Selbstaufgabe reichenden Anteilnahme an den ihr nahestehenden Menschen gelegen haben. Sie war offenbar eine zu Depressionen neigende Frau, die sich dennoch immer wieder tapfer den Härten des Lebens gestellt hat (vgl. dazu u.a. ihren tief berührenden Brief vom 3. September 1853, Ranft, 1979, S.46ff., und die Tatsache, daß sie kurz nach der Eheschließung mit Storm 1866 in Melancholie verfiel, als sie sich offenbar im Gefühl, den Erwartungen ihres Mannes entsprechen zu müssen, stark überforderte). Storm und Dorothea haben sich in Husum durch die Geselligkeiten oft gesehen, auch waren sie und ihre Schwester Friederike, die sich mit Storms jüngerem Bruder Johannes verlobte, Mitglieder des »Singvereins«. 1847 muß sie auch häufig Gast im Hause der jungen Eheleute gewesen sein. Über diesen, Storm emotional tief erschütternden Lebensabschnitt gibt es kaum Quellen; wann Doris oder Do, wie sie auch genannt wurde, auf Betreiben der Familie (?) Husum verließ, ist unklar, wahrscheinlich Anfang 1848. Die Frauen mochten einander; als das Ehepaar Storm 1864 aus Heiligenstadt in die Heimat zurückkehrte, hat Constanze versucht, die unverheiratet gebliebene Do, die als Hausdame bzw. Kindererzieherin ihr Auskommen finden mußte, in die Familie aufzunehmen. Die fast einzigen ›Dokumente‹ dieser »erschütterndsten Leidenschaft« seines Lebens, voller »Hingebung«, »Kampf« und »Rückfälle[n]« (An Hartmuth und Laura Brinkmann, 21. April 1866, Br., S.146), sind die Gedichte, die Storm u.a. in den Zyklen *Ein Buch der roten Rose* und *Weiße Rosen* zusammenfaßte und die ihn als Liebeslyriker auf seinem Höhepunkt zeigen. Es entstehen Verse, die den sinnlichen Augenblick feiern und die aus dem Bewußtsein der verrinnenden Zeit und des letztlichen Verzichts ihre große Intensität gewinnen.

Nach dem Weggang der Geliebten aus Husum hat sich Storms Ehe gut entwickelt, sicher auch durch die Geburt der Kinder: Hans wird am 25. Dezember 1848, Ernst am 30. Januar 1851, Karl am 10. Juni 1853 geboren. An seinen Freund Brinkmann wird Storm Anfang der 50er Jahre schreiben: »[...] ich mag nicht unverheirathet sein.« Und »[...] daß ich eigentlich ganz unmäßig in meine eigne Frau verliebt bin,[...]« (An Hartmuth Brinkmann, 22. Juli 1851, Br., S.46). Aus den privaten Verwicklungen wird der Advokat und Dichter zudem herausgerissen durch die politischen und militärischen Auseinandersetzungen in Schleswig-Holstein.

3.1. Die schleswig-holsteinische Erhebung; Storm und die Politik

Einen detaillierten Überblick über die Entwicklung der politischen Überzeugungen Storms im Zusammenhang mit dem Verlauf der schleswig-holsteinischen Erhebung gibt die Dissertation von Frithjof Löding, die auf den guten Quellenstudien der Arbeiten von Johannes Jensen aus den 60er Jahren aufbaut (vgl. Jensen, 1961, 1965). Unverzichtbar ist auch Lohmeiers Dokumentation der Berichte der Husumer Behörden über Storms poltische Haltung während dieser Zeit (vgl. Lohmeier, 1985). Interessant ist zudem der Aufsatz von Friese (1996), der die dänische Perspektive auf den Kampf um Schleswig und einige literarische Reaktionen dänischer Schriftsteller auf dieses nationale Ereignis erfaßt.

Die historischen Fakten in gebotener Knappheit: Die Bestrebungen der dänischen Regierung gingen seit Beginn des 19. Jahrhunderts dahin, die selbständigen Herzogtümer, zumindest aber Schleswig als altes dänisches Lehen, Dänemark einzugliedern. In Schleswig-Holstein formierte sich daraufhin unter der Losung »Up ewig ungedelt« eine patriotische Bewegung, die für die Herzogtümer die Erhaltung der Selbständigkeit und eine eigene Verfassung forderte. 1830 erreichte man die Einführung beratender Provinzialstände. Der dänische König Christian VIII. setzte jedoch die kompromißbereite Politik seines Vorgängers nicht fort. Am 8. Juli 1846 proklamierte er in seinem »Offenen Brief« das Ziel eines dänischen Gesamtstaates einschließlich Schleswigs, Holsteins und Lauenburgs. Im März 1848 gipfelte diese Politik in der Annahme des Programms der Eiderdänen, Schleswig endgültig Dänemark einzuverleiben. Am 24. März konstituierte sich daraufhin in Rendsburg eine Provisorische Regierung für Schleswig-Holstein und wenig später begannen die militärischen Auseinandersetzungen, in denen die Schleswig-Holsteiner zunächst von preußischen Truppen unterstützt wurden. Die Unabhängigkeitsbewegung war zu diesem Zeitpunkt bereits eingebunden in die Kämpfe liberaler und demokratischer Kräfte um den einheitlichen deutschen Nationalstaat, so daß auch Freischärler aus anderen Landesteilen herbeiströmten. Jedoch bereits Ende August 1848 schlossen Preußen und Dänemark unter dem Druck der Großmächte England und Rußland einen 7monatigen Waffenstillstand. Daraufhin dankte die Provisorische Regierung in Rendsburg ab, und nach erneut auflebenden Kämpfen, in denen sich Preußen bereits passiv verhielt, wurde Schleswig nach dem Waffenstillstand vom 10. Juli 1849 unter eine preußisch-englisch-dänische »Landesverwaltung« gestellt. Da die Großmächte Österreich, England und Rußland »im Interesse des europäischen Gleichgewichts für die Erhaltung des dänischen Gesamtstaats in seinem alten Gefüge mit der

Personalunion zwischen dem Königreich Dänemark und den Herzogtümern Schleswig und Holstein eintraten [...] und da eben deswegen ein Krieg mit Österreich drohte, mußte im Jahre 1850 zuletzt auch Preußen darauf verzichten, die Erhebung zu unterstützen« (Lohmeier, 1989, S.28). Die Schleswig-Holsteiner fühlten sich durch Preußen verraten und suchten auf sich allein gestellt in der Schlacht bei Idstedt im Juli 1850 einen letzten Kampf gegen die drohende ›Fremdherrschaft‹ und für die nationale Sache der Deutschen. Die Niederlage war aber voraussehbar. Durch das Londoner Protokoll vom 8. 5. 1852 entschieden die Großmächte praktisch die Integration von Schleswig-Holstein in den dänischen Gesamtstaat, obwohl Preußen und Österreich auf diplomatischem Wege noch Garantien für den Verzicht auf die Inkorporation Schleswigs und für die Gleichstellung aller Landesteile auf der Grundlage einer Gesamtstaatsverfassung erreicht hatten. (Vgl. Löding, 1985, S.89).

Eine der frühesten Äußerungen Storms zum Schleswig-Holstein-Konflikt stellt ein spöttischer Kommentar des Nord-Friesenfestes in Bredstedt dar, an dem er 1844 selbst als Chorleiter teilnahm. Er mokierte sich in fast heinescher Manier über die alkoholisierte rauschhafte Feststimmung der Teilnehmer, in der sie gleichsam willenlos dem nationalliberalen Redner Wilhelm Hartwig Beseler ihr »politisches Glaubensbekenntnis« hersagten (An Constanze, 11. Juni 1844, BB, S.37). (Über die Teilnahme Storms an diesem Fest und seine Haltung zu den liberalen Festrednern, vgl. v.a. Bollenbeck, 1991, S.99f.). Ab 1848 dann, als Storm von Theodor Mommsen aufgefordert wurde, am Presseorgan der Provisorischen Regierung mitzuarbeiten, gewann sein Standpunkt – freilich ohne gründlichere politische Bildung – etwas festere Konturen. In seinen Lokalberichten für die »Schleswig-Holsteinische Zeitung« vom April bis Dezember 1848 (der Hauptteil ist bereits bis Mai 1848 erschienen) verbindet sich der Landespatriotismus allmählich mit dem Bekenntnis zu einem deutschen Einheitsstaat. Auch eine erstaunliche Keckheit ist zu bemerken, als er über einen eher simplen Vorfall in Husum berichtet: Einige Soldaten des in der Stadt stationierten 2. schleswig-holsteinischen Jägerkorps hatten sich rote Kokarden an die Mützen geheftet, da bespöttelt Storm die Angst seiner Mitbürger vor einer Republik und ihre politische Unkenntnis, bedauert es gar, daß Husum wohl nie ein Paris werde, das gegen das Königtum opponiert (vgl. dazu Teitges Einleitung zum Briefwechsel Storm-Mommsen, 1966, bzw. den Kommentar zu den Artikeln in LL, Bd.4, S.793-809).

Im Frühjahr 1848 übernahm Storm die Leitung der »Liedertafel«, welche – wie Löding annimmt – »nicht unerheblichen Einfluß auf das politische Leben der Stadt hatte« (Löding, 1985, S.60). Gleichzeitig wurde er Sekretär des Anfang April gegründeten »Patriotischen Hilfsvereins«, der Geld für Kriegsgefangene und Verwundete, aber auch deutsche Kriegsschiffe sammelte und für die Wahlen zur verfassunggebenden deutschen Nationalversammlung warb. (Man setzte sich dabei für den gemäßigt liberalen Kandidaten des Distrikts ein, der dann auch mit großer Mehrheit gewählt wurde; vgl. ebd., S.60)

Tief getroffen wurde Storm durch die Niederlage der Erhebung. Gegen die bereits 1849 einsetzenden Maßnahmen der dänischen Besatzung empörte sich vor allem sein tiefes Rechts- und Gerechtigkeitsempfinden. Er unterzeichnete mehrere Petitionen, unter denen die vom 14. Mai 1849 schicksalhafte Bedeutung haben könnte, wie Lohmeier annimmt, da gerade diese, die Grundlage des dänischen Gesamtstaates in Frage stellende Petition vielen schleswig-holsteinischen Beamten bei der späteren politischen Evaluation durch die dänischen Behörden zum Fallstrick wurde (vgl. Lohmeier, 1985, S.45). Zusammen mit 257 Husumern erklärte Storm darin,

»daß sie für Recht halten und wünschen: der König von Dänemarck Friedrich VII, welcher bereits zum zweiten Male die Herzogthümer Schleswig-Holstein mit ungerechtem Kriege überzieht, habe sich dadurch der Herzogskrone verlustig gemacht, und die Personalunion mit dem uns befeindeten Dänenvolke möge für alle Zukunft aufgehoben werden« (Lohmeier, 1985, S.47, Anm. 26).

Mit drei weiteren Advokaten machte Storm eine Eingabe gegen die Amtsenthebung des Husumer Bürgermeisters und unterzeichnete am 5. Oktober 1849 eine Protestadresse an den dänischen Landeskommissar für Schleswig gegen die »Aufhebung bestehender Gesetze, namentlich des Staatsgrundgesetzes als einen neuen Akt reiner Willkür [...]« (Löding, 1985, S.72).

Die Auswirkungen der Belagerung von Friedrichstadt unter dem preußischen General Willisen konnten die Husumer Ende September, Anfang Oktober 1850 nahezu als Augenzeugen erleben. Zu diesem Zeitpunkt entstanden auch einige der engagiertesten Gedichte Storms, die beiden später so betitelten *»Im Herbste 1850«* (LL, Bd.1, S.58, entstanden am 24., 25., 26. 9. 1850 nach dem Einmarsch der Dänen in Husum) und *»Gräber an der Küste«* (ebd., S.59f., entstanden am 23., 24. 25. 10. 1850 nach der Katastrophe von Friedrichstadt) sowie das später mit *»Ein Epilog«* überschriebene Gedicht, das den Schluß der Novelle *Ein grünes Blatt* bilden sollte (ebd., S.61, datiert auf den 20. 12. 1850) und *»1. Januar 1851«* (ebd., S.61). Vorher ist nur das ›politische‹ Gedicht *»Ostern«* (ebd., S.56f.) erwähnenswert, das er im Frühjahr 1848 beendete und an Mommsen zur Publikation in der »Schleswig-Holsteinischen Zeitung« schickte. Mommsen lehnte es jedoch ab als für ein politisches Blatt nicht geeignet. Tatsächlich ist es vorrangig ein Frühlingsgedicht, das allerdings, in den konkreten politischen Kontext gestellt, durchaus politische Aussagekraft besitzt. Mit Bollenbeck ist zu betonen, »daß Storm zwar literarisch auf die Politik reagiert, aber nicht politisch mit Literatur agiert« (Bollenbeck, 1991, S.111). Er will als Künstler anerkannt werden, auch mit seinen politischen Versen. Deshalb ordnet er seine Publikationsbemühungen primär seinem literarischen Geschmack und nicht seiner politischen Gesinnung unter, verwikkelt sich dabei aber auch nicht in Widersprüche. (Vgl. dazu die Veröffentlichungsgeschichte von *»Im Herbste 1850«* bei Bollenbeck, 1991, S.111f.)

Festzuhalten ist darüber hinaus, daß sich Storms politische Gesinnung zu diesem Zeitpunkt nicht in seinem Landespatriotismus erschöpfte. Lohmeier betont, daß der in seinen politisch-historischen Kenntnissen eher bescheidene Storm an *einer* Grundüberzeugung das ganze Leben festgehalten habe, an dem Selbstbehauptungsanspruch des Bürgers gegenüber dem Adel (vgl. Lohmeier, 1989, S.37ff.). Auch sein späteres Bekenntnis zur Demokratie (An Laura und Hartmuth Brinkmann, 18. Januar 1864, Br., S.135 bzw. An Hans, Ende Mai 1868, GB, Bd.1, S.524f.) hat die »Anerkennung des Bürgertums als des wahren Adels der Nation und die Abschaffung der privilegierten Stellung des Adels« zum sozialen Kern und nicht etwa das Bestreben nach einer »verfassungsrechtliche[n] Organisation des Staates« (Lohmeier, 1989, S.37/38). Bereits in der 1848 entstandenen Novelle *Im Saal* gelangt diese wichtige Werkkonstante erstmals deutlich zum Ausdruck. Der junge Mann, dessen Kindes Tauffest man hier feiert, hält seiner dem ständischen Denken verhafteten Großmutter selbstbewußt den eigenen Standpunkt entgegen: Er möchte den »Adel« am liebsten »streichen« bzw. verlangt, daß »alle Freiherrn« werden, »ganz Deutschland mit Mann und Maus« (LL, Bd.1, S.293).

Ergänzend muß mit Löding gesagt werden, daß die Stormsche Forderung nach Emanzipation des Bürgers im Staate vor allem in den 40er Jahren »nicht allein eine gegen die traditionelle Oberschicht, sondern auch eine gegen die Unterschicht zielende Komponente« besaß. (Löding, 1985, S.62).

Seit Herbst 1850 hatte Storm seine Advokatur geschlossen gehalten, um nicht mit den dänischen Behörden verhandeln zu müssen. Ab Anfang Februar 1851 aber vertrat er wieder die Rechtsinteressen seiner Landsleute. Dieses Vorgehen blieb von den dänischen Behörden nicht unbeobachtet; am 6. April 1851 schrieb Storm darüber an Brinkmann:

»[...] die Oberjustizcommission [forderte. R.F.] mir eine Erklärung ab, weßhalb ich nicht pracktizire, ich sollte auch gesagt haben, daß ich die Verhältnisse nur factisch nicht rechtlich anerkennte etc. Ich erklärte mich dahin, daß, obgleich ich mich bei den politischen Bewegungen nicht bethätigt, dennoch mein Gefühl und meine Ueberzeugung auf Seiten meiner Heimath sei, daß ich dieß am wenigsten jetzt verleugnen wolle, wo diese Sache beendet und verloren sei. Daß ich daher den natürlichen Wunsch gehabt habe, mit den während des Krieges eingesetzten Behörden, solange dieser dauere, nicht zu verkehren.« (An Hartmuth Brinkmann, 6. April 1851, Br., S.31).

Daß die erwähnte Erklärung mit der Loyalitätserklärung identisch gewesen ist, von der die ältere Stormforschung vermutete, daß die dänischen Behörden sie zur Bedingung machten für die Bestätigung der Anwalts-Zulassung, wird von Löding und Lohmeier in Zweifel gezogen (vgl. Löding, 1985, S.91; Lohmeier, 1985, S.45). »Die Begründung für die Nichtbestätigung von Storms Bestallung, die in den Akten festgehalten ist«, würde für sich allein als Erklärung ausreichen (Lohmeier, 1985, S.45). In einem Bericht des Husumer Magistrats vom 6. Juni 1852 an die Kopenhagener Zentralverwaltung über Storms politische Aktivität während der Erhebung hieß es nämlich, daß er »seine schleswig-holsteinische Gesinnung durch Unterschrift illojaler Addressen und Renitenz wider die von der vormaligen Landesverwaltung für das Herzogthum Schleswig in der Person des jetzigen Amtmannes« gezeigt habe (Lohmeier, 1985, S.42). Storm wird also nicht überrascht gewesen sein, als er Ende 1852 auf seinen Antrag auf Bestätigung der Anwalts-Zulassung einen negativen Bescheid bekam.

Über die Gründe von Storms Weggang aus Husum urteilen am ausgewogensten Löding und Bollenbeck. Letzterer hebt in diesem Zusammenhang hervor, daß selbst radikalere Kollegen im Lande blieben und nach wenigen Jahren ihre Zulassung als Anwalt zurückerhielten (auch hätte Storm im Büro seines Vaters arbeiten können, dessen Zulassung bestätigt wurde). Der Druck der dänischen Behörden war jedenfalls nicht so groß, daß es zwangsläufig zu einer ›Vertreibung‹ kommen mußte (vgl. dazu bereits Jensen, 1965, S.141). Einleuchtend ist die Argumentation des Biographen, daß das Verhalten der Dänen Storm empfindlich in seiner Standesehre, in seiner »sozialen Reputation« traf, daß sein Entschluß, die Heimat zu verlassen und die Ehre zu behalten, stark innengeleitet war und, so ist zu unterstreichen, zur unbewußten Stilisierung seiner Persönlichkeit gehörte (vgl. Bollenbeck, 1991, S.118-121). Der Aspekt der genußvollen Selbstüberhöhung in diesem ›Männerstolz vor Königsthronen‹ tritt deutlich in der Begeisterung für Gutzkows Roman *Die Ritter vom Geiste* zutage, den Storm im Sommer 1852 las:

»Es ist wirklich eine That, dieß Buch, wie sie diese Zeit verlangte. Ein Bund der Geister gegen den Mißbrauch der Gewalt von oben und unten, ein festes Einverständniß, sich unter keiner Bedingung gegen Ueberzeugung gebrauchen zu lassen oder überhaupt um der lieben bürgerlichen Existenz willen so zu handeln [...] Welche moralische Stütze übrigens darin liegt, wenn man bei überzeugungstreuem Handeln, wodurch man sein bürgerliches Fortkommen etc. aufs Spiel setzt, sich als Glied einer großen unsichtbaren Kirche fühlen kann, das fühl ich so tief und lebendig daß ich es ausschreien möchte.« (An Brinkmann, 11. September 1852, Br., S.70)

Nachdem sich Storm zunächst vergeblich um eine Bürgermeisterstelle in Hannover, eine richterliche Anstellung im Herzogtum Gotha und noch 1853 um das Bürgermeisteramt in Buxtehude bemüht hatte, mußte er sich dann für den Justizdienst in Preußen entscheiden. Die Verhandlungen zogen sich in die Länge. Im Dezember 1852 und im September 1853 war Storm in Berlin, um seine Angelegenheit im Justizministerium zu befördern. Immer wieder wurde er vertröstet. Erst im Oktober 1853 erhielt er eine königliche Kabinettsorder, in der ihm eine Stellung bewilligt wurde. Man ernannte ihn zum Assessor und teilte ihn dann dem Kreisgericht Potsdam als Volontär zu.

4. Potsdam (1853-1856)

Am 23. November 1853 leistete Storm auf dem Berliner Kammergericht den Verfassungseid als preußischer Beamter – die bangen Gefühle angesichts des beruflichen Neubeginns im ungeliebten preußischen »Ausland« teilte er Constanze einen Tag später mit:

»[...] alle die Menschen, Assessoren, Räte, Referendare, oder was sie sonst sein mochten, die sich in den großen Bureauzimmern umhertrieben, hatten ihre Bekannten und Freunde, nur ich stand eine ganze ewig lange halbe Stunde ganz einsam an die Wand gelehnt und wartete der Vorladung; dabei das drückende Gefühl, in einem wildfremden Lande, wo einem doch der Boden unter den Füßen fehlt, in ein Verhältnis der Unterordnung zu treten, d i e n e n, was ich nie gekonnt habe; das Vorgefühl all des kleinen, einschneidenden Wehs kam über mich, was ich in nächster Zeit würde zu erleiden und zu überwinden haben.« (An Constanze Storm, 24. November 1853, BF., S.23).

Storms Leidens- wie seine Überwindungsfähigkeit wurden im ersten Jahr in Potsdam als Assessor des Kreisgerichts tatsächlich auf eine harte Probe gestellt. Aber nicht so sehr die Tatsache, daß er als preußischer Beamter in eine abhängige Berufsstellung geriet, quälte ihn, sondern vor allem das Arbeitspensum, das man ihm, der mit dem preußischen Recht nicht vertraut war, von Anfang an auferlegte. Es schien seine körperlichen Kräfte zu überfordern. Bereits im Februar 1854, nach ca. zwei Monaten Dienst, mußte er wegen andauernder Magen- und Rückgratschmerzen um einen Erholungsurlaub bitten. Dabei arbeitete er ohne Gehalt, erst ab August 1854 erhielt er monatliche Diäten zwischen 25 und 30 bzw. 40 Reichsthalern (die allerdings Anfang Oktober 1854 immer noch nicht eingetroffen waren). Ohne die Lebensmittel- und Geldsendungen aus Husum hätte Storms sechsköpfige Familie (am 10. Juni 1855 wurde Storms Tochter Lisbeth geboren) in Potsdam nicht existieren können. Die Volontärzeit, in der er alle Rechtsabteilungen durchlaufen mußte, war zunächst auf sechs Monate veranschlagt; Storm mietete deshalb seine Wohnungen in Potsdam immer nur halbjährlich und mußte so schließlich drei Mal umziehen. Bereits zu Beginn des Jahres 1855 hoffte er erstmalig eine feste Anstellung in einer kleinen preußischen Provinzstadt zu bekommen, aber erst im Sommer 1856 während eines Besuches in Husum erreichte ihn die Nachricht, daß er zum Kreisrichter in Heiligenstadt ernannt sei.

Gerade dieser schwierige Neubeginn, fern der schützenden Heimat und ohne die Sicherheiten der angesehenen Honoratiorenfamilie im Hintergrund, ist für die Persönlichkeitsentwicklung des Mittdreißigers nicht zu unterschätzen: An dieser Stelle wäre Bollenbeck zu widersprechen, der annimmt, Storm komme bereits nach Preußen mit einer ausgebildeten Identität, mit »stabilen lebensordnenden Sinnelementen und einem hohen Selbstwertgefühl [...]« (Bollenbeck, 1991, S.128f.). Wir meinen, ähnlich wie bereits Stuckert (1955, S.63), daß das sichere Gefühl der eigenen Identität eine Errungenschaft der Potsdamer Jahre ist. Sie verändern nicht die nervöse Fragilität seiner psychischen Grunddisposition – Storms Briefe an seine Frau werden noch in der Heiligenstädter Zeit beherrscht von den bereits in den Brautbriefen zu beobachtenden Ängsten, verlassen oder nicht recht geliebt zu werden, von selbstquälerischen Phantasien, die zu Erschöpfungszuständen führen (vgl. dazu Kap. II.1.2.). Und er entwickelt hier auch keine neuen Wertvorstellungen. Aber Potsdam bringt Storm die Erfahrung, wirklich allein auf seine Kraft, »Intelligenz und Sittlichkeit« angewiesen zu sein und sich mittels dieser individuellen Fähigkeiten unter schwierigen Bedingungen behauptet zu haben (An Johann Casimir Storm, 10. Mai

1862, GB, Bd.1, S.399). Letzteres gelingt freilich nicht ohne Hypertrophierung dessen, was man Storms ›Bürgerehre‹ nennen könnte und was Fontane im Rückblick als »lokalpatriotische Husumerei«, als anmaßendes Provinzlertum belächelt (Fontane, Bd.XV, 1967, S.200). Storm bemerkte gerade in der preußischen Beamtengesellschaft, worin sein Persönlichkeitsideal bestand und was er hier ganz entschieden vermißte:

»[...] daß auch in den gebildeten Kreisen man den Schwerpunkt nicht in die Persönlichkeit, sondern in Rang, Titel, Orden und dergleichen Nipps legt, für deren auch nur verhältnißmäßige Würdigung mir, wie wohl den meisten meiner Landsleute, jedes Organ abgeht. Es scheint mir *im Ganzen* ›die goldne Rücksichtslosigkeit‹ zu fehlen, die allein den Menschen innerlich frei macht, und die nach meiner Ansicht das letzte und höchste Resultat jeder Bildung sein muß. Man scheint sich mir in Berlin mit der *Geschmacks*bildung zu begnügen, mit der Rücksichtnahme auf alle Factoren eines bequemen Lebens ungestört bestehen kann, während die Vollendung der sittlichen, der Gemüthsbildung in einer Zeit, wie die unsre, jeden Augenblick das Opfer aller Lebensverhältnisse und güter verlangen kann.« (An Fontane, 27. März 1853, F, S.26)

Bei seinem Insistieren auf »Intelligenz und Sittlichkeit« (An Johann Casimir Storm, 10. Mai 1862, GB, Bd.1, S.399), die sich nach seiner Auffassung in einer modernen Gesellschaft durchsetzen und somit den alleinigen Maßstab für die Beurteilung einer Persönlichkeit bilden sollten, vergißt Storm gelegentlich, wie stark er selbst bisher mit und durch den »Rang« seiner Familie gelebt hatte und wie intolerant, also wenig sittlich, seine »goldne Rücksichtslosigkeit« unter Umständen sein konnte. Zu Recht bemerkt Gerhard Baumann, daß »der Stolz und das Abgrenzungsbedürfnis gegenüber anderen Ständen [...] bei ihm als Bürger nicht weniger ausgeprägt« sei »als beim Adel«, dessen Exklusivitätsanspruch er in den Potsdamer und Heiligenstädter Jahren so vehement bestreitet (Baumann, 1994, S.129). Selbst Freund Brinkmann wird etwas später, 1863, in Storms Heimatverständnis ein aristokratisches Element entdecken: »Aber es wird da [in *Unter dem Tannenbaum*, R.F.] die Liebe zur Heimat zurückgeführt auf die Achtung, die man in der Heimat in Folge der Verdienste seiner Vorfahren genieße, also auf eine sehr aristokratische Grundlage.« (Brinkmann an Storm, 19. März 1863, Br., S.118). Storm hat diesen Einwand rundweg abgelehnt und darauf bestanden, daß das, was er in der Novelle *Unter dem Tannenbaum* (LL, Bd.1. S.616-618) beschrieben habe, eben »Heimathsgefühl« schlechthin sei (An Brinkmann, 4. April 1863, Br., S.122). Der Eindruck, den Fontane von Storm in jener Zeit gewann und den er in seinen autobiographischen Aufzeichnungen *Von Zwanzig bis Dreißig* festzuhalten suchte, wird von dieser Seite der Stormschen Selbstdarstellung entscheidend mitgeprägt: Aus dem Abnabelungsprozeß vom Heimatlichen und aus den Ängsten vor dem Selbstverlust in der ›Fremde‹ erwächst diese hochempfindliche, z.T. anmaßend wirkende Haltung Storms, die Fontane als das »sich selber immer ›Norm‹ sein« kritisierte und die Storm tatsächlich auf den verschiedensten Ebenen zum Ausdruck brachte, im politischen Disput, in den Fragen des Anstandes und des gesellschaftlichen Umgangs, in der Kindererziehung wie natürlich besonders in der Debatte über das Wesen von Lyrik (Fontane, Bd.XV, 1967, S.201).

Über das nicht unkomplizierte Verhältnis zwischen den zwei hochrangigen Dichtern des 19. Jahrhunderts, über ihre persönlichen und politischen Differenzen einerseits und die ambivalente Wertschätzung der Stormschen Dichtung durch Fontane andererseits, hat vor allem Goldammer die grundlegenden Aufsätze verfaßt (1968 und 1987); das Kapitel »Fontane und das literarische Berlin« in seiner Biographie bildet eine Essenz dieser Beschäftigung. In jüngerer Zeit, 1982 und 1992, sind Laages Arbeiten erschienen, zuletzt der ausführliche Vergleich der politischen Positionen der beiden Dichter. Desweiteren ist die Studie von Helmuth Nürnberger von 1993 hervorzuheben, die u.a. die Frage aufwirft, was Fontane veranlaßt haben mag, in seinem Storm-Porträt einen solch gewichtigen Gegensatz zwischen Storm und sich selbst aufzubauen, der »bei allen Unterschieden im einzelnen so nicht stimmt« (Nürnberger, 1993, S.48). Einen guten Überblick über die Dokumente dieser »kritischen Begegnung« bietet zudem Doris Rüeggs Dissertation von 1981.

Fontanes Hauptvorwurf in seinem Storm-Essay von 1896 (als Kapitel dann in *Von Zwanzig bis Dreißig*), der die Sicht von Intellektuellen auf Storm in der Folge bis in die Gegenwart (vgl. z.B. noch Günther Ebersold, 1981, S.7f.) wesentlich mitbestimmt hat, galt einer angenommenen Selbstüberschätzung Storms auf der Ebene seines politisch-historischen aber auch auf der seines ästhetischen Urteilsvermögens, die Fontane dezidiert aus Storms »Provinzialsimpelei« ableitete (Fontane, Bd.XV, 1967, S.208). Anhand einer Vielzahl von z.T. umwerfend komisch wirkenden Beispielen suggeriert Fontane dem Leser geradezu diese »lokalpatriotische[n] Husumerei« Storms (Fontane, Bd.XV, 1967, S.200) und entzieht sich und damit natürlich auch dem Rezipienten systematisch die Basis für sein zweites Werturteil über Storm, das er nirgends argumentativ stützt und nur in vereinzelt stehenden knappen Sätzen konzentriert, nämlich daß Storm für ihn ein Lyriker ersten Ranges war: »Es steht das alles auf vollkommen dichterischer Höhe«, schreibt er nur, oder: »[...] als

Liebeslieddichter steht Storm hoch über ihm [Geibel]« bzw. zu »*Trost*« mit den Anfangszeilen »So komm denn [...]«: »Worte, wie sie kein Dichter je schöner geschrieben hat.« (Fontane, Bd.XV, 1967, S.198, S.204, S.214).

In Fontane und Storm standen sich im Grunde zwei autarke Künstlerpersönlichkeiten gegenüber, deren inkommensurables Dichtertum sich aus sehr verschiedenen Quellen speiste, was bereits in den 50er Jahren absehbar war. Storm, selbst nie ein Balladendichter, gab in seiner Rezension der Fontane-Balladen (1855 im »Literaturblatt« des »Deutschen Kunstblattes«) z.B., gemessen an seinem eigenen Lyrikverständnis, ein geradezu vernichtendes Urteil ab, wenn er formulierte, daß man es hier mit »Gedankenpoesie« zu tun habe und daß in der »Natur des Dichters« »mehr Enthusiasmus als Innigkeit« zu finden sei (LL, Bd.4, S.358). Fontane selbst hatte ihm dieses Urteil jedoch gleichsam in die Feder diktiert, als er im Vorfeld der Besprechung am 14. Februar 1854 in einer an Storm gerichteten Selbstcharakteristik schrieb: »Am Innerlichen mag es gelegentlich fehlen, das Aeußerliche hab' ich in der Gewalt. Nur so wie ich die Geschichte als Basis habe, gebiet' ich über Kräfte die mir sonst fremd sind [...] Das Lyrische ist sicherlich meine schwächste Seite [...]« (Fontane an Storm, 14. Februar 1854, F, S.70). Daß er den »Stormschen ›Bibber‹« nicht besaß, hat sich Fontane später, in Verteidigung seiner künstlerischen Eigenart zugute gehalten (vgl. Fontane an seine Frau am 15. Juni 1883, FB, Bd.3, S.256); er muß darin aber durchaus etwas Ursprünglicheres gesehen haben, etwas, das er in sich selbst vermißte, denn – wie u.a. sein Brief an Storm vom 22. Mai 1868 bezeugt – die Stormsche Lyrik mit ihrer Intensität des Gefühls im Erlebnisaugenblick deckte bei ihm ein »Herzensbedürfniß«, das ihm, wie er betont, selbst Goethe, Schiller und Wieland nicht befriedigen konnten (Fontane an Storm, 22. Mai 1868, F, S.126). Nürnberger ist sicherlich darin zuzustimmen, daß Fontane die Auseinandersetzung mit Storm 1896 dazu gedient hat, seine »Selbstdefinition als Künstler« zu finden (Nürnberger, 1993, S.40). Und bereits Goldammer vertrat 1968 die Ansicht, daß der von Fontane entwickelte Vorwurf, Storm habe auf dem Gebiet der Dichtung sein poetisches Prinzip zum alleinigen Maßstab erhoben und andere daneben nur schwer gelten lassen, den Verfasser letztlich selbst traf. Aber wenn Fontane diese »Selbstdefinition als Künstler« acht Jahre nach Storms Tod nur gelang, indem er mit seinem hinreißenden und zugleich vernichtenden Witz vorrangig den politischen Standpunkt, den Lebensstil und den Charakter des Husumers während seiner Potsdamer Jahre ins Lächerlich-Provinzielle zog, ihn als Menschen und Zeitgenossen geradezu in heinescher Manier denunzierte, dann läßt das auch auf ein nicht geringes Ressentiment gegenüber diesem »Stormschen« schließen, das er nicht besaß und das er in den 50er Jahren – so belegen es die Briefe und die *Erinnerungen an Theodor Storm* – mit seinem sicheren Instinkt für das künstlerisch wirklich Bedeutsame anerkennen mußte. In diesen *Erinnerungen*, wohl niedergeschrieben 1888, kurz nach Storms Tod (vgl. Fontane, Bd. XXI/2, 1974, S.83-95) notierte Fontane: »Er war unzweifelhaft unter uns allen der künstlerisch Ausgereifteste, der lyrisch Feinfühligste und der Mutigste, weil er der *Sicherste* war.« (Fontane, Bd.XXI/2, 1974, S.95; übrigens kritisierte Wilhelm Jensen, 1899/1900, schon frühzeitig an Fontanes Storm-Essay von 1896 dessen allzu »›amüsante‹ Beleuchtung«, die nur dazu diene, »auf Kosten Storms den immer bereiten Lachreiz unwissender und gedankenloser Leser zu kitzeln, bei den ernsthaft Gesinnten eine unrichtige Vorstellung zu wecken.« Jensen, 1899/1900, S.501f.)

Von Anfang an wurde Storm also in Preußen als Künstler, vor allem als Lyriker anerkannt. Bereits bei seinem ersten Besuch in Berlin im Dezember 1852 kam er durch seinen Verleger Alexander Duncker (1813-1897) in Kontakt mit Berliner Literaten, die dem »Tunnel über der Spree« angehörten und die, wie Fontane rückblikkend meint, die erste Storm-Gemeinde bildeten. Zunächst lernte er den Herausgeber des »Deutschen Kunstblattes«, Friedrich Eggers (1819-1872) kennen; dieser wiederum machte ihn mit dem Kunsthistoriker Franz Kugler (1808-1858), vortragender Rat im preußischen Kultusministerium, und mit Theodor Fontane (1819-1898) bekannt, welcher bereits 1850 zusammen mit dem jungen Paul Heyse (1830-1914) die Lyrik des Schleswig-Holsteiners in den *Sommergeschichten und Liedern* bewundert hatte. Fontane und Kugler waren zunächst an einigen Storm-Beiträgen für das ab Oktober 1853 unter ihrer Redaktion erscheinende Jahrbuch »Argo« interessiert. Fontanes Brief vom 11. April 1853 zeigt dann, wie einhellig das Herausgeberkomitee von der Novelle *Ein grünes Blatt* künstlerisch überzeugt war, trotz der Diskussion über eine logische Ungereimtheit am Ende des Textes (vgl. Kap. II.2.1.1.). Die politischen Differenzen zwischen den königstreuen preußischen Beamten und dem schleswig-holsteinischen Patrioten, der im *»Epilog«* der Novelle Anklänge an republikanische Gesinnungen nicht scheute, wird aber genauso deutlich. Der *»Epilog«*, den die Herausgeber nicht auf ihre »Kappe« nehmen wollten, wurde gestrichen (vgl. Fontane an Storm, 11. April 1853, F, S.27-29; Laage, 1982, S.30f., verweist auf eine bis dato unbekannt gebliebene Fassung der 1. Strophe, die eine gemilderte politische Aussage enthält und eventuell auf die Einwände der Herausgeber zurückzuführen sind; vgl. dazu auch Lohmeier, 1982, S.47).

In der Berliner Dichtervereinigung »Tunnel über der Spree«, an dessen Sitzungen Storm einige Male teilnahm (er führte den Tunnelnamen »Tannhäuser«), kam er allerdings nicht so recht zur Geltung (vgl. zur »Tunnel«-Thematik: Fontane, Bd.XV, 1967, S.201-204; GW, Bd.1, S.45ff.; Laage, 1982, S.32; Jackson, 1992, S.79f., vor allem Berbig, 1992 sowie 1993). Im engeren Kreis des »Rütli«, von Kugler 1852 gegründet und »eine Art Extrakt des ›Tunnels‹«, wie Fontane bemerkt, fühlte sich Storm dagegen gesellschaftlich sicherer (Fontane, Bd.XV, 1967, S.206). Mitglieder waren u.a.: Kugler, Fontane, Eggers, Heyse, der Maler Adolf Menzel (1815-1905), der Kammergerichtsrat Wilhelm von Merckel (1803-1861) und der Gardeoffizier Bernhard von Lepel (1818-1885). Die Familiarität der Zusammenkünfte – häufig nahmen die Ehefrauen teil – erlaubte es zudem, daß Storms kleine, atmosphärisch dichte Kunstwerke (am liebsten las er Gespenstergeschichten) im Vortrag zu beeindruckender Wirkung gelangten. Die »Rütli«-Zusammenkünfte fanden in den Wohnungen der Mitglieder statt, offenbar häufig im Hause Franz Kuglers, aber auch einige Male bei Storm in Potsdam. Daß das Verhältnis Storms zu den Berlinern nicht ungetrübt blieb, dokumentiert Berbig, der darauf verweist, daß Storms »Ungewandtheit, das Geflecht sozialer und individueller Verknüpfungen ordnend zu durchschauen, um sich in ihm frei zu bewegen«, ihm manche Mißbilligungen der Freunde bescherte (vgl. Berbig, 1992, S.22). Auch beobachtet Berbig eine gewisse – bei Storm schon anderorts registrierte – Verkennung der »wirklichen Beziehungen« zwischen den Rütlionen und ihm, denn nur zu oft blieben seine dringlichen Bitten um den Besuch der Freunde unerfüllt (vgl. ebd., S.22 bzw. Berbig, 1993, S.117). Von den »Storm-Abenden« allerdings hat Fontane in unnachahmlicher Weise berichtet und vor allem die Erinnerung an Storms suggestive Vortragskunst bewahrt (vgl. Fontane, Bd.XV, 1967, S.204-206).

Storm gewann im Kugler-Kreis künstlerische Sicherheit und das nicht nur durch die Anerkennung seiner Texte durch die Berliner Literaten von Rang. Er fand hier auch immer wieder Gelegenheit, sein künstlerisches Selbstverständnis herauszuarbeiten, gerade in Abgrenzung von literarischen Modeerscheinungen, die man diskutierte, Geibel vor allem, Otto Roquette, Oskar von Redwitz, Gustav zu Putlitz, ausführlich Gustav Freytags Roman *Soll und Haben* (vgl. An Fontane, 14. Juni 1855). Es verwundert deshalb nicht, daß gerade in den Potsdamer Jahren die wenigen Besprechungen erschienen, die Storm, der niemals »Literaturkritiker aus Neigung oder gar aus Leidenschaft« war, in seinem Leben geschrieben hat (LL, Bd.4, S.810). Er faßte diese Beiträge auch eher als Freundschaftsdienste gegenüber den Autoren auf und noch mehr gegenüber dem »Rütli«-Freund Eggers, Herausgeber des »Literaturblatts« zum »Deutschen Kunstblatt«. 1854/1855 erschienen dort die unsignierten Artikel zu M. Anton Niendorf, *Lieder der Liebe*; zu Julius Rodenberg/Carl Heinrich Preller; *Des Knaben Wunderhorn*, 4. Band; Klaus Groth, *Hundert Blätter*; Hermann Kette, *Gedichte* und zu Theodor Fontane. Die Bedeutung der Besprechungen, vor allem der zu den Lyriksammlungen Niendorfs und Rodenbergs, liegt, wie u.a. Lohmeier betont, darin, »daß Storm in ihnen prägnant seine eigene Auffassung vom Wesen der Lyrik formuliert« (LL, Bd.4, S.810). Storm, so ist Lohmeier zuzustimmen, führte hier seine poetologische Selbstverständigung fort, die in seinem Briefwechsel mit Hartmuth Brinkmann begonnen hatte und in den Vorworten zu seinen beiden Anthologien gipfelte (vgl. zu Storms Literaturkritiken auch Bernd, 1968).

Gern erinnerte sich Storm später daran, daß er während der Potsdamer Zeit mit zwei von ihm sehr verehrten Dichtern in persönlichen Kontakt treten konnte: Im Hause Kuglers traf er Anfang 1854 den 65jährigen Josef von Eichendorff (1788-1857), der ihm schon zur Dichterlegende geworden war, und im August 1855 besuchte er zusammen mit seinen Eltern, die ihm diese Erholungsreise finanziell ermöglicht hatten, Eduard Mörike (1804-1875) in Stuttgart (zur Beziehung Storm-Mörike, vgl. Paulin, 1992, S.60-62, Bollenbeck, 1991, S.142). Seine Erinnerungen an den Besuch hat Storm 1877 in seiner Skizze *Erinnerungen an Eduard Mörike* (E: WM, 1877) festgehalten. Die Beziehung Storms zu Mörike ist im Grunde mit seinem Verhältnis zu Mommsen vergleichbar: Auch hier bewunderte und liebte Storm – seine Bewunderung galt der Gegenständlichkeit sowie den märchenhaften und mythischen Elementen von Mörikes Kunst; 1850 hatte er ihm seine *Sommergeschichten und Lieder* geschickt. Darüber scheint Storm aber zu entgehen, daß der Schwabe seiner behaglichen Vertraulichkeit in den Mitteilungen über Familieninterna eher reserviert gegenüberstand. Nach dem Besuch in Stuttgart hat Mörike auf die langen Storm-Briefe (mit Ausnahme des Kondolenzschreibens zu Constanzes Tod) nicht mehr geantwortet.

5. Heiligenstadt (1856-1864)

Nachdem sich Storm mit verschiedenen Gesuchen, im Juni 1856 sogar an den Minister persönlich gerichtet, um die ersehnte feste Anstellung im preußischen Justizdienst bemüht hatte, mußte ihm die Kreisrichterstelle im Eichsfelder Heiligenstadt als eine Art Lebenshafen erschienen sein. Im September 1856 konnte er die Familie nachholen in eine Wohnung am Kasseler Tor. Auf dem dort gelegenen Grundstück betrieb bereits Storms Bruder Otto eine Gärtnerei. Mitte Mai 1857 zogen die Storms dann nochmals um, und zwar in die Wilhelmsstraße, unweit der Arbeitsstätte des Kreisrichters gelegen, aber leider ohne den von Storm so geliebten Garten. Das Arbeitspensum erwies sich als erträglicher, wenn auch immer wieder Klagen laut werden, daß der Juristenberuf den des Poeten einschränkt; vgl. dazu den jüngst von Goldammer erstmals abgedruckten Storm-Brief vom 30. März 1858 an seinen ehemaligen Potsdamer Kollegen, den Kreisgerichtsrat Rudolf Hermann Schnee: »Die verfl- Acten werden mich doch vor der Zeit tödten; wer den Drang zu einer individuellen Lebensarbeit in sich fühlt, der muß an dieser geistigen Tagelöhnerei über kurz oder lang zu Grunde gehen.« (Goldammer, 1995, S.11f.).

Im Prinzip aber – so die einhellige Meinung der Biographen – begann für Storm in Heiligenstadt ein zwar nicht konfliktfreier, aber äußerlich beruhigter Lebensabschnitt mit klar umrissenen beruflichen Aufgaben, stabilen Familienbeziehungen und einer gefestigt erscheinenden Persönlichkeit des Autors. Sein Einkommen von 600 Talern jährlich reichte allerdings wiederum nicht für die große Familie. Er benötigte 1000 Taler und war somit weiterhin auf die väterliche Unterstützung angewiesen. Die Lebensweise der Storms gewann nun ihre endgültige Form, sie wird so mit nur wenigen Abweichungen bis zum Tod des Dichters beibehalten: Dazu gehörte ein intimer, für die Kunst des Hausherrn empfänglicher Freundeskreis, in dem er sich abends »durch ein Gespräch über allgemeine Bildungsgegenstände erholen« konnte (An Johann Casimir Storm, 12. April 1858, GB, Bd.1, S.343). Storm litt in den ersten beiden Jahren sehr darunter, daß sich ein solcher geselliger Umgang nicht ergeben wollte (vgl. An Rudolf Hermann Schnee, 30. März 1858, Goldammer, 1995, S.10; bzw. An Johann Casimir Storm, 12. April 1858, GB, Bd.1, S.343). Dazu gehörte weiterhin gerade sommers das Leben in der freien Natur, Besuchsreisen und der Empfang von Freunden. Im Zentrum stand jedoch immer das Beisammensein mit den Kindern und der Ehefrau, ein Familienleben, das Fontane bereits in Potsdam kennengelernt hatte und über das er in seinen Erinnerungen recht mokant berichtet (Fontane, Bd.XV, 1967, S.208). Storm liebte und zelebrierte geradezu die alltäglichen gemeinsamen Teestunden mit dem sausenden »alte[n] Husumer Teekessel«, dem »freundliche[n] Begleiter so manches mit Euch verlebten Leseabends«, wie er an die Brinkmanns schreibt (An Hartmuth und Laura Brinkmann, 24. März 1857, Br., S.113). Was aber in den Augen des Großstädters Fontane als spleenig-provinziell bzw. aus heutiger Sicht als biedermeierlicher Rückzug erscheinen könnte, benötigte Storm dringend zur Stabilisation seiner Persönlichkeit, um als Richter wie als Dichter arbeitsfähig zu bleiben. Vor allem die innige Zuwendung seiner Frau war ihm Lebenselixier, und so ist er noch 45jährig rührend bemüht, die äußeren Bedingungen für eine Intimität zu schaffen, die offenbar in der immer größer werdenden Familie schwer zu finden war (vgl. An Constanze Storm, 28. Juni 1862, BF, S.127ff.). Am 12. August 1860 wird hier Lucie, am 24. Januar 1863 Elsabe geboren. Storm war von dieser kleinen, intakten familiären Welt regelrecht abhängig und deshalb auch bereit, gegebenenfalls die Harmonie zu inszenieren, um an ihr gefühlsmäßig zu partizipieren. Man kann diesen Stormschen Inszenierungswillen bei seinen alljährlichen Schilderungen des Weihnachtsfestes – *dem* emotionalen Höhepunkt des Familienlebens – gut beobachten (vgl. zum Weihnachtsfest im Stormschen Hause, Eversberg, 1993, besonders das Nachwort, S.93-97). Weniger trat er bisher in dem von ihm vermittelten Bild seiner Kinder hervor. Zwar widmete Storm seinen Söhnen und Töchtern viel Interesse, Zeit und Zuneigung, und seine ambitionierten, antiautoritär zu nennenden Erziehungsmethoden erweckten bei seinen Potsdamer »Rütli«-Freunden günstigstenfalls indignierte Verwunderung (vgl. Fontane, Bd.XV, 1967, S.209). Storms bewußte erzieherische Bemühungen zielten auf ein zur damaligen Zeit ungewöhnlich progressives partnerschaftliches Verhältnis, »das die Individualität schon im Kind respektiert«. Aber, und hier ist Lohmeier zuzustimmen, »diese Partnerschaft ist nicht wirklich frei, sondern bleibt fremdbestimmt, weil sie mit einem ungeheuren Erwartungsdruck verbunden ist, den der Vater ganz unbewußt ausübt« (Lohmeier, 1993, S.98). Wie bereits an der Constanze-Beziehung beobachtet, wird das konzeptionelle Vorgehen Storms immer wieder von mehr oder weniger unbewußten, affektgeleiteten Interessen überlagert. Er ist auch bei seinen Kindern stets bereit, Realitäten zu leugnen, wenn diese nicht in das erwünschte und offenbar psychisch benötigte Bild paßten. Walter Hettche erwähnt in diesem Zusammenhang eine Episode aus den 80er Jahren, als Storm von »Lucie und Hans Storms idyllischem Geschwisterhaushalt in Frammersbach schwärmt, der in Wirklichkeit wegen Hans' Alkoholkonsum ein einziges Martyrium für Lucie war« (Hettche, 1995, S.42). Auch die leidvollen Aspekte des Schicksals der ältesten Tochter Lisbeth werden später verschwiegen; ihr Mann, der Pfarrer Gustav Haase, mußte u.a. wegen ehelicher Untreue seine Heiligenhafener Pfarrstelle aufgeben und konnte offenbar später, noch immer von den Behörden verfolgt, beruflich nie wieder recht Fuß fassen (vgl. Jackson, 1992, S.182f.). Am deutlichsten tritt jedoch Storms problematisches Verhalten in seiner Beziehung zu seinem Lieblingssohn Hans, dem Ältesten, hervor. Gerade über ihn hatte er von früh an unermüdlich und jedes Detail erschöpfend berichtet, vor allem an die befreundeten Brinkmanns. In seinem Brief an den Freund vom 18. Juni 1853 macht er sich geradezu ein Idealkind zurecht, ein alter ego, in dem er sich selbst entzückt spiegelt:

»Hans ist ein Knabe von wirklich idealer Schönheit; groß, schlank, mit den zartesten Zügen; und seine Augen, wenn die Seele in sie tritt – sonst ruhen sie wohl, – sind nicht bloß, was man gewöhnlich schöne Augen nennt; nein, es sind wunderbare Augen, in denen die Geister aus der Tiefe steigen. Und so ist sein Gemüth und seine Phantasie. Ich fürchte, das ist ein Poet; er haßt alles trockne Lernen, aber er schaut begierig um sich in der Natur, und nimmt Theil an dem Leben der Pflanzen und Thiere; wenn er einen Gedanken von Andern erhalten, so producirt er daraus hundert eigne; er geht in die Höhe und in die Tiefe, nicht in die Breite.« (An Hartmuth Brinkmann, 18. Juni 1853, Br., S.92).

Sieben Jahre später, in Heiligenstadt, ist aus dem Idealgeschöpf bereits das »Angstkind« (An Hartmuth Brinkmann, 7. April 1863, Br., S.124) geworden, das es bis zu seinem frühen Ende 1886 für den Vater bleiben wird. Aber erst Jacksons Publikation des Storm-Briefes an Constanze vom 18. September 1860, den Gertrud Storm in ihrer Briefedition wegließ, legt dies gänzlich offen:

»Als ich neulich ankam«, schreibt Storm an seine Frau aus Husum, wo sich Hans zur Erholung aufhält, »traten mir sofort und bald darauf die Schrullen unsres kleinen Hans so scharf und hartnäckig entgegen, seine sonderbare Eitelkeit, sein Hochmuth, sein Mißtrauen gegen die Menschen und sein Hang sich allein zu beschäftigen, daß mir der entsetzliche Gedanke kam: Liegen denn in dem Kinde vielleicht auch die Keime zu dem fürchterlichen Erdübel [sic!], was hie und da in der Familie aufgetaucht ist; – denn diese Sonderbarkeiten sind die Factoren des Wahnsinns.« (Jackson, 1992, S.124).

Die angstgeleitete Offenheit gegenüber seiner Frau findet ihren Kontrast in dem Bild von Hans, was Storm dann 1863 seinem Freund Brinkmann zu geben sucht: Zwar wirkt die Schilderung gegenüber der von 1853 viel gedämpfter, stellt aber, gemessen an den Realitäten, immer noch einen Euphemismus dar: Der »arme Hans« litt nun an »Nervenschwäche« und konnte, laut Storms Mitteilung, erneut »seit einem Vierteljahr die Schule« nicht besuchen; auch hatten ihn die Brinkmanns »leider« nur in seiner »wunderlichen Schaale« erlebt, und so schreibt Storm: » [...] dieß wunderliche Herz verbirgt seinen edlen Glanz unter allerlei äußerlichen Seltsamkeiten.«

Und »ohne grade vorzugsweise begabt zu sein«, zeige er doch »ein reges geistiges Interesse und dabei ein glückliches Gedächtniß«. (An Brinkmann, 7. April 1863, Br., S.124). Dafür ist nun Karl »eine entschiedne ganz originelle Künstlernatur, der Einzige von meinen Kindern, an dem ich bis jetzt dergleichen bemerkt« (An Hartmuth Brinkmann, 7. April 1863, Br., S.125). Und Ernst, »mit der prachtvollen Stirn und den blauen diamantnen Augen, aus denen die Begeisterung für Recht und rücksichtslose Wahrheit blitzt«, avanciert unterdessen zum »alter ego«, das den Vater »bis in die kleinste Regung meiner Seele ohne Laut versteht und mit hingebender Liebe an mir hängt [...]« (An Hartmuth Brinkmann, [Anfang März 1862], Br., S.115). Ob die spätere Antriebs-und Entschlußschwäche und das Suchtverhalten des Ältesten sowie die großen beruflichen Schwierigkeiten, die Karl, der Musiker und Klavierlehrer wegen seines schwachen Konzentrations- und langsamen Aneignungsvermögens bekam (An Ludwig Pietsch, 5. April 1870, Pie., S.195), auch in dieser problematischen Vaterbeziehung eine Ursache haben, müßte eine spezielle Untersuchung erweisen. Es ist freilich eine Tatsache, daß in Storms Familie psychische Erkrankungen nicht selten waren: Wohl 1858 mußte Storms Schwester Cäcilie in die Landesirrenanstalt Schleswig eingewiesen werden, Storms Tante Elsabe Esmarch, die Mutter Constanzes, desgleichen 1871. Aber bei der noch ausstehenden Analyse der Generationsproblematik im Stormschen Hause sollte nicht vergessen werden, daß Storm bereits im Sommer 1862 erstmalig mit einem Novellenstoff befaßt war, von dem er sagte, daß er »noch nie einen so guten gehabt« habe und der – wie in den 70er und 80er Jahren dann so oft – um die Schuld der Eltern am Tode ihres Kindes kreist. (An Constanze Storm, 28. Juni 1862, BF, S.125). Beim Entwickeln seines später nie ausgeführten Plans zu *Im Korn* (LL, Bd.4, S.285f.) fällt ein Satz auf, den der Vater beim Anblick seines toten Kindes äußert, und der geradezu signalhaft wirkt, da er Storm offenbar sofort zur Verfügung stand: »›Verhungert – mitten im Korn – in seines Vaters Reichtum.‹« (An Constanze Storm, 28. Juni 1862, BF, S.125). (Interessant wäre auch die von Storm beschriebene Situation, in der ihm der »Plan« zu dieser neuen Arbeit eingefallen war, nämlich beim Nachdenken darüber, wie er trotz seiner kleinen Kinder die eheliche Intimität mit Constanze wiederherstellen könnte: »[...] keinem meiner Kinder würde dadurch was verkürzt«, vgl. an Constanze Storm, 28. Juni 1862, BF, S.128).

Bereits Lohmeier hatte 1993 gefordert, sozialpsychologische Studien über die Entwicklung von Familienbeziehungen in der zweiten Hälfte des 19. Jahrhunderts zu erstellen, um auf dieser Folie einen thematischen Schwerpunkt des Stormschen Spätwerks exakter und differenzierter beurteilen zu können. U.E. sollten ideologiegeschichtliche sowie psychologische Studien über die konkreten Eltern-Kind-Beziehungen in der Storm-Familie diese Kontextanalysen begleiten, um der Deutung der novellistischen Texte selbst eine bessere Grundlage zu geben. Ernst Erichsens Arbeit von 1956 über die Beziehung zwischen Storm und seinem Sohn Hans ist leider ohne jegliche Quellenangabe und in den Urteilen überholt; man gewinnt jedoch allein durch die ausgebreiteten Materialien einen Eindruck von dem Leidensweg des überbesorgten, den Schwächen der Söhne oft geradezu hilflos ausgeliefert erscheinenden Vaters (vgl. auch Kap. I.6.2.).

Der Alltag der Storms, die sich trotz permanenter Geldnöte und ewiger Sparsamkeit ganz selbstverständlich zur Honoratiorenschicht der Stadt zählten, wurde durch bescheidene Freuden unterbrochen, die auch immer wieder Gegenstand von Briefen in die Heimat sind: Das »Singkränzchen«, das Storm hier gründete, (An Johann Casimir und Lucie Storm, 26. März 1859, GB. Bd.1, S.367) entwickelte sich unter seiner Leitung zu einem »beachtlichen gemischten Chor«, »dessen öffentliche Konzerte einen hervorragenden Platz im kulturellen Leben der Stadt einnahmen« (Goldammer, 1995, S.13); auch trafen sich etwa zwanzig der »ersten Familien« zu dem sogenannten »Römischen Abend«, einer harmlosen Geselligkeit bei Tee und Kuchen (An Lucie Storm, 9. Dezember 1861, GB, Bd.1, S.390). Storms Bruder Otto (1826-1908), der Gärtner, wurde gleichfalls hinzugezogen, er litt jedoch unter der Angst, durch den eingebildeten oder tatsächlichen Bildungsdünkel der in dieser Gesellschaft vorherrschenden Beamten herabgesetzt zu werden. Storm hatte für das Ressentiment seines Bruders, einer »bis zum Wahnsinn gesteigerten Leidenschaft« (An Lucie Storm, 9. Dezember 1861, GB, Bd.1, S.391), die sich schließlich gegen ihn selbst, den Kreisrichter, richtete, wenig Verständnis. Er entwickelte sonst einen überfeinen Sinn für gesellschaftliche Wertschätzungen und reagierte hochempfindlich gegenüber Insolenzen. Allerdings glaubte er die wohl vorrangig in Adelskreisen vorzufinden. Jackson (1992, S.95) erörtert diesen ›Fall‹ sowie den Ideologiecharakter von Storms Bildungsideal in diesem Zusammenhang.

Neben den Geselligkeiten sind es Ferienreisen in die Heimat und Besuche von Freunden, die in den Alltag Abwechslung bringen. Der Maler Nikolai Sunde (1823-1864), Freund des Bruders Otto und Husumer Kapitänssohn, ist zu erwähnen, das Vorbild für den Maler Edde Brunken in der Novelle *Eine Malerarbeit*. Er fertigte hier 1857 die Porträts von Storm und Constanze an. Ein früherer Kommilitone, Obergerichtsadvokat Becker (1818-1884) aus Oldenburg kam auf Storms Einladung hin, der Schwager Stolle (1818-1893), die Brüder Johannes und Aemil Storm (1824-1906 bzw.1833-1897) sowie die Schwestern Constanzes, auch Hermann Schnee (1840-1926), Sohn des mit Storm befreundeten Potsdamer Kreisgerichtsrats und mögliches Vorbild für den Pflegesohn des Edde Brunken in *Eine Malerarbeit* (über das Verhältnis Storm-Hermann Schnee und über sein Interesse an dem Maler Christian Rohlfs, vgl. Goldammer, 1996). Ein Licht auf Storms Verhältnis zum Judentum wirft seine Bekanntschaft mit Ludwig Loewe (1837-1886), Kaufmann und Maschinenbauunternehmer und als Anhänger der Fortschrittspartei 1864 Stadtverordneter in Berlin sowie später Mitglied des Deutschen Reichstags (zum Verhältnis Storm-Loewe, vgl. Lohmeier, 1994; Bollenbeck, 1991, S.175). Ein dauernder Freund, dem er brieflich verbunden bleibt, erwuchs Storm in dem Schriftsteller und Zeichner Ludwig Pietsch (1824-1911), den Storm als Illustrator seiner *Immensee*-Ausgabe bereits 1856 kennen- und als Künstler und Mensch schätzengelernt hatte. In den Sommern 1861, 1862 und 1863 besuchte er die Storms auf dem Eichsfeld. Pietsch gehört auch zu den wenigen Zeugen der Heiligenstädter Jahre Storms, die in ihren Erinnerungen diese Zeit festgehalten haben (vgl. Pietsch, 1868/69, 1888, 1893/94; Goldammer, 1995, S.20f.).

Der bedeutendste Mensch für Storm in Heiligenstadt war jedoch der damalige Landrat Alexander von Wussow (1820-1889), zu dem er ab April 1858 in näheren und bald sehr familiären Kontakt trat; d.h., die Ehepaare trafen sich zweimal wöchentlich zum Tee, plauderten, lasen vor und musizierten, Wussow zeichnete. Der Landrat, »ein Mann von umfassender Bildung, voll von Gedanken und Anregungen; auch in den Künsten wohlerfahren, ein durchgebildeter Landschaftszeichner, voll lebhaftesten Interesses für Poesie«, war offenbar der ideale Gesprächspartner für Storm (An Ernst und Elsabe Esmarch, 9. Dezember 1858, Es., S.67). Nicht allein, daß er sich schließlich für Mörike enthusiasmierte, für Storm gleichsam die Nagelprobe eines feineren Kunstgeschmacks. (Der schwärmerisch-überschwängliche Brief Wussos an Mörike über die Lektüre von *Mozart auf der Reise nach Prag* vom 3. Februar 1859 findet sich in der Briefausgabe Storm-Mörike, S.69 ff.; die spätere Korrespondez Storms mit Wussow gilt als verschollen.) Mit dem tiefsinnigen Juristen aus einer angesehenen preußischen Aristokratenfamilie und mit dessen adelsstolzer Frau Anna ließ sich Storm auch gern auf einige seiner Lieblingsdebatten ein, über »Adel und Kirche«, »die zwei wesentlichen Hemmnisse einer durchgreifenden sittlichen Entwicklung unsres sowie andrer Völker« (An Lucie Storm, 9. Dezember 1861, GB,

Bd.1, S.392) sowie über die ›letzten Dinge‹, Anfang und Ende des Daseins.

Storms Weltanschauung beruhte nie auf intensiven Studien einzelner Philosophen, Historiker, Naturwissenschaftler etc. Eher eine Ausnahme stellt z.B. seine Heiligenstädter Lektüre von Schlossers *Geschichte des 18. Jahrhunderts* dar. Aber die Gespräche mit gebildeten Freunden bzw. die Lektüre von Zeitungen und Zeitschriften vermittelten ihm die Diskurse seiner Zeit, aus denen er die ihn elementar interessierenden Fragen herausfilterte. (Bollenbeck, 1991, S.176-185 sowie Jackson, 1992, S.104-114 erörtern ausführlich die verschiedenen Aspekte von Storms weltanschaulicher Orientierung in jenen Jahren: politische und moralische Grundsätze, religions- und sozialkritische Überzeugungen sowie die sich andeutende Überformung seines Natur-und Lebensbegriffs durch moderne naturwissenschaftliche Theoreme). Jackson (1992, S.102) nennt u.a. die Zeitungen, die er in Heiligenstadt las, nicht aber, weil offenbar nicht genau festzustellen, die Literatur- und Familienzeitschriften, in deren Spalten er in anspruchsvollen, jedoch populär gehaltenen Aufsätzen den philosophischen wie den neuesten naturwissenschaftlichen Diskurs verfolgen konnte. In der »Gartenlaube« z.B., in der Storm 1862 in Nr.10 bis 12 die Novelle *Im Schloß* veröffentlichte, erschien in Nr.6 1861 eines der frühesten Zeugnisse der Aufnahme von Darwins Theorie in deutschen Literaturzeitschriften, das zugleich eine explizite Darstellung des Selektionsgedankens enthält, Ludwig Büchners Aufsatz »Das Schlachtfeld der Natur oder der Kampf um's Dasein«. Wir wissen von Storms weltanschaulicher Entwicklung, daß sich das an Feuerbach angelehnte Lebensverständnis, sein Liebes- und Augenblickskult sowie seine Individuumsauffassung, spannungsreich mit Paradigmen verband, die in den Darwinismusdiskurs der Zeit gehören. Und dieser wird in den Literatur- und Familienzeitschriften getragen von Naturwissenschaftlern wie Karl Vogt, Ludwig Büchner und Ernst Haeckel, die neben ihren biologischen Forschungen auch philosophisch ambitioniert waren. In den Novellen *Im Schloß* und *Abseits* sowie in der Sammlung Spukgeschichten *Am Kamin* und in dem Märchen *Bulemanns Haus* tauchen erstmals Anklänge an ein an Darwin orientiertes Naturverständnis auf. Zwar ist Bollenbeck zuzustimmen, daß diese Naturauffassung in den 60er Jahren im Grunde noch nicht durchschlägt, daß »die Natur [bei Storm] weder im Alltag noch in der Literatur an Stimmungswert« verliert (Bollenbeck, 1991, S.179). Für die Novellistik der 70er und 80er Jahre trifft dies jedoch in dem Maße nicht mehr zu. Storms charakteristisches, quälendes Zeitstromempfinden z.B. wird dann durch die Verbindung mit dem darwinistischen Gedanken, daß Leben auch als ein ununterbrochen wirkender Vernichtungsprozeß zu verstehen ist, eine neue Qualität gewinnen. Unbestritten ist auch die zunehmende Vitalisierung seiner Novellenfiguren, deren Abhängigkeit von einem differenziert erfaßten Affektleben; letzteres klingt bereits in der Tiermetaphorik von *Bulemanns Haus* an (vgl. auch Kap. I.6.3).

Gefestigt haben sich im katholischen Heiligenstadt Storms Antiklerikalismus und die religionskritischen Überzeugungen, die er deutlich in seiner Novelle *Veronica* vorträgt (vgl. Kap. II.2.3.2. bzw. Jackson, 1992, S.104-110). In seinem Nachdenken über Gott, Tod und Unsterblichkeit wie vor allem in seiner Adelskritik gelangt er hier zu einer letzten, schließlich beibehaltenen Position, wie die Novelle *Im Schloß* signalisiert, die das Resümee einer weltanschaulichen Entwicklung in Hinsicht auf Religion und Standesbewußtsein enthält (vgl. dazu Kap. II.2.3.2. bzw. Jackson, 1989).

Auch seinen politischen Standpunkt konnte Storm neben dem preußenbegeisterten Monarchisten Wussow behaupten. Einer spezifischen Staatsform hing er ja niemals an. Kern des politischen Menschen Storm bleibt (vgl. auch Kap. I.3.1.) eine Art Gesinnungsethik, die er selbst in dem Satz zusammenfaßte, »unter schwierigen Verhältnissen das auch« tun, was man »für Recht erkannt hat. Das hat mit Demokratie oder Monarchie (der Gegensatz ist hier aber das verrottetste Junkertum) nichts zu tun.« (An Johann Casimir Storm, 10. Mai 1862, GB, Bd.1, S.399). Der Anlaß für diese Äußerung gegenüber dem Vater war eine Verfügung des preußischen Innenministers von Jagow anläßlich der Wahlen zum Abgeordnetenhaus am 31. März 1862, in der den Justizbeamten im Grunde ein regierungsfreundliches Verhalten nahegelegt wurde. Storm bezeichnete diese Aktion als »eine grobe Unsittlichkeit«, als einen »öffentliche[n] Demoralisationsversuch des Beamtenstandes« (ebd., S. 398) und versuchte, seine Kollegen für einen gemeinsamen, öffentlichen Protest zu gewinnen (vgl. über den Zusammenhang dieses Vorfalls mit Entwicklungen der preußischen Innenpolitik, Eversberg, 1990, der auch S.71 die Preußische Ministerial-Verfügung vom März 1862 abdruckt).

Hineingerissen in das politische Leben wurde Storm durch die sich erneut zuspitzenden Auseinandersetzungen um Schleswig-Holstein im Jahr 1863. Einen guten Überblick über seine Reaktionen auf die politischen Ereignisse gibt wieder Löding (vgl. bereits Kap. I.3.1.). Er analysiert die Briefzeugnisse sowie die einschlägigen künstlerischen Texte (die Novellen *Unter dem Tannenbaum*, *Abseits*, sowie u.a. die Gedichte *»Gräber in Schleswig«*, *»Es gibt eine Sorte«*, *»<Schleswig-Holsteinische Hoffnungen>«*) im differenziert dargestellten politischen Kontext der Zeit und vermeidet vorschnelle Wertungen (vgl. zu diesem Abschnitt auch Jackson, 1992, S.129-134 und Bollenbeck, 1991, S.209-224).

Die Ereignisse um Schleswig-Holstein kulminierten Ende 1863, als der neue dänische König Christian IX. unter dem Druck der bedrohlichen nationalen Stimmung in Kopenhagen am 18. November eine Verfassung bestätigte, die praktisch die Inkorporation Schleswigs beschloß, dies entgegen dem »Londoner Protokoll« vom 8. Mai 1852. Parallel dazu proklamierte Prinz Friedrich von Augustenburg seinen Regierungsantritt in dem als selbständig verstandenen Schleswig-Holstein, hierin zunächst unterstützt vom Deutschen Bundestag, nicht aber von Preußen, das zusammen mit Österreich gegen diese Ausrufung intervenierte.(Zu den komplizierten politischen Konstellationen Ende 1863, vgl. auch Jackson, 1984, S.21f.)

Bereits die als Auftragswerke für die »<Leipziger> Illustrirte Zeitung« geschriebenen Weihnachtsgeschichten *Unter dem Tannenbaum* und *Abseits*, am 20. Dezember 1862 bzw. am 19. Dezember 1863 erschienen, ließen erkennen, daß Storms Ablehnung der dänischen Besetzung in den zurückliegenden Jahren nicht geringer geworden war. Im Gegenteil, vor allem die Novelle *Abseits* zeigt, daß die Aversion gegen die »Gewalt des fremden Nachbarvolkes« (LL, Bd.1, S.619) sowie die Verklärung des Lebens in der Heimat vor der Besetzung bei ihm – ohne daß neue, differenzierende Erfahrungen hinzugekommen wären – zu einem festen Topos geworden ist. Löding hierzu:

> »Für mit der tatsächlichen Entwicklung in den Herzogtümern nicht vertraute Leser mußte sich, [...], zwangsläufig das Bild einer gewaltsam aufrechterhaltenen ›Fremdherrschaft‹ in Schleswig ergeben, wobei selbst die ›eiderdänische‹ Politik Tillischs und Regensburgs im Falle der Sprachreskripte eine über ihre tatsächliche Auswirkung noch hinausgehende, bedrohlichere Gestalt annahm. Diese Novelle ist gewissermaßen auch ein Beispiel dafür, wie die an sich weitgehend erfolglose ›Redanisierungspolitik‹ gerade der nationalen Stimmung auf schleswig-holsteinisch-deutscher Seite ungewollt Vorschub leistete.« (Löding, 1985, S.111; zu den Sprachverordnungen sowie zu der Schleswig-Frage aus dänischer Sicht, vgl. Friese, 1996).

Gleichsam selbstverständlich hing Storm deshalb Ende 1863 der Sache des Augustenburgers an, der unterstützt durch die Präsenz von Bundestruppen Ende Dezember 1863 in Holstein eintraf. Bismarcks Festhalten am »Londoner Papier« dagegen löste nicht nur bei Storm stärkste Antipathien aus. An seinen Vater schrieb er am 5. Dezember 1863: »Und wie jetzt Alles in Deutschland, was noch begeisterungsfähig, mit Herz und Hand für uns einstehen will, so bin auch ich, meiner Heimat treuester Sohn, mit einem Liede in diesen heiligen Krieg gezogen, was hoffentlich in den ersten Tagen schon in viele tausend Herzen schlagen wird.« (An Johann Casimir Storm, 5. Dezember 1863, BH, S.208). Storm hatte am 2. Dezember das Gedicht *»Schleswig-Holsteinische Gräber«* (später *»Gräber in Schleswig«*, LL, Bd.1, S.83f.) an Keils »Gartenlaube« geschickt (es erschien in Nr.51, 1863), erstmals mit deutlicher agitatorischer Absicht. Er rechnete damit, daß die Zeitschrift mit einer Auflage von 130 000 Exemplaren seinen Aufruf für den »heiligen Krieg« die gewünschte politische Breitenwirkung geben sollte. Im Gedicht selbst wird eine Schicksalssituation beschworen, in der die Chance zu einer gleichsam österlichen Auferstehung des Landes vorhanden ist (der Bezug zu seinem 1848 entstanden Gedicht *»Ostern«* ist überdeutlich). Gleichzeitig besteht die Angst, daß man es nicht wagen wird, das »Londoner Papier« »zu heben« (LL, Bd.1, S.83). Der Aufruf zum Kampf »für das Vaterland« (ebd.) gilt deshalb den Toten der verlorenen Schlachten bei Idstedt, was nach Löding einer massiven Kritik an dem zögerlichen Verhalten der deutschen Staaten gleichkommt (Löding, 1985, S.115). Daß Storm im übrigen die Erbrechtsansprüche des Herzogs von Augustenburg nur als »Mittel zum Zweck« ansah, zeigt Löding (ebd., S.117) an dem Gedicht, das Storm seinem Vater am 21. Dezember 1863 mitteilte, am 18. Januar auch Brinkmann: *»<Schleswig-Holsteinische Hoffnungen>«*. In diesen Versen, die Storm allerdings nicht veröffentlichte, verknüpft er seine Vorstellung von einem zukünftigen Schleswig-Holstein eng mit seiner politischen Grundüberzeugung, der notwendigen Abschaffung der Adelsprivilegien: »Der Junker muß lernen den schweren Satz, /Daß der Adel in unsern Zeiten/ Zwar allenfalls ein Privatplaisir, /Doch sonst nichts hat zu bedeuten.« (LL, Bd.1, S.264). Seine Ablehnung der »feudale[n] Canaille« (An Hartmuth Brinkmann, 18. Januar 1864, Br., S.134) gewann zu diesem Zeitpunkt geradezu leidenschaftliche Schärfe (vgl. dazu auch Jackson, 1984, S.26).

Am 1. Februar 1864 begann der Krieg zwischen Preußen/Österreich und Dänemark, denn Bismarck hatte seinerseits Dänemark das Ultimatum gestellt, die »Novemberverfassung«, die im Widerspruch zum »Londoner Protokoll« stand, zurückzunehmen. Dänemark verweigerte dies und so überschritt das preußisch-österreichische Heer die Eider und zwang die Dänen zum Rückzug (hochinteressant auch hier wieder die Darstellung des Krieges aus dänischer Sicht, vgl. Friese 1996, S.34ff). Storm, während dieser ganzen Zeit in dauernder und höchster Erregung – an Röteln erkrankt schrieb er in den zurückliegenden Wochen an den Märchen (vgl. Kap. II.2.4.) –

wünschte trotz geringer Hoffnung auf ein selbstständiges Schleswig-Holstein, daß »die Möglichkeit der Heimkehr gegeben« sei. (An Johann Casimir und Lucie Storm, 8. Februar 1864, BH, S.212). Und dies war bald der Fall. Denn, nachdem der »bisherige dänisch gesinnte Landvogt [in Husum, R.F.] abgesetzt worden war, wurde Theodor Storm (ohne sein Wissen, aber wohl, nachdem man bei seinem Vater nachgefragt hatte) vor versammeltem Volk zum Landvogt gewählt.« (Laage, 6. erw. u. überarb. Aufl. 1993, S.47). Am 8. März wird diese demokratische Wahl von der obersten Zivilbehörde bestätigt. Die genaueren Umstände von Storms Heimkehr, die bereits am 12. März nach der Bestätigung seiner Entlassung aus dem preußischen Justizdienst erfolgte, erörtert Jackson (1984) sehr differenziert durch die Einbeziehung vieler wenig bekannter Briefzeugnisse. Er verweist darauf, daß es Storm bei allem Enthusiasmus für die ›Befreiung‹ Schleswig-Holsteins nicht leicht gefallen ist, in die Heimat zurückzukehren, wo durchaus nicht klar war, ob nicht bei einem etwaigen erneuten politischen Machtwechsel für ihn die nochmalige Vertreibung drohte. Storm versuchte deshalb – nach einer Beratung mit dem Vater in Husum im Februar, – vom preußischen Justizminister eine Beurlaubung zu erlangen bzw. die »Aussicht auf etwanigen Wiedereintritt« (An Ernst Esmarch, 19. März 1864, Es., S.99). Der Minister lehnte jedoch rundweg ab.

Und so faßte Storm den Entschluß, die gesicherte Stellung in Heiligenstadt aufzugeben: »Nach reiflicher Überlegung kann ich keinen andern Weg finden, zumal die Meinigen ganz mit mir einverstanden sind. Was danach geschehen möge, meine Frau und ich sind auf Alles gefaßt und werden es, ohne zu bereuen, auf uns nehmen.« (An Theodor Mommsen, 4. März 1864, Mo., S.120f.).

6. Husum (1864-1880)

6.1. Politische Entwicklungen

Am 18. März 1864 trat Storm sein Amt als Landvogt innerhalb der schleswig-holsteinischen Selbstverwaltung an und war damit der höchste Verwaltungs-und Justizbeamte des Landkreises Husum mit einem Einkommen von über 2000 Reichsthalern jährlich. Beruflich stand er damit auf dem Höhepunkt seiner Karriere:

»[...] mein Amt gibt mir eine sehr selbständige und angesehene Stellung und ist mir in der ganzen Tätigkeit, die ich zu entwickeln habe, sehr lieb. Ich komme als Obervormund, Polizeimeister, Kriminal- und Civilrichter viel mehr in rein menschliche Berührung, als dies in meiner frühern Stellung der Fall war, und dabei liegt fast alles ganz in meiner Hand. Auch wird mir, wenn alles nach Wunsch sich entwickelt, Zeit und Behagen zu poetischen Produktionen nicht fehlen.« (An Ludwig Pietsch, 30. April 1864, Pie., S.119).

Die Familie richtete sich im neu erworbenen Haus, Süderstraße 12, ein, zu dem endlich auch wieder ein Garten gehörte, in dem die »reine Sommerlust« zu genießen war. (An Ludwig Pietsch, 10. Juli 1864, Pie., S.123). Das im Hof gelegene Waschhaus wird zur Amtsvogtei ausgebaut, in der Verhandlungen geführt werden können. Der knapp 47jährige scheint an seinem Lebensziel angelangt zu sein. Freilich beunruhigten die politischen Entwicklungen in Schleswig-Holstein. Von den militärischen Auseinandersetzungen wurden die Husumer zwar weniger berührt, aber der mit der augustenburgischen Bewegung sympathisierende Storm mußte bald erkennen, daß die Großmächte keineswegs an einem selbständigen Schleswig-Holstein interessiert waren. Noch in den am 29. Mai 1864 verfaßten Versen *»1864«* (LL, Bd. 1, S.84) vermeint Löding (1985, S.122) die Selbstüberschätzung der augustenburgischen Bewegung herauszuhören, die die Großmächte in den Dienst ihrer Sache zu zwingen glaubte (vgl. zu den komlizierten politischen Konstellationen im Lande auch Lohmeier, 1982, S.45f.). Im Großen und Ganzen aber hält sich Storm skeptisch zurück, hat sich »weder den Kommissären noch dem Herzog vorgestellt; es ist so was von instinktiver verbissener Opposition nach allen Seiten in mir« (An Ludwig Pietsch, 12. Juli 1864, Pie., S.124). Am 30. Oktober 1864 wird der »Wiener Frieden » geschlossen, in dem der dänische König zugunsten Österreichs und Preußens auf die Herzogtümer verzichtete. Damit wurde das Schicksal Schleswig-Holsteins direkt in den Kampf der beiden Staaten um die Vorherrschaft in Deutschland eingebunden; sie verwalteten die Herzogtümer zwar zunächst gemeinsam, verfolgten dabei aber bereits energisch ihre Großmachtinteressen: Österreich, indirekt den Augustenburger unterstützend, indem es gegen die antipreußische Agitation nichts unternahm, um die deutschen Mittelstaaten als Verbündete zu gewinnen, Preußen, indem es die »kleine, aus dem Umkreis des ›Nationalvereins‹ stammende Gruppe der ›Nationalen‹« unterstützte, »die sich vom Augustenburger abgewandt hatte« und die »den Anschluß an Preußen forderte« (Löding, 1985, S.123). (Die »Konvention von Gastein« vom 14. August 1865 stellte dann Schleswig unter preußische, Holstein unter österreichische Verwaltung.) Noch lange vor der Eskalation der Spannungen zwischen Preußen und Österreich im sogenannten »Deutschen Krieg« von 1866 war die von Storm so befürchtete preußische Annexion abzusehen; mit dem »Prager Friedensvertrag« vom 23. August 1866, der den Krieg Preußens gegen Österreich beendete, wurde sie besiegelt. Storm hat sich mit den politischen Entwicklungen im Lande schweren Herzens abgefunden; öffentlich protestiert dagegen – wie noch 1849 – hat er nicht mehr. Als der Freund Ludwig Pietsch ihn am 22. Dezember 1864 vor einer möglichen Ungnade im preußischen Justizministerium warnte, verursacht eventuell durch proaugustenburgische Bekundungen Storms, antwortete dieser ihm, daß er sich politisch gänzlich zurückgehalten und sich nur mit der Amtsführung beschäftigt habe. Die Angst vor einer erneuten »Austreibung« saß bei ihm tief. (An Ludwig Pietsch, 27. Dezember 1864, Pie., S.141). Nur noch in privaten Briefen brachte Storm im Laufe dieser Jahre seine zunehmende Verbitterung gegen den Umbau des Landes zur preußischen Provinz zum Ausdruck. Dabei konzentrierte sich seine ablehnende Haltung gegen Preußen zum einen auf den immer wieder bemühten Topos von der »freche[n] Junkerherrschaft« (An Ludwig Pietsch, 27. Dezember 1864, Pie., S. 141): »[...] das jetzige Junkerregiment erregt mir ein Allgemeingefühl, als sei ich mit allen Meinigen lediglich an Gewalt und Zufall preisgegeben, [...]« (An Ludwig Pietsch, 12. März 1867, Pie., S.174). (Vgl. zu Storms Preußenhaß auch Löding, 1985, S.126: »Diese Ablehnung der in seinen Augen moralisch nicht gerechtfertigten Vorrangstellung des Adels war der eigentliche Grund seiner Verurteilung der Verhältnisse in Preußen, seiner immer wieder erhobenen Forderung nach einer Beteiligung der Bürger an der staatlichen Verantwortung auf Kosten des Adels [...]«). Zum anderen bedeutete es eine wirkliche tiefe Kränkung für einen Schleswig-Holsteiner, der wie Storm der Idee der Selbstverantwortlichkeit so stark verbunden war, als die Justizreform vom 28. Januar 1867 zur Übernahme von preußischen Gesetzen zwang und zudem preußische Beamte ins Land kamen »[...] mit der deutlich zur Schau getragenen Absicht«, »uns höhere Einsicht und preußischen Gehorsam beizubringen« (An Ludwig Pietsch, 30. Januar 1867, Pie., S.173). Gegenüber dem Freund resümierte er dann nochmals am 16. August 1867 seine Stimmung und die des Landes:

»Und obgleich nun die Preußen gewiß alle Ursache haben, in Schleswig-Holstein bescheiden aufzutreten, ich meine nicht allein wegen der Art, wie sie unser Land erworben oder vielmehr erschlichen, sondern auch weil wir zum geistigen Leben der Nation ein Kontingent gestellt, wie kaum ein verhältnismäßiger Teil von Preußen, so kommt doch jeder preußische Beamte,[...], mit der Miene eines kleinen persönlichen Eroberers und als müßte er uns die höhere Einsicht bringen, hierher. Die naive Roheit dieser Leute ist unglaublich, und sie helfen wacker die Furche des Hasses vertiefen, die das Verfahren der preußischen Regierung in die Stirn fast jeden rechten

Mannes hier gegraben hat.« (An Ludwig Pietsch, 16. August 1867, Pie., S.176; ausführlich zur Annexion Schleswig-Holsteins durch Preußen und zu Storms Reaktionen darauf auch bei Jackson, 1992, S.129-134 u. S.137-150).

Zu diesem Zeitpunkt war das traditionsreiche Amt des Landvogtes in Schleswig-Holstein bereits aufgehoben worden. Die preußische Justizreform stellte Storm vor die Entscheidung, entweder das erst geschaffene Amt eines Landrats zu übernehmen oder Amtsrichter zu werden. Storm entschied sich für letzteres in der Hoffnung, hier weniger der Gefahr ausgesetzt zu sein, »in Überzeugungskonflikte zu geraten« (An Ludwig Pietsch, 16. August 1867, Pie., S.177; Storms Verhältnis zu den verschiedenen Rechtseinrichtungen erörtert auch Segeberg, 1992, im Vorfeld seiner Interpretationen von *Draußen im Heidedorf* und *Ein Doppelgänger*). Die finanzielle Situation Storms war, so die neueren Forschungsergebnisse, nicht so problematisch, wie er sie selbst darstellte bzw. seine Biographen bis dato. L. Müller (1985) eruierte, daß das Gehalt als Amtsrichter schließlich »nominal gesehen sogar sein[en] finanziellen Status quo von vor dem 1. November 1866« wiederhergestellt habe, also ca. 6000 Mark betrug (vgl. L. Müller, 1985, S.51). Damit kam die Familie allerdings nicht aus, Storm benötigte etwa 6500 bis 7000 Mark jährlich. Deshalb sah er sich auch gezwungen, das mit Gasbeleuchtung ausgestattete Parterre seines erst im Oktober 1866 neu bezogenen Hauses in der Wasserreihe 31 zu vermieten und sich mit den Räumen in der oberen Etage zu begnügen.

6.2. Familiäre Krisen

Den künstlerisch produktiven Jahren ab 1870 ging eine Schaffenskrise voraus, deren unmittelbarer Anlaß Constanze Storms unerwarteter Tod war. Mit gerade 40 Jahren starb sie – körperlich schon längst erschöpft nach ca. 12 Schwangerschaften – am 20. Mai 1865 nach der Geburt ihres siebenten Kindes Gertrud am Kindbettfieber. Storm hat den Tod seiner Frau in einer Reihe von Briefen an Freunde beklagt; am ergreifendsten aber hat er die Bedeutung, die Constanze für ihn hatte, in dem viel zitierten Brief an Tycho Mommsen ausgedrückt:

»[...] sie war nicht allein und immer mehr meine Geliebte in des Worts verwegenster Bedeutung; wenn die Welt mich kränkte und schlug, dann flüchtete ich zu ihr wie ein Kind zur Mutter, und an ihrem klaren und sichern Herzen fand alles trostreiches Ende; die stille Gewalt ihres schlichten und edlen Wesens gab mir in allen Dingen, wofür sie mit mir eintrat, eine Überlegenheit, die über meine eigene Kraft hinausreichte.« (An Tycho Mommsen, 28. August 1865, GB, Bd.1, S.471)

Am angemessensten, weil nüchternsten, beurteilt u.E. Bollenbeck die Bedeutung von Constanzes Tod für Storm, wenn er betont, daß er *der* »Schicksalsschlag in seiner Lebensgeschichte« war und hinzufügt:

»Er wird sein Leben für Jahre krisenhaft-unsicher machen, denn mit ihr verliert er ja das Zentrum seiner schützenden und stärkenden Nahwelt. Ihr Tod wird nicht sein Leben zerstören, wohl aber seine Lebenswelt durcheinanderbringen, wird ihn verstärkt grübeln lassen über Einsamkeit und Tod. Wir sollten seine Trauer und Klagen wörtlich nehmen. Daran ist nichts literarisch gesteigert. Wir sollten aber auch seine gefestigte Identität nicht unterschätzen.« (Bollenbeck, 1991, S.229)

Zu dieser gefestigten Identität gehörte, daß er seine Art »Trauerarbeit« leistete (vgl. H. Müller, 1975, S.170; Paulin, 1992, S.84), indem er noch am Abend des Begräbnistages mit dem ersten Gedicht des Zyklus *Tiefe Schatten* (LL, Bd.1, S.86-89) begann, in dem er seinen Schmerz um den Verlust Constanzes im Zusammenhang mit seinem weltanschaulichen Problem, der Aufgabe der christlichen Jenseitshoffnung, zu verarbeiten suchte (vgl. Kap. I.3.). Dazu gehörte auch, daß er sich tapfer dazu bekennt, keine der »geistigen Interessen, die mich bis jetzt begleitet haben und die zur Erhaltung meines Lebens gehören, fallen« zu lassen. (An Eduard Mörike, 3. Juni 1865, Mö., S.72). Im Spätsommer 1865 ›verordnete‹ er sich zudem eine Reise, um »wo möglich neue Fäden in's Leben« zu spinnen. (An Ludwig Pietsch, 19. Juni 1865, Pie., Anm., S.253). Durch die Vermittlung seines Freundes Pietsch erhielt er eine Einladung von Iwan Turgenjew (1818-1883) nach Baden-Baden. Storm kannte das Werk des russischen Dichters gut, er hatte den Übersetzer des *Tagebuchs eines Jägers*, August von Viedert, wohl über Fontane bereits 1854 kennengelernt. (Storm soll auch die erste deutsche Übersetzung des *Tagebuchs* an den Berliner Verleger Heinrich Schindler vermittelt haben; vgl. zur Beziehung Storm-Viedert, Laage 1985, S.97-103 bzw. 1978). Trotz der anregenden künstlerischen Atmosphäre im Baden-Badener Kreis um die von Turgenjew verehrte Sängerin Pauline Viardot-Garcia, blieb diese von französischem Geist und aristokratischer Kultur geprägte Geselligkeit dem norddeutschen Dichter und seinem schlicht-bürgerlichen Lebensstil doch fremd. (Ausführlich zu dem Verhältnis Storm-Turgenjew, das eine persönliche Wertschätzung einschloß, aber vor allem in der – mit zeitlichen Unterbrechungen bis 1876 dauernden – Aufmerksamkeit für das künstlerische Schaffen bestand, Laage, 1967 bzw. 1989 und 1985, S.90-96).

Bald nach der Rückkehr von seiner Reise, auf der er auch die Dichterin Elise Polko (1823-1899) in Minden (vgl. zum Verhältnis

Storm-Polko, Ranft, 1990) und Tycho Mommsen in Frankfurt besuchte, gab Storm seinem Leben nochmals eine entscheidende Wende: Auf der Taufe seiner jüngsten Tochter am 14. August 1865 im Hause seines Bruders Aemil Storm war ihm seine alte Jugendliebe Doris Jensen erneut wiederbegegnet, deren Schwester Storms Bruder Johannes geheiratet hatte (vgl. Laage, 6. erw. u. überarb. Aufl. 1993, S.53f.). Die emotionale Bindung zwischen beiden stellte sich offenbar rasch wieder her, wurde aber zunächst ganz von der tröstenden Anteilnahme Dorotheas und von beider Gedächtnis an Constanze geprägt. Daß sich Storm dann erstaunlich rasch, noch vor Ablauf des offiziellen Trauerjahrs, entschloß, Doris Jensen zu heiraten, hat er seinen Freunden Brinkmann (21. April 1866, Br., S.145-148) und Pietsch (12. Mai 1866, Pie. S.161-163) ausführlich zu begründen versucht. An Pietsch schrieb er: »Und es überkam mich wie ein unfaßbares Glück, daß in meiner ungeheueren Verarmung und Trostbedürftigkeit sie noch für mich lebte mit ihrer grenzenlosen Treue [...]« (An Ludwig Pietsch, 12. Mai 1866, Pie., S.161). Das heißt, bei seinem Entschluß ist der Endvierziger wie immer von starken Gefühlen geleitet, und die Vernunftgründe für eine zweite Ehe, die sicher eine Rolle spielten – die Versorgung der sieben Kinder und des großen Haushalts –, standen eher im Hintergrund. Aber man gewinnt durch die Briefe den Eindruck, daß die Gefühle gegenüber Dorothea von Verlassensängsten und Verlustschmerz verursacht wurden und zudem sehr stark durch die Bilder von der jungen Dorothea, »jenem Kinde« bzw. dem »Mädchen«, »eben aufgeblüht« und »mit der Leidenschaft für mich geboren«, beherrscht werden. (An Hartmuth und Laura Brinkmann, 21. April 1866, Br., S.146). Auch bekennt Storm gegenüber Brinkmann und Pietsch seine »ganze thörichte Leidenschaft der Jugend« für diese »verblühte weiße Rose« (ebd., S.147) nicht von ungefähr gerade dann, als Doris seit einem Monat von ihm getrennt in Hademarschen bei ihrer Schwester lebte und nur ihre Briefe ihn erreichten. Storm hatte offenbar den festen Willen, noch einmal in einer Beziehung zu einer Frau intensivst seelisch wie erotisch-sexuell ergriffen zu werden. Im Grunde aber, da ist Jackson (1992, S.150) zuzustimmen, sehnte er sich auch jetzt noch nach einer sehr jugendlichen, mädchenhaften Frau. Jackson vermutet eine ganz reale Zuneigung zu Pauline Petersen (1844-1914). An Doris schrieb Storm: »[...] ja der thörichte Wunsch kommt: wären wir doch *jung*, wir beide, ich und *Du*! Ich möchte noch einmal mit Dir aus der ganzen unermeßlichen Fülle des Lebens schöpfen, die nur die Jugend hat.« (An Dorothea Jensen [Mai/Anfang Juni] 1866, Ranft, 1979, S.57). Der Erwartungsdruck, der auf der zu gründenden Ehe lag, ist wiederum sehr hoch und die

Phantasiebilder überformten erneut die Realitäten. Damit konstellierte Storm aber fast zwangsläufig eine Situation, wie er sie bereits bei seiner ersten Heirat, nach dem Verlust von Bertha von Buchan mit Constanze erlebt hatte. In der Wahl Dorotheas ist zwar sowohl seine geheime Sehnsucht als auch sein Versuch zu erkennen, einen Kompromiß mit der Konvention, also seinem Alter und der großen Familie, zu finden. Aber bereits kurz nach der Eheschließung am 13. Juni 1866 – einer kirchlichen Haustrauung in Hattstedt (vgl. Laage, 6. erw. u. überarb. Aufl. 1993, S.54) – muß bei Storm die Ernüchterung eingetreten sein. Und die sich einfühlende, zart konstituierte 38jährige Dorothea hat dies offenbar als ihr ›Versagen‹ empfunden, sie verfiel in tiefe Depressionen: »Meine kleine Do leidet seit über Jahr und Tag an Tiefsinn, sie ist gemüthskrank«, mußte Storm Brinkmann im März 1868 mitteilen, als er gezwungen war, den Besuch des befreundeten Ehepaars abzusagen, sie falle »in ein ganz thörichtes Weinen, wenn ich u. ihre treffliche Schwester Rike sie bereden wolln, das es mit dem Mittag doch wohl gehe.« (An Hartmuth und Laura Brinkmann, 21. März 1868, Br., S.156). Die Anforderungen des großen Haushalts und die Erziehung der charakterlich z.T. schwierigen Storm-Kinder haben die Situation für die neue Frau, zu der die Kinder nicht Mutter sagen durften, sicherlich noch zusätzlich erschwert. Hinzu trat Storms fast pathologische Züge annehmender Kult um die verstorbene Constanze, deren Bild in ihm nun erneut mit Macht auftauchte (vgl. An Turgenjew, 9. Dezember 1866, An Pietsch, 8. November 1867). Am klarsten hat Jackson (1992, S.150f.; vgl. aber auch Bollenbeck, 1991, S.268) den ursächlichen Zusammenhang zwischen der Enttäuschung an Dorothea – die er aber nicht mehr auslebte bzw. ausagierte wie noch die an Constanze in der vergleichbaren Situation von 1847 – und dem Constanze-Kult erkannt. Paradoxerweise haben die beiden Frauen, die er liebte, nun ihre Positionen vertauscht.

Storm erscheint jedoch insgesamt, trotz eigener Hypochondrien, schwerer depressiver Verstimmungen und psychosomatischer Beschwerden, in dem letzten Drittel der 60er Jahre menschlich gereifter, und es läßt sich nun an ihm ein stark entwickelter Sinn dafür beobachten, das »Leben aus dem Holze [zu] schnitzen, das man hat« (LL, Bd.2, S.37). Er bemühte sich rührend um Dorothea und nahm offenbar seine Ansprüche zurück, konnte ihr deshalb aber auch niemals jene Bedeutung geben, die Constanze einst für ihn hatte als Gefährtin, Geliebte, Mutter und poetisches Gewissen (vgl. zu dem Verhältnis Storm-Dorothea und den veränderten Ansprüchen an die Ehefrau, Bollenbeck, 1991, S.263-268).

Die schwierige Lage in der Familie entspannte sich etwas, als Dorothea am 4. November 1868 ihr erstes und einziges Kind Friederike geboren hatte und ihr daraus offenbar Kräfte für die Behauptung der eigenen Identität erwuchsen. Sie war Storm später eine Stütze in dem oft verzweifelten Kampf gegen den Auseinanderfall seiner Familie.

Die krisenhafte Situation Ende der 60er Jahre ist in der Vorausschau auf das novellistische Spätwerk Storms nicht zu unterschätzen. Bollenbeck registriert z.B. hier eine wichtige konzeptionelle Umorientierung, nämlich den Bedeutungsschwund der »Liebesehe als lebensordnendes Sinnelement« (Bollenbeck, 1991, S.268). Die »Ernüchterung seiner Vorstellungen und Wünsche«, welche mit einer gewachsenen »Lebenstüchtigkeit« (Bollenbeck, 1991, S.265f.) einhergeht, gehören sicherlich zu den Entwicklungen in Storms Persönlichkeit, die vor allem den allseits registrierten stärkeren Realitätssinn in vielen seiner späten Novellen mit ermöglichten (vgl. Kap. II.2.5.1.). Nur ist Storm nicht der Künstler, dessen Kreativität mit einer solchen Ernüchterung korrellieren würde. Ein neues inneres Spannungsfeld bildete sich in jenen Jahren heraus. Es überlagert die bereits bekannten Grundstimmungen, Themen und Motive und ist mit einer Erfahrung verbunden, die natürlicherweise erst jetzt eine solche Bedeutung gewinnen konnte. An Hartmuth Brinkmann schrieb Storm am 19. Juni 1875: »Das spätere Leben ist eigentlich in der Hauptsache ein Leiden für Andre.« (An Hartmuth Brinkmann, 19. Juni 1875, Br., S.167). Im Zusammenhang mit den schweren Sorgen um seine Kinder, vor allem um die drei Söhne, zeigt sich an Storm eine so vorher nicht zu beobachtende Leidensfähigkeit, die ihn in diesem elementaren Bereich wechselseitiger Abhängigkeiten Grenzerfahrungen machen lassen, die von ihm im klassischen tragödienhaften Sinn als Schuld und Sühne aufgefaßt wurden. Mit Jackson ist zu betonen, daß Storm in jenen Jahren »die ›wahre‹ Leidensgeschichte« entdeckt, »eine heil-lose Geschichte ohne Erlösung« (Jackson, 1989, S.90). Die psychische Tragödie des Vaters Storm beruht darauf, daß er in seiner Beziehung zu den Kindern offenbar instinktiv eigenes schuldhaftes Versagen spürte, denn mehr als alles andere waren die Kinder sein ›Werk‹ – und dies nicht nur durch seine ambitionierten Erziehungsmethoden (vgl. Kap. I.5.). Anders als jetzt in der Partnerbeziehung war er zudem gegenüber den Kindern nicht in der Lage, seine Enttäuschungen abzuwehren bzw. seine Ansprüche zurückzunehmen. Anders auch als in seinem Verhälnis zu Frauen in den 40er Jahren versagten hier immer wieder die narzißtischen Distanzierungsverfahren, an deren Ende das schöne Bild stand (vgl. Kap. II.1.2. und Kap. II.2.1.1.). An die Kinder blieb er gebunden, selbst dann noch, als ihr Dasein, das er sich so sehr als Inkarnation seines Ideal-Ichs wünschte, nur noch ein Zerrbild seiner selbst widerspiegelte: »Hans ist in Würzburg; an der Sorge um ihn gehe ich körperlich zu Grunde. Ich bin in allem übrigen eine elastische Natur und werde von meinen Nächsten oft deshalb bewundert. Aber das ist meine Achillesverse.« (An Ludwig Pietsch, 15. Oktober 1874, Pie., S.216). Dies teilte Storm seinem Freund zu einem Zeitpunkt mit, als ihm die großen Zusammenbrüche seines Ältesten noch bevorstanden, 1878 und Anfang 1881 etwa (vgl. zu Storms »Leidensweg«, Laage, 6. erw. u. überarb. Aufl. 1993, S.61, vor allem Jackson, 1992, S.167-171; Stuckert, 1955, S.101f.). Seit Oktober 1866 studierte Hans, dessen Schulausbildung durch viele krankheitsbedingte Versäumnisse recht mangelhaft war (er besaß z.B. kein Abitur) an der Kieler Universität Medizin. Er hat dann unter Vorgabe verschiedenster Gründe die Universitäten wiederholt gewechselt (Kiel, Berlin, Tübingen, Erlangen, Würzburg und Marburg nennt Stargardt, 1985, S.10). Diese seltsame Unruhe mit dem Wunsch nach Ortsveränderung bildete auch später während seiner Suchterkrankung das deutliche Vorzeichen der sich wiederholenden alkoholischen Exzesse, die zudem – für Storm besonders tragisch – gerade um Weihnachten auftraten (vgl. Erichsen, [1956], S.116). Mit Mühe beendete der immer wieder zu Bummelei und Lethargie Neigende sein Studium nach elf Jahren und auch nur deshalb, weil Storm persönlich im August 1876 und im Februar/März 1877 nach Würzburg fuhr, um den 28jährigen »Jungen« durch seine Anwesenheit zu den letzten Examina zu zwingen. Zugleich brachte das lange Studium des Ältesten die ganze Storm-Familie in finanzielle Bedrängnis, denn auch die beiden nächstfolgenden Söhne Ernst und Karl sollten eine Universitätsbildung erhalten. Bis zum Tod von Hans Anfang Dezember 1886 erfuhr Storm seines Sohnes Existenz mehr und mehr als existenzielle Bedrohung – nur ab und an unterbrochen von kurzen Phasen der Hoffnung. 1885 z.B. teilte er seinen Töchtern völlig illusionslos mit:

»Das Traurige ist dabei noch, daß ich Hans für einen Halbirrsinnigen halten muß, wie Eueren Onkel Lucian [Bruder von Constanze], wie Eueren Vetter Richard Stolle [Sohn von Constanzes Schwester Helene], und daß er dazu noch der unglückliche Erbe der Familienschuld, des Trunkes ist. Er ist bürgerlich existenzunfähig; eine Besserungsanstalt oder nur ein Asyl für Trinker oder – das Irrenhaus, darunter werde ich ihm die Wahl lassen müssen, sobald ich ihn ernähren muß.« (An Lucie und Elsabe Storm, 15. April 1885, Stuckert, 1955, S.103f.)

Dies schrieb Storm im übrigen ein knappes Jahr bevor er seine zweitälteste Tochter Lucie 25jährig »auf unabsehbare Monate« »wegen Nervenleidens« in der Neubertsche Klinik in Kiel unterbringen mußte. (An Heinrich Kruse, 24. Februar 1886, Die Bücherschau, 1912, S.39f.). Zu den Schwierigkeiten, die Storm mit seinen beiden anderen Söhnen bekam, vgl. die wieder durch ausgezeichnete Quellenarbeit gesicherten Informationen bei Jackson, 1992, S.168ff. bzw. seinen Aufsatz in englischer Sprache zur Novelle *Schweigen*, 1992.

Angesichts der Bedeutung, die die Vater-Kind-Bindungen in der späten Novellistik erlangen, wäre es u.E. dringlich, in den Editionsvorhaben den Storm-Briefen an die Kinder Priorität einzuräumen (vgl. zur Problematik der unveröffentlichten Briefe an die Kinder bereits Stuckert, 1952, S.48 ff.). Gertrud Storm hat in ihrer Ausgabe von 1916 nur ausgewählte Briefe und diese z.T. unvollständig und fehlerhaft veröffentlicht (von Hans gar nur 47 Briefe aus den ersten Jahren bis 1869; vgl. dazu Stuckert, 1955, Anm. 43, S. 465f.). Aus der Bemühung um die biographischen Konditionen für das Spätwerk ergibt sich darüber hinaus noch eine spezifische Sicht auf die Editionslage der Storm-Briefe: Gerade durch die im Berliner Erich-Schmidt-Verlag bis dato erschienenen Briefwechsel mit Freunden der letzten beiden Lebensjahrzehnte, Paul Heyse (1830-1914), Erich Schmidt (1853-1913), Klaus Groth (1819-1899), Gottfried Keller (1819-1890), Wilhelm Petersen (1835-1900), Otto und Hans Speckter (1807-1871 bzw. 1848-1888) und Heinrich Schleiden (1809-1890) (zu ergänzen wäre der in der Habilitationsschrift von Streitfeld 1985 vorliegende Briefwechsel Storms mit Emil Kuh (1828-1876) entsteht der Eindruck, daß Storms Leben primär von dem hier stattfindenden freundschaftlichen Austausch über Familiäres, über Fragen des eigenen Schaffens, des Literaturmarktes etc. getragen wird. Dies ist zweifellos in einem erheblichen Maß auch der Fall. Nur sollte nicht aus dem Blick geraten, daß gerade für Storm die familiären Bindungen stets an erster Stelle standen und daß der intensive Gedankenaustausch mit Freunden – vor allem Heyse ist hier zu nennen – auch dazu diente, diesen höchst fragil gewordenen Kernbereich zu stützen. Nur mit der Edition der Briefe an die Kinder wäre eine exakte Dokumentation dieser intimen Realität gegeben, die Storm in ihrer ganzen Härte – auch Freunden gegenüber – nur zu gern verschwiegen hätte.

Es sei an dieser Stelle betont, daß das nach außen hin sichtbare Leben Storms in Husum und später in Hademarschen gut bekannt ist. Auch an seinem Lebensstil änderte sich wenig. Nur einige neue Freunde kamen hinzu: Graf Ludwig Reventlow (1824-1893), Landrat in Husum und im alten Schloß wohnend, ein Mann der jetzt die Stellung von Wussow in Heiligenstadt einnahm, und Wilhelm Petersen (1835-1900), Regierungsrat in Schleswig, der 1877 den Kontakt zwischen Storm und Gottfried Keller vermittelte (zum Verhältnis Storm-Petersen, vgl. Coghlan, 1984, im Vorwort zu dem von ihm herausgegebenen Briefwechsel Storm-Petersen).

Aber Tatsache ist doch, und hier soll eine Behauptung Bollenbecks problematisiert werden, daß die neu gefundene »familiäre Behaglichkeit« »produktionsfördernde Behaglichkeit« (Bollenbeck, 1991, S.275) insofern nicht sein kann, als sie bei Storm wohl kaum bewirkt haben kann, das für die späte Novellistik so wesenliche Persönlichkeitskonzept neu zu überdenken bzw. die für diese Texte so charakteristische Auffassung von Lebenstragik zu entwickeln. Letzteres kann lebensweltlich nur motiviert sein durch die Leiderfahrungen mit der Familie, und diese – immer im Hinblick auf die Werkgenese gesehen – in die rechte Relation zu dem nach außen hin beruhigt erscheinenden Lebensabschnitt gesetzt zu haben, ist vom biographischen Standpunkt her bisher nur Jackson gelungen, der geradezu von einer »versteckten Biographie« spricht (vgl. Jackson, 1992, S.171). In seinem Kapitel 6.4. z.B. zeigt er durch die Parallelsetzung von biographischem Hintergrund und Entstehungsgeschichte der Novellen mit erschreckender Deutlichkeit (vgl. vor allem den Abschnitt zu *Aquis submersus*, S.177f.), unter welch seelischem, finanziellem und damit zeitlichem Druck die in ihrer künstlerischen Qualität stark schwankenden Novellen der 70er und 80er Jahre entstanden sind.

Daß Storm mit seiner Kunst jetzt überhaupt so viel hinzuverdienen konnte, verdankte er der Entwicklung auf dem Zeitschriftenmarkt in der zweiten Hälfte des 19. Jahrhunderts: »[...] from the mid-1870s the demand for good-quality novellas outstripped supply. Editors could not afford to lose the top names to competitors. There was scope for Storm to play off the two camps against each other.« (Jackson, 1992, S.175). Storm gab seine Texte zum Zeitschriftenvorabdruck nämlich nun alternierend an »Westermann's Illustrirte Deutsche Monatshefte« und an die »Deutsche Rundschau«; bei den Buchausgaben wechselte er desgleichen zwischen den Verlegern Westermann und Paetel. Und er produzierte seine Novellen trotz großer physischer und psychischer Belastungen in immer kürzeren Abständen, die Honorare wuchsen (Jackson gibt dazu einen guten Überblick, vgl. dazu aber auch die Magisterarbeit von Ebert, 1989), und doch mußte er an seinen Bruder Otto am 30. September 1877 schreiben. »Aber was verschlägt das bei den wahrhaft ungeheurn Ausgaben für meine Kinder [...] Nun die großen Honorare endlich kommen, bin ich alt und meine Schaffenskraft ist zu Ende.« (Jackson, 1992, S.178)

6.3. Weltanschauliche Entwicklungen, künstlerische Krise und Neuansatz

Erst vor diesem familiären Hintergrund werden manche der Stormschen Interessen naturwissenschaftlich-philosophischer Art so recht verständlich: Bereits der vielzitierte Brief vom 3. August 1870 an seinen Sohn Ernst zu Beginn des deutsch-französischen Krieges veranschaulicht, wie sehr Storm jetzt auch dazu neigte, elementare Lebensvorgänge in Gesellschaft wie Familie auf eine biologische Entität zurückzuführen. (Übrigens gehört dieser Brief auch zu den letzten bedeutenden politischen Äußerungen Storms, die zeigen, wie rasch er dem »Pathos vom heiligen Nationalitäskriege« reserviert gegenüberstand; auch lehnte er es jetzt ab, deutsch-patriotische Lieder zu dichten, vgl. An Ernst Storm, 8. August 1870, GB, Bd.2, S.22):

> »Das Bestehen der Welt beruht darauf, daß alles sich gegenseitig frißt, oder vielmehr das Mächtigere immer das Schwächere; den Menschen als den Mächtigsten vermag keines zu fressen; also frißt er sich selbst, und zwar im Urzustande buchstäblich. Dies ist die eigentliche *Ursache* der Kriege, die andern sog. Ursachen sind nur die Veranlassungen. Keine Zivilisation wird, ja *darf* das je überwinden. Aber niederdrückend ist der Gedanke; es ist so einer, über den man verrückt werden könnte. Aber das wollen wir beide nicht, mein alter Junge. Ist der Gedanke richtig, so ist schon der Umstand, daß man ihn fassen konnte, doch wieder ein Beweis, daß wenigstens der einzelne sich über diesen Zustand erheben kann.« (An Ernst Storm, 3. August 1870, GB, Bd.2, S.19)

Die Diskussion der Darwinschen Deszendenztheorie, an deren Paradigmen Storms Äußerungen erinnern (vgl. entsprechende Passagen in dem Entwurf zur Novelle *Eine Halligfahrt*, LL, Bd.2, S.787, in dem Novellenentwurf *Die Armesünder-Glocke*, LL, Bd.4, S.302f., in *Was der Tag gibt* vom 14. August 1883, LL, Bd.4, S.529 bzw. in Storms Brief an Oskar Horn, 31. Oktober 1873, GB, Bd.2, S.74), hatte erst Mitte der 70er Jahre ihren Höhepunkt, als sie jetzt – ausgelöst durch Darwins zweites großes Werk, *Die Abstammung des Menschen und die geschlechtliche Zuchtwahl* (1872), dezidiert auf die menschliche Onto- und Phylogenese übertragbar wurde. (Übrigens war Storms jüngster Bruder Aemil, der Arzt, Darwinist.) Zumindest fragwürdig wurde durch diese Theorie die Sonderstellung des Menschen im kosmischen Ganzen, die freie Willensentscheidung des geschichtlich Handelnden schien eingeschränkt, die Bedeutung der Ethik für die Ordnung der Menschen untereinander herabgesetzt und das gesamte menschliche Dasein dem bloß Kreatürlichen nahegerückt.

Storm folgte dieser hier angedeuteten Rezeptionsmöglichkeit des Darwinismus. In Widerspruch dazu rückte zwangsläufig sein in den

50er und 60er Jahren entwickeltes Individuumsverständnis, das den starken autonomen einzelnen behauptete, der sich kraft seiner Intelligenz und Moralität durchsetzt und von der Gesellschaft aufgrund dieser Eigenschaften geschätzt wird. Ein zweites Rezeptionsangebot innerhalb der Darwinismus-Debatte, das dieses Individuumsverständnis zu bewahren suchte und das vor allem David Friedrich Strauß in seiner Abhandlung »Der alte und der neue Glaube« (1872) den Zeitgenossen unterbreitete, hat Storm – im Unterschied zu seinem Freund Paul Heyse in dem Roman *Die Kinder der Welt* (1873) z.B. – erstaunlicherweise nicht angenommen: Das Angebot bestand darin, die Entwicklungslehre in Hinsicht auf die zeitgenössische Kultur und Gesellschaft optimistisch zu deuten, sie zur Stütze des Fortschrittsdenkens und der liberalen Grundwerte umzubauen (vgl. Fasold, 1990). Diese Tatsache ist im Zusammenhang mit Storm insofern bemerkenswert, als Strauß die völlige Aufgabe aller im Religiösen verwurzelten Lebensdeutungen als die Errungenschaft der Darwinschen Theorie schlechthin herausstellte – ein Rezeptionsansatz, der auch Storm hätte sympatisch sein müssen. Für den Junghegelianer Strauß folgte daraus jedoch um so dringlicher das Bestreben, die Humanwelt als den Ort einer atheistischen ›Heilserwartung‹ zu bewahren, d.h. aus der Entwicklungslehre gerade jene Elemente auszufiltern, die seine Auffassung von der menschlichen Perfektibilität im Diesseits und damit seine atheistische Weltfrömmigkeit stützten.

Storm machte diese ihm doch eigentlich naheliegende weltanschauliche Entwicklung nicht mit, sondern erneuerte »auf positivistischer Grundlage«, wie bereits Böttger betonte, »noch einmal de[n] Eichendorffschen Traum von den unheimlichen Abgründen des Lebens«. »Die Kultur«, so Böttger weiter, »lag nun auch bei dem skeptischen Storm [...] in einem eigentümlichen Zwielicht von Humanität und Inhumanität« (Böttger, [1959], S.269).

Storm hat sich etwas später nochmals sehr intensiv mit der Vererbung beschäftigt, einem Problem, das gleichfalls Teil der Darwinismusdebatte war und auch in den Literaturzeitschriften diskutiert wurde, in denen Storm selbst publizierte. Von Storms Nachdenken über das Vererbungsproblem berichtet vor allem Ferdinand Tönnies (1855-1936), dem Storm seit Beginn der 70er Jahre väterlich-freundschaftlich verbunden war und mit dem er intensive Gespräche geführt hat (vgl. zu dem persönlichen Verhältnis Storm-Tönnies, Lohmeier, 1985; zum Einfluß von Tönnies' Soziologie – der junge Gelehrte arbeitete gerade in den 80er Jahren intensiv an *Gemeinschaft und Gesellschaft* – ausführlich, Fechner, 1985 und Segeberg, 1985). Tönnies bestätigte in seinen Erinnerungen, daß sie beide in Hademarschen oft über »die Vererbung von Eigenschaften und ihre Bedeutung für das menschliche Leben, besonders die Vererbung von Eigenschaften des Willens oder sittlichen Eigenschaften« gesprochen hätten. »Immer wieder trat ihm die Betrachtung nahe, durch die Erfahrungen, die er an seinem geistreichen und gutherzigen ältesten Sohne gemacht hatte, und noch erlebte. Er sah mit dem Auge des Dichters darin etwas, was dem antiken Schicksal entspreche.« (Tönnies, 1917, S. 60f.).

Auch hieran wird deutlich, daß Storm im breit gefächerten zeitgenössischen naturwissenschaftlichen Disput um die Vererbung nur das als relevant ansah, was ihm gleichsam seine persönlichen Erfahrungen schicksalhaft anmutender, zerstörerischer physisch-psychischer Abhängigkeiten bestätigte (vgl. An Theodor Mommsen, 12. Oktober 1884, Mo., S.126). In diesem Zusammenhang ist der wenig plausiblen These Paulins zu widersprechen, der Darwinismus erweise sich »als einer der bedeutendsten Auslöser der Schwermut, die der poetische Realismus und seine Freude an der Welt gerade überwunden zu haben meinten« (Paulin, 1992, S.103). Diese These beruht u.E. auf einer völligen Verkennung der Genese der Textwelt und der geistigen Entwicklung Storms wie der naturwissenschaftlichen Debatte der Zeit. Das Interessante und dem Autor im übrigen hochanzurechnende an seinen Wahrnehmungen des Darwinismusdiskurses ist doch vielmehr die Tatsache, daß er nicht bereit war, die zivilisatorische Decke, die der Naturwissenschaftler gerade erst von der sogenannten ersten Natur des Menschen weggezogen hatte, so leicht wieder darüber zu breiten wie viele seiner Zeitgenossen – Künstler, Philosophen wie Naturwissenschaftler (vgl. zum Problem Vererbung, Jackson, 1992, Kap. 8.1.).

Storms Schreibsituation Ende der 60er Jahre war krisenhaft. Aus dem Gefühl einer innerlichen Heimatlosigkeit heraus, verursacht sowohl durch den Tod Constanzes, durch die Sorgen in der Familie wie durch die Situation des Landes unter der preußischen Annexionspolitik (vgl. An Ludwig Pietsch, 25. September 1867, Pie., S.179), glaubte er, seine künstlerische Originalität eingebüßt zu haben (vgl. An Ludwig Pietsch, 8. November 1867, Pie., S. 181 bzw. An Iwan Turgenjew, 30. Mai 1868, T, 1989, S.104). Turgenjew schickte er noch am 30. Mai 1868 seine kleine Sammlung *Novellen*, Schleswig: Heiberg 1868, enthaltend die Novellen *In St. Jürgen*, *Von Jenseit des Meeres* und *Eine Malerarbeit* – die erste und die letzte im Frühjahr 1867 geschrieben – seitdem sei er »gesanglos und beklommen« (An Turgenjew, 30. Mai 1868, T, 1989, S.104). Zu diesem Zeitpunkt machte Storm sein künstlerisches Testament und beauftragte am 28. Juni 1868 den Braunschweiger Verleger George Westermann (1810-1879) mit der Edition seiner Gesamtausgabe (vgl. An George Westermann, 28. Juni 1868, GB, Bd.1, S.532f.). Ludwig Pietsch schrieb eine, von Storm selbst mit Hinweisen und Korrekturen versehene Lebensskizze, die die Gesamtausgabe begleitend in »Westermann's Illustrirten Deutschen Monatsheften« im Band 25 1868/69 erschien. Nach der Korrektur der Gesamtausgabe im September 1868 begann Storm jedoch mit einer anderen zeitaufwendigen Arbeit, der Zusammenstellung einer Lyrikanthologie, die unter dem Titel *Hausbuch aus deutschen Dichtern seit Claudius* 1870 bei dem Hamburger Verleger Wilhelm Mauke herauskam (vgl. zur Beziehung Storm-Mauke, Eversberg 1991). Storm hatte zu dieser Sammlung eifrige Recherchen zu bekannten und unbekannten Lyrikern aus Vergangenheit und Gegenwart betrieben, um eine Art Beispielsammlung für seine Lyriktheorie zu erstellen, in der das Erlebnisgedicht im Zentrum stand (vgl. dazu Lohmeiers Kommentar zum *Hausbuch*, LL, Bd.4, S.866-909; das Verzeichnis der aufgenommenen Gedichte, folgend der 4. Auflage von 1878, vgl. ebd., S.891-909). Storm kam durch seine Sammeltätigkeit in Kontakt zu zeitgnössischen Lyrikern wie Adolf Glasbrenner (1810-1876) oder wie Julius Alexander Schindler (Pseudonym: Julius von der Traun, 1818-1885), den er dann im Sommer 1872 auf Schloß Leopoldskron bei Salzburg besuchte. Auch datiert seitdem die Bekanntschaft mit der aus einer Wiener Proletarierfamilie stammenden Ada Christen (1839-1901), einer Vertreterin der jüngeren, bereits naturalistisch orientierten Generation (zum Verhältnis Storm-Christen, vgl. die Briefedition von Katann, 1948).

Für den künstlerischen Neuansatz zu Beginn der 70er Jahre war es nicht unbedeutend, daß Storm während der krisenhaften Zeit eine Reihe von autobiographischen Skizzen – *Zerstreute Kapitel* – niederschrieb, die »Jugenderinnerungen des Verfassers [...] in poetischer Freiheit verwertet« (An Karl Theodor Pyl, 14. November 1870, GB, Bd.2, S.29) enthielten. Diese Rückbesinnung auf die Stätten seiner Kindheit, auf Stadtoriginale Husums, auf sein Herkommen, diese »Verbindung des Memoirenartigen mit dem frei Phantasirten« (vgl. Kap. II.2.5.3) trug offenbar dazu bei, sich seiner Identität neu zu versichern (An Ernst Storm, 23. Mai 1870, LL, Bd.4, S.666). Mit der 1872 entstandenen Novelle *Draußen im Heidedorf* begann für Storm dann eine Zeit rastlosen Produzierens. In den 8 Jahren, die Storm noch in Husum lebte, schrieb und veröffentlichte er neben seiner Richtertätigkeit nicht weniger als 15 Novellen, deren Seitenumfang insgesamt fast doppelt so groß ist wie der der im vergleichbaren Zeitraum entstandenen Heiligenstädter Novellen und Märchen.

Die Gründe sind vielfältig, die Storm 1879 dazu veranlaßten, seine Heimatstadt zu verlassen, sein Haus in der Wasserreihe und das alte Familienhaus in der Hohen Gasse zu verkaufen, um in die Nähe von Hademarschen zu ziehen, wo er bereits im Sommer 1878 ein Grundstück erworben hatte. Kräftemäßig fühlte er sich offenbar dem Arbeitsaufwand, den die »Umwälzung [...] des ganzen Justizwesens« von 1879 mit sich brachte, kaum noch gewachsen (An Gottfried Keller, 18. Februar 1879, K, S.39). Und so beantragte er mit 63 Jahren seine vorzeitige Pensionierung, die dann zum 1. Mai 1880 unter Verleihung des roten Adlerordens IV. Klasse erfolgte. Zudem war am 28. Juli 1879 seine Mutter gestorben (der Vater bereits 1874). Seitem verfolgte ihn verstärkt das »Gespenst der Vergänglichkeit« in den alten Familienhäusern (An Gottfried Keller, 27./30. Dezember 1879, K, S.54). Der Neubeginn in Hademarschen, wo bereits sein Bruder Johannes wohnte, verheiratet mit einer Schwester Dorotheas, bedeutete für Storm eine letzte Verjüngung seines Lebens und war sicherlich auch eine Flucht vor dem vernichtenden Gefühl, nun als Nächster in der Generationsreihe vor »jenem räthselhaften Abgrund« zu stehen (An Hartmuth Brinkmann, 5. Dezember 1874, Br., S.164). Auch schien gerade Ende der 70er Jahre die berufliche Entwicklung seiner Söhne in gesicherten Bahnen zu verlaufen (vgl. Jackson, 1992, S.181). Storm wohnte 1880 in einer Mietswohnung in Hademarschen, sah dem Entstehen seiner ›Alters-Villa‹ zu und arbeitete bereits in seinem großen, nach eigenen Plänen und mit Hilfe des Malers und Illustrators Hans Speckter und des Bruders Otto angelegten Garten. Anfang Mai 1881 zog die Familie in das neue Haus ein. Von den überrraschenden, ab Mitte 1884 einsetzenden Bemühungen, das Haus wieder zu verkaufen, gibt Suhr, 1992, mittels unveröffentlichter Briefe differenziert Auskunft. Storm sorgte sich wohl vor allem um seine heranwachsenden Töchter, die in der ländlichen Abgeschiedenheit keine angemessenen Ehekandidaten zu erwarten hatten. Der Lebensstil des Pensionärs blieb im übrigen gegenüber dem der Husumer Jahre unverändert (zu seinem Wohnstil, der auffällig kontrastiert mit dem Gründerzeitgeschmack der 70er und 80er Jahre und der Rückschlüsse auf Storms Lebensverhältnisse zuläßt, vgl. Bollenbeck, 1991, S.272). Auch hier wieder gab es Geselligkeiten im familiären und im Freundeskreis, Besuche und Besuchsreisen (vgl. dazu, Laage, 6. erw. und überarb. Aufl. 1993, S.75-79). 1882 z.B. besuchte er seinen Sohn Ernst in Toftlund, wiederholt reiste er nach Hamburg zu den Freunden Hans Speckter und Heinrich Schleiden (1809-

1890) (vgl. zur Beziehung Storm-Schleiden, Goldammer, 1996), 1884 nach Berlin, um alte Bekannte wie Alexander von Wussow, Fontane und Theodor Mommsen wiederzusehen, 1886 schließlich nach Weimar, um seine Tochter Elsabe auf das Konservatorium zu begleiten und Erich Schmidt, den damaligen Direktor des Goethe-Archivs, zu besuchen. Jedes Jahr im Januar war zudem ›Storm-Saison‹ in Husum, d.h. zum Geburtstag seines Freundes Reventlow fuhr er in die Heimatstadt und traf Verwandte und Freunde.

Im Tagesablauf Theodor Storms nahm die Korrespondenz mit den abwesenden Kindern, Verwandten, Freunden, Literaten bzw. literarisch Interessierten immer einen wichtigen Stellenwert ein. Er gehört sicher zu den bedeutenden Briefeschreibern des 19. Jahrhunderts, zumindest, was den Umfang seiner Korrespondenz betrifft. Seine Briefe tragen nicht den Kunstcharakter der Fontane-Briefe; sie zeugen eher von seinem großen Mitteilungs- und Anteilnahmebedürfnis, und die Briefe an ihm sehr nahe stehende Menschen, denen er rückhaltlos seine Stimmungen, Ängste und Hoffnungen mitzuteilen wünschte, stellen eine einmalige Quelle für das Studium seiner Persönlichkeit dar (vgl. Altmann, 1980). Unschätzbar sind die Briefe zudem als Zeugnisse der Entwicklung seiner Poetik, seiner Weltanschauung und seines Kunstgeschmacks, nicht zu reden von den zahllosen Informationen, die sie bieten über die Entstehungsgeschichte, über die Stoffgrundlagen seiner Texte, über Verlegerbeziehungen etc. In diesem Zusammenhang sind vor allem die Korrespondenzen mit Paul Heyse, Erich Schmidt und Gottfried Keller hervorzuheben.

Erich Schmidt z.B. hatte Storm im Februar 1877 in Würzburg bei seinen unsäglichen Bemühungen um Hans' Examen kennengelernt, als der junge Germanist, erst 24jährig, gerade einen Ruf als Professor an die Universität Straßburg erhielt (zum Verhältnis Storm-Schmidt, vgl. Laages Einführung im ersten Band des Storm-Schmidt-Briefwechsels, 1972; interessant hier auch Schmidts Aufzeichnungen von 1877, »Erinnerungen an Theodor Storm«, Sch., Bd.1, S.15-19). Schmidt, Schererschüler und einer der bedeutenden Literaturwissenschaftler und Philologen des späten 19. Jahrhunderts, avancierte zweifellos neben Ferdinand Tönnies zu einem von Storms Idealsöhnen. Mit ihnen konnte er sich sowohl über persönliche Belange als auch über Kunstprobleme und philosophisch-weltanschauliche Fragen austauschen. Sein Tragikverständnis in der Novelle (vgl. Kap. II.2.5.2.) bzw. seine Wirkungsabsicht (nicht Rührung, sondern Erschütterung) erörtert Storm u.a. in den Briefen an Schmidt (vgl. z.B. an Erich Schmidt, 26. Juni 1880, Sch., Bd.2, S.16f.). (In Hinsicht auf seine Novellenkonzeption ist aber auch der

Brief an den Kieler Universitätsbibliothekar Eduard Alberti vom 12. März 1882, GB, Bd.2, S.243-247 bzw. der an Heinrich Schleiden vom 9. November 1881, Schl., S. 25f. zu beachten). Schmidt, der u.a. 1880 einen Essay über Storm in der »Deutschen Rundschau« publizierte, verantwortet zugleich neben anderen den beginnenden Aufbau eines später so rezeptionsbestimmenden geglätteten und simplifizierten Storm-Bildes. In diesem Zusammenhang sind vor allem Wilhelm Jensen (1837-1911) in »Deutsche Dichtung« 1887 oder Adolf Stern (1835-1907) in den »Grenzboten« 1880 und in »Westermanns Illustrierten Deutschen Monatsheften« 1888 bzw. Alfred Biese (1856-1930) in den »Preußischen Jahrbüchern« 1887 zu nennen. Freilich entstanden die größeren Storm-Studien dieser jungen Intellektuellen der 80er Jahre bereits vor dem Hintergrund der polemischen Kämpfe der Naturalisten in Berlin und München um den radikalen Bruch mit der Literaturkonvention, einer Literaturdebatte, in die vor allem der Storm-Freund Paul Heyse hineingezogen wurde. Storm blieb davon relativ unberührt, an Schmidt schrieb er: »Zola versuche ich vergebens zu lesen, so sehr ich seine Kraft anerkenne; das halte der Teufel aus! [er las *Der Totschläger*, R.F.]« (An Erich Schmidt, 1. März 1882, Sch., Bd.2, S. 56). Die Naturalismusdebatte spielt auch in dem sehr intensiven Briefwechsel mit Heyse kaum eine Rolle. (Der Münchener hatte im übrigen ähnliche Vatersorgen wie Storm und war diesem auch deshalb in den 70er Jahren nahegerückt.) Dagegen diskutierte man über die literarischen Marktbedingungen, die eigenen Texte und den von Heyse gemeinsam mit Hermann Kurz herausgegebenen *Deutschen Novellenschatz*, zu dem Storm Vorschläge lieferte (zum Verhältnis Storm-Heyse, vgl. Bernds Einführung in den Storm-Heyse-Briefwechsel, 1969, bzw. Hettche, 1995). Auch die Bedeutung des Keller-Storm-Briefwechsels liegt zu einem erheblichen Teil darin, daß Storm über weite Strekken die Umarbeitung des *Grünen Heinrich* Ende der 70er Jahre und das Erscheinen der zweiten Fassung des Romans kritisch begleitete (zum Verhältnis Storm-Keller, vgl. Laages Einführung zum Storm-Keller-Briefwechsel, 1992).

Storm war sich zu diesem Zeitpunkt längst bewußt, zu einem der wenigen Autoren zu gehören, deren Texte die eigene Lebenszeit überdauern könnten. Allerdings, Emil Kuh, der ihm bereits 1872 Klassizität bescheinigen wollte, hielt er die oft zitierte Antwort entgegen:

»Zur Klassizität gehört doch wohl, daß in den Werken eines Dichters der wesentliche geistige Gehalt seiner Zeit in künstlerisch vollendeter Form abgespiegelt ist, und werde ich mich jedenfalls mit einer Seitenloge begnügen müssen. Übrigens dürfte wohl festgehalten werden, daß, soweit überhaupt, solches in meiner Lyrik, und dort vielleicht mehr, als die Kritik mir gewöhnlich zugesteht, zur Erscheinung kommt.« (GB, Bd. 2, S.41).

Die künstlerische Anerkennung brachte es mit sich, daß man Storm nun häufig bat, an verschiedensten literarischen Unternehmungen mitzuarbeiten. Er hat sich aber hierin stets zurückgehalten, nur für Karl Emil Franzos' (1848-1904) Zeitschrift »Deutsche Dichtung« schrieb er noch 1886 die Novelle *Ein Doppelgänger* (zu dem Verhältnis Storm-Franzos, vgl. Goldammer, 1969). Als er jedoch 1884 aus Berlin den Auftrag erhielt, zu Bismarcks 70. Geburtstag eine Hymne zu dichten, lehnte er dies ab, so wie er es einst 1870/71 abgelehnt hatte, ›Schutz-und Trutzlieder‹ für die preußischen Fahnen zu verfassen.

Aber er mußte nun auch mit seinen Kräften haushalten. Abspannungen und ein periodisch wiederkehrender, sich allmählich verstärkender Magendruck quälten ihn schon lange, ließen ihn häufig nur in den Vormittagsstunden arbeiten. Von Oktober 1886 bis Februar 1887 erkrankte er an einer Lungen- und Rippenfellentzündnung und konnte sich danach nur schwer erholen (Anfang Dezember 1886 war zudem sein Sohn Hans gestorben). Bald darauf entdeckte man als Ursache seiner Unterleibsbeschwerden ein Karzinom. Da aber Storm in Melancholie zu verfallen drohte, schritt man Pfingsten unter Leitung von Storms Bruder Aemil, der Arzt in Husum war, zu einer Scheinuntersuchung, bei der man die ursprüngliche Diagnose der tödlichen Krankheit nicht bestätigte (zu ärztlichen Problemen bei Storm, vgl. Laage, 1994). Storm schöpfte dadurch neue Hoffnungen, schrieb noch die Erzählung *Ein Bekenntnis* und führte seine größte Arbeit fort, die Novelle *Der Schimmelreiter*. (Über deren Planung hatte er bereits Anfang Februar 1885 berichtet, abgeschlossen wurde sie aber erst zu Beginn des Jahres 1888). Im September 1887, nach einem Badeaufenthalt auf Sylt, begleitet von Ferdinand Tönnies, war er körperlich wieder so hergestellt, daß er die Ehrenbezeugungen und Glückwünsche zu seinem 70. Geburtstag in Hademarschen entgegennehmen konnte. Auf Anregung von Tönnies wurde ihm am 14. September das Ehrenbürgerrecht der Stadt Husum verliehen, und sein Verleger Elwin Paetel (1847-1907) legte die erste Stormmonographie von dem jungen Kieler Privatdozenten Paul Schütze auf den Gabentisch, Tönnies überreichte sein Buch *Gemeinschaft und Gesellschaft*, an dessen Entstehen Storm regen Anteil genommen hatte. Blumengeschenke und Glückwünsche trafen aus allen Teilen Deutschlands ein. Ganz ungetrübt verlief aber das Fest in den Augen mancher Anwesender nicht. An der Mittagstafel ergriff auch der Jubilar das Wort und in seiner Rede, in der sich eine alte Verbitterung gegen den 1884 verstorbenen Emanuel Geibel Bahn brach, scheint noch einmal Storms ganze komplizierte Persönlichkeit auf: Mit den dichterischen Leistungen seines Landsmannes »verglich er seine eignen und beschwerte sich mit tiefer Empörung darüber, wie er gegen jenen sein Lebelang zurückgestellt worden [...] Ihn verließ seine sonst so bescheidene Zurückhaltung beim Sprechen über seine eigne Dichtung, er stand als der wirkliche Dichter turmhoch über dem eigentlich Nichtsbedeutenden [...] In jener Stunde«, so erinnert sich Wilhelm Jensen, »war Theodor Storm von den guten Göttern seines Lebens verlassen. Das ist beklagenswert, denn wohl die meisten der Anwesenden haben ihn in ihr zum letztenmal gesehen und gehört.« (LL, Bd. 4, S.975f.; zu dem Verhältnis Storm-Geibel, vgl. Krummacher, 1991, bzw. Kap. I.1.). Nach dem Eintritt ins Greisenalter, wie Storm seinen 70. Geburtstag auch nannte, lebte er im Kreise seiner Familie noch ein knappes Jahr, er vollendete am 9. Januar 1888 den *Schimmelreiter*, plante, seine autobiographischen Aufzeichnungen fortzuführen und begann noch eine dann Fragment gebliebene Novelle, *Die Armesünder-Glocke*. Am 4. Juli 1888, zwischen 16 und 17 Uhr, starb Theodor Storm. Er wurde, wie er es zu Lebzeiten gewünscht hatte, ohne priesterlichen Segen und ohne Grabrede in der Familiengruft auf dem St. Jürgens-Friedhof in Husum beigesetzt (zu Storms letzten Stunden, vgl. G. Storm, 1916).

II. Werke

1. Lyrik

1.1. Überblick über das lyrische Schaffen; Storms Lyrikverständnis

Die erste Separatausgabe seiner Gedichte brachte Storm 1852 bei Schwers in Kiel heraus. Vorangegangen waren eine umfangreichere Publikation in *Sommergeschichten und Lieder* 1851 bei Alexander Duncker in Berlin sowie 40 Gedichtbeiträge im *Liederbuch dreier Freunde* von 1843. Einzelne Gedichte hatte Storm bereits früher in Zeitschriften veröffentlicht, so vor allem in August Lewalds »Lyrischem Album. Beigabe der Zeitschrift Europa« und im »Volksbuch für Schleswig, Holstein und Lauenburg«, herausgegeben von Karl Leonhard Biernatzki (zu den frühesten Gedichtveröffentlichungen des jungen Storm in dem Husumer »Königlich privilegierten Wochenblatt« 1834 bzw. 1836; vgl. Eversberg, 1992; L. Müller, 1992, fand fünf weitere Gedichtveröffentlichungen in der Wochenschrift »Neue Pariser Modeblätter«; zu den frühesten handschriftlich überlieferten Texten, entstanden ab Sommer 1833 etwa, vgl. Lohmeier, LL, Bd.1, S.753ff.). Nur einzelne Gedichte freilich hat Storm später aus der Entstehungszeit vor 1843 für wert befunden, im ersten Buch seiner zu Lebzeiten 7 Auflagen erreichenden *Gedichte* zu erscheinen. In diesem ersten Buch der Separatausgabe versammelte Storm jeweils nur die Gedichte, die vor seinem eigenen hohen ästhetischen Wertmaßstab Bestand hatten und als repräsentativ angesehen wurden. Von Auflage zu Auflage wurde das erste Buch erweitert. Das zweite Buch, mit *Ältere Gedichte* überschrieben, enthält im wesentlichen frühe, also vor 1843 entstandene Gedichte und solche, die für ihn nicht ersten Ranges waren; es bleibt über die verschiedenen Auflagen hinweg weitestgehend unverändert (zu den Veränderungen in den einzelnen Auflagen, vgl. Lohmeier, LL, Bd.1, S.754ff.). Einige seiner herausragenden Dichtungen, so *»Rote Rosen«* (LL, Bd.1, S.254) und *»Mysterium«* (ebd., S.254f.), veröffentlichte Storm zu Lebzeiten nicht. Das Gedichtfragment *»Westermühlen«* (ebd., S.199f.), entstanden wohl 1840, von dem die Forschung heute einhellig feststellt, daß sich Storm mit ihm gestalterisch aus Anakreontik und heinesierender Manier löste, wurde erst 1912 gedruckt (vgl. dazu Laage, 1985, S.81-89). Die heute für die wissenschaftliche Arbeit nutzbaren Ausgaben (vgl. Kap. III.2.) folgen der Anordnung, die

Storm nach obigem Prinzip in der letzten von ihm durchgesehenen und kritisch gesichteten 7. Separatausgabe von 1885 vornahm. In der *Nachlese* ordnen dann die Herausgeber, Lohmeier und Goldammer, die Gedichte in der Chronologie ihres Entstehens. Für einen raschen Überblick über die lyrische Entwicklung Storms bleibt deshalb immer noch unentbehrliche Hilfe Wooleys Chronologie der Erstveröffentlichung und der Entstehung der Gedichte (Wooley, 1943).

»Fertig wurde meine Lyrik erst, als mein Leben einen selbständigen Inhalt gewonnen hatte, und als ich als junger Advokat überall für mich selber einstehen mußte« (LL, Bd.4, S.489), schrieb Storm im Entwurf zu einer Tischrede zu seinem siebzigsten Geburtstag, und alle Untersuchungen zur historischen Eigenleistung seiner Lyrik bestätigten im wesentlichen diese Selbsteinschätzung. Das reichliche Jahrzehnt zwischen 1843 und 1855 ist das produktivste für den Lyriker Storm, er verfaßte hier die Mehrzahl seiner künstlerisch hochrangigsten Texte. Anläßlich der Korrektur der 7. Auflage seiner *Gedichte* bekannte Storm gegenüber Gottfried Keller zudem: »Meine Novellistik hat meine Lyrik völlig verschluckt.« (An Gottfried Keller, 7. August 1885, K, S. 126). Die Anzahl der zwischen 1855 und 1888 entstandenen Gedichte ist tatsächlich weitaus geringer als die im genannten Jahrzehnt, und die artifiziell bedeutsameren Gedichte aus den späteren Jahren lassen sich zudem an zwei Händen abzählen: Dazu gehören freilich ein so bekanntes Gedicht wie *»Über die Heide«* (LL, Bd.1, S.93) von 1875 und lyrische Texte, die das bereits in den 40er und 50er Jahren umkreiste Thema Sterben und Tod variieren, so *»Ein Sterbender«* (ebd., S.79-82) von 1863, *»Beginn des Endes«* (ebd., S.86) von 1864, der Zyklus *»Tiefe Schatten«* (ebd., S.86-89) von 1865-1867 und vor allem *Geh nicht hinein* (ebd., S.93f.) von 1878. An den Erlebnisbereich Sterben und Tod blieb Storm künstlerisch länger gebunden als an alle übrigen, Liebe und Ehe, heimatliche Landschaft und Bedrohung des Landes durch politische Konflikte etwa. Deshalb verwundert es nicht, daß sich – wenn überhaupt – an den Sterbegedichten Entwicklungen des Lyrikers ablesen lassen. *»Geh nicht hinein«* etwa gilt in der Forschung (vgl. Martini, 1957; H. Müller, 1975; Laage, 1985, S.74-80; Coghlan, 1989) als ein Beispiel dafür, daß sich in Storms später Lyrik »formale und gehaltliche Tendenzen radikalisiert« haben und verstärkt Stilzüge »mittelbarer Lyrik« auftauchen (H. Müller, 1975, S.175). Das Hauptgenre der Stormschen Erlebnislyrik, das »kleine Lied« – von ihm selbst als »die Perle der Poesie« bezeichnet –, sei damit verdrängt worden (LL, Bd.4, S.877). Freilich ist der Textkorpus an sich zu klein, wie Vinçon bereits 1972 bemerkte (vgl. Vinçon, 13. Aufl.

1994, S.140), um solche Ablösungsprozesse wirklich nachweisen zu können.

Die frühen, vor 1843 entstandenen Gedichte Storms und selbst die formal gelungeneren und thematisch eigenständigeren, die in der Studentenzeit während seiner Bindung an Bertha von Buchan entstanden sind, zeigen sich, von der vierzeiligen Strophenform angefangen, über die stereotypen sprachlichen Bilder bis hin zur teils ironisch pointierten Vortragsweise, stark beeinflußt von einem großen Vorbild, von Heines *Buch der Lieder*. Gedichte wie *»Damendienst«* (LL, Bd.1, S.119) oder *»Traumliebchen«* (ebd., S.228) bzw. *»Ritter und Dame«* (ebd., S.226ff.) aus dem *Liederbuch* machen dies besonders deutlich (zur Heine-Rezeption, vgl. Schweickert, 1969, S.67-82). Die noch älteren Gedichte, wie *»An einem schönen Sommerabende«* (LL, Bd.1, S.132) aus dem Jahre 1833 (gedruckt erst 1921), haben einen verspielten, z.T. anakreontischen Charakter und machen die anfängliche, unzeitgemäß anmutende literarische Bindung an Vorromantik und Vorklassik deutlich (vgl. dazu Lohmeier, LL, Bd.1, S.747).

Storm hat sich später, speziell in den Vorworten zu den beiden von ihm zusammengestellten Lyrik-Anthologien *Deutsche Liebeslieder seit Johann Christian Günther* (E: Berlin: Schindler 1859) und *Hausbuch aus deutschen Dichtern seit Claudius* (E: Hamburg: Mauke 1870) sehr bewußt in die Tradition einer spezifischen Art der Erlebnisdichtung, der sogenannten Stimmungslyrik, gestellt, wobei er sich selbst als deren letzten Vertreter und gleichzeitigen Vollender verstand. Die Anfänge sah er bei Matthias Claudius und Goethe, zur »eigenen Gattung« jedoch habe das »›Stimmungsgedicht‹« (vgl. Kap. II.1.2.) erst Heine erhoben (LL, Bd.4, S.382).

Begeistert war er auch von Eichendorff, über dessen Gedicht *»Schöne Fremde«* er schrieb: »In solche Abgrund-Tiefe reicht G.[oethe, R.F.] nirgends hinab. Eine solche Verschmelzung von Anschauung und Empfindung; ein solches Ausprägen einer schönen mächtigen und für den gewöhnlichen Menschen in Worten gar nicht auszusprechenden Stimmung; ich wüßte nicht was drüber ginge.« (An Theodor Fontane, 25. Mai 1868, F, S.129; zur Eichendorff-Rezeption, vgl. Perraudin, 1989). In Abgrenzung zu seiner eigenen Lyrik bemängelte er jedoch an Eichendorff in dem Vorwort zu seiner Anthologie *Deutsche Liebeslieder seit Johann Christian Günther*, daß »die herrschende Grundstimmung zu mächtig« sei, »um ein bestimmtes einzelnes Gefühl zur Geltung kommen zu lassen« (LL, Bd.4, S.381). Diese Forderung sah er dann in idealer Weise erfüllt durch Heine und Mörike. (Die Mörike-Rezeption bildet allerdings noch ein Desiderat der Forschung). »[...] mit einem seltenen

Sinn für das Wesentliche«, so Storm über Heine im erwähnten Vorwort, versetze er den »Hörer in eine das Gemüt ergreifende Situation« und überlasse ihn dann schweigend diesem Eindruck, »den wir in der günstigsten Stunde von der Natur selber hätten empfangen können« (LL, Bd.4, S.382; zu den Anthologien, deren Vorworte und Auswahl Storms Traditionsbindung und Lyrikverständnis gut dokumentieren, vgl. Häntzschel, 1989, sowie das Nachwort von Eversberg und Hettche, mit einigen Revisionen der Urteile von Häntzschel, in der von ihnen 1991 neuaufgelegten, ersten illustrierten Ausgabe des *Hausbuches* von 1875; über das Verhältnis Storm-Friedrich Rückert – Storms Auswahl von Rückert-Gedichten umfaßt in der 4. Auflage des Hausbuches von 1878 immerhin 26 Stükke und ist damit neben Heine die umfangreichste –, vgl. Uhrig, 1994).

Storm war selbst ein sehr bewußter Formkünstler, der klar erkannte, daß bei seinen kleinen, liedhaften Gedichten »schon *ein* falscher oder pulsloser Ausdruck die Wirkung des Ganzen zerstören kann« (LL, Bd.4, S.393). In einigen Lyrik-Rezensionen der 50er Jahre, in Briefen und in den Vorworten zu seinen beiden Anthologien hat er versucht zu erklären, was er unter der »feinere[n] geistige[n]« Form verstand, die darauf zielt,

> daß »der Dichter durch sie die Bewegung seines Herzens in frischer Unmittelbarkeit dem Leser mittheilt. Dieß geschieht nehmlich nicht allein, obgleich auch, durch den Sinn der Worte, sondern zum großen Theil durch ihren Klang und durch das angemessene Verhältnis und Auf- und nacheinanderfolgen von ein oder mehrsilbigen Worten, von mehr oder weniger flüchtigen Längen, durch den richtigen Gebrauch der Assonanz und Alliteration im Verse [...]« (An Hartmuth Brinkmann, [28.] März 1852, Br., S.58).

Diese Form, so unterstreicht Storm in einem Entwurf zum Vorwort des *Hausbuches,* sei aber »durch keine Regel fest zu stellen und durch keine Sorgfalt zu erreichen«, denn sie »gilt immer nur für den gegebenen Fall« und ist »Sache des dichterischen Genius« (LL, Bd.4, S.399).

1.2. Persönlichkeitsstruktur und lyrische ›Stimmungen‹

Storms psychische Disponiertheit, die ihren Ausdruck in seinen von ihm so bezeichneten ›Stimmmungen‹ findet und im ›Erlebnis‹ Bildlichkeit gewinnt, stellt den affektiven Kernbereich dar, aus dem – wie Storm immer wieder betont hat – seine künstlerischen Texte, vor allem seine Lyrik hervorgingen: »Die eigentliche Aufgabe des lyrischen Dichters besteht aber unsrer Ansicht nach darin«, so schrieb er 1854 in seiner Rezension der *Lieder der Liebe von M. Ant.*

Niendorf im »Literaturblatt« des »Deutschen Kunstblattes«, »eine Seelenstimmung derart im Gedichte festzuhalten, daß sie durch dasselbe bei dem empfänglichen Leser reproduziert wird [...]« (LL, Bd.4, S.331).

Todesängste und Vergänglichkeitsempfinden, Liebesverlangen und Heimweh – darin sind sich die Storm-Forscher seit langem einig – bilden die emotionale Textur der Stormschen Dichtung. Und diese wäre u.E. dringend in einen Zusammenhang zu bringen mit der zuletzt von David A. Jackson reklamierten, von der Forschung jedoch »meist geleugnete[n] fundamentale[n] Kontinuität zwischen allen Schaffensperioden« des Autors, die Jackson allerdings in der Christentumsproblematik findet (Jackson, 1989, S.42). Die Erinnerungstechnik in Storms Prosa – ursächlich mit den Gefühlslagen und daraus erwachsenden spezifischen Bedürfnissen seiner Persönlichkeit verbunden –, ist ja seit Jahrzehnten ein Standardthema der wissenschaftlichen Analyse (vgl. Kap. II. 2.1.2.). Außer Fritz Martini jedoch, der sich mit existenzphilosophischen Erklärungsmustern Ende der 50er Jahre diesem Bereich zuwandte, behandelt die Forschung das der Erinnerungs- und Perspektivierungstechnik zugrunde liegende Gefühlssyndrom Todesangst/Lebensangst z.B. als psychische Entität. Stuckert, der für die Charakteranlage des Dichters zumindest einen Sinn hatte, schrieb im Kapitel »Storms Persönlichkeit« noch dazu: Seine »tiefe Schwermut«, die nicht »einfach auf eine kreatürliche Daseinsangst, ein bohrendes Zeit- und Vergänglichkeitsgefühl oder das Fehlen eines haltgebenden religiösen Glaubens zurückzuführen« sei, bilde die »unableitbare Lebensgrundstimmung, die alle diese Gefühlsregungen beherrscht und durchfärbt« (Stuckert, 1955, S.119f.; Boll, 1940, widmete der ›Melancholie‹ Storms eines der umfangreichsten Kapitel in seiner Abhandlung über die Weltanschauung). Die an Storms Persönlichkeit zu beobachtenden psychischen Zustände – die Gegensatzpaare Todesgrauen und absolutes Geborgenheitsbedürfnis, obsessive Verschmelzungswünsche mit dem Liebesobjekt und angstgeleitetes Distanzierungsverhalten sind zu nennen –, führen unmittelbar in das Zentrum des kreativen Antriebs des Künstlers. Die Erörterung dieses Zusammenhangs wäre die Aufgabe einer detaillierten Studie.

Zuletzt hat Minna K. Altmann versucht, anhand der Analyse wichtiger Briefwechsel (Mommsen, Heyse, Schmidt) ein Persönlichkeitsbild Theodor Storms zu zeichnen. Der Ertrag ihrer Arbeit bestand vor allem in empirisch nachgewiesenen Verhaltensmustern Storms, deren Matrix man in Lyrik und Novellistik wiederfindet und die auf Konstanten seiner Psyche hindeuten. Freilich war damit noch kein umfassendes Charakterbild entworfen, trotzdem seien hier noch einmal einige wichtige Beobachtungen Altmanns hervorgehoben:

Gegenüber allen Briefpartnern stellt die Autorin »ein fast krampfhaftes Besitzenwollen« fest, eine hysterische Angst, »daß er [Storm] diesen Freund durch irgendein Verschulden oder durch den Tod verlieren könnte« (Altmann, 1980, S.166). Und sie resümiert dann: Ein »überdurchschnittliches Bedürfnis nach menschlichem Kontakt und Verbindung, das sich auf Frauen wie auch auf Männer bezog, sein intensives Liebesbedürfnis und die Angst vor dem Alleinsein können unverändert durch die Jahre bemerkt werden« (Altmann, 1980, S.170). Irmgard Roebling hat diesen Befund nochmals im biographischen Rekurs ihrer überzeugenden psychoanalytisch fundierten Erklärung des Stormschen Mädchentypus und des mythe personnel ›unerfüllte Liebe‹ bestätigt (vgl. Roebling, 1983, S.100ff.).

Altmann fügt dem beschriebenen Gefühlskomplex einen Katalog von weiteren Charaktermerkmalen an, unter denen im Zusammenhang mit der Verlassenheitsangst Storms »tiefe Unsicherheit« hervorzuheben ist, aus der heraus er sich von Freunden, seiner Braut bzw. späteren Frau für ihn gehegte Empfindungen immer erneut bestätigen ließ (Altmann, 1980, S.172). Fast identisch damit erscheinen die »Minderwertigkeitsgefühle«, die die Autorin registriert, wenn sich Storm Kritik ausgesetzt fühlte: »Storm war eine überempfindliche Natur, die keine negative Kritik duldete oder vertrug und dann seine leicht verletzten Gefühle offen zeigte« (ebd., S.173). Hinzu kommt die Gewohnheit, Ereignisse, die unangenehm und schmerzlich für ihn waren, möglichst lange unerwähnt zu lassen. Altmann deutet diese Haltung als »Flucht vor der Wirklichkeit« (ebd.). Diese Merkmale sowie das Verhaltenssyndrom von krampfhaftem Besitzenwollen und Furcht vor dem Verlassenwerden stellen charakteristische Anzeichen dar für eine bei Künstlern nicht selten zu beobachtende narzißtische Persönlichkeitsstörung. Diese wird begleitet von starken Stimmungsschwankungen zwischen Gefühlen von Grandiosität und Allmacht einerseits sowie Unsicherheit und Minderwertigkeit andererseits; den grundlegenden Selbstzustand des pathologischen Narzißten beschreibt O. F. Kernberg indes mit »der eines Leeregefühls, des Gefühls allein zu sein« (Kernberg, 1987, S.16). Ursache dieses Basiszustandes, so der Psychoanalytiker, ist ein schwaches, damit leicht kränkbares Selbst, dessen Wurzeln in der frühen Kindheit zu suchen sind, in der das Zuwendungs- und Spiegelungsverlangen des Kindes unerfüllt blieb. Man stoße sehr häufig im Familienhintergrund der betroffenen Personen »auf kaltherzige Elternfiguren mit einem starken Maß an verdeckter Aggression » (Kernberg, 7. Aufl. 1993, S.270).

Altmann (1980, S.113f. bzw. S.172), später Roebling (1983, S.107) und Bollenbeck (1991, S.38f.) erwähnen an dieser Stelle den Brief Storms an Paul Heyse vom 27. März 1883 (vgl. bereits Kap. I.1.), in dem Storm unwillkürlich Ängste der Gegenwart mit einem traumatisch erscheinenden Kindheitserlebnis verbindet und damit selbst schlaglichtartig diesen ursächlichen Zusammenhang erhellt. Er berichtet Heyse die bereits zitierte Episode (vgl. Kap. I.1.) aus der Kinderzeit, in der ihm durch seine sonst stark beschäftigte Mutter unerwartete Zuwendung zuteil wird. In einer nächtlichen Reaktion auf den ungewöhnlichen Liebesbeweis ergreift den 6jährigen Knaben die Furcht, die Mutter wolle ihn töten. Diese Erinnerung läßt auf eine bereits tiefe Verunsicherung des Kindes gegenüber dem eigenen Wert schließen: Die doch so ersehnte liebevolle Aufmerksamkeit erscheint ihm als seiner Person nicht angemessen und ruft in ihm den Verdacht hervor, daß sich dahinter das ›eigentliche‹ Verhältnis der Bezugsperson zu verbergen sucht. Die gleiche Verunsicherung und das gleiche Mißtrauen zeigt er dann gegenüber dem alten Freund:

»Lieber Paul, der Fall mit Dir liegt ähnlich; Du bist ebenso gut wie meine Mutter; aber Du überschüttest mich jetzt so mit Güte, daß ich trotz meiner reiferen [...] Jahre auf ähnliche schwarze Gedanken komme: Du willst mich nicht ermorden; nein, so kindisch bin ich nicht mehr, so etwas zu glauben; aber – Du hast es vor mich zu *verlassen*. Thu das nicht, mein lieber Paul!« (An Paul Heyse, 27. März 1883, H, Bd. 3, S.46)

Die Angst vor Einsamkeits- und Nichtigkeitsgefühlen treibt die narzißtische Persönlichkeit immer erneut zu Verhaltensweisen, die die Regulation des Selbst zum Ziel haben, d.h. genauer die Erhöhung des Selbstwerts auf dem Wege der Spiegelung im anderen.

Im Extremfall besteht ein starkes Verschmelzungsbedürfnis mit dem idealisierten Partner, der gebraucht wird, um die Struktur des Selbst zu vollenden: »Wir beide wollen ja eins sein. Wo der eine dem anderen etwas verhehlt, da bleiben wir ja ewig zwei, das quält«, schrieb Storm an Constanze. Oder: »Nur meine Dange darf alles sehen, die gehört ja aber auch zu meinem Ich.« (An Constanze, 26. Dezember 1845, BB, S.174 u. S.176). Mit dem Verschmelzungshunger ist zudem das Verlangen nach ständiger Kontrolle des jeweiligen Partners verbunden sowie der Versuch, ihn nach ›seinem Bilde‹ zu formen. Die Briefe Storms an seine Braut zwischen Frühjahr 1844 und Sommer 1846 zeigen neben den charakteristischen Stimmungsschwankungen zwischen Depression und Euphorie gerade diesen ›herrischen‹ Zug, der sich in den maßlosen Wünschen nach immer neuen Beweisen ihres ausschließlichen Auf-ihn-Fixiertseins äußert, in seinen Forderungen nach Rechenschaft über ihren Tagesablauf, Bildungserlebnisse und Lektüreeindrücke, den Briefstil etc. Nicht ganz zu Unrecht hat man diesen Zug als später überwundene jugendliche Überspanntheit beschrieben; er läßt aber zu diesem Zeitpunkt auf eine zum narzißtischen Syndrom gehörende mangelnde Einfühlung schließen, die eine Erscheinungsform extremer Selbstbezogenheit darstellt und die Altmann im übrigen auch in Storms Verhältnis zu Theodor Mommsen, dem Jugendfreund aus der Studienzeit in Kiel, nachgewiesen hat (vgl. Altmann, 1980, S.47; zu der mangelnden Fähigkeit der narzißtischen Persönlichkeit, »ein integriertes Konzept von anderen Menschen zu entwickeln«, vgl. Kernberg, 2. Aufl., 1989, S.281). Es paßt auch ins Bild, daß Storm zumindest im ersten Jahr der Verlobung mit Constanze Esmarch die ›große Liebe‹ in den Briefen mehr oder weniger inszeniert (vgl. dazu auch Bollenbeck, 1991, S.77ff.) und daß er seine Braut zum Objekt von Gefühlsaufwallungen und zur Adressatin seiner Gedanken über die »Heiligkeit« von Liebe und Ehe macht. Die leidenschaftlichen Gefühle, die er später tatsächlich für sie entwickelte, gehören nach eigener Aussage ihrer Entstehung nach nicht dieser frühen Zeit an (vgl. dazu Storms Brief an Hartmuth und Laura Brinkmann vom 21. April 1866, Br., S.145-148). Somit zielen die euphorischen Liebesbekenntnisse und die hochgespannten Erwartungen an die Emotionen der Frau zunächst auf einen Selbstgenuß in Phantasien über die Einzigartigkeit seiner selbst. Und die nur mühsam unterdrückten zornigen Reaktionen Storms, wenn Erwartungen nicht erfüllt werden – begleitet von regelrechten Entwertungen der ihn enttäuschenden Bezugsperson – sind nur weiterer Beleg für seine enorme Kränkbarkeit, die oft zu völliger physischer Abspannung führt, welche wiederum starke Ruhebedürfnisse nachsichzieht. Das lebendige Wesen in seiner unkalkulierbaren Selbstständigkeit wird – und das ist das Beziehungsdilemma des so bindungssbedürftig erscheinenden Narzißten – in großer Nähe nur schwer ertragen. Storm's Brief an Constanze vom 17. April 1845 verdeutlicht noch einmal die quälende, aber auch selbstquälerische Vertraktheit dieses Verhaltensmusters:

»Oft verschweige oder verhülle ich Dir etwas, was ich wünsche und will, weil ich verlange, daß es trotz dessen, wenn Du mich liebst, und wie mir meine alte Bitterkeit dann zuraunt, wenn Dein Gefühl nicht nur gewöhnliche Oberflächlichkeit ist, von Dir erraten werden müsse. Und wenn Du es in Deiner reinen, unbefangenen Kindlichkeit dann nicht errätst, dann bricht aller Unmut in voller Bitterkeit hervor [...] Der Teufel versuchte mich, den Glauben an Deine Liebe in meiner Seele von einer Probe abhängig zu machen, von der ich im voraus wußte, daß Du sie nicht bestehen würdest.« (An Constanze Esmarch, 17. April 1845, BB., S.55f.).

Diese Symptomatik einer Beziehungsstörung findet man im übrigen unverändert noch bei dem über 40jährigen (vgl. vor allem die Briefe an Constanze Storm, [7. August 1858], BF, S.76f. bzw. [23. Juli 1859], BF, S.84f. und [25. September 1860], BF, S.109).

Storm fällt es gerade in diesem Lebensabschnitt schwer, sich Realitätsanforderungen zu stellen, die den intimsten Bereich betreffen. Er neigt hier zu Transformationen, Stilisierungen und Flucht, um sich zu stabilisieren. Aber was im Sinne der conditio humana defizitär erscheint, bildet für den Künstler Storm eine Konflikthaftigkeit, die den kreativen Prozeß antreibt. Die Verwandlung des Lebendigen zum »frische[n] Bild« (LL, Bd.1, S.332), das in dieser Form erst geliebt werden kann – sichtbar in der Grundstruktur der frühen Novellen *Immensee, Posthuma, Ein grünes Blatt* (vgl. Kap. II.2.1.) – bzw. die Fluchtbewegungen in Phantasieräume, in denen Dinge und Menschen sich ihm spiegelnd und sein Selbst stärkend zuwenden, stellen Storms grundlegendes, z.T. bereits problematisiertes ästhetisches Verfahren der ›Wirklichkeitsbewältigung‹ in seiner frühen Kunst dar. Eine Richtung der zuletzt genannten Regressionsbewegung zielt auf den paradiesischen Garten seiner Kindheit, in die mütterliche Geborgenheit der Arme einer Frau und das schützende abendliche Heim oder, etwas später, in die Heimat schlechthin. Gedichte wie *»Schließe mir die Augen beide«* (LL, Bd.1, S.34), *»Nun sei mir heimlich zart und lieb«* (ebd.), *»Mondlicht«* (ebd., S.29), *»O süßes Nichtstun«* (ebd., S.33), *»Dämmerstunde«* (ebd., S.24), *»Zur Nacht«* (ebd., 35f.) oder auch *»Trost«* (ebd., S.69) beschreiben in ihrem Kern einen im Grunde durch keine Realität erreichbaren Zustand des Zu-Hause- und Geborgenseins, der Angst- und Schmerzfreiheit. Mit ihrem Thema, das überwiegend um das Verlangen nach inniger weiblicher Zuwendung kreist, stellen diese Gedichte ein Zentrum der Stormschen Lyrik der 40er Jahre dar. Hierbei ist mit Thomas Mann nachdrücklich die »leichte Krankhaftigkeit« dieser Idyllensehnsucht zu betonen, »um nichts auf ihn kommen zu lassen, was auf Bürgernormalität oder -sentimentalität, auf seelisches Philistertum hinausliefe«. Denn diese Sehnsucht hat etwas mit dem »Norm- und Glückswidrigen« zu tun, welches zur »künstlerischen Konstitution gehört« (Mann, [1977], S.255). Der Standpunkt Thomas Manns, der aus dem intimen Wissen um die Wurzeln der eigenen Kreativität resultiert, wird von der modernen psychoanalytischen Forschung bestätigt (vgl. Sahlberg, 1985). Das Besondere der Stormschen Idyllik liegt nicht, wie so oft kritisch vermerkt, in dem als bestehend suggerierten ehelichen Glück in biedermeierlich-häuslicher Intimität. »Man verfehlt [...] den Ernst dieser Verse« und die »Radikalität solcher Weltabkehr«, so auch Pastor in seiner wichtigen Studie über den »poetischen Kosmos des jungen Storm«, wenn man z.B. in *»Schließe mir die Augen beide...«* nur die »höhere Form eines Schlummerliedes sieht« (Pastor, 1983, S.67). Es ist häufig die von Storm keineswegs bewußt gesuchte Nähe zum Tod, der erst ›Erfüllung‹ verheißt, die dieser Lyrik die Gemütlichkeit nimmt und den düsteren Unterton verleiht, zugleich aber eine Rückkehr in die ›Welt‹ mit ihren Realitätsanforderungen endgültig zu verhindern scheint (auch Kaiser registriert »in Storms bedeutendsten Gedichten« wie z.B. *»Schließe mir die Augen beide«*, eine Tendenz »zur Selbstaufgabe«, G. Kaiser, 1. Teil, 1991, S.324):

Ich bin so müd' zum Sterben;
Drum blieb' ich gern zu Haus,
Und schliefe gern das Leben
Und Lust und Leiden aus. (LL, Bd.1, S.20)

Pastor hebt hervor, daß Storms »Vision des Glücksraums« geprägt sei durch »eine Abgeschlossenheit, die jeder Dynamik entsagt und im Verzicht auf Weltoffenheit die intime Beziehung zwischen Mann und Frau zu beschirmen hofft« (Pastor, 1983, S.69). In dieser Idyllensehnsucht, in der wie bei Storm das Element der absoluten Ruhe und des Stillstandes dominiert, erkennt Renate Boeschenstein eine geradezu epochentypische Neurose, die in unmittelbarem Zusammenhang mit der seit Ausgang des 18. Jahrhunderts zu registrierenden »heftige[n] Zunahme« der »Manifestationen« des Narzißmus zu sehen sei (Boeschenstein, 1990, S.160). Die stärkere Individualisierung des Subjekts bzw. die hypertrophierten Anforderungen an das Sich-Ausweisen als einmalige Individualität scheinen das Einzelwesen vor einem Hintergrund der Auflösung religiöser Sicherungen zu überfordern.

Es steht im Falle Storm außer Frage, – und hier eröffnet sich uns sein spezifischer Zugang zum zeitgenössischen religionskritischen Diskurs – daß gerade sein emotional nie vollständig bewältigter Unglaube an ein Leben nach dem Tod wie sein ablehnendes Verhältnis zum Christentum als Weltanschauung generell eine zusätzliche Entwertungsbedrohung enthielt. Er hätte aufgrund seiner psychischen Disposition einer weltanschaulichen Stütze (der Versicherung von Dauer und Kohärenz der Persönlichkeit etwa, aber auch des Aufgehobenseins in der Liebe zu einer Gottvater-Figur) durchaus bedurft. Es verleiht seinem Charakter wie seiner Dichtung deshalb einen Zug von Kraft und Autonomie, daß er diesem Verlangen zu keiner Zeit ›ideologisch‹ nachgegeben hat (vgl. Kap. I.3.). Wenn er sich künstlerisch einerseits in ›neue‹, von ihm mit religiöser Aura umgebene Bergungsräume, in Haus, Garten, Heide flüchtet, so war er andererseits auch in der Lage, sich dem Leidensdruck seines Nichtigkeitsempfindens zu stellen.

Letzteres geschieht am unmittelbarsten in den Gedichten über das Sterben und den Tod. Wendet sich Storm bewußt reflektierend diesen Themen zu, so behandelt er den Tod niemals, wie eventuell zu vermuten wäre, als den großen Bruder des Schlafes und möglichen Zielpunkt regressiver Sehnsüchte. Von hier aus ist Boeschensteins These zuzustimmen, daß sich das Verlangen nach Stillstand mit seinem totalen Rückzug auf sich selbst als Liebesobjekt »ziemlich unentstellt« nur deshalb aussprechen konnte, »weil diese Art von Realitätsverweigerung zugunsten subtilen Lustgewinns vom geltenden moralischen Code noch nicht durchschaut und daher von der inneren Zensur nicht verurteilt wurde« (Boeschenstein, 1990, S.168).

Bei dem Urthema der Menschheit, dem Tod, – Ludwig Feuerbach verknüpft damit die zivilisatorische Errungenschaft der Phantasiebildung – ist Storm immer wieder gebannt durch den Gedanken der Identitätsvernichtung, dessen Signalwort die zurückbleibende Leere ist. Auch Harro Müller erklärt im Kapitel »Das Todesmotiv in Storms Lyrik«, daß die Vernichtung der »individuelle[n] Personalität« durch den Tod, »jenes Bewußtsein der nicht wiederholbaren Individualität« (Müller, 1975, S.156 u. S.174) für Storm die eigentliche Bedrohung darstellt. Dies ist nochmals zu betonen, denn im Gegensatz dazu sieht Ludwig Feuerbach, dessen Gedankenwelt auf Storm sonst einen nicht unerheblichen Einfluß hatte (vgl. Kap. I.3.), in seinem Aufsatz »Gedanken über Tod und Unsterblichkeit« von 1830 im Tod gerade den Erweis der Existenz einer Individualität: »Der Tod ist die Erscheinung davon, daß du nicht ein Wesen ohne Bestimmung, ohne Zweck, folglich nicht ohne Grenze bist [..]. so ist der Tod [...] die Bejahung deiner Grenze die Bejahung selbst deiner Individualität.« (Feuerbach, 1981, S.391)

Bei Storm verbindet sich der im Gedicht thematisierte Grenzbereich des menschlichen Daseins unwillkürlich mit seinem grundlegenden Selbstzustand. Er drückt in seiner frühen Lyrik in der Todesvorstellung und der Situation des Sterbens seine Lebensängste aus; erst diese bewirken, daß ihm die »entgötterte[n] Welt« jenen »elementaren Todesschauer[s]« einjagt, den Gerhard Kaiser in dem *»Lied des Harfenmädchens«* findet (G. Kaiser, 1991, 1.Teil, S.281). Zudem: Der Bezug zur transzendentalen Ebene, die Nähe zur »Ewigkeit« und zur »stillen Majestät« des Todes (vgl. *»Im Zeichen des Todes«*, LL, Bd.1, S.62ff.) läßt die Nichtigkeitsangst, die mit jener vor der Vernichtung korrespondiert, Würde gewinnen. Erst in dieser Größenphantasie, welche die Entwertungserfahrung partiell aufhebt, wird die Angst offenbar darstellbar. In einzelnen Gedichten, vor allem in *»Im Zeichen des Todes«* von 1852 erwächst aus dem Ins-Auge-Fassen der Urbedrohung auch die Fähigkeit zur Fesselung des Grauens und daraufhin der Drang, »das Leben zu bestehen«, der im Aufruf gipfelt:

O schöne Welt! So sei in ernstem Zeichen
Begonnen denn der neue Lebenstag! (LL, Bd.1, S.63)

Eventuell ist in diesem Ins-Auge-Blicken bereits eine Form der Rationalisierung der eigenen Ängste zu sehen, die eine erneute Zuwendung zum Leben erlaubt. Andererseits bedeutet das Auftauchen aus dem als tödliche Bedrohung erfahrenen Zustand und das Überwältigtwerden von einem ozeanischen Gefühl, das die »schöne Welt« umspannt bzw. den Zugriff auf sie erneuert, nur eine die Depression ablösende, mit ihr aber zusammenhängende euphorische Phase, die gleichfalls für Storms Charakterbild verbürgt ist. (Besonders deutlich wird dieser bei Storm mögliche abrupte Stimmungswechsel in zwei Briefen an Erich Schmidt vom Juni 1880. Noch am 16. Juni hatte er über den »unter dünner Decke schlummernde[n]« Schmerz seines Lebens gesprochen, über seine schweren Ängste um den unberechenbaren ältesten Sohn Hans, und zwei Tage später, am 18. Juni, gab er das mittlerweile oft zitierte, emphatische Bekenntnis zur Schönheit der Welt ab, das in dem Satz gipfelt: »Wie köstlich ist es zu leben, bloß zu leben!«, vgl. An Erich Schmidt, 16. und 18. Juni 1880, Sch., Bd.2, S.14 u. 15): Ein kleiner, aber nicht unwesentlicher Teil seiner Dichtung ist von der Stimmung euphorischer Selbstgewißheit getragen; hier wäre vor allem das *»Oktoberlied«* (LL, Bd.1, S.11) zu nennen. Storms politische Gedichte im engeren Sinne, wie *»Im Herbste 1850«* (LL, Bd.1, S.58f.), *»Gräber an der Küste«* (LL, Bd.1, S.59f.) und *»Abschied«* (LL, Bd.1, S.65f.) rücken jedoch gleichfalls in die Nähe dieser Stimmungslage: Das Pathos der Gedichte zeigt an, daß sie im Gefühl genußvoll erlebter Selbstüberhöhung geschrieben sind, was bei politischen Gedichten zumeist daraus resultiert, daß der lyrisch Sprechende an der Mächtigkeit einer Gruppe und deren ›großem‹, gemeinsamem Schicksal partizipiert, von dem er spricht. Wir haben bereits im Kapitel I.3. darauf verwiesen, welch Glücksgefühl bei Storm ausgelöst wird, wenn er sich als »Glied einer großen unsichtbaren Kirche fühlen kann« (An Brinkmann, 11. September 1852, Br., S.70). Der Gefahr, sich auf Dauer in solche Selbststilisierungen zu flüchten wie sie Bollenbeck für das Gedicht *»Abschied«* registriert (Bollenbeck, 1991, S.124), ist Storm aber auch hier entgangen.

Die für seine Lyrik weitaus charakteristischere Stimmungslage zeigt die beiden Extremzustände, Depression und Hochgefühl, miteinander vermittelt im Vergänglichkeitsempfinden:

Heute, nur heute
Bin ich so schön;
Morgen, ach morgen
Muß Alles vergehn!
Nur diese Stunde
Bist du noch mein;
Sterben, ach sterben
Soll ich allein. (LL, Bd.1, S.16)

Die Gedichte, die wahrscheinlich aus der Liebesbeziehung mit Doris Jensen hervorgingen, also *»Noch einmal!«* (LL, Bd.1, S.21), *»Die Stunde schlug«* (ebd.), *»Wohl fühl' ich, wie das Leben rinnt«* (ebd., S.22f.), *»Die Zeit ist hin«* (ebd., S.25), *»Wohl rief ich sanft dich an mein Herz«* (ebd., S. 25f.), bezeugen bereits in der Titel- bzw. Anfangszeile die Gebrochenheit des Glücksgefühls vor dem Hintergrund der eigenen psychischen Fragilität und der ihr inhärenten Furcht, aus der Vollkommenheitserfahrung wieder herauszufallen in Einsamkeit und Leere. Storms klassische Erzählsituation (vgl. Kap. II.2.1.1.), in der die Erinnerung einen verlorenen Glückszustand in die durch Einsamkeit und Alter gekennzeichnete Gegenwart heraufholt, ist psycholgisch gesehen auf die gleichen Ängste zurückzuführen.

Storm suchte auf die mit seiner psychischen Disposition eng verbundenen elementaren Lebensfragen, nach Wert und Dauer von Partnerschaft z.B., stets auch Antworten im weltanschaulichen Diskurs bzw. Ursachenzusammenhänge im gesellschaftlichen Zustand seiner Zeit. Diese aus seiner Dichtung nicht wegzudenkende Dimension verleiht seinen Gedichten über Liebesglück und -leid, Natur und Tod die unverwechselbare Historizität und bildet eine Quelle seines Realismus. Nur muß betont werden, daß die Größe und Bedeutung der Lyrik vorrangig aus Storms Konzentration auf seine starken Gefühle im »Erlebnis« erwächst, das für ihn das »Fundament« der lyrischen Dichtung bildet (LL, Bd.4, S.332). »Den echten Lyriker«, so Storm in einer Rezension der Gedichte Anton Niendorfs 1854, »wird sein Gefühl, wenn es das höchste Maß von Fülle und Tiefe erreicht hat, von selbst zur Produktion nötigen, dann aber auch wie mit Herzblut alle einzelnen Teile des Gedichtes durchströmen« (ebd.). Die Beschränkung auf seine grundlegenden, zum wesentlichen Teil im Unbewußten wurzelnden »Seelenstimmunge[n]«

(ebd., S.331), die im Moment des Erlebnisses einströmen und die er in wenigen Gedichten gültig auszudrücken suchte, eröffnet ihm den Zugang zu einer dem nachchristlichen Vanitas-Denken noch vorausliegenden komplizierten psychischen Problemlage des modernen Menschen überhaupt, die der der Autoren des ausgehenden Jahrhunderts z.B. in vielem nahekommt. Mit Recht schreibt Kaiser über das Gedicht *»Hyazinthen«*:

»Das ist doch ein Erlebnisgedicht neuer, so von Goethe bis Mörike nicht denkbarer Art. Es [...] weist nach vorwärts zur Auflösung des Ich in ein Bündel von Sinnes- und Nervenreizen, die es Reaktionen jenseits des Willens und des Bewußtseins unterwerfen. Gewiß ist Eifersucht als Gefühl so alt wie die Liebe, aber *so*, als nervöse Störung, wird sie erst in der Moderne artikuliert [...] bei Storm ist der Sprecher so selbstentfremdet, daß er ›das Fremde‹ in sich vor sich selbst als ›die Fremden‹ verschlüsselt, die nach der geliebten Frau greifen. Das sprechende Ich spricht sich nicht aus; es verrät sich.« (G. Kaiser, 1. Teil, 1991, S.318 u. 319)

1.3. Forschungslage zur Lyrik.

Fritz Martini hat wohl einerseits richtig gesehen, daß das Stormsche Stimmungsgedicht in Theorie und Praxis gegenüber dem »Typus der Erlebnislyrik, wie er durch Goethes vielgestaltiges Universum ausgefüllt wird« (Martini, 1974, S.10), den reduzierteren, engeren Typus darstellt. Denn das Reflexionsverbot, das Storm über das liedhafte Gedicht verhängt, sowie die Forderung nach Gefühlen, die das »höchste Maß von Fülle und Tiefe« (LL, Bd.4, S.332) erreicht haben sollen, bevor sie den Autor zur Produktion drängen, beschränkten ihn natürlicherweise thematisch auf den Elementarbereich des menschlichen Daseins, ergänzt nur durch einige politische Gedichte und wenig Spruchdichtung. Andererseits führt diese Reduktion zugleich zur Konkretisation bei der situativen Vergegenwärtigung des »bestimmt[en] einzeln[en] Gefühl[s]« (LL, Bd.4, S.381. Noch in den späten Novellen wird Storm sprachlichen Ausdruck gerade für die emotional am stärksten bewegenden, im Augenblick sich zusammenziehenden Erlebnishöhepunkte finden. Von hier aus ist Bollenbecks Definitionsansatz zuzustimmen, der Erlebnis bei Storm als »affektiv-emotionale Zuspitzung innerer Vorgänge« (Bollenbeck, 1991, S.243) faßt. Diese Begriffsbestimmung erweist sich zudem als kompatibel zu dem überzeugenden Konzept eines historischen Typus von Erlebnislyrik, das charakteristische Modifikationen in der Zeitspanne vom letzten Drittel des 18. bis zum Ausgang des 19. Jahrhunderts zuläßt und das von Michael Feldt in dessen umfangreicher Arbeit *Lyrik als Erlebnislyrik* (1990) entwickelt wurde. Leider läßt Feldt Storm darin unberücksichtigt. Hartmut Pätzold spricht in seiner Studie von der »Unbrauchbarkeit des Paradigmas der ›Erlebnislyrik‹ für die Gedichte Theodor Storms« (Pätzold, 1994, S.43) und meint dabei vor allem ein an Heinrich Henels Theorie orientiert bleibendes Verständnis von Erlebnis. Pätzold kommt es darauf an, der Stormschen Lyrik eine neue Qualität zu bescheinigen, um die Martinische These vom reduzierteren Typus der Stimmungslyrik zu entkräften:

»Indem Storm der sinnlichen Erfahrung absolute Priorität zubilligt, wendet er die auf Feuerbach zurückgehende Abkehr des anthropologischen Selbstverständnisses vom idealistisch Allgemeinen zum Empirischen und Individuell-Singulären auf die Lyriktheorie an, was eine zwar vorsichtige, aber konsequente Weiterentwicklung des Konzepts der ›Erlebnislyrik‹ zur Folge hat.« (Pätzold, 1994, S.50).

Dieter Lohmeier hatte sich bei seiner Begriffsbestimmung von Erlebnis bei Storm stärker »auf die Mittel sprachlicher Gestaltung« konzentriert und eine Definition für Storms Gedichttypus vorgeschlagen, die vor allem seiner Formgebung gerecht wird (Lohmeier, 1981, S.9).

Es fehlen im Grunde neuere Studien, die auch unter mentalitätsgeschichtlichem Aspekt ›Stimmung‹ bzw. ›Seelenstimmung‹ zu erörtern suchen, neben ›Erlebnis‹, ›Situation‹ und ›Naturlaut‹ *die* zentrale Kategorie innerhalb von Storms poetologischen Überlegungen zur Lyrik (das war übrigens bereits Vinçons Forderung von 1973, S.33). Die Analyse des Begriffsinhalts könnte dazu beitragen, die Emotionalität als schöpferischen Ausgangspunkt wie als zentrale Wirkungsabsicht der Stormschen Lyrik weiter zu rationalisieren und zu historisieren. Zuletzt plädierte David A. Jackson energisch dafür, »das Wesen des Inhalts« der Stormschen Lyrik neu zu fassen (Jackson, 1993, S.39).

Einige Schritte in diese Richtung wurden jedoch bereits gegangen, vor allem von Eckart Pastor, der sich den starken Gefühlswerten im »poetischen Kosmos des jungen Storm« zuwandte und dabei Gedichte wie *»Trost* (LL, Bd.1, S.69), *»Nun sei mir heimlich zart und lieb«* (ebd., S.34), *»Im Herbste«* (ebd., S.36f.) und besonders *»Schließe mir die Augen beide«* (ebd., S.34) ins Zentrum stellte, Gedichte aus den ersten Ehejahren also. Pastor betont den »quasireligiösen Wert« der in den Gedichten entfalteten »Wunschbilder«, sieht im Einkehrverlangen Schwundstufen pietistischer Introspektion, deren Ziel aber, Mitte des 19. Jahrhunderts, nur noch die Hinwendung zur geliebten Frau in häuslicher Abgeschlossenheit sein konnte (Pastor, 1983, S.67). Damit findet Pastor (Baßler, 1987, S.49f., und Freund, 1989, S.3-23, haben ihn hierin bestätigt) eine wichtige geistesgeschichtliche Begründung für die Intensität der Stormschen Gefühlsaussprache: Die rein privaten, vormals profanen Emotionen des Bürgers gegenüber Ehefrau, Kindern, Natur und Heimat erfahren vor dem Hintergrund des voranschreitenden Säkularisierungsprozesses eine verdeckte Sakralisierung (vgl. dazu auch Jackson, 1989).

In diesen Zusammenhang gehört auch das von Lohmeier in seinem Aufsatz von 1989, »Storm und die Politik«, konstatierte »unverkennbar biblische Pathos« (Lohmeier, 1989, S. 36) in Storms patriotischen Gedichten. (Müller hatte gegen das Pathetische in Storms politischer Lyrik 1975 heftig polemisiert). Der sich hierin ausdrückende »politische Glaube« – Lohmeier folgt dem Historiker Thomas Nipperdey – ist »ein Phänomen gerade des 19. Jahrhunderts«, ein »moderner Ersatz für die alte Einbindung in überschaubare, mit persönlichem Gepräge versehene korporative, ständische und hierarchische Ordnungen« (Lohmeier, 1989, S.35). Die Defizienz »alte[r] Einbindung«, zu der auch die religiös-christliche zählt, bedingt das Verlangen nach neuen ›heiligen Werten‹ – man registriert den analogen Vorgang ja bei Storms Liebesauffassung und -lyrik. Es ist also eigentlich nicht verwunderlich, um einen Gedanken Lohmeiers aufzunehmen, daß der in »seinen religiösen Überzeugungen betont unchristlich[e]« Storm »für politische Zwecke die pathetische Eindringlichkeit der biblischen Sprache und ihrer Bilder einsetzt« (ebd., S.36). Nur ist leicht einsehbar, daß die affektiv-religiöse Besetzung ›politischer‹ Begriffe wie Heimat und Fremde, Feind und Feindeshand, Deutschland und Vaterland eine ganz andere Brisanz besaß und besitzt als die gleichzeitige Sakralisierung des Intimsten zwischen Mann und Frau in Storms Liebeslyrik (vgl. zur politischen Lyrik Storms, Schriefer, 1974; H. Müller, 1975; vor allem auch Löding, 1985).

Eine mit der Stimmungsproblematik eng zusammenhängende Kategorie stellt das Stormsche Natur-Verständnis dar. Storm definierte das vollendete ›Stimmungsgedicht‹ als »Naturlaut in künstlerischer Form« (An Hartmuth Brinkmann, [28.] März 1852, Br., S.58). Da er aber niemals über »die historische Vermittlung seines Naturbegriffes« nachdachte, wie Harro Müller kritisch bemerkte (H. Müller, 1975, S.27), hatte dies bei *der* zentralen Stellung des Begriffs in der Poetik immer wieder auch höchst divergierende Ansichten über Inhalte und den historischen Stellenwert seines lyrischen Werks zum Ergebnis. Harro Müller führte mit seiner Deutung des Begriffs Mitte der 70er Jahre gleichsam die Generalattacke gegen einen Hauptteil von Storms Poesie: Dort, wo »Natur als ontologische Fundierungskategorie funktioniert«, so Müller, sei Storms Lyrik nicht zu retten. Er begründete dies damit, daß sich »Naturontologie häufig genug als residuale Rückzugskategorie [erweise], hinter der sich reale Hilflosigkeit gegenüber den geschichtlichen Prozessen verbirgt« (H. Müller, 1977, S.130). Demgegenüber sieht Harro Segeberg in Storms Natur-Verständnis ein »gezielt ausgewähltes Handlungsvorbild« enthalten, betont im Zusammenhang mit der Darstellung der heimatlichen Landschaft ein utopisches Element, die »in ihrem Erlebnis entzündete Idee einer sozialen Lebensvorstellung« (Segeberg, 1989, S.124 u. 125). Beide Aspekte, Rückzug aus der Gesellschaft und Vorbild für soziales Zusammenleben sind zweifellos in Storms Natur-Begriff und Natur-Darstellung enthalten, bilden teilweise sogar eine Einheit. Nur sollte man bedenken, daß sich Storms Natur-Verständnis im Regressiv-Utopische des Landschaftsbildes nicht erschöpft.

Storm zielt instinktiv auf ganzheitliche Erfassung der Naturkräfte im Menschen selbst wie in dem Raum, der ihn umgibt. Seine Sinne waren hier stets auch dem Irrationalen geöffnet. Die Hochschätzung der ›Natur‹ (unterstützt durch jungdeutschen und feuerbachschen Zeitgeist) erlaubte es Storm z.B. – im Unterschied zu vielen Zeitgenossen – der sogenannten ersten Natur des Menschen von vornherein stark verbunden zu bleiben, also dem Antizivilisatorisch-Animalischen, dessen »Unvertilgbarkeit« (Freud, Bd.11, 1986, S.294) durch einen rationalistischen Humanismus sich im Laufe des 19. Jahrhunderts erst erweisen wird. In seinem Gedicht *»Geschwisterblut«* (LL, Bd.1, S.26ff.) – veranlaßt durch den Vortrag von Franz Kuglers Ballade *»Stanislaw Oswiecim«* im »Tunnel über der Spree« 1853 – und im sich anschließenden Disput über die Darstellbarkeit des Inzestes in der Dichtung verteidigt Storm z.B. gegenüber sämtlichen Beteiligten (darunter Friedrich Eggers und Theodor Fontane) die natürliche Gefühlsregung gegen die Sitte. Er hält auch in allen späteren Überarbeitungen des Gedichts an seiner ursprünglichen Konzeption fest: »Wo nun aber im einzelnen Falle dieser Trieb vorhanden ist, da fehlt auch für den einzelnen Fall der Sitte das Fundament, und der einzelne kann sich der allgemeinen Sitte gegenüber [...] zu einem Ausnahmsfall berechtigt fühlen.« (LL, Bd.1, S.786; zur Entstehungsgeschichte, zu den Überarbeitungen und zur Diskussion von *»Geschwisterblut* unter den »Tunnel«-Mitgliedern, vgl. Laage, 1985, S.56-73). Auch und gerade dieses Naturverständnis, das sich der »Inkorrektheit« (Mann, [1977], Bd.9, S.258) nicht verschließt und von dem aus die Gefährdungen des Zivilisatorisch-Sittlichen erahnbar wurden – die Konfliktlagen seiner späten Novellen sind stark von diesem Gegensatz her konstituiert (vgl. Kap. II.2.4.4.) –, sichert ihm die Modernität seiner Dichtung.

Die Reduzierung des Erlebnisgedichts auf den »Naturlaut in künstlerischer Form« (An Hartmuth Brinkmann, [28.] März 1852, Br., S.58) sowie die Schlußposition in der langen Entwicklungsreihe des Liedes, Storms bevorzugter lyrischer Ausdrucksform, haben immer wieder zu massiver künstlerischer Kritik herausgefordert, die im Vorwurf der Sentimentalität des Inhalts und in der Epigonalität der Form gipfelte. Zu Beginn der 70er Jahre eröffneten Harro Müller und Norbert Mecklenburg mit ihrem Aufsatz über eines der bekanntesten Gedichte Storms, *»Über die Heide«* (LL, Bd.1, S.93), eine kontroverse Diskussion zu Storms Lyrik. Der Vorwurf der beiden Autoren bestand zunächst darin, daß Storm »Elemente überkommener Stimmungslyrik widerstandslos« übernehme und zudem »die verschiedenen Traditionen des Heidemotivs, das Bukolische, das Dämonische, dazu das bei Lenau hervortretende Elegische, in einer Kumulation von Stimmungen« verknüpfe, welche wiederum Gefahr laufe, »gefühlhaft zu verschwimmen« (Müller/Mecklenburg, 1970, S.39). Der Hauptvorwurf galt aber nicht so sehr den verbrauchten Formen und konventionellen Motiven, sondern dem »fragwürdig sentimental[en] Gehalt« (ebd., S.40), der zu Selbstgenuß im Leiden herausfordere. Harro Müller deutete etwas später, in seiner Dissertation zu Storms Lyrik, aus ideologiekritischer Position heraus diesen von ihm problematisierten »sentimentale[n] Gehalt« als »Bewußtseinsformen und Einstellungsmuster des Bürgertums«, »deren Wahrheitsgehalt kritisch eingeschränkt werden muß« (Müller, 1975, S.178). Bei aller Skepsis gegenüber diesem Ansatz, der Kernbereiche der lyrischen Aussage Storms nicht erreichen kann, brachte Müller doch nur unbewußt die Irritationen gegenüber dem starken »Intensitätsgrad des Emotionalen« (Martini, 1974, S.23) in Storms Lyrik zum Ausdruck, die nach 1945 in der deutschen akademischen Germanistik ganz allgemein waren. Sie verursachten die von dem Amerikaner Jürgen Sang festgestellten »Wertungsversäumnisse«, die »als historisch ästhetische Entfremdung von Storm und als beklagte zeitgenössische Rezeption« wahrgenommen wurden (Sang, 1981, S.33). Die wichtigsten Autoren, die sich Ende der 70er Jahre in die Diskussion einschalteten, versuchten aus dem Dilemma zu entkommen und Storm ›zu retten‹, indem sie sich zu einer strengen Historisierung von Formen und Inhalten entschlossen, damit freilich dem Hauptproblem ausweichend, welcher Art die evozierten Gefühlswerte in Storms Lyrik denn seien und welche Bedeutung sie für den heutigen Leser noch haben könnten. Da sich Storms lyrisches Bildmaterial kaum von dem der Romantik unterscheidet – er reimt selbstverständlich auf Herz, Liebe, Leben –, bestand ein Schwerpunkt der Diskussion in der Frage, ob und wie er sich gegen das Übermaß an lyrischer Tradition zu behaupten vermochte. Einer der klärendsten Aufsätze in diesem Zusammenhang stammt von Friedrich Sengle, der Storm als den »Pionier der realistischen Lyrik im Sinne des künstlerisch höchst anspruchsvollen realistischen Programms« verteidigte (Sengle, 1979, S.30). Er grenzte Storm gegen den Detailrealismus vor dem Hintergrund metaphysischen Denkens (Droste-Hülshoff) und gegen die starke Rhetoriktradition (Heine) ab, um ihm eine Schlichtheit des Sprechens zu bescheinigen, die ein Lyriker des Biedermeier »kaum gewagt« hätte (ebd., S.16). Vor allem insistierte Sengle auf die nachchristliche, diesseitszugewandte Weltanschauung, welche auch Storms »Augenblickskult« begründe, der in den »Leidenschafts- und Augenblicksgedichten inhaltlich den Impressionismus vorbereitet« habe (ebd., S.21). Für Dieter Lohmeier bestand der entscheidende formale Schritt über das Heineepigonentum hinaus in der perspektivisch klaren, gegenständlichen Darstellung einer konkreten Situation, eines konkreten Raumes, in dem sich die Augenblicksstimmungen entfalten konnten. Überzeugend hat er den daraus erwachsenden Qualitätsunterschied an den Gedichten *»An einem schönen Sommerabende«* (LL, Bd.1, S.132) und dem Fragment *»Westermühlen«* (ebd., S.199f.) dargestellt (Lohmeier, 1981). Fritz Martini hob bereits 1974 Vergleichbares als innovative Leistung Storms hervor: Neben der »Knappheit« des Ausdrucks und der »Treffsicherheit des Wortes« dieses Sich-Zurückziehen der Ich-Aussprache »in die Bildlichkeit des Gegenständlichen« (Martini, 1974, S.22) und der damit einhergehende Verzicht auf die direkte Gefühlsaussprache des Ich. Byungje Choi stellte sich in seiner Dissertation von 1994 das Ziel, vom lyrischen Werk selbst her das Problem der Zugehörigkeit oder Nichtzugehörigkeit Storms zum Literatursystem des Realismus zu erläutern. Orientiert an Richard Brinkmanns Realismusdefinition weist er in seinen Einzelanalysen im Grunde die von Brinkmann gefundenen Strukturmerkmale an Storms Gedichten nach, nämlich »der erstrebten Objektivität wegen« eine immer weitergehende »Subjektivierung der Realitätsdarstellung« (Choi, 1994, S.213). Wichtige Einzelbeobachtungen macht Choi vor allem an den vor 1844 entstandenen Gedichten. Die Ergebnisse der Strukturanalysen der Gedichte aus der Sammlung von 1852 (ebd., S.156-159) jedoch gehen kaum über die Erkenntnisse Lohmeiers, Pastors und Baßlers hinaus, die er im übrigen in seinem Forschungsbericht, (vgl. ebd., S.5-47), nicht berücksichtigt.

In vielen Einzelinterpretationen (besonders häufig *»Die Stadt«*, LL, Bd.1, S.14, *»Abseits«*, ebd., S.12 , *»Meeresstrand«*, ebd., S.14f.) ist vor allem die raffinierte Klangorchestrierung der Stormschen Lieder herausgearbeitet worden (vgl. Silz für »*Die Stadt*«, 1970, S.26f.; Jarka, 1966, S.187-200 für »*Die Nachtigall*«, LL, Bd.1, S.16f.; Freund, 1994, S.112-115 für »*Trost*«, LL, Bd.1, S.69). Eine gute Einführung in Storms Formkunst bietet Georg Bollenbeck (1991, S.244-260), aber auch noch Peter Goldammer (1956) und Georg Lukács (1911). Zu Storms bevorzugten Strophenformen und Versmaßen, vgl. Lohmeier, LL, Bd.1, S.750f.; zu weiteren formalen Besonderheiten wie Metaphern- und Reimverwendung, vgl. Stuckert, 1955, S.225-227

2. Prosa

2.1. Frühe Prosa (1848-1853)

2.1.1. Traditionen und Poetik

Die Novellistik des hier betrachteten Zeitraums beschränkt sich im Prinzip auf fünf Texte, *Marthe und ihre Uhr* (E: »Volksbuch auf das Schalt-Jahr 1848 für Schleswig, Holstein und Lauenburg«), *Im Saal* (E: »Volksbuch auf das Jahr 1849 für Schleswig, Holstein und Lauenburg«), *Immensee* (E: »Volksbuch auf das Jahr 1850 für Schleswig, Holstein und Lauenburg«), *Posthuma* (E: Berlin: Duncker 1851) und *Ein grünes Blatt* (E: »Argo. Belletristisches Jahrbuch für 1854«). Allerdings sollten bei Betrachtung der frühen Novellistik auch die in dieser Zeit entstandenen Märchen nicht unbeachtet bleiben, *Hans Bär* (E: Hamburg 1930), *Der kleine Häwelmann* (E: »Volksbuch auf das Jahr 1850 für Schleswig, Holstein und Lauenburg«) bzw. *Stein und Rose* (E: »Volksbuch auf das Jahr 1851 für Schleswig, Holstein und Lauenburg«; später überarbeitet zu *Hinzelmeier. Eine nachdenkliche Geschichte*, E: »Schlesische Zeitung«, 1855).

Die frühen Stormschen Novellen stehen, wie die Forschung gezeigt hat, in unterschiedlichen Traditionszusammenhängen. Zunächst ist mit Stuckert und jüngst Eversberg (1994, S.84f.) eine Verbindung zur mündlichen Überlieferung von Märchen, Geschichten und Anekdoten seiner norddeutschen Heimat zu erkennen, die Storm sammelte, nacherzählte und aufzeichnete. Bereits 1844 publizierten er und Theodor Mommsen Teile einer solchen Sammlung in Biernatzkis »Volksbuch«. 1845 wurde Karl Müllenhoff von ihnen autorisiert, die *Sagen, Märchen und Lieder der Herzogtümer Schleswig, Holstein und Lauenburg* herauszugeben, zu denen Storm und Mommsen einen großen Teil beigetragen hatten. Storm selbst veröffentlichte noch 1846 in Biernatzkis »Volksbuch« unter dem Titel *Geschichten aus der Tonne* drei Proben seiner eigenen Sammler-und Bearbeitertätigkeit, darunter *Das Märchen von den drei Spinnfrauen*, das Reinhard aus der späteren Novelle *Immensee* ›steckenlassen‹ muß, um dafür die alttestamentarische Legende vom Propheten Daniel zu erzählen. Wie Gerd Eversberg jüngst nachweisen konnte, hat Storm noch weitere, von ihm bearbeitete Anekdoten, Sagen und Urkunden in den »Volksbüchern« der Jahre 1846, 1847 und 1849 veröffentlicht. Gleichzeitig, wohl zwischen 1842 und 1848, sammelte Storm Gespenstergeschichten. Erst 1988 ist aus Privatbesitz eine Handschrift aufgetaucht, die im Inhaltsverzeichnis 71 Spukgeschichten verzeichnet, von denen 60 erhalten sind. Diese Sammlung hat, so der Herausgeber Karl Ernst Laage, »der Dichter selbst an keiner Stelle seiner umfangreichen, bisher bekanntgewordenen Korrespondenz« erwähnt (Laage, 2., erw. u. verb. Aufl. 1988, S.142; vgl. zu Laages Aufsatz auch Kap. II.2.4.). Diese Gespenstergeschichten gilt es sowohl in Hinsicht auf die Erforschung der Erzähltraditionen Storms als auch in Hinsicht auf die Interpretation seiner Novellen wissenschaftlich auszuwerten.

Auch seine eigene Märchendichtung zeigt, daß Storms Rückbindung an die Märchen- und Sagenliteratur ungebrochen blieb. Bereits 1837 hatte er für Bertha von Buchan das Märchen *Hans Bär* geschrieben und im hier erfaßten Zeitraum sind *Der kleine Häwelmann* sowie *Stein und Rose* entstanden. Sein bedeutendstes Märchen ist Storm aber erst Ende 1863 mit der *Regentrude* gelungen, fast zeitgleich geschrieben mit dem im »Ton der Sage« gehaltenen *Spiegel des Cyprianus* und der »seltsame[n] Historie« *Bulemanns Haus* (LL, Bd.4, S.385; vgl. dazu Kap. II.2.4.).

Auf die Erzähltradition der Volksmärchen und Sagen deutet zunächst in Storms novellistischen Prosatexten vor allem die symbolische Behandlung der Dingwelt (vgl. die Uhr in *Marthe und ihre Uhr*, den Saal in *Im Saal*, den See in *Immensee*). Man sollte jedoch generell bei allen Storm-Novellen unter der realistischen Oberfläche Subtexte vermuten, die u.a. Mythen mit eigener Handlungsdynamik aufrufen, welche dann mit den historisch-gesellschaftlich sowie sozialpsychologisch motivierten Vorgängen der Textoberfläche korrespondieren und ihr eine noch zu erkundende Tiefendimension verleihen (vgl. dazu die Interpretation von *Auf der Universität* durch Stein, 1996). Daneben hat wohl die Faktizität von Storms Erinnerungsgeschichten gerade in der verbürgten Anekdote, die er besonders schätzte, eine Wurzel. Noch Jahrzehnte später, in der schöpferischen Krisenzeit Ende der 60er, Anfang der 70er Jahre kehrt Storm gerade zu dem Bezeugten, den merkwürdigen Erinnerungsbildern aus seiner Vaterstadt zurück (vgl. Kap. II.2.5.3). Wenig Beachtung fand bisher die Tatsache, daß die aus dem Sommer 1838 stammende Arbeit, es ist wohl die früheste erhaltene Prosaskizze Storms, (erstmals unter der Überschrift *Beroliniana* in LL, Bd.4, S.448-466 abgedruckt) dem Typus des Heineschen Reisebilds folgt.

Eine ausführliche Untersuchung der Traditionsbindung der Storm-Novelle an Märchen und Mythen einerseits und an authentische Überlieferungen andererseits steht freilich noch aus.

Alois Wierlacher macht bereits 1972 auf eine weitere Anregung für Storms frühe Novellistik aufmerksam:

»Abweichend von Stuckerts Herleitung der frühen Novellistik aus der mündlichen Erzählung kommt unsere Untersuchung zu dem Resultat, daß die frühe Prosa im breiten Strom der europäischen Empfindsamkeit wurzelt, in der das bürgerliche Drama eine führende Stellung innehat, die durch Georg von Reinbeck vermittelt wird.« (Wierlacher, 1972, S.41).

Wierlacher verweist bei dieser These auf Storms eigenes Verständnis der Novelle in einem Brief an Brinkmann vom 22. November 1850, in dem er sich auf Georg Gottfried Gervinus beruft, dessen Definition wiederum auf Reinbeck zurückgeht:

»[...] die Novelle sei wesentlich Situation, und als solche geeignet, [...], dem Roman, der sich im Geleise des modernen socialen Lebens bewege, eine poetische Seite abzugewinnen durch Beschränkung und Isolierung auf einzelne Momente von poetischem Interesse, die sich auch im dürftigsten Alltagsleben finden.« (An Hartmuth Brinkmann, 22. November 1850, Br., S.27).

Die von Wierlacher aufgezeigten Analogien zwischen Storms erinnerten Bilderfolgen und dem *genre sérieux* Diderots mit seinem entsprechenden Gemäldecharakter verweisen zwar auf eine mögliche Verbindung der Stormschen Situationsnovelle zu Dramenstrukturen des 18. Jahrhunderts, zwingend muß der dargelegte Zusammenhang deshalb jedoch nicht sein. Denn der Kern der Erinnerungsbilder Storms, die den »schönsten, significantesten Moment« (An Theodor Fontane, [Nach dem 11. 4. 1853], F, S.30) festhalten, zeigen auch Analogien zu Elementen der Stormschen Erlebnislyrik: den Aufbau konkreter, sparsam charakterisierter Räume, in diesen die Inszenierung der Seelenstimmungen der Akteure in Vorgängen, welche häufig angehalten werden und aufgrund der Perspektivierung in einem Bild erstarren (vgl. zur szenischen Darstellung bei Storm auch Coghlan, 1989, S.36). Mit Lohmeier ist zu betonen, daß »die Szene von poetischem Gehalt« genau der Punkt ist, der »die reifen Gedichte Storms mit seinen frühen wie mit seinen späten Novellen verbindet« (LL, Bd. 1, S.1005, aber auch schon Lohmeier, 1979, S.115f.). Allerdings sieht Lohmeier, ausgehend von der Überzeugung, Storm vertrete theoretisch wie praktisch in seiner gesamten Novellistik den

Poetischen Realismus, in jener »Szene« vor allem eine Struktur zur Umsetzung der Programmatik, die auf Versöhnung von »Schönheit und Wirklichkeit« ziele (LL, Bd.1, S.1008). Lohmeier faßt unter realistisch in diesem Zusammenhang die illusionierende Wirkung auf den Leser, dem die Szene die Vorstellung erweckt, »einen Ausschnitt der Wirklichkeit vor sich« zu haben, und unter poetisch die symbolisch-symptomatische Erzählweise, die es erlaube, »die häßlichen, prosaischen Seiten der Wirklichkeit nur in abgedämpfter, indirekter Spiegelung darzustellen« (LL, Bd.1, S.1005f.).

In der Tat konzentrieren sich die Forschungsergebnisse zur frühen Novellenkunst seit Raimund Belgardts *Immensee*-Interpretation von 1969 auf den Stormschen Umgang mit den Realitätsanforderungen sowohl auf der Ebene der Erzähltechnik als auch auf der der Handlungsebene. (Zu nennen sind vor allem Preisendanz, 1968; Kuchenbuch, 1969; Sang, 1971; Sammern-Frankenegg, 1976; Alt, 1976; Coupe, 1977; Lohmeier, 1979; Pastor, 1988 und Leroy/Pastor, 1992; nicht zu vergessen die spezielleren Untersuchungen zur Erinnerungsstruktur von Bernd, 1958 bis Jørgensen, 1986). »Der Kern der Erzählkunst Storms könnte demnach«, so z.B. Jürgen Sang in seinem Aufsatz »Die Auflösung der Wirklichkeitseinheit bei Theodor Storm«, »in der Auseinandersetzung zwischen der Verinnerlichung des Empfindens und Denkens und dem Realitätsanspruch der äußeren Dinge zu suchen sein« (Sang, 1971, S.51). Kuchenbuch resümiert: »Die Welt mußte sich für den empfindlichen Pessimisten erst ins Bild verwandeln, um ästhetisch genießbar zu sein« (Kuchenbuch, 1969, S.77). Und Belgardts Hauptthese bei der Deutung von *Immensee* lautet: »Unter einem dämonischen Zwang stehend poetisiert, stilisiert, mystifiziert und mythisiert Reinhard sein Gefühl für Elisabeth. Immer wieder läßt Storm dabei Reinhard in ein schweigendes Betrachten Elisabeths versinken.« (Belgardt, 1969, S.82). Pastor bemerkt zur Novelle *Ein grünes Blatt*: »Überall begegnet diese Besessenheit, alles Gesehene in Bildkompositionen zu transponieren.« (Pastor, 1988, S.42).

Es besteht kein Zweifel, daß Storm im Erzählen ein Perspektivierungsverfahren anwendet, das dem Erzähler gleichzeitig Nähe und Distanz zum vergangenen, realen Erlebnis ermöglicht. »Die perspektivische Darstellung zielt also auf verschiedene Grade der Illusion«, schreibt Kuchenbuch.

»Zunächst soll sie die Wirklichkeit in die Entfernung rücken, einerseits um die ästhetische Wirkung als objektiv ausweisen zu können und andererseits um die negative Wirklichkeit nur noch als schönes Bild vor sich zu haben. Aber dann soll womöglich das aus der Entfernung betrachtete Bild die Illusion erwecken, als fänden ›die stummen Dinge‹ ihre Sprache wieder, als wäre die ›romantische Märchenwelt‹ Wirklichkeit geworden.« (Kuchenbuch, 1969, S.78f.).

Mit der Perspektivierung des Erlebnisses durch den im Text häufig auch reflektierten psychischen Vorgang Erinnerung fand Storm seine grundlegende Erzähltechnik, die den Anforderungen des Poetischen Realismus, der Versöhnung von Schönheit und Wirklichkeit also, entgegenkam und die er im Verlaufe seiner Entwicklung als Novellist zur Perfektion führte (vgl. dazu Lohmeier, LL, Bd.1, S.1005ff.). Dieses Verfahren spiegelt aber zugleich seine psychische Realität, nämlich das narzißtische Bedürfnis nach Stabilisation des Selbst vor dem Realitätsanspruch mittels der ästhetischen Transformation des Lebendigen in ein Bild. Die Spezifik von Storms Novellistik erwächst nicht nur aus der Unterwerfung unter ein zeitgenössisches literaturtheoretisches Postulat, sondern auch und vielleicht primär aus den Möglichkeiten, seine persönliche Kernproblematik im Erzählen auszudrücken, einer ästhetischen Lösung zuzufühen und über diese Selbstbewußtsein und Identität für die Lebenswelt zu gewinnen. Daß Storm diesen funktionalen Zusammenhang zwischen Textstruktur und Autor gekannt hat, belegen u.a. seine Äußerungen zu Mörikes *Maler Nolten*:

»[...] daß mir diese Figur [der Dichter Larkens, R.F.] in einem ähnlichen Verhältniß zum Dichter [Mörike, R.F.] erschienen ist, worin z.B. Werther zum Göthe steht; nur daß der Dichter des Larkens über das, was er selbst in und an sich erfahren, hinweggeht, und uns nur die finstersten Consequenzen daraus in seiner poetischen Figur zur Anschauung bringt, welche er selbst durch seine größre Kraft, vielleicht mit Hülfe dieser poetischen Befreiung vermieden hat. Das Bedürfniß des Dichters war hier nicht zugleich, wie im Werther, das Erlebte zu recapituliren, sondern lediglich das letzt mögliche Resultat fest zu stellen.« (An Mörike, 27. August 1855, Mö., S.59).

Roebling, die 1985 in ihrer Interpretation des Märchens *Die Regentrude* zuerst auf diese Passagen im Storm-Mörike-Briefwechsel verwies, erkennt in ihnen wichtige Aspekte der Stormschen Poetik und betont, daß Storms »permanente[s] Sich-Versichern des eigenen Standorts und der eigenen Lebensperspektiven [...] weit über die in einem Frühwerk allemal erwartbare Orientierungssuche« hinausginge (vgl. Roebling, 1985, S.56).

Am klarsten tritt die Funktionalität der Struktur der frühen Prosa dort zutage, wo Storm thematisch den »bewußten Drang zur großen, leidenschaftlichen, existenzerfüllenden und sinngebenden Liebe« (Wünsch, 1992, S.22) ins Zentrum rückt und diesen Anspruch unmittelbar mit der Künstlerproblematik verbindet, also in *Immensee*. Aber auch in der Novelle *Posthuma*, deren erster Entwurf in die frühen 40er Jahre zurückreicht, ist der interpretatorische Zugang wie Leroy/Pastor (1991 bzw. 1992) gezeigt haben, nur über den letzten, rätselhaft erscheinenden Satz zu finden: » [...] er trägt jetzt schon jahrelang ihr frisches Bild mit sich herum und ist gezwungen, eine Tote zu lieben.« (LL, Bd. 1, S.332).

Den knapp 3 1/2 seitigen Text eröffnet das Bild eines Grabes im Wandel der Jahreszeiten und unter dem Einfluß unbekannten menschlichen Einwirkens. In einem zweiten Abschnitt wird das Mädchengrab im nächtlichen Schatten zum Ort der Erinnerung eines einsamen jungen Mannes, der die Lebende – schon damals von morbider Schönheit – zwar begehrte, aber nicht liebte. Der zitierte letzte Satz bezeugt dann, daß erst das endgültig unerreichbare Mädchen die stärksten Empfindungen in ihm auslösen. Leroy/Pastor deuten nun anhand der Interpretation der reichen christlichen Metaphorik dieses Textes das Ende wie folgt: » [...] die Erinnerung beschert in einem sakralen Akt Erlösung (Christus), die eine Erlösung zur enterotisierten Liebe (Maria) ist [...] Wie Christus in der Wiederauferstehung nach dem Kreuze die Menschheit aus der Sünde befreit, so erlöst Posthuma am Kreuze den Mann aus der Sünde der lieblosen Geschlechtlichkeit« (Leroy/Pastor, 1991, S.336). Wir meinen, daß hinter der christlichen Erlösungsmetaphorik, die auch in anderen frühen Stormtexten vorhanden ist, ein poetologisches Grundproblem der frühen Storm-Novellistik zu entdecken ist, das bereits mit dem völligen Immanenzdenken des Autors verbunden ist. Storms sexuelles Begehren wird nicht mehr kontrolliert und entwertet vom christlichen Sündenbewußtsein, dazu denkt und fühlt er zu jungdeutsch (vgl. Kap. I.3.). Aber ihn beherrscht die narzißtische Angst vor dem Selbstverlust in der nahen Bindung zu einer Frau, die dem Muttersubstitut Schwester, der kindlichen Frau ähnlich ist (vgl. dazu auch Wünsch, 1992, S.14f.). Diese Angst verhindert stets eine reife Beziehung, in der die Frau in ihrer lebendigen Ganzheit angenommen werden kann, und bedingt somit das von Storm auch schuldhaft empfundene und dargestellte Versagen vor dem Leben und der Liebe. Die soziale Schranke zwischen dem Paar, die später oft die Liebenden in Storms Novellen zu trennen scheint – wie auch die beginnende Krankheit des Mädchens hier – sind unter diesen Bedingungen nicht Hindernis sondern geradezu Voraussetzung des Begehrens für den von Bindungsängsten beherrschten Narzißten. Die den Erzähler jedoch letztlich stabilisierende und damit erwünschte Beziehung ist die zum »frische[n] Bild« (LL, Bd. 1, S.332) der Frau, d.h. nicht zu einem lebendigen, sondern zu einem geschaffenen Wesen, in dessen ›Schöpfungsakt‹ das Begehren sublimiert wird. Hierin liegt der Erlösungscharakter des »frische[n]

Bild[es]«, das Storm tatsächlich und nicht nur in *Posthuma* mit sakralen Attributen umgibt. Das Erinnerungsbild gleicht auf der Ebene des Erzählers einem Spiegel seiner selbst, der auf der Metaebene von Autor und Text mit dem Kunstwerk gleichgesetzt werden kann. Welche Bedeutung diese Art ›Zwischenreich‹ für denjenigen gewinnt, der sich obsessiv-zwanghaft erinnert, wird noch einmal deutlich in der Schlußpassage der Ende 1850 entstandenen Novelle *Ein grünes Blatt*: Der Erzähler, der die Tagebuchaufzeichnungen des jungen schleswig-holsteinischen Patrioten Gabriel über dessen Erlebnis mit einem jungen Mädchen in der sommerlichen Heide gelesen hat, fragt diesen, »des Gelesenen gedenkend«:«'Und was bedeutet nun das welke Blatt?' ›Noch einmal!‹«, antwortet darauf Gabriel, »›es ist grün, so grün wie Juniblätter.‹« (LL, Bd.1, S.347). D.h.: Was aus der Perspektive des Lebensbezirkes abgestorben, tot wirkt – die Analogien, die in *Immensee* zwischen dem getrockneten Maiblumenstengel, dem »braunen Reis« und dem »weißen Pergamentband« mit Reinhards Versen in der Szene »Daheim« gezogen werden, deuten auf das gleiche Phänomen –, verwandelt sich dem Sich-Erinnernden zum anteiligen Besitz am Leben (LL, Bd.1, S.311f.).

Storm erläuterte Theodor Fontane Ostern 1853 das Verhältnis von Erinnerungsbild und Wirklichkeit anhand des im Herausgeberkomitee der »Argo« umstrittenen Schlusses seiner Novelle *Ein grünes Blatt* (vgl. auch LL, Bd.1, S.1042 ff.):

»Dem [...] Gabriel ist die Erscheinung des jungen Mädchens mit ihrer ganzen Umgebung zu einer poetischen Erinnerung geworden, zu einem von den Dingen, ›die man nicht anrühren soll‹, die nicht ins tägliche Leben hinein verpflanzt werden können. Er kann sich das Mädchen nur so denken, wie sie ihm in dem schönsten, significantesten Moment erschienen ist, ›im schwärzesten Tor des Waldes‹; [...] An den körperlichen und dauernden *Besitz* des Mädchens hat Gabriel, bei dieser Auffassung des Erlebnisses, nicht gedacht.« (An Theodor Fontane, [Nach dem 11. 4. 1853], F, S.30).

Zu logischen Ungereimtheiten im Text, über die die »Argo«-Redakteure dann stolperten, mußte der offensichtlich mißlungene Versuch Storms führen, das Erinnerungsbild am Textende als Handlungsmotiv in eine auf aktive Lebensbewältigung ausgerichtete Realwelt einzuführen: hier als zusätzliches Motiv für den bevorstehenden Kampf des schleswig-holsteinischen Freischärlers, der zur Verteidigung der erlebten Idylle aufbricht. Die Ursache für die Vertraktheit des Schlusses liegt darin, daß die Idylle im Grunde bereits im Erinnerungsbild Gabriels gesichert ist und deshalb von keiner Wirklichkeit mehr zerstört werden kann. Kierkegaard – darauf macht Jørgensen in seinem Aufsatz zur Funktion der Erinnerung bei Storm aufmerksam (Jørgensen, 1986) – erkannte in der Erinnerung eine ästhetisierende Instanz, die das Erinnerte zu einem der Wirklichkeit gegenüber höher bewerteten Substrat wandelt: »In der Erinnerung leben ist das vollkommenste Leben, das sich denken läßt«, schreibt er in *Diapsalmata* 1842, »die Erinnerung sättigt reichlicher als alle Wirklichkeit, und sie hat eine Verläßlichkeit wie sie keiner Wirklichkeit eigen ist.« (Kierkegaard, 1993, S.34f.). Daß bei diesem ästhetisierenden Verfahren der Mensch, die sich nach wirklicher Liebe sehnende Frau, im übertragenen wie im wirklichen Sinn zu Tode kommen kann, erzählen sowohl *Immensee*, wo Elisabeth Reinhard am Ende mit »toten Augen« (LL, Bd.1, S.327) nachblickt, als auch *Posthuma*, wo die Todesverfallenheit des Mädchens den poetisierenden Zugriff und deren letztendliche Inbesitznahme erst ermöglicht. Auch die Regine aus *Ein grünes Blatt* steht im ›schönsten, significantesten Moment‹ in einer Art Todesraum, »unbeweglich im schwärzesten Tore des Waldes« (LL, Bd.1, S.347). (Vgl. dazu auch Stein, 1996, S.42f., und seine Interpretation von *Auf der Universität*: »Die tote Geliebte, die sich nicht mehr verändern, nicht mehr altern, nicht untreu werden kann [...] sie ist das *telos* der Erzählung von Beginn an; [...]«). Ein Text, der diesen Aspekt des Lebensverlustes und des schuldhaften Versagens stark akzentuiert, stellt das im gleichen Jahr wie *Posthuma* und *Ein grünes Blatt* entstandene Märchen *Stein und Rose* dar (in stark überarbeiteter Fassung unter dem Titel *Hinzelmeier. Eine nachdenkliche Geschichte*). Der Märchenheld kann seine für ihn bestimmte Rosenjungfrau deshalb nicht erkennen und gewinnen, weil ihm stets im entscheidenden Augenblick die Brille des Raben Krahirius das wahre Wesen des Mädchens verhüllt und ihn der Raabe bis in seine Todesstunde auf die vergebliche Suche nach dem Stein der Weisen schickt. Rothe-Buddensieg hebt in einem der wenigen Interpretationsversuche zu *Hinzelmeier* gleichfalls den narzißtischen Charakter des Helden hervor und betont, daß seine Suche nach dem Stein der Weisen vor allem von dem Wunsch beherrscht sei, »vor anderen durch das Außerordentliche, Niedagewesene herauszuragen, das er sich aneignen will, ohne die Welt der Erfahrungen zu durchmessen [...]« (Rothe-Buddensieg, 1974, S.121). Er laufe damit aber Gefahr, »die Welt der Erfahrungen überhaupt zu verfehlen«, und das Streben nach Weisheit werde deshalb zur »leeren Selbstbespiegelung eines Toren« (ebd., S.120f.). Die Rosenjungfrau aber, so heißt es am Ende, »ging zu ewiger Gefangenschaft in den Rosengarten zurück.« (LL, Bd.4, S.51). Fontane fühlte sich im übrigen ungemein angeregt von diesem Text, der »nämlich *menschlich*« interessiere, und erfand sofort eine eigene Geschichte zum Thema der zwanghafte Liebe eines Dichters namens »Schablonarius« zu einer »Mädchenschablone[n]« (vgl. Theodor Fontane an Storm, 4. Februar 1857, F, S.110).

Storm thematisiert und konstelliert in der Erzählstruktur im Grunde immer wieder die mit lebensweltlichen Verlusten und mit Schuld einhergehenden psychischen Bedingungen künstlerischen Produzierens bzw. das ästhetisierende Verfahren selbst. Bis in die späte Novellistik hinein stellt dieses poetologische Problem eine wichtige Ebene seiner novellistischen Texte dar; besonders die Malernovelle *Aquis submersus* von 1876 reflektiert später die »Substitution von Körper durch Bild, Wirklichkeit durch Zeichen« (Bronfen, 1990, S.320; vgl. Kap. II.2.5.4.).

Die Kunst- und Künstlerproblematik, um die es hier geht, hat aus der Realistengeneration keiner so klar auszudrücken vermocht wie der psychologisch geschulte Grillparzer: »Ich glaube bemerkt zu haben«, schreibt er an einen Freund, »daß ich selbst in der Geliebten nur das Bild liebe, das sich meine Phantasie von ihr gemacht hat, so daß mir das Wirkliche zu einem Kunstgebilde wird, das mich durch seine Übereinstimmung mit meinen Gedanken entzückt, bei der kleinsten Abweichung aber nur um so heftiger zurückstößt.« (Grillparzer, Bd.4, 1965, S.762). Die narzißtisch-ästhetische Existenz, die die frühe Moderne so vehement zu ihrem Thema gemacht hat, gehört auch zu einer in der Tiefendimension der Texte umkreisten Problematik der Realisten. Klassisch ausgeprägt findet man sie in der Liebe des angehenden Malers Heinrich Lee aus Kellers *Grünem Heinrich* zu dem »Frauenbildchen« Anna, das am Ende eingesargt und wie Schneewittchen hinter Glas gebracht wird, um dem Hinterbliebenen eine »Art glücklichen Stolzes« zu verschaffen, »eine so poetisch schöne tote Jugendgeliebte« zu besitzen. (Keller, Bd.3, 1996, S.443).

2.1.2. Erinnerungsperspektive, der Forschungsstand

Die zentrale Bedeutung der Erinnerungsperspektive in Storms Erzählen wurde von der Forschung schon frühzeitig erkannt und beschrieben (vgl. Wegner, 1953). Aber erst seit der grundlegenden Studie Bernds: *Die Erinnerungssituation in der Novellistik Theodor Storms. Ein Beitrag zur literarischen Formgeschichte des deutschen Realismus im 19. Jahrhundert* (1958) arbeitete man sowohl den artifiziellen Charakter der Erinnerungstechnik (vgl. vor allem Preisendanz, 1968 und Kuchenbuch, 1969) als auch ihren unauflöslichen Zusammenhang mit der Weltanschauung und partiell mit der Persönlichkeitsstruktur des Autors angemessen heraus.

Fast zeitgleich mit Bernds Arbeit erschien Karl Ernst Laages Aufsatz »Das Erinnerungsmotiv in Theodor Storms Novellistik« 1958 in den »Schriften der Theodor-Storm-Gesellschaft«. Bernd und Laage stellen vor allem einen Bezug her zwischen der Erinnerungsperspektive und dem Vergänglichkeitsempfinden Storms, wobei Bernd letzteres als existentielle Grunderfahrung »von der Macht und Ohnmacht des Menschen in der Zeitlichkeit« deutet (Bernd, 1979, S.561). Diese existenzialistische Deutung des Einsamkeits- und Todeserlebnisses vertreten u.a. auch McCormick, (1964), Wedberg (1964) und Rogers (1970). Der schmerzlichen Empfindung des unaufhörlichen Zeitstroms und des Verlusts von Lebenswirklichkeit arbeite die Erinnerung entgegen: »Im Gegensatz also zu der Lebenswirklichkeit bleibt in dem sicheren Hafen der Erinnerung das Glück für Reinhard lebendig, ohne von den Bedrohnissen der feindlichen Zeit bedrängt und vernichtet zu werden.« (Bernd, 1979, S.562). Bernd erkennt in Storms Erzählen ein »dreifach verschränktes Spannungsverhältnis von erlittenem und überwundenem Vergänglichkeitsgefühl« (ebd., S.563). An diesen funktionalen Zusammenhang von Erinnerung und Todesangst in Storms Dichtung schloß zuletzt noch einmal 1986 Sven Aage Jørgensen an. Er erreicht aber durch seinen differenzierteren, an Kierkegaard orientierten Erinnerungsbegriff sowie durch seine geistesgeschichtliche Einordnung von Storms Vergänglichkeitserfahrung einen komplexeren Zugriff auf das Phänomen.

Michael Schilling arbeitet 1995 dezidiert die Funktion der Erinnerung vor dem Hintergrund des Feuerbachschen Immanenzdenkens heraus, gelangte dabei aber zu ganz ähnlichen Resultaten wie Jørgensen. Schilling betrachtet im feuerbachschen Sinne Erinnerung als ein Medium, in dem das sterbliche Individuum im kollektiven Gedächtnis bewahrt bleibt und damit eine den Tod überdauernde Existenz gewinnt.

Sammern-Frankenegg hatte 1976 vor allem versucht, in *Immensee* die »Erinnerungsfolge als perspektivischen Erkenntnisprozeß« zu fassen, und er stellt deshalb einen Zusammenhang zum Hegelschen Verständnis von Erinnerung her (vgl. Sammern-Frankeneggs Kap. 4.3., S.31-37, bzw. Kap. 4.1., S.24-30). Ihm geht es darum, Storms Dichtung vor dem Vorwurf zu bewahren, sie evoziere mittels der Erinnerung allein eine schmerzlich-süße Stimmung, in die Autor wie Leser im Selbstgenuß zu versinken drohen. Sammern-Frankenegg hat in seiner wichtigen Dokumentation der Wirkungsgeschichte von *Immensee* im Anhang diese Rezeptionshaltung als vorherrschende nachweisen können.

Irmgard Reobling faßt die Erinnerung im Erzählen Storms als eine Art Traumarbeit auf, mittels der sich Storm verdrängter, traumatischer Objektbeziehungen zu versichern sucht (Roebling, 1983,

S.106f. bzw. 1985, S.55f.). Einen mit Roebling vergleichbaren Erklärungsansatz für die obsessiv zu nennende Vergangenheitsbeschwörungen des Autors bietet Pastor (1988) in seinem gegenüber 1983 erweiterten Aufsatz zum Gedicht *»Schließe mir die Augen beide«*. Ausgehend von Jean Clairs Beschreibung des individuellen Mythos sieht Pastor »Dichtung als Ritus, der die ›scène primitive‹ (J. Clair) erinnernd und erneuernd umkreist« (Pastor, 1988, S.25). Im Vorgang des Erinnerns geschehe eine »Annäherung an die Primärszene« (Pastor, 1988, S.25), deren Inventar Pastor dann – konsequent orientiert an der Bildlichkeit des besprochenen Gedichts – auch in anderen Storm-Texten nachweist, so in der Novelle *Viola tricolor*:

> »Diese ›ideale‹ Ichfindung findet statt im idealen mütterlichen Raum und unter dem Zeichen des Auges, das auf ursprünglichste Weise zwei Menschen in Einklang und damit zu sich selbst bringt, und zwar nicht nur in der Kindheit, sondern auch fortwirkend im weiteren Leben [...]« (Pastor, 1988, S.31)

2.1.3 *Immensee* (1850)

Die Novelle *Immensee*, entstanden 1849, erstmals gedruckt in Biernatzkis »Volksbuch auf das Jahr 1850 für Schleswig, Holstein und Lauenburg«, wurde in der stark überarbeiteten Fassung von 1851, erschienen in den *Sommergeschichten und Liedern* bei Duncker in Berlin, Storms populärstes Werk im 19. Jahrhundert (30 Auflagen allein zu Storms Lebenszeit). Sie stellt den Prototyp der frühen Stormschen Novelle dar. (Die Überarbeitung der ersten Fassung, die vor allem im Weglassen und Kürzen bestand, ist von besonderem Interesse, da sie die erzählerischen Intentionen des frühen Storm gut zu verdeutlichen vermag, vgl. dazu den Stellenkommentar von LL, Bd.1, S.1027-1038). Kein zweites Werk aus dieser Periode wurde zudem von der Forschung so häufig zum Gegenstand der Betrachtung gemacht wie diese locker aneinandergefügte Szenenfolge mit den berühmt gewordenen Gedichteinlagen »Hier an der Bergeshalde«, »Heute,nur heute«, »Er wäre fast verirret« und »Meine Mutter hat's gewollt«. Die ältere Stormforschung, die das Frühwerk generell nicht besonders schätzte und gegen die späte Novellistik unter dem Zeichen des Realismus absetzte, verzichtete weitestgehend auf detaillierte Einzelanalysen und ordnete die Texte insgesamt der Biedermeierdichtung und deren Grundmotiv der Entsagung zu (vgl. Stuckert, 1955, S.245). Die Begründung für die stets hervorgehobene Handlungsschwäche der Helden wurde auch nicht in den durch den Text vermittelten Motiven gesucht, sondern, wenn überhaupt, in der vereinseitigenden Darstellung eines ›Seelenzugs‹ des Dichters (vgl. Stuckert, 1955, S.243ff.). Peter Goldammer vermutet, von einem sozial- und ideologiegeschichtlichen Ansatz her, die Ursache für das gleiche Phänomen in der »Lethargie, in die große Teile des deutschen Bürgertums nach der gescheiterten Revolution von 1848 versunken waren« (GW, Bd.1, S.40; ganz ähnlich argumentiert auch noch Bollenbeck, 1991, S.112f.). Fritz Böttger, mit vergleichbarer Methode arbeitend, konzentriert sich interpretatorisch wie Goldammer auf das Gedicht »Meine Mutter hat's gewollt« und sieht in der Novelle demnach eine typische bürgerliche Situation gestaltet: »die Unterordnung des ›wohlerzogenen‹ Kindes unter die Entscheidung der Eltern und der daraus folgende Verzicht, das Liebesideal in der Ehe durchzusetzen« (Böttger, [1959], S.121). Den Verzicht lastet Böttger dem »bürgerlichen Menschen« generell als klassenimmanente Schwäche an, eine Schwäche, die der Bürger nicht zuletzt »auf dem politischen Gebiet« gezeigt habe (ebd., S.125). Diesen Ansatz fortführend, zugleich aber in unangemessener Weise verabsolutierend, formuliert Hartmut Vinçon 1973 den vielleicht extremsten Deutungsansatz zu *Immensee*, der den Text auf ein sozio-ökonomisches Substrat reduziert:

»Der Konkurrenzkampf zwischen dem bürgerlichen Unternehmer und dem Bildungsbürger endet zugunsten des ersten. Zugleich drückt sich darin die ökonomische Unterlegenheit des alten Bürgertums und dessen Kultur aus. ›Unfruchtbarkeit‹ wird allerdings beiden Vertretern dieser Klasse bescheinigt. Politisch manifestiert sich die Niederlage des Bürgertums 1848. Unbeschadet geht aus ihr nur der reaktionärste Teil der Bourgeoisie hervor.« (Vinçon, 1973, S.41; etwas differenzierter fällt Vinçons Urteil einige Jahre später aus, vgl. Vinçon 1979, S.239-243).

Eine sozialhistorische Deutung, aber mit dem Versuch, differenzierter dem inneren Motivgeflecht der Novelle zu folgen, bietet dann Ende der 80er und Anfang der 90er Jahre noch einmal Winfried Freund, der die leistungsorientierte »verzweckt bürgerliche Welt mit ihren unerbittlichen Moralgesetzen« (Freund, 1994, S.29) als Ursache für die Glücklosigkeit des Paares und generell für den Verlust einer nur in der Erinnerung aufgehobenen »idyllischen Harmonie von Sein und Sinn« sieht (Freund, 1988, S.117).

Die tiefgründigsten und anregendsten Interpretationen der Novelle stammen von jenen Autoren, die die Analyse der Erzählstruktur mit der textimmanent gegebenen Beantwortung der Frage verbinden, warum Reinhard schweigt, obwohl er von der Werbung Erichs weiß, und die damit auf Reinhards »Dichtertum als Existenzproblem« stoßen: Zu nennen sind Raimund Belgardt mit seinem wegweisenden gleichnamigen Aufsatz von 1969, Fritz-Rüdiger Sammern-Frankeneggs bisher ausführlichste Arbeit zu *Immensee* von 1976, Heinz-Peter Niewerths Studie im *Handbuch der deutschen Erzählung* von 1981 und Eckart Pastors *Immensee*-Kapitel in seinem Buch *Die Sprache der Erinnerung* von 1988. Die zentrale Thematik der Novelle besteht für Belgardt in der »Abgründigkeit der Dichterexistenz« Reinhards, in ihrer »Faszination durch das Schöne, die zur Poetisierung des Verhältnisses zu Elisabeth zwingt und somit eine wahre menschliche Teilnahme verhindert« (Belgardt, 1969, S.86; vgl. ganz ähnlich Kuchenbuch, 1969, S.66: »Reinhard hat am schönen Abglanz genug, ihn zieht vor allem das Spiegelbild an.«). Er betont die »Weltentfremdung dieses Dichtertums, seine isolierte Stellung und Bindungslosigkeit im menschlichen als auch im metaphysischen Bereich« sowie die »Möglichkeit des dichterischen Geistes, in der ästhetischen Erfahrung den Bann der Immanenz zu transzendieren« und »schließlich die Zufriedenheit dieser Dichternatur, sich in der ästhetischen Erfahrung ein persönliches Glück bewahrt zu haben« (Belgardt, 1969, S.86). Sammern-Frankenegg stimmt ihm in dieser Hauptthese zu, arbeitet aber, Belgardt ergänzend, den Bezug zum geistesgeschichtlichen Kontext verstärkt heraus, den der Text vor allem durch die raffinierte Einarbeitung der biblischen Legende vom Daniel in der Löwengrube eröffnet und durch strukturelle Entsprechungen im Rahmen (der Alte in Erwartung eines einsamen Todes) verstärkt. 1983 hat auch David A. Jackson in seiner in englischer Sprache erschienen *Immensee*-Interpretation die Novelle auf dem Hintergrund der zeitgenössischen Mythenkritik gesehen und die biblische Legende in der Szene »Die Kinder« zum leitmotivlichen Zentrum der Novelle gemacht (vgl. auch Jackson, 1992, S.64-69). Sammern-Frankenegg verweist aber erstmals auf die Bedeutung des Glaubensverlusts für Reinhard und erklärt dessen Poetisierung Elisabeths (Analogien zu Engel und Christkind werden herausgearbeitet) zur einzig möglichen Kompensation dieses Verlusts für einen Menschen von aufgeklärtem Bewußtsein. Der »dämonische Zwang«, mit dem Reinhard sein Gefühl für Elisabeth »stilisiert, mystifiziert und mythisiert« (Belgardt, 1969, S.82), erhält durch die »Not eines einsamen Sterbenmüssens« bei Sammern-Frankenegg (1976, S.86) zumindest eine, wenn auch nicht ganz hinreichende Begründung; Belgardt selbst hatte diesen Vorgang durch sein Verständnis von der »Abgründigkeit der Dichterexistenz« eigentlich nur weiter dämonisiert.

Auch Eckart Pastors Interpretationen der Novellen *Immensee* und *Ein grünes Blatt* kreisen um die »Poetisierung des Erlebnisses« und die damit verbundene »problematische Beziehung zwischen solcher

Kunst und der Realität, der sie sich entzieht« (Pastor, 1988, S.47). Für ihn liegt die Ursache für den Realitätsverlust »in einem den Ernst des Lebens und der Kunst gleichermaßen bagatellisierenden Dilettantismus, dessen Hohlheit im Augenblick des äußersten Ernstes [der Todeserfahrung,R.F.] ins Bewußtsein gerückt wird« (ebd., S.52).

Die bisherigen Einzelanalysen der Novelle *Immensee* haben auf die Vielzahl der vom Text entfalteten Dimensionen aufmerksam gemacht. Es gibt Deutungen mit dem unmittelbaren Rekurs auf die Biographie (vgl. die Interpretation von M.A. MacHaffie und J.M. Ritchie, die in der Novelle eine direkte Verarbeitung des Erlebnisses mit Bertha von Buchan annehmen), auf eine wichtige Ebene der Psyche des Autors (vgl. Roeblings überzeugende Erklärung des Stormschen Mädchentypus und der Werkkonstante ›Liebessehnsucht‹ und ›gescheiterte Liebesbeziehung‹), und es gibt Deutungen, die den religionskritischen Diskurs und sozialhistorische Aspekte des Textes erhellen. Es wäre dem komplexen kleinen Werk von höchstem künstlerischem Rang, das den poetischen Kosmos des jungen Storm in nuce enthält, eine Interpretation zu wünschen, die diese Dimensionen in ihren inneren Verknüpfungen und gegenseitigen Abhängigkeiten darzustellen vermag. Denn *Immensee* steht nicht nur in Großbritannien, wie J. M. Ritchie 1985 betonte – er sprach geradezu von einer »*Immensee*-Besessenheit« der Briten (Ritchie, 1985, S.24) – in der Beliebtheitsskala des Stormschen Werkes neben dem *Schimmelreiter* ganz obenan.

2.2. Novellistik in Potsdam (1853-1856)

Die Potsdamer Jahre, von Dezember 1853 bis Sommer 1856, sind für Storms künstlerische Entwicklung zunächst wenig förderlich. Nur drei kleinere Novellen hat Storm hier geschrieben, *Im Sonnenschein* (E: Berlin: Duncker 1854), *Angelica* (E: Berlin: Schindler 1855) und *Wenn die Äpfel reif sind* (E: »Argo. Album für Kunst und Dichtung«, 1857). Vor allem die neuen beruflichen Anforderungen mit hoher Arbeitsbelastung, mit der Umstellung auf das preußische Landrecht sowie die Schwierigkeiten beim Einleben in der Fremde führten wiederholt zu physisch-psychischen Erschöpfungszuständen, die die dichterische Tätigkeit in den Hintergrund drängten. Zudem verstärkten die Potsdamer Jahre scheinbar nur die regressiven Neigungen Storms, wie die privaten Äußerungen und etwas später auch die dichterischen Zeugnisse belegen. Allerdings bildet das Gefühl der Unbehaustheit und die daraus wachsende Sehnsucht ›nach zu Haus‹, vor der Storms Vater den Sohn regelrecht warnen muß, da sie in den Briefen überstark zu werden droht, die Voraussetzung für eines der schönsten und artifiziell bedeutsamsten Gedichte Storms über die heimatliche Landschaft: *»Meeresstrand«* (LL, Bd.1, S.14f.), entstanden 1854. Auch die skizzenartige kleine Erzählung *Im Sonnenschein* (E: Berlin: Duncker 1854) beruht, wie Storm gesteht, auf einer gedanklichen Fluchtbewegung »aus dieser peinlichen Wirklichkeit« in den licht-und wärmedurchfluteten großmütterlichen Garten in Husum (An die Eltern, 17. Dezember 1854, BH, S.49). Künstlerisch drohte Storm mit dieser Art des Erzählens zu stagnieren. Der Text besitzt kaum noch stoffliche Substanz, Storm konzentriert sich im Prinzip gänzlich auf das am Ende entfaltete Faszinosum der »Poesie der Verschollenheit« (An Constanze Storm, 6. Juli 1862, BF, S.136): Die Liebesszene zwischen der heiter-klugen Kaufmannstochter Fränzchen und dem jungen Reiteroffizier im sommerlichen Garten des ersten Teils wird im zweiten Teil kontrastiert mit den letzten Erinnerungsstücken an die längst Verstorbene, einem Gemälde und einem Medaillon aus der Familiengruft. Laage nimmt an, »daß der Medaillonfund im zweiten Teil der Erzählung der Kern der Geschichte ist« (Laage, 1976, S.24), und auch Storm selbst spricht noch 1878 gegenüber Keller davon, wie es ihn beim Auffinden des Schmuckstückes »traf, als ein Blick auf das Bild mich daran erinnerte, daß sie dort ein solches Medaillon auf ihrer Brust trug« (An Keller, 27. Februar 1878, K, S. 25). »[...] ein erstes und ein letztes Capitel, beide aufs Höchste reizend und durch ahnungsvolle Fäden verknüpft – aber wo Teufel bleibt der Roman?« – fragte Paul Heyse nicht ganz zu Unrecht im November 1854 (Paul Heyse an Storm, 26. November 1854, H, Bd.1, S.21f.). Die ›Entrückung‹ des Mädchens in eine der eigenen Lebensgeschichte vorausliegende historische Zeit verweist zwar bereits auf ein Verfahren, das Storm später in chronikartigen Novellen anwenden wird, sonst aber stellt der Text nur eine Variation auf die Kernproblematik seines Jugendwerkes dar. Die Hauptmotive stehen ihm gleichsam ständig zur Verfügung, denn die zentrale Lebenssituation, die nicht erfüllte Liebe des Paares, gehört zu seinem persönlichen Mythos und bezieht daraus selbstverständliche literarische Gewichtung. Die Kritik Paul Heyses an dem kleinen Werk vermag Storm deshalb einerseits selbstbewußt zurückzuweisen: »In meine Geschichten [...] gehört nicht mehr.« (An Paul Heyse, 8. Mai 1855, H, Bd.1, S.23). Andererseits wurde er sich offenbar durch die Kritik der Rütlionen (vgl. dazu Eversberg, 1992) doch der Gefahr bewußt, ins Manieristische zu verfallen. Auch scheint er selbst nach verifizierbaren Gründen für die Glücklosigkeit seines Paares gesucht zu haben, diesem gleichsam manisch umkreisten Thema jener Jahre. Denn bereits in *Im Sonnenschein* wird ein Grund genannt, der an der Textoberfläche der nun folgenden Novellen in Variationen regelmäßig verarbeitet wird: das Standesvorurteil, hier das des stolzen Patriziers gegenüber dem aristokratischen Bewerber seiner Tochter (hierzu wie zum angedeuteten Generationskonflikt in der Novelle, vgl. Chowanietz, 1990, S.120-141).

Als Resultat des Überdenkens seiner Prosakunst muß dann die 1855 entstandene Novelle *Angelica* (E: Berlin: Schindler 1855) angesehen werden. »[...] die Erzählung ist ein psychologisches Präparat und wenigstens nicht langweilig«, schrieb Storm am 1. Juli 1855 an den Verleger Alexander Duncker (GW, Bd.1, S.801). Tatsächlich setzt Storm hier einen auktorialen Erzähler ein, der ohne Erinnerungsperspektive im räsonierenden, erklärenden Verfahren u.a. psychologische und soziale Motive für die unerfüllbare Liebe des jungen Paares anführt. Storm war hier sichtlich bemüht, allgemeingültigere, zeit- und sozialgeschichtliche Gründe für die Glücklosigkeit der Liebenden zu finden, was z.T. nicht der unfreiwilligen Komik entbehrt, dann nämlich, wenn Ehrhard der Angelica im mondbeschienenen Boskett des Gartens eine malthusianisch anmutende Begründung dafür gibt, daß er sie nicht zur Frau nehmen könne: »Du weißt es, oder vielleicht Du weißt es nicht: es sind in unsern Tagen der Menschen auf Erden so viele geworden, daß einem jeden unter ihnen ein volles Lebenslos nicht mehr zu Teil werden kann.« (LL, Bd.1, S.364). Thomas Kuchenbuch, der dieser Novelle 1972 eine Spezialstudie widmet und ihren Stellenwert in der Entwicklung der Stormschen Prosakunst einschätzt, sieht in ihr einen Versuch zur Überwindung der frühen, von ihm mit dem Begriff »Resignationskunst« belegten Prosa. Kuchenbuch vertritt die These, daß »der Gedanke an die Veränderung und vielleicht Zerbrechung der herrschenden Verhältnisse« erst die Möglichkeit zur neuen, analytischen Erzählweise eröffnet habe, fügt aber sogleich hinzu, daß die enttäuschten Hoffnungen auf gesellschaftliche Veränderung der realistisch-analytischen Erzählweise wieder die Basis entzogen hätten (vgl. Kuchenbuch, 1972, S.78 und S.80; für die Entstehungsgeschichte der Novelle ist die Argumentation nicht nachzuvollziehen, denn 1855 *waren* die Revolutionshoffnungen bereits endgültig begraben worden). Franz Stuckert spricht im Zusammenhang mit dieser Novelle von »äußere[m] psychologische[m] Räsonnement« (Stuckert, 1955, S.256) und Martini von einem mißlungenen Versuch, die Grenzen der Frühnovellen zu überwinden (Martini, 4. Aufl. 1981, S.640). Goldammer schließlich sieht in dem Text Storms »Absicht, das problematische Verhältnis Ehrhards zu Angelika sozial-psychologisch zu motivieren.« (GW, Bd.1, S.52), und begründet das Scheitern damit, daß dem »Dichter [...] die Kenntnisse und Einsichten [fehlten], um die Gestalten, besonders die des Erzählers, sozial exakt zu profilieren und ihr Verhalten aus konkreten gesellschaftlichen Situationen und Vorgängen herzuleiten« (ebd., S.52f.). Dem wäre hinzuzufügen, daß es Storm wohl vor allem an Zeit und Muse gefehlt hat, die neuen Erfahrungen vom dynamischen Wandel der Gesellschaft und des Sozialgefüges, vor allem das Erlebnis der entwertenden Abhängigkeiten des Einzelwesens von diesen Strukturen und ihren Vertretern innerlich zu verarbeiten. Es galt, den schmerzvollen Weggang aus der Heimat für die Persönlichkeitsbildung auch als Gewinn zu verbuchen und letztlich diesen neuen inneren Entwicklungsabschnitt mit den eigenen Urthemen und -motiven zu verbinden.

In den Potsdamer Jahren ist außer den genannten Novellen 1856 nur noch die kleine Skizze *Wenn die Äpfel reif sind* entstanden, von der Forschung kaum beachtet und nur in Eversbergs Studie von 1992 zur Entwicklung von Storms Erzählkunst unter dem Einfluß des Fontane-Kreises und in der großen Monographie von Stuckert knapp erwähnt.

2.3. Heiligenstädter Novellistik (1856-1864)

Die Heiligenstädter Novellistik umfaßt folgende Texte: *Auf dem Staatshof* (E: »Argo. Album für Kunst und Dichtung«, 1859), *Späte Rosen* (E: »Argo. Album für Kunst und Dichtung«, 1860), *Drüben am Markt* (E: »Über Land und Meer«, Juni 1861), *Veronica* (E: Berlin: Schindler 1861), *Im Schloß* (E: »Die Gartenlaube«, Nr.10 bis 12, 1862), *Auf der Universität* (E: Münster: Brunn 1863), *Unter dem Tannenbaum* (E: »<Leipziger> Illustrirte Zeitung«, Nr.1016, 20. Dezember 1862), *Abseits* (E: »<Leipziger> Illustrirte Zeitung«, Nr.1068, 19. Dezember 1863) und *Von Jenseit des Meeres* (E: WM, Januar 1865).

In den gelungensten Novellen – die Forschung nennt einhellig *Auf dem Staatshof*, *Im Schloß* und *Auf der Universität* –, aber auch in weniger anspruchsvollen Texten dieser Zeit, wie in *Drüben am Markt* verbindet Storm seine Geschichten um ein liebendes Paar mit dem Problem des ungleichen sozialen und kulturellen Herkommens. Das Motiv der Verhinderung der Ehe durch den Ständeunterschied wird gern herausgestellt, um Storms verstärktes sozialkritisches Engagement in den 50er und 60er Jahren zu betonen (vgl. Vinçon, 1973; Ebersold, 1981; Schuster, 2. Aufl. 1985). Nur erweist sich Storm keineswegs, und da ist G. Kaisers These in seinem Aufsatz zu *Aquis submersus* auch für die Novellistik der 60er Jahre zu verallgemeinern, »als letzte Nachhut des Fortschritts, die ein seit der Aufklärung geläufiges Thema noch einmal epigonal traktiert« (G. Kaiser, 1981, S.69). Denn Storm verarbeitet dieses Motiv in den 60er Jahren in Verbindung mit seiner persönlichen Kernproblematik in einer dem modifizierten Persönlichkeitskonzept der zweiten Hälfte des

19. Jahrhunderts entsprechenden, psychologisch und sozialpsychologisch differenzierten Weise.

Bereits das lehrhaft anmutende Gedicht »*Für meine Söhne*« (LL, Bd.1, S.66f.), entstanden 1854, läßt erkennen, daß es Storm in den sozialen Spannungen seiner Zeit vor allem um ein vom einzelnen nach allen Seiten hin zu behauptendes bürgerliches Selbstbewußtsein ging. Durch den mahnenden Ton des Gedichts bzw. durch die in ihm aufgestellten Gebote, »Wo zum Weib du nicht die Tochter/Wagen würdest zu begehren/Halte dich zu wert, um gastlich/In dem Hause zu verkehren/« (LL, Bd.1, S.67), wird jedoch deutlich, daß die Selbstschätzung als Kern des Bürgerstolzes kein sicherer Besitz ist, sondern einer Reihe von Verhaltensregeln zu ihrer Stabilisation bedarf. Das an Feuerbach erinnernde Individuumskonzept, das sich in diesem Gedicht im Schlußsatz konzentriert: »Halte fest: du hast vom Leben/Doch am Ende nur dich selber« (LL, Bd.1, S.67), behauptet zwar das starke autarke Einzelwesen, das allein aufgrund individueller Vorzüge und Leistungen geschätzt sein will, es enthält aber zugleich eine latente Gefahr: Wird dem ›göttlichen‹ Individuum die Schätzung aus verschiedenen Gründen versagt, besitzt es keinerlei Sicherungen außerhalb seiner selbst mehr, erweist es sich sofort als grundsätzlich in Frage gestellt, als ungeschützt und in höchstem Grade verletzbar. Bei der Darstellung der zwangsläufigen Kollisionen verschiedener gesellschaftlicher Schichten, die den sozialökonomischen Wandel begleiten, konzentriert sich Storm nun u.a. auf Szenen, die schmerzhafte Entwertungsvorgänge beschreiben, und entwickelt aufgrund seiner eigenen Kränkbarkeit einen feinen Sinn für den »kaum in die Erscheinung tretenden, fast ungreifbaren Hauch der Insolenz«, den er vorzugsweise in Adelskreisen darzustellen liebt (An Hartmuth Brinkmann, 16. April 1863, Br., S.126).

2.3.1. *Auf dem Staatshof* (1859)

Auf dem Staatshof (E: »Argo. Album für Kunst und Dichtung«, 1859) begann Storm kurz nachdem er nach Heiligenstadt übergesiedelt war, beendete die Arbeit daran aber erst Ende Januar 1858.

In der Hauptfigur der Anne Lene gestaltet Storm erstmals eine Spielart der narzißtisch-ästhetischen Existenz vor dem Hintergrund sozial-ökonomischer Umschichtungsprozesse. Alle Aspekte der narzißtischen Persönlichkeit projiziert er dabei auf die Frau, die ›schöne Fremde‹: Storm versteht es vorzüglich, die diesem Mädchentypus inhärente Grundhaltung der Lebensangst in symbolträchtigen Szenen, hier vor allem auch in den Tanzszenen zu konzentrieren: Der Lieblingstanz der kleinen Patrizierin, das Menuett, reduziert die Berührungen des Paares auf ein Minimum und stellt in der perfekten Darbietung des Mädchens eine Art Kultus des Ich dar, vor dem die Zuschauenden fasziniert und wie gebannt stehen. (Die unerklärliche Magie, die für Storm in der Selbstbespiegelung der einsamen kleinen Tänzerin lag, gab bereits dem Gedicht *»In Bulemanns Haus«*, LL, Bd.1, S.103ff., von 1852 die innere Spannung.) Im Schlußteil der Novelle kontrastiert Storm diese Szene mit dem letzten Tanz des Paares, der ein die Liebesvereinigung vorwegnehmender Walzer ist, in dem Anne Lene gleichsam noch einmal in das Leben hineingerissen wird, zugleich aber damit ihr Wesen in todbringender Weise überschreitet. Eine starke Regressivität, bei ihr in Scheu vor grober Arbeit, in Kränklichkeit und frühem Altsein hervortretend, verweist von Beginn an auf eine verdeckte Todessehnsucht, die die distanzierende, undurchdringliche Aura der schönen Fremden schafft und zugleich das Bild der narzißtisch-ästhetischen Existenz vervollständigt.

Storm stellt diese Figur nun in einen mit den zentralen Raumsymbolen der Novelle eng verknüpften Prozeß des sozialen wie gesellschaftlich-kulturellen Wandels in seiner Heimat, gibt dem Text damit historische Unverwechselbarkeit. Der Staatshof, das letzte Besitztum von Anne Lenes einst reicher Familie, wird zum Schauplatz des wirtschaftlichen Niedergangs eines Patriziats, dessen verfeinerte Lebensformen im Schönheitssinn der letzten Erbin nochmals aufscheinen. Eine Agrarkrise, die Ludwig Fischer (Fischer, 1983, S.391) bzw. Lohmeier (LL, Bd.1, S.1079) für die schleswig-holsteinische Westküste nach dem Ende der Napoleonischen Kriege bestätigten, treibt eine neue, prosperierende bürgerliche Schicht nach oben, die im späteren Inhaber des Staatshofes, dem Brauereibesitzersohn Klaus Peters verkörpert erscheint. Anne Lene muß erleben, daß sie, durch den rapiden Gundstückspreisverfall fast mittellos geworden, einem aristokratischen Bewerber als Braut nicht mehr akzeptabel ist. Sie, die aufgrund von Herkommen und individueller Eigenart den Anspruch erheben konnte, ersten Ranges zu sein, erfährt damit eine Demütigung, von der sie sich nicht zu erholen vermag und welche sie schließlich in die absolute Regression, ins gleichsam ›mütterliche Element‹, das Wasser, zurücktreibt. Die Schlußszene im verwilderten Garten mündet ein in die typische lyrische Grundstimmung Storms, in Einsamkeits- und Verlassenheitsklage, hier aber verbunden mit einem bereits an Thomas Mann gemahnenden Untergang eines großen Hauses.

Winfried Freund (1983, 1987 bzw. 1988) hob mit Recht wie die meisten Interpreten an *Auf dem Staatshof* das Novum in Storms Erzählkunst hervor: die Rückbindung der Figur an den gesellschaftlichen Umschichtungsprozeß. Er sah in Anne Lene deshalb weniger

»Individuum als Symbolfigur einer untergehenden Tradition« (Freund, 1983, S.69). Ihr Sturz durch die morschen Dielen des Pavillons »versinnbildlicht das Ende einer Geschichtsphase, geprägt von hoher geistiger Kultur und Stilbewußtsein« (Freund, 1988, S.114). Im übrigen liegt ein Schwerpunkt der wissenschaftlichen Beschäftigung mit dieser Novelle auf der Analyse der Erzähltechnik Storms. Stuckert hatte zuerst den »Erzählungsstil der gebrochenen Linie« (Stuckert, 1955, S.270) beschrieben und damit einen Terminus geprägt, der noch heute in der Forschungsliteratur benutzt wird. Dieser Stil wahre trotz Lückenhaftigkeit des äußeren Handlungsverlaufs die innere Kontinuität der erzählten Geschichte. Konsens besteht darüber, daß die in *Auf dem Staatshof* erstmalig zu beobachtende und für die Erzählkunst Storms später charakteristische Kohärenz des Textes, d.h. die erzähltechnische Verbinung der Szenen, durch die Ausbildung eines oder mehrerer Erzähler bewirkt wurde. Lohmeier macht 1979 darauf aufmerksam, daß der sein Wahrnehmungsverfahren beschreibende fiktive Erzähler eine erzähltechnische Errungenschaft gewesen ist, die einerseits das symptomatische, auf Erklärung und Motivation verzichtende Erzählen Storms ›realistisch‹ legitimierte, andererseits zugleich die Möglichkeit eröffnete, »zeitgenössische alltägliche Wirklichkeit in seine Prosa aufzunehmen« (Lohmeier, 1979, S.119). D.h., für Lohmeier bildet der fiktive Erzähler den idealen Mittler zwischen Poesie und Prosa, der damit im Brennpunkt der Problematik des Poetischen Realismus stand.

Ähnlich sieht dies auch Bollenbeck, der einen Gewinn an »darstellerische[r] Objektivität« verbucht, »weil durch die Perspektive des Erzählers [...] auf die präexistente Unabhängigkeit des Erzählbaren als Geschehenem« hingewiesen wird. Zum anderen betont auch er die gleichzeitige »subjektive Brechung« des Dargestellten durch die diskursiv ausgewiesenen Sichtweise des Erzählers (Bollenbeck, 1991, S.192).

Jackson erklärt 1992 in seinem Kapitel zu *Auf dem Staatshof* eine die Realitätsauschnitte modifizierende Sicht des sozial, gesellschaftlich und kulturell klar konturierten Erzählers, zu dessen interessegeleiteter Darstellung des Falles wiederum der Leser Position zu beziehen vermag:

»The text unmasks his ›neutrality‹. Whatever he may say, his story is structured. Indeed the text suggests that he is impelled to write by a sense of guilt and a need to convince himself – and the reader – of his innocence. Storm maintains a constant tension between Marx's presentation and alternative categories and constructions. But because he does not employ a *raisonneur* or use an insistent, authorial voice, only attention to the contrary pointers in the text enables the reader to resist Marx's interpretations.« (Jackson, 1992, S.87).

In den Novellen *Im Schloß* und *Auf der Universität* hat Storm diese Erzähltechniken dann bereits souverän gehandhabt (vgl. zu den Erzähltechniken auch Preisendanz, 1968 und 1989).

2.3.2. *Im Schloß* (1862), *Veronica* (1861)

Der für die Forschung stets interessanteste Text dieses Schaffensabschnittes stellt die Novelle *Im Schloß* (E: »Die Gartenlaube«, Nr.10 bis 12 1862) dar. Storm hat, wie er selbst gegenüber Freunden bekannte (vgl. An Ludwig Pietsch, 5. Mai 1862, Pie., S.78 bzw. An Hartmuth Brinkmann, [Anfang März 1862], Br., S.115), in der religiösen Krise der Aristokratin Anna seinen eigenen weltanschaulichen Reifungsprozeß angedeutet und in dem bürgerlichen Hauslehrer offenbar das Ideal einer aktiven Bewältigung gesellschaftlicher Zurücksetzungen dargestellt. Geschrieben hat Storm die Novelle in der zweiten Hälfte des Jahres 1861. Besonders bemerkenswert sind die zeitgenössischen Reaktionen vor und bei Erscheinen des Textes, die sich wider Erwarten Storms nicht auf die soziale bzw. politische Brisanz des Stoffes, die soziale Ungleichheit des Paares, konzentrierte, sondern auf die als unmoralisch empfundene Liebe der verheirateten Frau zu ihrem ehemaligen Hauslehrer. (Keil, der Verleger der »Gartenlaube«, ließ rigoros die Worte streichen, mit denen Anna zutiefst bedauert, daß sie ihr Kind nicht von dem geliebten, sondern von ihrem Ehemann empfangen habe; der Verleger Alexander Duncker, dem Storm das Manuskript vorher angeboten hatte, äußerte noch heftigere moralische Bedenken gegen eine Veröffentlichung, vgl. dazu ausführlich die Kommentare in LL, Bd.1, S.1112-1114, 1120-1122 bzw. GW, Bd.2, S.709-711).

Ausführlich hat zuletzt noch einmal Patricia M. Boswell den gesellschaftskritischen und weltanschaulichen Diskurs des Textes referiert, also die Problematisierung des Exklusivitätsanspruchs des Adels sowie »das fundamentale Erlebnis der Gebildeten im neunzehnten Jahrhundert [...], nämlich die Vereinzelung und Vereinsamung des Individuums als Resultat des Glaubensverlustes« (Boswell, 1991, S.25). Es soll deshalb an dieser Stelle nur ein sozialpsychologischer Aspekt der Novelle hervorgehoben werden.

Hinrich Arnold, der Hauslehrer aus bäuerlichem Herkommen, enthüllt in einer der wichtigsten Szenen (ihr geht unmittelbar die gesellschaftliche Demütigung des Hausangestellten voraus), den affektiven Kern des gesellschaftlich Geringgeschätzten; Anna, die Aristokratin, hatte ihn soeben auf die verblüffende Ähnlichkeit mit dem Prügelknaben angesprochen, dessen Bild in der Ahnengalerie schon lange eine eigentümliche Anziehungskraft auf sie ausübte:

»Ein Ausdruck des bittersten Hohnes flog über sein Gesicht. ›Den Prügeljungen? – Das wäre möglich; meine Familie ist ja hier zu Haus.‹ Aber gleich darauf strich er mit jener leichten Kopfbewegung das Haar zurück und sagte fast weich: ›Verzeihen Sie mir, Fräulein Anna; ich bin nicht immer gut.‹« (LL, Bd.1, S.515)

Die Ich-Erzählerin verweist nun auf die dem Bürgerstolz Arnolds gleichfalls inhärente Grandiosität, indem sie dem Hauslehrer entgegenhält: »›Sie machen mir den Vorwurf‹,[...] ›aber Sie selbst, meine ich, sind der Hochmütige!‹« (ebd., S.515). Hinrich Arnold ist jedoch vom Autor von vornherein, wie die Szene auch zeigt, als eine sich selbst disziplinierende, Aggressionen unter Kontrolle haltende Persönlichkeit angelegt und vermag auch deshalb – im Unterschied zu den Mädchenfiguren der Heiligenstädter Zeit – diese Energien auf die Erlangung einer angesehenen beruflichen und gesellschaftlichen Stellung zu richten und damit am Ende die geliebte Frau zu gewinnen.

Den Bildungserwerb, hochgeschätztes und von Storm überschätztes Mittel zur Humanisierung der Gesellschaft, bestimmt der Autor hier zum entscheidenden Movens sowohl der gesellschaftlichen Etablierung Arnolds als auch zu dem der geistigen Entwicklung Annas. Für Jackson ist Arnold das Ideal des Bildungsbürgers schlechthin (Jackson, 1992, S.114). Annas Adelshochmut, der vor allem in der Gestalt ihres Vaters als lebensfeindliches Prinzip erscheint, kann von ihr vor allem deshalb überwunden werden, weil sie sich wie ihr skurriler, naturforschender Onkel allen neuen Erkenntnissen der modernen Wissenschaften öffnet. Geistig entwickelt sie sich von einer naiven Gottesverehrung hin zu einem an Feuerbach gemahnenden Glauben an die Partnerliebe als höchstem sinngebenden Wert des Lebens. Vor allem im Zusammenhang mit dem Tod ihres Kindes taucht der charakteristische Topos auf, in dem Storm seine psychische wie seine weltanschauliche Problematik immmer wieder versinnbildlicht hat: In der »leere[n] Finsternis« (LL, Bd.1, S.520), in der Anna vergeblich die Arme nach ihrem Kind ausstreckt, erscheint tröstlich das Augenpaar des geliebten Mannes (vgl. dazu auch Pastor, 1988, S.22f.).

Lohmeier betont zu Recht, daß im Zusammenhang mit den weltanschaulichen Implikationen der Novelle verschiedene geistige Strömungen des 19., aber auch noch des 18. Jahrhunderts anklingen: Vor allem das Naturverständnis reicht von der Überzeugung der »Naturphilosophie der Goethezeit, daß die Natur nicht höheren Zwecken diene, sondern ihren Zweck allein in ihrer Selbsterhaltung und Selbsterneuerung habe« (LL, Bd.1, S.1120) bis hin zu der modernen, vom Onkel vertretenen Darwinschen Auffassung von der

Natur als dem großen ›Schlachtfeld‹ (vgl. Kap. I.5.). Ob und mit welchen Theorien und philosophischen Ansätzen sich Storm konkret auseinandergesetzt hat, ist schwer nachzuweisen. Doch vor allem David A. Jackson hat in verschiedenen Aufsätzen und gerade in Spezialstudien zu *Im Schloß* die Feuerbachschen Paradigmen in Storms Texten analysiert (vgl. Jackson, 1988, 1989, S.69-71 und 1992, S.107-114; Jackson nimmt mit Recht an, daß sich Storm mit Feuerbach bereits vor 1848 beschäftigte, vgl. Jackson, 1989, S.55). Zu Storms weltanschaulicher Entwicklung und in diesem Zusammenhang besonders zu einer möglichen Feuerbach-Rezeption sind neben Jacksons Arbeiten die Aufsätze von Frühwald (1984) und Bollenbeck (1991, S.176ff.), aber vor allem Baßler (1987), auch Freund (1989) und noch Böttger ([1959], S.188-197) zu empfehlen. Zur Darwin-Rezeption: Jackson (1992, S.110), Bollenbeck (1991, S.179 und 183) und Böttger ([1959], S.185-188).

Neben *Im Schloß* zeugt auch die Anfang 1861 entstandene Novelle *Veronica* (E: Berlin: Schindler, 1861) von der religiös-weltanschaulichen Problematik, die Storm gerade im katholischen Heiligenstadt verstärkt thematisierte. Der Ehemann der Titelheldin gehört zu jener »immer größer werdenden Gemeinde, welche in dem Auftreten des Christentums nicht sowohl ein Wunder, als vielmehr nur ein natürliches Ergebnis aus der geistigen Entwickelung der Menschheit zu erblicken vermag« (LL, Bd.1, S.474). Gelassen schaut er dem geistigen Reifungsprozeß seiner jungen, im katholischen Glauben erzogenen Frau zu. Durch geistige Untreue an ihrem Gatten in einen seelischen Konflikt geraten, vermag diese im kirchlichen Beichtritual keine Befreiung und Entsühnung mehr zu finden. Nach seelischen Kämpfen wendet sie sich schließlich ihrem Ehemann als dem einzigen rechten ›Beichtvater‹ zu. Zur Novelle *Veronica* und im besonderen zu Storms Verhälnis zum Christentum sind wiederum Jackson zu empfehlen, (1989, S. 65ff.) bzw. (1992, S.104-107), der in diesem Zusammenhang auch das Fragment gebliebene Gedicht *»An deines Kreuzes Stamm o Jesu Christ«* (LL, Bd.1, S.263) erörtert, das erst 1984 von ihm im Kieler Storm-Archiv entdeckt wurde (vgl. auch Jackson, 1984).

2.3.3. *Auf der Universität* (1863) und andere Novellen

Im Mittelpunkt der im Frühjahr und Sommer des Jahres 1862 geschriebenen Novelle *Auf der Universität* (E: Münster: Brunn, 1863) steht ein der Anne Lene vergleichbarer Mädchentypus. Auch Lore Beauregard, die Tochter eines französischen Schneiders, zeichnet eine fremdartige Schönheit aus, und wie der Patrizierin scheint ihr die rechte Liebesfähigkeit abzugehen. Dafür ist ihr Wesen, wie Stukkert schrieb, auf »Spiel, Tanz, festliche Erhöhung des Daseins« gestellt (Stuckert, 1955, S.275). Am Ende wird auch sie im Wasser umkommen. Der hier von Storm geschaffene, psychologisch in sich sehr stimmige Typus, der im übrigen mit dem Kern des Wasserfrauenmythos übereinstimmt, der in diesem Text wie in dem von 1859 aufgerufen wird, deutet in vielen Aspekten bereits auf die Dekadenz-Problematik der Jahrhundertwende voraus. (Nur Böttger registrierte dies übrigens höchst verwundert, Böttger, [1959], S.202; sehr einfühlsam hat diesen Typus Franz Stuckert beschrieben, allerdings ohne dessen Wesen erklären zu können). Längst überfällig war eine Interpretation wie die von Malte Stein (1996), die u.a. auf die wichtige mythische Ebene der Wasserfrau, hier Lore Lay, aufmerksam macht und eine »Affinität Lores zum Bereich jenseits der kulturellen Norm, zum Naturbereich« feststellt (Stein, 1996, S.35). Bei fast allen der Stormschen Mädchen und Frauen ist diese Rückbindung an den Elementarbereich zu verzeichnen (vgl. auch Roebling, 1983, S.104 und S.113), und das Aufdecken dieser Rückbindung eröffnet sofort, wie Stein zeigt, den Zugang zu einem Subtext mit speziellen Motiven und eigener Handlungsdynamik. Der daraus hervorgehende neue Sinnzusammenhang läßt die Textoberfläche mit ihren sozialpsychologisch motivierten Handlungsmustern mit tiefer liegenden individual- und kulturpsychologischen bzw. anthropologischen Paradigmen korrespondieren. Bei fast allen Storm-Texten ist diese Referenzialität noch zu entdecken.

Eine Ausgangskonstellation für den im Selbstmord endenden Lebensweg der schönen Lore Beauregard bildet u.E. einerseits die subtile Zurücksetzung, die das Mädchen erfährt, als sie den ›Notknecht‹ in der Tanzstunde der Honoratiorenkinder einer kleinen Küstenstadt spielen muß, andererseits das einmal geweckte und nicht mehr zurücknehmbare Anspruchsdenken der Schneiderstochter, dem kostbaren ›Kleinod‹ ihres Vaters. Eckart Pastor erläutert die wichtigen Tanzstundenszenen der Novelle und die dargestellten subtilen Mittel ständischer Abgrenzung, die Storm dann in ihren Wirkungen auf die Psyche der Hauptfigur andeutet (Pastor, 1988, S.78): Lores Ballrobe, aus dem abgelegten Kleid der Bürgermeisterin gefertigt, wird zu einem allen Anwesenden sogleich verständlichen Zeichen ihrer Nichtzugehörigkeit zur Honoratiorenschicht. Nicht nach der individuellen Wesensart, den einmaligen inneren und äußeren Vorzügen geschätzt zu werden im erstrebten gesellschaftlichen Bezugssystem, bedeutet gerade bei narzißtischen Personen eine mit starken Affekten verbundene tiefe Kränkung, welche Energien freizusetzen vermag, die wiederum die Handlungen der Betreffenden über einen langen Zeitraum z.T. verdeckt zu motivieren vermögen und die im Falle der kleinen Beauregard schließlich in die Selbstzerstörung führen. Hervorzuheben sind in dieser Novelle die hervorragend gelungenen Szenen – die Schlittenfahrt auf dem Mühlenteich, Lores Karussellfahrt und Ritt auf dem Goldfuchs des ›Raugrafen‹ –, in denen innere Gemütszustände und die nicht unkomplizierten Beziehungen zwischen dem Mädchen und ihren Verehrern vollständig ins Vorganghafte, Bildliche umgesetzt wurden.

Der Standesdünkel und die Standesschranken zwischen Aristokratie und Bürgertum, Bürgertum und Kleinbürgertum gehörten für Storm gerade in den Potsdamer und Heiligenstädter Jahren zu den auch in persönlichen Gesprächen immer wieder umkreisten Gesellschaftsphänomenen, unter denen er persönlich gelitten hat. Storm attackierte sie aber nicht nur aus einer liberal-demokratischen Gesinnung heraus und stellte sie »vor den moralischen u. ästhetischen Richterstuhl des Publicums« (An Brinkmann, 16. April 1863, Br., S.126). Er zeigt vor allem aktuelle historische Konfliktlagen übergreifende Kränkungserfahrungen in den zwischenmenschlichen Beziehungen, deren handlungsbestimmende Macht und Dynamik nicht geringer zu veranschlagen ist als die der äußeren Tatsachen, der objektiven sozialen Widersprüche, der ungleich verteilten Lebenschancen. Dies sei vor allem deshalb noch einmal betont, da Autoren, die bei Storm dezidiert nach gesellschaftskritischen Ansätzen fahnden – und einige der weniger bekannten Storm-Novellen werden bisher nur aus dieser interpretatorischen Sicht erschlossen – häufig die Texte einebnen, indem sie die Konflikte gänzlich auf die gesellschaftlich bedeutsamen Grundkonstellationen reduzieren. Dies führt in Einzelfällen zu interpretatorischen Schieflagen wie bei Günther Ebersold, der in der Novelle *Drüben am Markt* (E: »Über Land und Meer«, Juni 1861) für das glücklose Werben des unscheinbaren Arztes um die Bürgermeisterstochter deren »oberflächliche Bildung« verantwortlich macht, welche »die junge Patrizierin die wahren Werte des Mannes« nicht erkennen lasse (Ebersold, 1981, S.60). Die schmerzliche Zurückweisung, die der Arzt durch das Mädchen erfährt und später durch stille Resignation überwindet, liegt jedoch klar in seiner geringen äußeren Attraktivität begründet, nicht im gesellschaftlich-bildungsmäßigen Gegensatz. Denn der spätere Mann des Mädchens entstammt der gleichen sozialen Schicht wie der Arzt, ist aber im Unterschied zu diesem schön, charmant und liebenswürdig.

Vinçon sucht in der Novelle die Darstellung des »gesellschaftlichen Fall[s]«, findet aber nur einen des »individuellen Versagens« und bedauert, daß sich nur »an den psychologischen Motivierungen« ablesen lasse, »was übers Individuum durch seine bestimmten Lebensverhältnisse verhängt ist« (Vinçon, 13. Aufl. 1994, S.95).

Zu der Weihnachtsidylle *Unter dem Tannenbaum* (E: »<Leipziger> Illustrirte Zeitung«, Nr.1016, 20. Dezember 1862) und *Abseits* (E: »<Leipziger> Illstrirte Zeitung«, Nr.1068, 19. Dezember 1863), die Storm auf Bestellung des Leipziger Verlegers J.J. Weber schrieb und in denen er wieder Bezug nimmt auf die politischen Verhältnisse in Schleswig-Holstein, sind vor allem die Erläuterungen von Lohmeier und Goldammer in den beiden Werkausgaben zu empfehlen bzw. die Analysen des politischen Kontextes bei Löding (1985). (Vgl. auch Kap. I.5.; Böttger beobachtet in *Abseits* ein neues Erlebnis der nördlichen Landschaft, Böttger, [1959], S.218). Die Ehegeschichte *Späte Rosen* (E: »Argo. Album für Kunst und Dichtung«, 1860) – in der Rezeptionsgeschichte geradezu kompromittiert durch Fontanes ironisch-abfälliges Urteil (vgl. Fontane an Paul Heyse, [15. Mai 1859], FB, Bd.1, S.672) – hat außerhalb der Editionen in der Forschung wenig Beachtung gefunden. Allerdings sieht Jackson vor dem Hintergrund von Storms Feuerbachrezeption in diesem Text eine »Hymne auf die geistigen und sittlichen Errungenschaften des norddeutschen Kulturraums (nicht Preußens!)« und das »Bild eines neuen modernen deutschen Hellas, wo Venus nicht mehr als Eichendorffsche verführerisch-verteufelte Dämonin umherhuscht, sondern auch als gutbürgerlich-gesittete Gattin ihren Gästen Kaffee serviert« (Jackson, 1989, S.64; vgl. auch Jackson, 1985).

Der Novelle *Von Jenseit des Meeres* (E: WM, Januar 1865), mit deren Niederschrift Storm noch in Heiligenstadt begann, unmittelbar vor den Märchen, wird vor allem von Roebling (1983) in der Entwicklung von Storms Novellenkunst ein besonderer Stellenwert zuerkannt. Da Roebling die Entwicklungsmöglichkeiten des Erzählers Storm u.a. an seine Fähigkeit bindet, traumatische Kindheitserlebnisse im Erzählen durchzuarbeiten und aufzulösen, wird diese Erzählung zusammen mit den Märchen geradezu zur Voraussetzung für Storms späte Novellistik. Denn in diesen Texten, so Roebling, reproduziere Storm seinen Schwester-Komplex, hinter dem die Versagungen und Frustrationen durch die Mutter liegen, geradezu ungedeckt: »[...] so projiziert er nun, im Rahmen einer ›poetischen Befreiung‹, sein Leiden auf die Schwester-Figur [die Jenni der Erzählung, R.F.] und scheint dadurch zu einer befreienden (wenn auch bedingt gültigen) Erinnerung im therapeutische Sinn zu kommen.« (Roebling, 1983, S.122).

Auch Pastors Interpretation verweist vor allem auf ein Erzählelement in dieser Novelle, auf ein »dem Evangelium entlehnte[s] Zeichensystem«, das erst in den späten Storm-Novellen prägend sein wird (vgl. Kap. II.2.5.2.). Er sieht in diesem Text »eine erste ›Johannes-Erzählung‹«, die »im Bild und Namen des Vorläufers und Lieblingsjüngers Christi die Sehnsucht nach erfüllter (wenn auch weltlicher) Erlösung im Schoße der bürgerlichen Familie vorführt« (Pastor, 1988, S.97).

2.4. Spukgeschichten und Märchen

Die Erzählung *Am Kamin* (E: »Victoria, Illustrirte Muster- und Modezeitung«, Nr.6 und 8, 8. und 22. Februar 1862) sowie die drei kurz nacheinander Ende 1863, Anfang 1864 entstandenen Märchen *Die Regentrude* (E: »<Leipziger> Illustrirte Zeitung«, Nr.1100, 30. Juli 1864), *Bulemanns Haus* (E: »<Leipziger> Illustrirte Zeitung«, Nr.1121, 24. Dezember 1864) sowie *Der Spiegel des Cyprianus* (E: »Der Bazar. Illustrirte Damen-Zeitung«, Nr.48, 23. Dezember 1865), letzteres allerdings erst Ende 1864 in Husum fertiggestellt, bilden einen wichtigen Entwicklungsabschnitt der Stormschen Erzählkunst. Entstanden ist die Erzählung *Am Kamin* wohl im Herbst 1861, und der Rahmen soll nach Storms eigener Aussage »in heiterster Weise unser derzeitiges Zusammenleben abspiegel[n]« (An Ernst Storm, 17. Januar 1870, GW, Bd.1, S.764). Die Erzählung enthält acht Spukgeschichten, davon drei Bearbeitungen von Geschichten, welche Storm dem *Neuen Gespensterbuch – Beiträge zur Geschichte des Spuks* entnommen hatte. Dieses Manuskript, erst Anfang 1988 aus Privatbesitz wieder aufgetaucht, enthält 60 Stücke, die Storm in den Jahren 1842 bis 1848 aufzeichnete. Laage brachte das *Gespensterbuch* 1991 erstmals zum Druck und gab im Nachwort ausführliche Hinweise zur Entstehungsgeschichte sowie u.a. einen Vergleich zwischen erster Aufzeichnung und späterer literarischer Bearbeitung der Spukgeschichte Nr.7, *Die verhängnisvolle Stelle. Am Kamin*, von Storm zunächst nicht für seine *Schriften* vorgesehen, wurde zu seinen Lebzeiten nicht noch einmal gedruckt.

Bekannt ist die entstehungsgeschichtlich interessante Situation, die den drei Märchen zugrunde liegt; Storm, der an Röteln erkrankt zu Bett lag, schilderte sie seinen Eltern Ende 1863:

»Vermöge eines seltsamen Wiederspruches [sic!] in der menschlichen Natur, werde ich jetzt, wo ich wie niemals durch unsere schleswig-holst. Verhältnisse politisch aufgeregt bin, durch unabweisbaren Drang zur Märchendichtung getrieben. Während ich die *Regentrude* schon fast zu Papier habe, ist ein zweites, *Bulemanns Haus*, schon fertig im Kopfe. Es ist, als müsse ich zur Erholung der unerbittlichen Wirklichkeit in's äußerste Reich der Phantasie flüchten.« (An die Eltern, 29. Dezember 1863, BH, S.211).

Seinem Freund Brinkmann spricht er gar von einem »fast dämonische[n] Drang zur Märchen-Dichtung«, einem »unerbittliche[n] Productionsfieber« (An Hartmuth Brinkmann, 18. Januar 1864, Br., S.133).

Bereits Stuckert weist darauf hin, daß Storm mit den drei Märchen »inhaltlich wie formal weit über den Bereich des gleichzeitigen Novellenschaffens hinaus vorgestoßen« sei und »dichterisch Neuland erobert« habe, »das er erst wesentlich später fest in Besitz nehmen sollte« (Stuckert, 1955, S.289). Roebling, Freund, Lohmeier und Eversberg, die mit unterschiedlichen methodischen Ansätzen die Märchen und Spukgeschichten dieses Zeitraums im Zusammenhang mit der Entwicklung der Stormschen Novellistik Anfang der 70er Jahre betrachtet haben, bestätigen Stuckert hierin.

Lohmeier, der für das frühe Schaffen Storms eine strenge Trennung zwischen Märchen und novellistischen Texten behauptet, stellt für die Situation um 1864 fest: »Diese scharfe Trennung der realistischen und der romantischen Tradition in Storms erzählerischem Werk wurde mit den *Drei Märchen* der Jahre 1864/65 hinfällig, und darin liegt deren Bedeutung für Storms erzählerisches Gesamtwerk und dessen Entwicklung« (LL, Bd.4, S.573). Man sollte allerdings betonen, daß der programmatische Realismus des 19. Jahrhunderts dem Mythos und der romantischen Tradition generell starken Widerstand entgegensetzte. Storms Bemühungen um das Märchen, die Spukgeschichte sowie seine späteren Verfahren der Integration mythischer Elemente in seine Prosatexte entsprechen somit nicht der realistischen Konzeption und müssen deshalb im besonderen gewürdigt werden. Sein Interesse dafür kann zudem keineswegs als Eskapismus abgetan werden wie noch von Wührl (1984). Scherer betont vielmehr in ihrer *Regentrude*-Interpretation, daß die bekannten, oben zitierten Briefpassagen »zu ambivalent und reflektiert« sind, um in ihnen »Storms Weltflucht aus der Tagesaktualität belegt zu sehen« (Scherer, 1993, S.218f.). Mit Wünsch (1992) und Winkler (1990) ist zu unterstreichen, daß Storm bewußt oder unbewußt das damals moderne, verengte Realitätsverständnis zu erweitern suchte und daß es ihm nicht primär um die Bewahrung spätromantischen Literaturguts ging. Bekannt sind seine Äußerungen gegenüber Gottfried Keller: »[...] nicht daß ich Un- oder Uebernatürliches glaubte, wohl aber, daß das Natürliche, was nicht unter die alltäglichen Wahrnehmungen fällt, bei Weitem noch nicht erkannt ist.« (An Gottfried Keller, 4. August 1882, K, S.92).

Das zeitgenössische Realitätsverständnis, über das offenbar weitestgehend Konsens herrschte, hatte die Gleichung von Realität und Faktizität zur kaum mehr hinterfragten Grundlage, so Böschenstein (1986) in ihrem Aufsatz »Mythologie zur Bürgerzeit«. Von daher auch der Widerstand des programmatischen Realismus gegen Mythos und Märchen, da diese das oberste Kriterium eines solchen Realitätskonzepts, sinnliche und rationale Verifizierbarkeit, in Frage stellten. In seinem nie abgerissenen Interesse für den Spuk, das Vorgesicht, den Traum sowie für die literarisierten Formen irrationalen Denkens wie Märchen, Sagen, Mythen blieb Storm aber vor allem offen für die Mächte der Psyche im eigenen Innern, die dem auf Kohärenz und Rationalität ausgerichteten Individuumskonzept seiner Zeit nicht integrierbar schienen. Ferdinand Tönnies' »Erinnerungen« bezeugen diesen Zusammenhang:

»Er neigte auch der Ansicht zu, daß es noch unerkannte Kräfte der menschlichen Seele gebe, die hin und wieder in solchen Geschichten und Einbildungen ihr verborgenes Dasein offenbaren möchten; er sprach mir oft die Erwartung aus, daß ›die Wissenschaft‹ noch einmal dahinter kommen müsse. (Wirklich hat seitdem die Erkenntnis des Nerven- und Seelenlebens große Vermehrung erfahren.)« (Tönnies, 1917, S.59f.).

Storm fand wie andere große Realisten in der Spukgeschichte und in mythologischen Anspielungen ein Medium, welches auf der Ebene der Individualgeschichte, der »persönlichen Mythen«, Verdrängtes und Vorbewußtes bzw. schwer erklärbares interaktives Verhalten andeutbar machte. Bezüglich der Gattungsgeschichte dagegen eröffnete dieses Medium die Möglichkeit, tiefe, im Mythos aufbewahrte zivilisationsgeschichtliche Erfahrungen, die aus einem zu kurz fassenden zeitgenössisch-historischen Bewußtsein zu verschwinden drohten, in die Erinnerung zu heben.

Auch Freund ging in einer der seltenen Analysen der Erzählung *Am Kamin* von der Grundproblematik einer »Phase betont empirischer und naturwissenschaftlicher Orientierung« in der zweiten Hälfte des 19. Jahrhunderts aus und von den Grenzen einer rein empirisch-realistischen Fiktion (Freund, 1989, S.109). Daraus leitet er Storms erzählerische Intention bei der Darbietung der Spukgeschichten ab: Es galt, »das Natürliche mit einer das Empirische transzendierenden Wahrnehmung zu verbinden«, »im Medium phantastischer Anschauung auch das erkennbar zu machen, was sich den Sinnen entzieht« (ebd.). Freund erläutert das Grauen, das die Spukgeschichten erregen, als Mittel der Katharsis, »die darauf abzielt, das in den Bereichen existentieller und sozialer Kernerfahrungen verflachte bürgerliche Bewußtsein wieder zu vertiefen« (ebd., S.114).

Unter den Spezialstudien zu den Heiligenstädter Märchen (nur *Der Spiegel des Cyprianus* ist erst Ende 1864 in Husum vollendet worden) sind in den letzten 20 Jahren Hansen (1977) und Roebling

(1985) sowie Tax (1982) und Freund (1986) hervorzuheben. Deutlich konzentriert sich die Forschung auf *Die Regentrude*.

Roebling legt 1985 eine tiefgründige psychoanalytische Deutung dieses Textes vor. Sie geht von der ungewöhnlichen inneren Anspannung aus, in die Storm durch die Krisensituation in seiner Heimat Ende 1863 geraten war, und betont in diesem Zusammenhang, daß es Storm im märchenhaft-mythischen Traumreich leichter gefallen sei, ein »phantasiebedingtes Entbergen des Verdrängten im Sinne der Sicherung von Heimat und Identität« vorzunehmen (Roebling, 1985, S.65). Es sei ihm gelungen, »zum letzten Ursprung« seiner »problematischen Objektbeziehungen« vorzudringen (Roebling, 1983, S.126). Die damit verbundene Überwindung der traumatischen Fixierungen habe die Möglichkeit eröffnet, sich neuen Inhalten zuzuwenden, und im Prinzip die Spätphase seiner realistischen Erzählkunst eingeleitet. Roeblings Interpretation verbindet überzeugend die Ebene der persönlichen Mythen des Autors mit den aktuell-geschichtlichen Ereignissen und den daran geknüpften gesellschaftlichen Hoffnungen Storms.

Hansens psychoanalytische Deutung der Märchen dagegen – *Die Regentrude* als »Traum vom Verlust des Mütterlichen in der Welt und von dessen Wiedererlangung durch ein Hinabtauchen in das Reich der Mütter« (Hansen, 1977, S. 44f.) – bleibt zu sehr auf die konventionellen psychoanalytischen Paradigmen beschränkt, was sich z.T. durch seinen noch undifferenzierten, an Eisnitz anschließenden Narzißmusbegriff erklärt. Zuzustimmen ist ihm freilich in seiner Grundthese, daß die Phantasien der Märchen um ein Trauma in der symbiotischen Mutter-Kind-Beziehung kreisen. Sie bearbeiten die infantile Verlassenheitsangst, aufgrund derer sich das Unbewußte immer von neuem auf narzißtische Weise bestätigen muß, daß es von der Mutter-Imago geliebt wird. Auch bietet Hansen die ausführlichsten Besprechungen von *Der kleine Häwelmann* und *Der Spiegel des Cyprianus*. Bei letzterem betrachtet er das Spiegelmotiv und das damit in funktionalem Zusammenhang stehende ambivalente Mutterbild, das sich hier in die böse und die gute Stiefmutter aufspaltet. (Freund dagegen deutet den Spiegel als »mythisches Sinnzeichen des Lebensgrundes selbst [...] Dem, der in Hoffnung auf das Leben in ihn hineinblickt, wirft der Spiegel ein von der Kraft des Urbild[s] erfülltes Abbild zurück.«, vgl. Freund, 1990, S.137). In *Bulemanns Haus* sieht Hansen eine »Projektion des Vaterhasses, den bösen Vater schlechthin«, vermag aber diese These vom Biographischen bzw. von anderen Texten her wenig zu stützen (Hansen, 1977, S.46).

Petrus W. Tax' ausführliche Analyse der *Regentrude* von 1982 mit vielen schönen Einzelbeobachtungen (z.B. die Namenanalyse, S.625f., die Interpretation des Spruches, S.628) geht von einem mythisch-archetypischen Gegensatz weiblicher und männlicher Prinzipien aus (ein Ansatz, den Freund 1986 wieder aufnimmt): »Insgesamt handelt Storms Märchen [...] von unwirksam gewordenen weiblichen Elementarkräften und von der Restauration solcher Kräfte im Bilde des Regens.« (Tax, 1982, S.624). Irritierend sei die gegenüber *Hinzelmeier* »verschärfte Bedrohlichkeit des Männlichen« (in Gestalt von Rationalität, Naturferne, Macht- und Besitzstreben) sowohl in der *Regentrude* als auch in *Bulemanns Haus* (ebd., S.635).

Freund faßt in seiner *Regentrude*-Interpretation die »Rückkehr zum Mythos« als ›Botschaft‹ des Textes auf. Das heißt, die im Märchen zelebrierte »Rückkehr zum mythischen Urgrund des Seins, zur Einsicht in das organische Werden«, bedeutet zugleich »warnende Abwendung von einer entfremdeten, Natur und Menschen zerstörenden Wirtschaftsgesinnung« (Freund, 1986, S.45 u. S.46, bzw. 1987, S.78). Der Wiesenbauer wird hier als Repräsentant »einer vom sinn- und gemeinschaftsstiftenden Mythos abgefallenen Zeit« gedeutet; Mutter Stine zusammen mit dem jungen Paar dagegen würden den »Anspruch des Mythos« vertreten (Freund 1986, S.39 bzw. 1987, S.69).

Bereits Storm hatte die Genrebezeichnung ›Märchen‹ für alle drei Heiligenstädter Texte in Zweifel gezogen: »[...] in dem *Cyprianus-Spiegel* ist wohl der vornehmere Ton der Sage angeschlagen, *Bulemann's Haus* würde vielleicht passender eine seltsame Historie genannt; nur das phantastische Element ist allen gemeinsam und muß die gewählte Bezeichnung rechtfertigen«, schrieb Storm in der Vorrede zur ersten Buchausgabe von 1865 (LL, Bd.4, S.385).

Die Regentrude, so Jehle, ist das Märchen, das den Volksmärchen am nächsten kommt (Jehle, 1935, S.170). Für Wührl ist es ein Text »aus der Spätzeit des deutschen Wirklichkeitsmärchens, der den Realismus der Dorfgeschichte mit dem Wunderbaren zu einer bruchlosen Einheit verschmilzt« (Wührl, 1984, S.229). Freund sieht in Storm den Schöpfer des »mythischen Kunstmärchens des Realismus«, wobei das Mythische zu einer Quelle vertieften symbolischen Erzählens wird (Freund, 1987, S.78).

Einhelligkeit besteht über den künstlerichen Rang der *Regentrude* im Kontext der zeitgenössischen Märchendichtung; bereits Jehle resümierte: »In der ganzen Zeit von Storms Veröffentlichung seiner drei Märchen bis 1890 kenne ich kein Märchen, das den seinen auch nur annähernd an die Seite gestellt werden könnte, trotzdem die Märchenproduktion eine ziemlich reichliche ist.« (Jehle, 1935, S. 163).

Bewunderung gilt der »suggestiven Schilderung des Geschehnisraums« (Wührl, 1984, S.231); das Reich der Regentrude, so Jehle euphorisch, gehöre zu »einem der schönsten, welches das Kunstmärchen je geschaffen« (Jehle, 1935, S.173).

Auch *Bulemanns Haus* wird von den Kunstmärchenforschern gewürdigt, allerdings fehlen hier noch die tiefgründigen Analysen. Wührl hebt vor allem die Neuerungen gegenüber den »Nachtstükken« Hoffmanns und Tiecks hervor: »An die Ewigkeit ausgeliefert«, sühne Bulemann, »die Symbolfigur des ›bösen Kapitalisten‹«, »seine Schuld am Mitmenschen, und der Leser akzeptiert das als einen Akt göttlicher Gerechtigkeit. Dies unterscheidet Storms Nachtstück vom Wirken des Fatum im *Runenberg* [von Tieck, R.F.], im *Sandmann* und in den *Bergwerken* [von Hoffmann, R.F.], auch markiert Storm, wie kein anderer deutscher Märchenerzähler, das Strömen der Zeit gleichsam als Kontrastpunkt zur Unendlichkeit.« (Wührl, 1984, S.270 bzw. S.272).

2.5. Späte Novellistik (1867-1888)

2.5.1. Der Überblick über das Spätwerk in der Forschungsliteratur (Einführungen und Gesamtdarstellungen)

Nach seiner Rückkehr nach Husum bis zu seinem Lebensende in Hademarschen vollendete Storm 29 Novellen, nicht mitgerechnet die Texte der *Zerstreuten Kapitel*, die eher autobiographischen bzw. kulturhistorischen Charakter tragen und von den Editoren, so z.B. Goldammer bzw. Laage/Lohmeier, in den Ausgaben der Novellistik nachgeordnet werden.

In Abwehr des von Franz Stuckert bereits in den 40er Jahren erarbeiteten und bis weit in die 50er Jahre als gültig erachteten Entwicklungsschemas von der »psychologischen Problemnovelle« zur »tragischen Schicksalsnovelle« (vgl. Stuckert, 1955, S.259 u. 301) wurden in literaturgeschichtlichen Abhandlungen und Gesamtdarstellungen seit Ende der 60er Jahre Versuche unternommen, den Textkorpus einem neuen Ordnungsprinzip zu unterwerfen, um die Genese vom Früh- zum Spätwerk darzustellen. Zunächst bot sich immer wieder die Gruppierung der Novellen nach stofflich-thematischen Schwerpunkten an, wobei freilich in den einzelnen Gruppen nicht alle Novellen zu erfassen waren. Einen ersten Schwerpunkt bildeten z.B. die Novellen nach »eigene[n] familiäre[n] Probleme[n]« (GW, Bd.1, S.84); dazu zählen dann Novellen wie *Viola tricolor* (E: WM, März 1874) mit dem Thema einer zweiten Ehe, *Ein stiller Musikant* (E: WM, August 1875), in der die schwache künstlerische Begabung eines Musikers im Zentrum steht (eine Problematik, die Storm durch seinen Sohn Karl vertraut war). Dazu gehören auch die Novellen mit einem Vater-Sohn-Konflikt im Zentrum, stofflich der eigenen Zeit und Bürgerlichkeit nahe, also *Carsten Curator* (E: WM, April 1878) und *Hans und Heinz Kirch* (E: WM, Oktober 1882) sowie *Der Herr Etatsrat* (E: WM, August 1881). Eine zweite thematisch-stoffliche Gruppe umfaßt dann Novellen, die von der »Grundopposition zwischen Adel und Bürgertum« (Bollenbeck, 1991, S.323) bzw. von Storms »Widerstand vornehmlich gegen Adel und Kirche« (Frommholz, 1989, S.81) beherrscht seien, dazu rechnet man vor allem die chronikalischen Erzählungen (in der Sekundärliteratur wird auf sie häufig nochmals gesondert unter dem formalen Aspekt der historischen Novelle eingegangen, vgl. in diesem Band auch den Exkurs: Chroniknovellen): *Aquis submersus* (E: DR, Oktober 1876), *Renate* (E: DR, April 1878), *Eekenhof* (E: DR, Oktober 1879), *Zur Chronik von Grieshuus* (E: WM, Oktober u. November 1884) sowie *Ein Fest auf Haderslevhuus* (E: WM, Oktober 1885 unter dem Titel: *Noch ein Lembeck*). Ergänzt wird diese gängige thematische Ordnung durch zwei kleinere Gruppen, Novellen über Künstlerschicksale zum einen, dazu gehören *Eine Malerarbeit* (E: WM, Oktober 1867), *Pole Poppenspäler* (E: »Deutsche Jugend«, Bd.4, 1874), *Psyche* (E: DR, Oktober 1875), (meist erscheint hier auch nochmals *Aquis submersus*). Zum anderen Novellen über das Schicksal ›kleiner Leute‹, »die sich im Milieu am stärksten dem Naturalismus annähern« (Bollenbeck, 1991, S.329), also *Bötjer Basch* (E: DR, Oktober 1886 unter dem Titel: *Aus engen Wänden*) sowie *Ein Doppelgänger* (E: »Deutsche Dichtung«, Bd.1, Heft 1-6, 1.Oktober bis 15. Dezember 1886); auch *Im Brauer-Hause* (E: WM, April 1879, unter dem Titel: *Der Finger*) wird hier hinzugerechnet. Den *Schimmelreiter* (E: DR, April und Mai 1888) betrachtet man generell gesondert.

Wird die Entwicklung der Novellistik Storms vor allem nach 1872 als Ganzes in den Blick genommen, so dominiert seit Ende der 60er Jahre bis heute in der Storm-Forschung ein bisweilen die Erzählproblematik stark vereinfachender sozialgeschichtlicher Ansatz, der sich fokussiert in der Kernaussage vom »Durchbruch zu einer realistischen Schreibweise« (LL, Bd.2, S. 767), »zu einer realistischen, tendenziell sozial- und gesellschaftskritischen Wirklichkeitsdarstellung« (Zimorski, 1988, S.11). Damit einher gehe der »Verzicht auf Stimmungsmalerei« (Vinçon, 1973, S.53) und das Bestreben, »die Wirklichkeit adäquat wiederzugeben, mit klaren Konturen, ohne zuviel Schnörkel und Stimmung, so objektiv wie möglich« (LL, Bd.2, S.768). Fast zwangsläufig ist dieser Ansatz verbunden mit der Vernachlässigung des Aufzeigens von Kontinuitäten zwischen frühen und späten Texten sowie mit einer tendenziellen Abwertung des künstlerischen Ranges des Frühwerkes, von gelegentlichen

»Rückfällen« ist da die Rede (Bollenbeck, 1991, S.308) in einer Prosaentwicklung, die zum Telos »die desillusionierende Darstellung des ›Tatsachenmaterials‹« haben sollte (ebd., S.307), ein Erzählen von »stimmungsbefreiten Realitäten« (ebd., S.314). Der sogenannte »Durchbruch« wird generell mit der Novelle *Draußen im Heidedorf* (E: »Der Salon für Literatur, Kunst und Gesellschaft«, Bd. 10, H.2, 1872) angenommen, angeknüpft werden kann dabei an Storms eigene Äußerungen im Zusammenhang mit diesem Text: »Ich glaube darin bewiesen zu haben«, so schrieb er an Emil Kuh, »daß ich auch eine Novelle ohne den Dunstkreis einer bestimmten ›Stimmung‹ (das heißt einer sich nicht aus den vorgetragenen Tatsachen von selbst beim Lesen entwickelnden, sondern vom Verfasser a priori herzugebrachten Stimmung) schreiben kann.« (An Emil Kuh, 24. Februar 1873, GW, Bd. 2, S.742).

Unisono spricht man über die Jahrzehnte hin von einer »erstaunlichen Ungleichheit des künstlerischen Niveaus« (Martini, 4. Aufl. 1981, S.647), von »einer Reihe von Fehlleistungen« (Rentzsch, 1975, Bd.8.2., S.823), von einer »labile[n] Schreibweise« (Bollenbeck, 1991, S.327). Als Wertmaßstab für den künstlerischen Rang der Texte fungierte jedoch fast ausnahmslos das Kriterium Konfliktdarstellung und Konfliktlösung, wobei sich die Autoren hierin wiederum auf Äußerungen von Storm selbst berufen können, der Anfang der 80er Jahre wiederholt den Konflikt als das entscheidende Genrekriterium seiner späten Novelle bezeichnet hat (vgl. Kap. II.2.5.2.). Die Problematik der sehr einseitig auf den Konflikt und vor allem auf die Konfliktlösung konzentrierten literaturgeschichtlichen Wertungen in den vergangenen Jahrzehnten wird nicht nur in der Einschätzung Kohlschmidts deutlich, der davon ausgeht, daß »das eigentliche Problem der Prosadichtung Storms« das der Handlung sei, und der mit dem Verdikt schließt:

»Wo echte Handlung nicht erreicht wird, bleibt es bei einer Sentimentalität, die keine echte Tragik in sich schließen kann. Man muß aus der Masse der nahezu sechzig Stormschen Novellen diejenigen aussondern, in denen wirkliche epische Handlung oder auch mit ihr der Rang des Symbolischen erreicht wird.« (Kohlschmidt, 1975, S.445).

Auch Bollenbecks Urteil über Niveauunterschiede der späten Texte ist noch fast ausnahmslos an das Kriterium Konflikt gebunden, genauer an eine Forderung nach ›Konfliktverschärfung‹, der sich Storm offenbar immer wieder durch seine Bindung an das Literaturmodell Poetischer Realismus zu entziehen sucht, indem er in gefühlvolles »Abdämpfen einzelner Konflikte« bzw. in versöhnliche Ausgänge ausweicht (Bollenbeck, 1991, S.329), bei Paulin gerinnt der

Vorwurf dann bereits zum nicht mehr überprüften Wertungsklischee: »Gerade seine Erzählschlüsse rutschen sehr oft in Idyllik oder Sentimentalität ab [...]« (Paulin, 1992, S.115). Ganz ähnlich argumentierte aber bereits Vinçon, wenn er konstatiert,

»daß Storms Prosa an dichterischer Substanz gewinnt, je umfassender der einzelne novellistische Konflikt dargestellt wird und je genauer sich das zeitgenössische Sujet für den Leser entfaltet. Dennoch sei nicht unterschlagen, daß statt einer historisch-konkreten eine sentimentale Lösung jenes Konflikts von Subjekt und Wirklichkeit dem Dichter näher lag.« (Vinçon, 1973, S.55).

Und auch Rentzsch wiederholt das zentrale Paradigma dieses Ansatzes, wenn er bei Storm ein »kontrapunktisches Verfahren von Demaskierung und Poetisierung« bzw. eine »Verbindung von poetisierender Distanz mit scharfer Akzentuierung gesellschaftskritischer Momente« (Rentzsch, 1975, Bd.8.2., S.822 und S.820) registriert. Oder schließlich Bark (1984), der den Kern dieses Argumentationsmusters enthüllt, wenn er Storms Kunstkonzept vorwirft, daß es »die ganze Realität in ihrer nackten Brutalität nicht im Werk erscheinen lassen wollte« (Bark, 1984, S.117). »Eine solche Kritik«, so bereits Pätzold 1991 bei seinem Überblick über die Forschungslage zur Novelle *Hans und Heinz Kirch*,

»nimmt für sich ein Konzept von Geschichte und Literaturgeschichte in Anspruch, das die literarischen Werke ebenso wie die historischen Ereignisse als Teilelemente eines universalen, fortschrittsbezogenen Entwicklungsprozesses betrachtet und deshalb den Schriftsteller in die Rolle eines Kampfes drängt, der ihn zwingt, mit seinem Werk für gesellschaftliche Veränderungen im Sinne der behaupteten Geschichtsideologie einzustehen.« (Pätzold, 1991, S.34).

Die ideologisch-weltanschauliche Interessenlage der Wissenschaftler sei dahingestellt. Es geht vor allem darum, den Reduktionismus in einem Ansatz deutlich zu machen, der die ästhetischen Ansprüche an den Text im Prinzip auf einen einzigen Wirkungsaspekt beschränkt, nämlich die Frage, ob die Novelle wirkungsästhetisch so funktioniert, daß sie den Leser gegenüber dem ›Leben‹ desillusioniert und ihn demzufolge aktiviert oder nicht (vgl. zur Kritik an den beschriebenen Wertmaßstäben auch Pastor, 1988, S.141f.). Und es geht darum, auf ein noch entscheidenderes Manko der sozialhistorischen Storm-Studien hinzuweisen, die die Überblicksdarstellungen der letzten Jahrzehnte so stark prägten und zu einer Kanonisierung im ästhetischen Werturteil über das Spätwerk führten. Auf dieses zentrale Manko hatte bereits Segeberg (1985) aufmerksam gemacht, indem er auf die stark schematischen Vorstellungen über sozial- und kulturgeschichtliche Kontexte hinwies, auf die Storm bezogen wurde. Das Realitätsbild, auf das man Storm so selbstverständlich verpflichtet und von dem der künstlerische Wert der Texte abhängig gemacht wird, ist heute unbedingt differenzierungsbedürftig. Dies zeigt sich z.B auch an Schusters (1971) bzw. Ebersolds (1981) zu ihrem Entstehungszeitpunkt sicherlich verdienstvollen, eher deskriptiven monographischen Abhandlungen über gesellschaftskritische Aspekte in Storms Novellen, die noch völlig ohne zeitgenössische Quellen auskommen und deren Erkenntniswert deshalb heute eher gering ist. Überzeugend vermag Segeberg auf der Gundlage älterer und neuerer sozial-, ökonomie- und technikgeschichtlicher Studien (von den neueren seien J. Kocka und P. Kriedte genannt) den Hauptvorwurf in diesem Zusammenhang zurückzuweisen, Storm sei sozialgeschichtlich gesehen an der Rekonstruktion einer vormodernen Idylle interessiert (vgl. dazu noch Tschorn, 1980 in seinem Aufsatz zu *Der Herr Etatsrat* und *Ein Doppelgänger*: »Zeit seines Lebens möchte er [Storm, R.F.] eine in sich befriedete Welt, wie sie ihm in der Rückbesinnung auf ein aussterbendes Bürgertum mit seiner zugleich aufklärerischen und biedermeierlichen Komponente vor Augen steht, gestalten können.« Tschorn, 1980, S.44f. bzw. Bollenbeck, 1991, S.308). Segebergs Analysen stützen vielmehr überzeugend die These, Storms Thema sei auf der sozialhistorischen Ebene der Texte die »Verschmelzung traditionaler und moderner Mentalitäten in ihren weit in die Moderne vorausweisenden Auswirkungen, deren Folgen Storm durchaus zwiespältig beurteilt« (Segeberg, 1985, S.478). Und weiter kann er auf der Basis eines Vergleichs zwischen entsprechenden Textstrukturen und den soziologischen Kategorien ›Gemeinschaft‹ und ›Gesellschaft‹ von Ferdinand Tönnies nachweisen, daß sich Storms Sozialkritik auf »keinerlei klare Klassengrenzen einläßt« (ebd., S.485) und erst »als ›Gesellschafts‹-Kritik, in Tönnies' Sinn genommen, ihre präzise Stoßrichtung« erhält (ebd., S.478; vgl. auch die Replik auf Segebergs Aufsatz von Bartoleit, 1987).

Die innovativen Ansätze zu einer Neubewertung der späten Novellistik und für eine noch ausstehende Gesamtdarstellung der Entwicklung der Erzählkunst Storms finden sich heute in Spezialstudien und in z.T. ausgezeichneten Interpretationen von Storm-Novellen. G. Kaiser (1979), Segeberg (1987), Webber (1989), Bronfen (1990), Downing (1991), Wünsch (1992), Stein (1996), Pastor (1988) bzw. Freund (1987) sind nennen. Die beiden letztgenannten Autoren legen ihre Bücher zwar als monographische Studien zur Entwicklung des Stormschen Erzählens an, bestechen jedoch – und hier ist vor allem Pastor hervorzuheben – im wesentlichen durch die Autopsie des Einzeltextes. In den entsprechenden Kapiteln zu den

Novellen wird auf die mit unterschiedlichen Literaturmodellen arbeitenden Interpretationsansätze eingegangen.

2.5.2. Storms konzeptionelle Überlegungen zu seiner späten Novellistik

Storm hat sich mit fast identischen Formulierungen in Briefen, Tagebuchaufzeichnungen und in einer 1881 verfaßten, dann aber zurückgezogenen Vorrede für die Bände 11 bis 14 seiner bei Westermann erscheinenden *Schriften* über bestimmte Genreeigenschaften seiner späten Novelle geäußert. Diese Überlegungen konzentrieren sich zum einen auf ein Strukturelement seiner Novelle – er versuchte offenbar bewußt, einen Aufbau analog dem klassischen Drama mit Konfliktsetzung, -zuspitzung, retardierendem Moment sowie Konfliktlösung und Katastrophe erzählerisch umzusetzen –, und sie konzentrieren sich zum anderen auf die Schuldfrage innerhalb dieser Dramenstruktur. D.h., er beschränkt sich im wesentlichen auf je einen formalen und einen inhaltlichen Aspekt seiner späten Texte; er erwähnt nicht das gegenüber dem Frühwerk konstant Bleibende, die seine Poetik prägende Erinnerungsstruktur z.B., die immer wieder erzählerisch umkreisten Motive etc. Diese Einschränkung soll gemacht werden, da in der Forschungsliteratur nur allzu oft Storms zurückgezogene Vorrede von 1881 als *die* Definition der späten Storm-Novelle schlechthin gilt:

»Die *Novelle,* wie sie sich in neuerer Zeit, besonders in den letzten Jahrzehnten, ausgebildet hat und jetzt in einzelnen Dichtungen in mehr oder minder vollendeter Durchführung vorliegt, eignet sich zur Aufnahme auch des bedeutendsten Inhalts, und es wird nur auf den Dichter ankommen, auch in dieser Form das Höchste der Poesie zu leisten. Sie ist nicht mehr, wie einst, ›die kurzgehaltene Darstellung einer durch ihre Ungewöhnlichkeit fesselnden und einen überraschenden Wendepunkt darbietenden Begebenheit‹; die heutige Novelle ist die Schwester des Dramas und die strengste Form der Prosadichtung. Gleich dem Drama behandelt sie die tiefsten Probleme des Menschenlebens; gleich diesem verlangt sie zu ihrer Vollendung einen im Mittelpunkte stehenden Konflikt, von welchem aus das Ganze sich organisiert, und demzufolge die geschlossenste Form und die Ausscheidung alles Unwesentlichen; sie duldet nicht nur, sie stellt auch die höchsten Forderungen der Kunst.« (LL, Bd.4, S.408f.).

Vergleicht man Storm-Novellen aus den 60er Jahren, *Auf der Universität* oder *Im Schloß* etwa, mit Texten aus den 70er und 80er Jahren, so wird man leicht feststellen, daß der Konfliktaufbau allein nicht das Novum der späten Novellen darstellen kann, auch mangelt es den Konflikten der Texte der frühen Jahre keineswegs an Komplexität, vorausgesetzt der Interpret beschränkt sich nicht nur auf das Paraphrasieren des Fabelverlaufs. Auch hätte Storm sicher niemals behauptet, in einer seiner frühen Novellen, in *Immensee* z.B, »die tiefsten Probleme des Menschenlebens« nicht behandelt zu haben (ebd., S.409). Coghlan, der speziell der Frage nachgeht, ob Storms Novelle eine »Schwester des Dramas« sei und sich dabei auf den Nachweis bestimmter Techniken wie Steigerungen, Höhepunkte, Peripetien, Dialogkunst etc. in den Novellen beschränkt, unterstreicht mit seinen Belegen gleichfalls, daß Storm diese Strukturelemente nicht erst im Spätwerk verwendet hat (vgl. Coghlan, 1989). Die Betonung der Dramenstruktur an seiner Novelle ist deshalb vor allem im Entstehungszusammenhang dieser Vorrede zu sehen: Storm verteidigte hier im Grunde den künstlerischen Wert des fast ausschließlich von ihm in den späten Jahren gepflegten Genres gegenüber der vorherrschenden Mittelmäßigkeit der Erzählliteratur in den Zeitschriften seiner Zeit. Er tut dies, indem er die Novelle auf eine Rangstufe mit dem Drama stellt, da er sich in bezug auf die Gattungshierarchie offenbar noch immer an der Hegelschen Ästhetik orientiert, die das Drama »als die höchste Stufe der Poesie und der Kunst überhaupt« ansieht (LL, Bd.4, S.914; Anlaß dieser Vorrede war eine Rezension von Georg Ebers Novelle *Eine Frage* in den »Itzehoer Nachrichten« vom 12. April 1881, in der die Geringschätzung der Novellen- gegenüber der Romankunst zum Ausdruck gebracht wurde, eine Meinung, in der sich der Rezensent offenbar im Konsens mit seinen Lesern befand; vgl. dazu ausführlich LL, Bd.4, S.909-915). Die wirklichen Modifikationen der späten gegenüber den frühen Storm-Novellen zeichnen sich vor allem auf der inhaltlichen Ebene ab, da wo Storm Schuld und Schuldverstrickung thematisiert, was in manchen, nicht in allen Texten durchaus formale Konsequenzen nach sich zieht, nämlich Novellenschlüsse mit tragödienhafter Dimension wie in *Aquis submersus* und *Hans und Heinz Kirch* bzw. mit Weltuntergangscharakter und dramatischer Wucht wie in *Carsten Curator*, *Zur Chronik von Grieshuus* und *Der Schimmelreiter*. Die Schuld am Tod oder an dem Liebes- und Glücksverlust seiner Mädchenfiguren hatte Storm zwar auch in vielen seiner frühen Texte erzählerisch umkreist. Und diese lag nicht nur, wie Jackson in Abgrenzung zum Spätwerk meint, allein bei Institutionen und Ideologien – »they prevented human beings achieving true happiness« (Jackson, 1992, S.224) –, sondern auch zu einem wesentlichen Teil in der Beziehungsproblematik der dargestellten Persönlichkeit selbst, allerdings war sie für Storm nicht auf der Figurenebene verifizierbar, sondern nur durch den Gesamttext erzählbar (vgl. Kap. II.2.1.1.). Erst in der hier behandelten Entwicklungsphase des Erzählers jedoch, als es nicht mehr ›nur‹ um die hochproblematische

Beziehung zwischen Mann und Frau allein ging, sondern auch um die Abhängigkeit der nachfolgenden Generation von eben dieser Beziehung, rückt er das Verschulden thematisch ins Zentrum. Seine Novellen erfassen spätestens ab Mitte der 70er Jahre ganze Familienverbände und Genrationsreihen, an deren Ende nicht selten ›verlorene‹ Söhne und Töchter stehen, mithin der Untergang eines ganzen Hauses. Über sein Schuldverständnis hat sich Storm wiederholt geäußert, am ausführlichsten vielleicht in einem Brief an den Freund Schleiden 1881:

»Für die Tragik, besonders in der epischen Poesie, eine *eigne* Schuld der betreffenden Personen zu fodern, beruht auf einer zu engen und – sit venia verbi! – etwas philisterhaften Auffassung des Tragischen; der vergebliche Kampf gegen das, was durch die Schuld oder auch nur die Begrenzung, die Unzulänglichkeit *des Ganzen der Menschheit*, von der der Einzelne nur ein unablösbarer Theil ist, der betreffenden Person entgegensteht, und der dadurch herbeigeführte Untergang, sei es der der Person selbst, oder ihres eigentlichen Lebensinhaltes, das ist nach meiner Ueberzeugung das Tragische im rechten großen Sinn; und so habe ich es in ›Carsten Curator‹, ›Renate‹, ›Aquis submersus‹ (was man in Letztrem als Schuld des Paares hat annehmen wollen, ist ja kleinliche Lebensauffassung) aufgefaßt; [...]« (An Heinrich Schleiden, 9. November 1881, Schl., S.25).

Diese Tragikauffassung Storms ist wegen der Allgemeinheit der verwendeten Begriffe ähnlich wie sein Naturverständnis verschieden ausgelegt worden. Vor allem die Kernaussage von der »*Unzulänglichkeit* des Menschenthums, sei dieß Feindliche in ihm selbst gelegen oder in einem außer ihm bestehenden Bruchtheil der Menschheit [...]« (An Erich Schmidt, September 1881, Sch., Bd.2, S.49) wurde z.B von Martini als das »Verhängnishafte, in das der Mensch gezwungen ist« (Martini, 4. Aufl. 1981, S.652) verrätselt, von Freund als Zusammenstoß der »subjektiven Glückserwartungen mit den objektiven Ordnungsvorstellungen« gedeutet (Freund, 1987, S.104) bzw. von Mullan – im Zusammenhang mit seiner Interpretation von *Aquis submersus* – ausführlich vor dem Hintergrund der Aristotelischen Poetik und deren *hamartia*-Begriff diskutiert:

»The important point to which I wish to draw attention is that, contrary to what critical opinion has assumed, Storm does *not* absolutely rule out the possibility of a *hamartia* in tragedy – for what is this ›hostile element‹ in the hero if it is not the equivalent of Aristotele's *hamartia*?« (Mullan, 1982, S.232).

Kreis hat jüngst den Versuch unternommen, das Tragische bei Storm zu erörtern »in wechselseitiger Erhellung zwischen der philosophischen Fragestellung, die im 19. Jahrhundert sich mit Schopenhauer als Ontologie zeigt, und der dichterisch-ästhetischen Konzeption, wie sie vorliegt, seit es die Form der Tragödie gibt« (Kreis, 1996, S.10). Wir können in seiner Dissertation jedoch keine Ergebnisse erkennen, die über den bisherigen Forschungsstand hinausgehen.

Sicher ist, daß Storms Schuldverständnis einhergeht mit einer Differenzierung seines Persönlichkeitskonzepts sowohl auf der Ebene der Sozial- wie der Individualpsychologie und daß ihm damit die Abhängigkeitsverhältnisse des einzelnen nicht mehr leicht durchschaubar wurden. Vor allem Segeberg hat zuletzt in seinem Aufsatz zur juristischen, moralischen und poetischen Gerechtigkeit in *Draußen im Heidedorf* und *Ein Doppelgänger* die Erkenntnisleistung Storms auf dem Gebiet der »innerpsychischen Binnenmentalität« (Segeberg, 1992, S.76) gewürdigt. Segeberg glaubt, daß die von Storm gemeinte »Unzulänglichkeit des Ganzen« gerade mit den differenziert dargestellten »sozialpsychologischen Zwangsmechanismen« identisch sei, an denen seine Helden deshalb tragisch scheitern, weil sie an ihnen teilhaben (Segeberg, 1992, S.77). In diesem Zusammenhang weist er die Ansicht zurück, Storm würde auch auf der Autorebene magische bzw. mythische Deutungen tragischen Lebensgeschicks zulassen. Diese Ansicht hatte u.a. Kunz (1973) in seiner Analyse von *Draußen im Heidedorf* vertreten und die magische Deutung als Storms »Gebundenheit an vorrationale Traditionen seiner Heimat« interpretiert (vgl. Kunz, 1973, S.26). Aberglauben, so postuliert dagegen Segeberg, sei

»wie auch sonst stets bei Storm – eine Form pseudologischer Erklärung, die überall dort in Geltung bleibt, wo eine logische Erklärung deshalb nicht greifen kann, weil sie die Einsicht in die Brüchigkeit einer Sozialordnung voraussetzt, gegen deren Gefährdung man gerade alle inneren affektiven Abwehrmechanismen aufbietet.« (Segeberg, 1992, S.76).

Als Einführung in die Schuld-Problematik ist sicher Jackson zu empfehlen, wenngleich der Autor die im Erzähltext in komplizierten Zusammenhängen erscheinenden Abhängigkeiten, in die Storm den einzelnen gestellt sieht, mehr additiv zusammenfaßt:

Storms »later novellas depict individuals groping their way toward enlightened ideas in the face of massive opposition. They have to contend with existing institutions, unenlightened ideologies and stifling socio-economic circumstances. In addition, they do not do it from some secure vantage point or armed with coherent categories and goals: they themselves have to haul themselves out of all kinds of ideological swamps and are in constant danger of sinking back into them. In addition, they have to contend with inherited physical disabilities, with illness and ageing. Storm rarely suggests that there is some final happy ending: any achievement is threatened by deterioration and change.« (Jackson, 1992, S.225f.).

Interessant wird Jacksons Erörterung von Storms Schuldkonzept vor allem vor dem Hintergrund des christlichen Schuld- und Sühneverständnisses, wie er es in seinem Aufsatz »Storms Stellung zum Christentum und zur christlichen Kirche« von 1989 vornimmt. Zwar ist dem Autor zuzustimmen, daß Storms Schuldverständnis das orthodoxe christliche Sündenbewußtsein ausschließt, welches die menschliche ›Natur‹ als böse begreift, und daß die starken Erlösungshoffnungen der leidenden Hauptfiguren in Storms Spätwerk noch immer feuerbachianisch weltimmanent an die »sorgende liebende Frau« gebunden sind und nicht an Gott, den »Heiland oder die Jungfrau« (Jackson, 1989, S.81). Doch ist in den Texten sowohl auf der Figuren- wie auf der Erzählerebene die auffallende und wachsende Bedeutung christlicher Mythologeme und Ikonographie gerade im Zusammenhang mit Schuld und Leiden ohne christliche Heilserwartung zu konstatieren. (Nicht von ungefähr tragen einige der wichtigen Novelleninterpretationen von Pastor die religiöse Begrifflichkeit bereits im Titel: »Heillose Ordnung« zu *Der Herr Etatsrat*, »Pietà und alter Adam« zu *Hans und Heinz Kirch*, »Der Heilsweg des Verdammten« zu *Ein Doppelgänger*). Storm benutzt zwar ähnlich wie in frühen Lyrik- und Prosatexten auch jetzt religiöse Bilder und Begriffe, um den nunmehr hochgeschätzten, aber weiterhin als weltimmanent apostrophierten menschlichen Eigenschaften wie die der sorgenden, liebenden Anteilnahme sakrale Würde zu verleihen, indem er sie z.B. mit dem biblischen Begriff der Gnade belegt. Oder, um mit Pastor zu sprechen: das »Ziel des Heilswegs zur irdischen Glückseligkeit« ist noch immer der »Sakralraum der bürgerlichen Familie« (Pastor, 1988, S.98; Frühwald (1985, S.15) spricht an dieser Stelle von einer »Psychologisierung biblischer und mythischer Erzählmuster«). Darüber hinaus ist jedoch zu vermuten, daß die metaphysische Dimension gerade des christlichen Schuldverständnisses in den dem Immanenzdenken verpflichteten Storm-Texten u.a. auf eine Schulderfahrung verweist, die das zeitgenössische und von Storm durchaus in die Texte integrierte Wissen über Abhängigkeiten des einzelnen von ererbten Anlagen etwa, von verinnerlichten Normen und Werten, von rückständigen gesellschaftlichen Institutionen etc. generell überschreitet (Ähnliches wurde bereits im Zusammenhang mit Storms Märchendichtung angemerkt, vgl. Kap. II. 2.4.). Storm nimmt offenbar auch die Abhängigkeit des Menschen von einer individual- und z.T. auch gattungsgeschichtlichen Vorzeit wahr, die die sozialpsychologisch motivierten Konflikte der erzählten Gegenwart noch überlagert und die von ihm z.B. mittels biblischer Begriffe und Bilder in ihrer Bedeutung der alttestamentarischen Determiniertheit des Menschen durch eine Urschuld gleichgesetzt wird. Besonders Marianne Wünsch hat in jüngster Zeit auf die gerade in späten Texten zu bemerkende latente Bedeutungsebene des Unbewußten und Okkulten aufmerksam gemacht und an der Novelle *Schweigen* z.B. gezeigt, wie »bislang vom Realismus ausgeklammerte Psychologie des Subjekts mit einem Personenkonzept eingeführt« wird, das sonst erst in der Frühen Moderne auftritt (Wünsch, 1992, S.18; die Novelle bleibe jedoch eine realistische, weil, so Wünsch, die latente psychologisierende Bedeutungsebene von der manifesten moralisierenden überlagert werde). In eine vergleichbare Richtung weist auch Terpstra (1983) mit seiner Interpretation von *Ein Bekenntnis*, wobei dieser Autor – legitimiert durch Storms starke Bindung an Volksmärchen und Kunstmärchen – für die Erkundung der irrationalen Tiefenstruktur dieser Novelle die C. G. Jungsche Archetypenlehre zugrunde legt. (Für den von Terpstra gesuchten Zugang zum persönlichen Mythos im Sinne Charles Maurons, also zu der toposhaften symbolischen Verbindung bestimmter Motive bei Storm, ist die Analyse eines Einzeltextes, wie der Autor auch weiß, wenig geeignet; dazu müßte im Prinzip der gesamte Textkorpus analysiert werden, vgl. dazu besser Roebling, 1983, besonders S.106ff.).

Vor allem das dichotomische Verhälnis von Natur und Kultur – als Thema durch den Darwinismusdiskurs der Zeit, besonders wohl durch Tönnies' Zivilisationsverständnis neu belebt und in Storm-Texten häufig an Figuren mit dualistischer Persönlichkeitsstruktur erkennbar – gestaltet sich durch diese Rückbindungen an das Unbewußte komplizierter und allein durch analytische Aufklärungsarbeit des textimmanenten Erzählers in seiner Komplexität nicht ausdeutbar. Mit dem Zugriff auf die conditio humana über biblische, antike und germanische Mythologeme eröffnet der Autor zusätzliche Einsichten – vor allem in Bedingungen von Kulturleistungen –, die ihm in den frühen Novellen nicht zur Verfügung standen. Solche Textzeichen wie der visionäre Traum in *Ein Bekenntnis* und in *Hans und Heinz Kirch*, wie das Unheil bringende Bild der Ahnfrau in *Aquis submersus* und das gespenstische Pferd im *Schimmelreiter* tragen wesentlich zur Faszination der besten Storm-Novellen bei und sind in keinem Fall nur probate Mittel zur Charakteristik eines als historisch zu bewertenden bzw. zu überwindenden animistischen Figuren-Bewußtseins. Nur über textnahe Analysen der einzelnen Novellen selbst, die in vielen Fällen noch ausstehen, wird Aufschluß darüber zu gewinnen sein, wie Storm diese Zeichen im realistischen Text funktionalisiert und welches Schuldverständnis er letztlich damit umsetzt.

2.5.3. Von *In St. Jürgen* (1868) bis *Im Nachbarhause links* (1875)
Die Aufmerksamkeit der Forschung konzentriert sich auf nur wenige Texte dieses Zeitraums, auf *Eine Malerarbeit*, *Draußen im Heidedorf*, *Viola tricolor*, *Pole Poppenspäler* etwa, wobei auch nur einzelne Interpretationen über den häufig vorherrschenden deskriptiven Charakter hinausgehen. Ein Desiderat der Forschung bildet noch immer die künstlerische Krise Storms Ende der 60er Jahre (vgl. Kap. I.6.3.). Unklar für die Entwicklung des Erzählers ist nach wie vor die Rolle der autobiograpisch-fiktiven bzw. kulturhistorischen Skizzen, die Storm neben Novellen und Gedichten unter dem Titel *Zerstreute Kapitel* zusammenfaßte. Am informativsten dazu ist noch immer der Kommentar Lohmeiers im 4. Band der *Sämtlichen Werke* (vgl. LL, Bd.4, S.658 ff.); er spricht von einem letztlich mißlungenen Experiment mit einer offenen Form der Erzählprosa in Anlehnung an Heines *Reisebilder*. Lohmeier ordnet unter der Überschrift *Zerstreute Kapitel* in Abweichung zu Storms Zusammenstellungen in Zeitschriftendruck und Buchausgaben die folgenden Stücke mit im engeren Sinne kulturhistorischem bzw. autobiographischem Charakter: *Der Amtschirurgus – Heimkehr* (E: WM, Februar 1871); *Lena Wies* (E: »Deutsche Jugend«, 1, 1873); *Von heut' und ehedem* (E: WM, Oktober und November 1873); *Zwei Kuchenesser der alten Zeit* (E: WM, Oktober 1871); *Von Kindern und Katzen, und wie sie Nine begruben* (E: »Deutsche Jugend«, 9, 1877); *Wie den alten Husumern der Teufel und der Henker zu schaffen gemacht* (E: WM, Februar 1872). Nur Kuchenbuch (1969) widmet der ursprünglich in diesen Zyklus eingeordneten Novelle *Eine Halligfahrt* (E: WM, Oktober 1871) eine ausführliche Untersuchung. Überdenkenswert sind noch heute seine Hinweise zu Eigenheiten der Erzählung, die ihren Realismus betreffen:

»Als besonderer Kunstgriff hatte sich hier die Doppelbödigkeit der Gestaltung erwiesen, die einerseits ein in gewissen Grenzen realitätsgetreues Abbild der Wirklichkeit entwirft, andererseits aber diese Wirklichkeit nach einer archetypischen Folie prägt, die dem Geschehen dann und wann einen mythischen Aspekt verleiht und der Illusion eines metaphysischen Welthintergrundes entgegenkommt [Kuchenbuch hatte Symbole im Text registriert, die auf einen phylogenetischen Prozeß, den Untergang des Natur- zugunsten des Kulturzustandes der Menschheit, verweisen, R.F.].« (Kuchenbuch, 1969, S.187).

Den eigentlichen künstlerischen Neuansatz konstatiert die Forschung aber nicht zu unrecht mit der Novelle *Draußen im Heidedorf* (E: »Der Salon für Literatur, Kunst und Wissenschaft«, Bd.10, H. 2, 1872), die Storm zunächst auch im Separatdruck seiner *Zerstreuten Kapitel* 1873 bei Paetel in Berlin erscheinen ließ. Das Neue und Überraschende an diesem Text lag zunächst im Stoff. Storm entnahm ihn seiner eigenen richterlichen Praxis (vgl. LL, Bd.2, S.806-808), und das erste Mal wählte er für eine Liebestragödie zum Handlungsort nicht bürgerliche bzw. kleinbürgerliche Kreise, sondern eine Dorfgemeinschaft. Der Bauer Hinrich Fehse, hier der unglücklich Liebende, ist deshalb mit einer von den üblichen männlichen Hauptfiguren Storms abweichenden Individualpsychologie ausgestattet. Vor allem fällt seine unbezwingbar selbstzerstörerische, die bäuerliche Ordnung gefährdende Triebnatur auf. Diese sowie die Darstellung der Sozialpsychologie der Vertreter der Dorfgemeinde, an deren herrschender Moral das Paar letztlich gleichfalls scheitert, machen die Differenzierung von Storms Persönlichkeitskonzept deutlich. Zu letzterem gehören jedoch immer auch Invarianten, die z.B. an der Figur der Margret Glansky erkennbar sind: Die Sage vom weißen Alp, die der Erzähler beim Anblick Margrets assoziiert, steigert das sich in ihr verkörpernde narzißtische Syndrom ins Dämonische und setzt zugleich das Ausbeutungs- und Vernichtungspoetential sehr gut ins Bild, das dem schönen, aber zur hingebenden Liebe unfähigen Mädchen innewohnt. Ähnlich strukturiert Storm später eine ganze Reihe von ›unbarmherzigen‹ Frauen, die Juliane in *Carsten Curator* etwa oder Madame Sievert Jansen in *Im Nachbarhause links*, die den Satz prägt: »ein schönes Weib ist doch auch nur ein schönes Raubtier« (LL, Bd.2, S.360). Interessant war an *Draußen im Heidedorf* bisher jedoch vor allem, daß hier das Schicksal des Menschen primär aus seiner Triebnatur und aus seinem Milieu heraus entwickelt wurde und daß damit der Text den Prosawerken der Naturalisten naherückte (vgl. ebd., S.811). Der künstlerische Rang der Novelle leitet sich u.a. aus seiner raffinierten Erzähltechnik her, die Kunz (1973) und jüngst vor allem Pastor (1995) würdigen.

Die noch vor der Schaffenskrise (vgl. Kap. I.6.3.) entstandene Novelle *In St. Jürgen* dagegen (E: »Deutsches Künstler-Album«, Bd.2 [1868]), von Storm als erste Novelle nach Constanzes Tod geschrieben, gilt in der Forschung noch immer als »Rückfall in jene Resignationspoesie, die Storm in Heiligenstadt überwunden« habe (GW, Bd.1, S.77). Die Herausgeber der Säkularausgabe ordnen sie dem Frühwerk zu und konstatieren erst mit der fast zeitgleich entstandenen Novelle *Eine Malerarbeit* (E: WM, Oktober 1867) einen

Entwicklungsschub des Novellisten. Schilling (1995) und Jackson (1992) allerdings haben *In St. Jürgen* wieder stärker in ein angenommenes Kontinuum erzählerischer Entwicklung Storms eingeordnet. Schilling gelingt das, indem er Erinnerung im Kontext feuerbachschen Denkens als Medium erörtert, das dem begrenzten Dasein überindividuelle Dauer verschafft (vgl. dazu auch Kap. II. 2.1.2). Nicht die Entsagung des Glücksanspruchs durch die Helden Agnes und Harre sei hier das Thema, sondern das »im Zeichen gesellschaftlicher Solidarität vollbrachte Opfer individuellen Glücks«, das zudem durch die Erinnerung im kollektiven Gedächtnis bewahrt sei (Schilling, 1995, S.44).

Eine Malerarbeit (E: WM, Oktober 1867) wurde von Laage noch 1985 in seiner die Arbeitsweise Storms gut dokumentierenden Studie zur Entstehungsgeschichte der Novelle als »Stiefkind der Forschung« bezeichnet (Laage, 1985, S.20). In den älteren Abhandlungen (Stuckert 1955, S.297-300, Goldammer, GW, Bd.1, S.77f., Böttger [1959], S.251-255 sind zu nennen) besaß sie immer einen besonderen Stellenwert, schien sie doch für den Autor ähnliche selbsttherapeutische Zwecke zu erfüllen wie die Gemälde des Malers Edde Brunken in dessen lebensweltlicher und künstlerischer Krise.

Eine Malerarbeit fordert die Interpreten dazu heraus, anhand der Gemälde die darin möglicherweise präsentierten Kunstkonzeptionen und anhand der Liebestragödie des Malers den Zusammenhang von »Eros/Sexus und künstlerischem Schöpfertum« zu erörtern (Blamberger, 1991, S.167). Jedoch sollte nicht aus dem Blick geraten, daß Storm mit dem Schicksal des behinderten Malers Edde Brunken nicht die Entwicklung eines Begabten hin zu einem unbezweifelten Künstlertum beschreibt. Brunkens Resignation vor der Liebeserfüllung ist nicht Voraussetzung für seine Kunst, sondern für seine Lebenskunst, die am Ende darin besteht, Kunstlehrer zu sein und Haupt einer Art Ersatzfamilie.

In seiner höchst lesenswerten, konzisen und textnahen Deutung der Novelle geht Blamberger (1991) im Kapitel »Liebesgöttin und Vatergott: Storms Beschreibungsfigur künstlerischen Schöpfertums« ausführlich auf die Schlüsselszene ein, in der Brunken, tief verletzt durch die Zurückweisung der schönen Gertrud, bereit ist, den Tod in einer Trinkgrube zu suchen: Als Ergebnis von Brunkens nächtlichem »Katharsiserlebnis« (Blamberger, 1991, S.165) konstatiert Blamberger ganz richtig die »Aufgabe der realen Triebwünsche« (ebd., S.166). Diese »Aufgabe« aber als »Sublimationskonzept« (ebd.) zu deuten, das zugleich Brunkens neuer Kunstauffassung entspreche, wird dem Text nicht gerecht. Brunken erlebt als seine »Wiedergeburt« den Rückzug der Libido auf das Ich, erlangt damit »die erhoffte Ichstabilität« (ebd.) und Kraft für die Bewältigung der Realitätsanforderungen. Für seine Kunst dagegen gewinnt er im Prinzip nichts, denn Sublimation bedeutet ja hier nicht Aufgabe, sondern Umlenkung der Triebwünsche auf ein anderes ›Objekt‹, das der Kunst nämlich. Diesen Vorgang erzählt der Text aber nicht. Brunken bleibt als Künstler Dilettant gerade weil er offenbar zum Lebenskünstler reift. Seine beiden Gemälde spiegeln ›nur‹ diesen menschlichen Reifeprozeß, ihr artifizieller Rang bleibt davon völlig unberührt: Deutete Brunken sein erstes Selbstporträt, das von der »Bitterkeit des Ausgeschlossenseins von allem erotischen Glück« (Böttger [1959], S.253) zeugte, als »eitel nichtswürdige Abschrift der Natur« (LL, Bd.2, S.13), so erscheint das zweite Bild, das das Liebespaar zu Füßen der Venusstatue abbildet und den Maler »in heiterer Behaglichkeit« (ebd., S.38) auf dem Altersbänkchen im Hintergrund, wenn man so will, nur als eitel nichtswürdige Abschrift der Kultur. Die Voraussetzungen wirklicher schöpferischer Kreativität werden an der Brunken-Figur nicht erörtert. Dies stellt das Problem all jener Interpreten dar, die in *Eine Malerarbeit* das Kunstproblem zu diskutieren wünschen, wie auch Zimorski (1988). Um die möglicherweise in den beiden Gemälden ablesbaren Kunstkonzepte zu erfassen, die zudem auf der Autorebene als Literaturverständnisse zu deuten wären, überfrachtet Zimorski seinen Kommentar erheblich durch assoziationsreiche Heranziehungen diversen Bildungsgutes von der Antike bis zur Neuzeit und überfordert damit auch den Novellentext. (Anregend sind dagegen seine Ausführungen zu der kunst- wie literaturgeschichtlich so bedeutsamen Venusstatue, vgl. Zimorski, 1988, S.30f.) Als Ergebnis seiner Analysen präsentiert Zimorski am Ende ein Realismuskonzept, das er in Ansätzen sowohl im zweiten Portät des Malers (vgl. ebd. S.34) als auch letztlich bei dem Autor Storm selbst vorfindet:

»[...] insofern es sich bei dieser Erzählung um eine Künstlernovelle handelt, wird als zentrale Aufgabe künstlerischen Engagements ein Abbild des Konflikts [bestehend aus der vorgefundenen Diskrepanz zwischen empirischer Wirklichkeit und dem angestrebten Ziel der Verständigung und Versöhnung, R.F.] und zugleich ein Mahnbild der Erziehung zum individuellen und überindividuellen Frieden durch Verständigung und Versöhnung dargestellt.« (Zimorski, 1988, S.40).

In *Eine Malerarbeit* zentriert Storm die Handlung erstmalig so deutlich um Kunstwerke und verlagert damit ein Motiv, das in früheren Texten eher peripher auftaucht, (vgl. die Bedeutung der Bilder in *Im Sonnenschein* oder in *Im Schloß*) ins Zentrum seiner Texte. In *Viola tricolor*, *Im Nachbarhause links*, *Aquis submersus*, *Carsten Curator*, *Ee-*

kenhof, *Ein Bekenntnis*, im weiteren Sinne natürlich auch in den eigentlichen Künstlernovellen *Pole Poppenspäler* und *Psyche* erzählt Storm immer wieder auch von der Macht und Ohnmacht der Bilder über den Lebensprozeß und umgekehrt.

Dysart (1992) hat ausführlich die Rolle der Gemälde in Storms Prosa beschrieben und neben inhaltlichen und eher erzähltechnischen Gesichtspunkten auch einen wichtigen symbolischen Aspekt hervorgehoben (vgl. dazu auch die Wertung durch Nuber, 1993, S.232f.): Er unterstreicht, daß der Text die Gemälde u.a. so funktionalisiert, daß sie Vergangenes nicht nur konservieren, sondern gleichsam noch einmal ›beleben‹: »Storm seems to have found, in the medium of painting, a means of overcoming the transience against which he struggled.« (Dysart, 1992, S.151); zugleich sei jedoch immer wieder das Versagen dieser den Gemälden intendierten Funktion zu bemerken. Dysart trifft damit auf die sich jetzt offenbar im Bild-Motiv konzentrierenden poetologischen Probleme Storms, von denen er allerdings mit dem ›Kampf gegen das Vergessenwerden‹ nur einen Aspekt erfaßt. Von seiner Studie kann aber unmittelbar auf den Aufsatz von Webber (1989), die Interpretationen der Novellen *Viola tricolor* und *Aquis submersus* durch Downing (1991) bzw. Holub (1985), Bronfen (1990), Pizer (1992) und Nuber (1993) verwiesen werden bzw. auf die Deutung von *Psyche* als kunstprogrammatischer Text durch Freund (1988). Die genannten Aufsätze erhellen u.a., daß sich teximmanent um die Bilder-Problematik in den Novellen ein Kunst-, genauer gesagt ein Realismusdiskurs entfaltet. Die Gemälde repräsentieren im Text vorrangig das Kunstwerk und seine Funktionen im Lebensprozeß. In dieser Eigenschaft aber, so ist hervorzuheben, enthalten sie u.a. auch bewußte und unbewußte Erinnerungen an eine individuell bzw. kollektiv erfahrene Vergangenheit oder Vorzeit; sie stellen innerhalb der erzählten Erinnerung der Binnennovelle noch einmal stilisierte Erinnerungen dar, deren Wirkungen in die Gegenwart hinein höchst ambivalent erfahren werden als das ›unheimliche Leben‹ der toten Bilder (Webber, 1989, hat u.E. als erster auf dieses ungemein virulente, von ihm als romantisches Motiv gedeutete Phänomen in einer Vielzahl von Storm-Novellen aufmerksam gemacht; vor allem die Vergleiche mit Texten E.T.A. Hoffmanns wirken in diesem Zusammenhang sehr erhellend, vgl. Webber, 1989, besonders S.866ff.). Die jüngsten Forschungsergebnisse unterstreichen, daß dieser von Storm mit dem Bilder-Komplex geschaffenen Ebene textimmanenter Reflexionsmöglichkeiten eine vergleichbare Bedeutung für die Entwicklung seiner Erzählkunst zukommt wie der Ausdifferenzierung seines Persönlichkeitskonzepts.

Viola tricolor (E: WM, März 1874) ist eine Novelle, die einen sehr intimen, unmittelbar autobiographischen Charakter tragenden Stoff zur Vorlage hat: Die spannungsreichen Beziehungen einer zweiten Frau zu ihrem Mann und ihrem Stiefkind, die beide in für sie fast verhängnisvoller Weise in den Erinnerungen an die verstorbene Frau und Mutter leben. Das Porträt der ersten Frau, von Mann und Tochter wie ein Heiligenbild verehrt, macht deutlich, wie stark für Storm Erinnerungsbild und Kunstbild in eins zusammenfallen, wie die Erinnerungsmanie (die auch Teil der künstlerischen Kreativität ist) die lebendige Beziehung zu einem Menschen bzw. den geliebten Menschen selbst zu zerstören droht. Ines folgt Rudolphs unbewußten Übertragungen seines Frauenideals auf sie und versucht, die Identität seiner ersten Frau Maria anzunehmen. Deren angebetete innere und äußere Schönheit im lebendigen Bild, so erweist es der Text, hatte sich aber erst in dem nach ihrem Tod gemalten Porträt vollendet. Indem Ines den Weg Marias zu wiederholen wünscht, strebt sie nach einer ›Vollkommenheit‹, die Selbstverlust und somit Tod bedeutet. Dieses ambivalente Begehren wird gleichsam fokussiert in der angstbesetzten Sehnsucht Ines', selbst Mutter zu werden. Die Überwindung der tödlichen Bedrohung erfolgt dadurch, daß Ines sich in der eigenen Mutterschaft ihrer Authentizität bewußt wird und Rudolph sich am Ende zum ›Original‹ bekennt, indem er – Höhepunkt des Textes nach der Krise – immer wieder ihren Namen ausruft. Am Ende siegt das Realitätsprinzip über das narzißtische Distanzierungsverfahren, dem der Wiederholungszwang inhärent ist. Die ausgezeichnete, textnahe Analyse von Downing (1991), der diesen Grundgedanken der Novelle im Prinzip erstmals in seiner ganzen virtuosen Durchführung freilegt, hat zudem gezeigt, wie das Kernproblem, »das lebendige Porträt, das die Erzählwelt zu überwältigen droht« (Downing, 1991, S.265) den ganzen Text strukturiert. Sämtliche Motive und Zeichen – der Garten der Vergangenheit, Ines' kindliche Liebe zum Marienbild mit dem Christusknaben, das Spiel mit den Namen und Identitäten der weiblichen Figuren, um nur einiges zu nennen – sind funktionalisiert und durch Vor- und Rückverweise miteinander vernetzt. Der Autor beweist in seiner Analyse vor allem die Fähigkeit Storms, hochkomplexe zwischenmenschliche Beziehungsstrukturen, die auf innerpsychischen Realitäten beruhen, in seinen szenisch-bildlichen Darstellungen ausdrücken zu können, und erhellt damit auch den spezifischen Realismus dieser Texte (vgl. dazu auch Bronfen, 1990, und Nuber, 1993, Kap. II.2.5.4. Darüber hinaus ist auf eine Fülle von Beobachtungen Downings hinzuweisen, die auch für andere Storm-Texte verallgemeinerbar sind bzw. neue Fragestellungen aufwerfen: Interessant z.B. ist u.a. sein Hinweis auf die Annäherung der Identitäten von Ines und Nesi, was er auf das unbewußte inzestuöse Begehren Rudolphs zurückführt, die erste Frau letztlich mit einem Substitut der eigenen Tochter zu ersetzen, vgl. Downing, 1991, S.295ff.). Downing, der dem strukturalistischen Literaturverständnis Roman Jacobsons folgt, wertet den beschriebenen Zusammenhang von Bild/Erinnerungsbild und Lebensprozeß grundsätzlich als eine literarische Konvention, die auf der Figurenebene einer ›romantischen‹ Psychologie zugehört, auf der Ebene Autor-Text einem literaturgeschichtlichen ›romantischen‹ Code. Auf beiden Ebenen herrsche ein Wiederholungszwang vor, gegen den angekämpft wird. Den Kampf gegen die Wiederholung der ›romantischen Konvention‹ sowohl in der Figurenpsyche als auch auf der Ebene des literarischen Topos versteht Downing mit Jacobson generell als realistischen Impuls:

»It suggests that realism is not something given, but rather something that only gradually emerges, or strives to emerge, in the struggle against the given; something that does not, and cannot, exist at the beginning of the narrative, and which might, even must, exist at the end as only another literary, conventional world. But that might not be the point; the effort is, the desire to realize and release difference.« (Downing, 1991, S.269)

Das Verhältnis von Kunst und bürgerlichem Leben erörtert in noch direkterer Weise die für eine Jugendzeitschrift verfaßte Novelle *Pole Poppenspäler* (E: »Deutsche Jugend«, Bd.4, 1874). Einen Überblick über die Rezeption dieses Textes sowie einen Exkurs zum Marionettentheater und zu seiner wichtigsten Figur, dem Kasper, gibt Vinçon, 1988, S.68-72 bzw. 55-58. Auch er versucht, das Kunstproblem in der Novelle zu erfassen und bemüht sich um einen Zusammenhang zwischen der »christlich-moralische[n] Erbauung der Puppenspiele« (Vinçon, 1988, S.61), der Erinnerung Paulsens an die Kindheit und seinem eigenen Realismuskonzept:

»Die Idylle der Jugendgeschichte will keine Verklärung einer guten alten Zeit sein. Als poetische Idylle sucht sie einen Anspruch des poetischen Realismus einzulösen, geschichtlich Untergegangenes und geschichtlich Untergehendes augenblicklich poetisch festzuhalten und auf diese Weise zu – retten.« (Vinçon, 1988, S.61).

Differenzierter erörtert Freund (1987) die Faszination des jungen Paul Paulsen, des späteren Drechslermeisters, durch die Kunstwelt des Marionettentheaters. Ähnlich wie Downing das Motiv von der toten Geliebten als Muse einem romantischen Motivarsenal zuordnet, interpretiert auch Freund das Puppenspiel als romantische

Kunstform, die bereits zum Zeitpunkt der Kindheit des Haupthelden anachronistisch zu werden droht. Von diesem Ansatz her deutet er die Faszination durch die bewegten Puppen, die dem kleinen Paul beim Blick hinter die Bühne allerdings »im Mondlicht wie Verstorbene« vorkommen, als bedrohlich im Sinne einer zu überwindenden romantischen »unverbindliche[n] Phantasieorientierung«, der auch selbstzerstörerische Aspekte innewohnen (Freund, 1987, S.84 u. 85; ähnlich argumentiert Webber, 1989, S.862f.). Der hier eröffnete Gegensatz zwischen Romantik und Realismus, der Kunst-, Mentalitäts- und Politgeschichte betreffen soll, führt zu folgendem Resümee Freunds:

> »Hier liegt die entwicklungspsychologisch dargestellte, aber bewußtseinsgeschichtlich für das Bürgertum der Zeit allgemein gültige Intention der Novelle begründet, luftige Phantasiegebilde und mit ihnen zugleich die unzeitgemäßen Kunstformen zugunsten von mehr Lebenspraxis und einer realistischen Kunst zu überwinden.« (Freund, 1987, S.86).

Die Novelle *Psyche* (E: DR, Oktober 1875), in der ein Bildhauer und dessen Initiationserlebnis für die Skulptur einer Psyche im Mittelpunkt steht, deutet Freund dezidiert als programmatische Kunstäußerung und spezielle Aussage Storms zum Realismus. Die Novelle, in der Forschung wenig beachtet, gehört zu den ausgesprochen schwachen Texten Storms. Freund hat dies klar herausgestellt, indem er u.a. auf die schemenhaften Atelierszenen und die substanzlose Figur des Künstlers verweist. Allerdings offenbart sich Storm in den antiken mythologischen Gestalten von Psyche und Poseidon ein Rätsel des immer wieder erzählerisch umkreisten kreativen Akts im elementaren Verhältnis von Stoff und Form. Freund hat dieses von Storm in der Beziehung von Maria und dem Künstler Franz dargestellte Verhältnis wie folgt interpretiert:

> »Psyche ist nach der von Bachofen vermittelten mythischen Deutung des weiblichen [sic!] die fruchtbare Erde, der Mutterschoß alles Lebendigen. Sie ist der Stoff der Schöpfung, das Medium, in dem sich das Schöpferische mitteilt. Zu ihr entbrennt der Schöpfer in Liebe, um sich in der Vereinigung mit ihr Gestalt, ihr aber Dauer zu geben.« (Freund, 1988, S.121).

2.5.4. Aquis submersus (1876)

Den künstlerischen Höhepunkt der Novellistik der 70er Jahre stellt unbestritten die Novelle *Aquis submersus* (E: DR, Oktober 1876) dar. Ihre herausragende Bedeutung erlangt sie u.a. dadurch, daß Storm hier ähnlich wie in der letzten vollendeten Novelle, dem *Schimmelreiter*, erzählend seine wichtigsten Motiv-Konstanten in ihren kausalen Kohärenzen darstellt. In einer Entwicklungsphase des Novellisten, wo das ›Verlorengehen‹ der Nachkommen die Frage nach einer Schuld der Eltern auslöst, taucht in einem Storm-Text erstmalig das Rätsel des dem Konnex von narzißtischer Objektliebe und Kunstleistung zugrunde liegenden Prinzips auf, dessen Lösung Storm u.a. im ›Familienroman‹ sucht. Dieser Familienroman reicht stets bis in die Gegenwart eines Ich-Erzählers, der sich zumeist unwillkürlich herausgefordert fühlt, die Lebenszusammenhänge ihm fremder, längst verstorbener Menschen zu erkunden, deren Schicksal aber mit seinem Leben in geheimnisvollem Zusammenhang steht: Ein »unwiderstehliches Mitleid« (LL, Bd.2, S.381) ergreift den Erzähler in der Rahmenkonstruktion der Novelle beim Anblick des Bildnisses des toten Knaben mit der weißen Wasserlilie in der Hand und den roten Buchstaben C. P. A. S. Eine unbewußte Identifikation dieses Rahmen-Erzählers mit dem unschuldigen Leid des Knaben ist damit signalisiert, das offenbar auch sein Leid darstellen könnte. In *Aquis submersus* wird am Anfang der zu betrachtenden Generationenreihe, an dessen Ende der Sohn des Hauptheiden im Wasser versinkt und nur Gemälde und ein Manuskript die Zeiten überdauern, das Bild der Ahnfrau entdeckt. Es stellt eine Mutter dar mit hartem Antlitz und kalten stechenden Augen, die auf der Figurenebene als Fluch der Familie irrationalisiert wird. Unter ihrem Bild – und die Prägnanz der Textaussage ist hier kaum zu überbieten, wenn man dieses Gemälde als Erinnerungsbild an eine narzißtisch gestörte Mutterbeziehung identifiziert – entsteht Johannes' bestes Werk und entfaltet sich zeitgleich die tragische Leidenschaft zur porträtierten Frau, die ihm aufgrund der objektiv gegebenen Standesschranke grundsätzlich entzogen ist. Im Zeichen einer unheilvollen, erbarmungslosen mütterlichen Kälte, unter der Johannes und Katharina noch Generationen später erschauern, steht eine Liebe, die nicht erfüll- und lebbar ist, denn der unter diesen »stechend grauen Augen« Geborene (LL, Bd.2, S.407) wird immer die unnahbare Frau/den unnahbaren Mann begehren. In dieser Eigenschaft wird das Begehren aber sowohl zur Voraussetzung eines lebendigen »sinnberückend[en] Bild[es]«, wie es der Maler »nie zuvor und nie nachher« gemalt hat (ebd., S.406), als auch zu einer Ursache dafür, daß diesen Eltern ihr Kind ›verloren geht‹, es einem Stiefvater überantwortet wird, einem orthodoxen Protestanten hier, der eine Madonnenskulptur aus der Kirche entfernen läßt. *Aquis submersus* beschreibt somit eine Welt, die darunter leidet, daß in ihr die Marienstatue in Trümmer gegangen ist. An dem Verlust der erbarmenden mütterlichen Liebe – ein Topos vieler später Storm-Novellen –, die im Text als nicht rationalisierbare Urschuld erscheint, leiden Katharina und Johannes, das mutterlos und geschwisterähnlich aufgewachsene Paar, und doch müssen sie gegenüber der nächsten Generation selbst unschuldig schuldig werden. Johannes, der bezeichnenderweise sein Kind das erste Mal als Leichnam umarmt, blickt aus den toten Augen seines Jungen die Ahnfrau an. Eindrucksvoll verwirklicht sich ihr ›Fluch‹ auch im Bruder Katharinas, der in Johannes' Sicht der unmittelbare Nachkomme jener ›Ahnfrau‹ sein muß. Da er als Aristokrat des 17. Jahrhunderts zur herrschenden sozialen Schicht gehört, gewinnt der in ihm verkörperte Narzißmus, der in Wulfs Größenphantasie seine ganze destruktive Komponente entfaltet, auch Macht im gesellschaftlichen Kontext: Junker Wulf benutzt im Grunde das Ständeprivileg, indem er es selbstherrlich vertritt, um seine innerpsychische Realität zu entäußern. Erst damit wird die Standesschranke zur »feindliche[n] Gewalt«, die Katharina und Johannes einerseits trennt und andererseits zugleich, wie bereits Storm in einer Tagebuchnotiz bemerkte, »einander fast blindlings in die Arme wirft« (LL, Bd.4, S.525). Erlösungshoffnungen verkörpern sich dagegen in Johannes' die Zeiten überdauerndem Bild, das auch der Ich-Erzähler des Rahmens noch betrachten kann und das eine Realität zeigt, die so allerdings nie erfahren wurde: Ikonographisch der Maria mit dem Christuskinde nachgebildet, wird in ihm der gute Vater Katharinas, Gerhardus, porträtiert, dessen Adoptivsohn auch Johannes war und der bereits starb, bevor die Erzählzeit einsetzt. Ihm legt der Maler sein totes Kind in den Arm.

Die Novelle Aquis submersus gehört neben *Immensee* und *Der Schimmelreiter* zu den von der Storm-Forschung am meisten gewürdigten Texten. Den künstlerischen Rang erkannten bereits die Freunde und Zeitgenossen Storms (zu den wichtigen Urteilen von Heyse, Schmidt, Kuh, Jensen, vgl. GW, Bd.2, S.776-779), er hat sich aber auch in einigen ausgezeichneten neueren Interpretationen erwiesen (vgl. u.a. G. Kaiser, 1979 und Bronfen, 1990).

In den älteren Arbeiten wurde vorrangig die Schuldfrage in diesem Text erörtert, hatte sich doch Storm gerade dazu in seinem Tagebuch *Was der Tag gibt* direkt geäußert. Er weist dort klar darauf hin, daß er keinesfalls in der

> »freilich die bestehende Sitte außer Acht lassenden, Hingebung des Paares« die Schuld in dieser Novelle sehen wollte, sondern in dem »Übermut jenes Bruchteils der Gesellschaft, welcher, ohne Verdienst auf die irgendwie von den Vorfahren eroberte Ausnahmestellung pochend <,> sich besseren Blutes dünkt, und so das menschlich Schöne und Berechtigte mit der ererbten Gewalt zu Boden tritt.« (LL, Bd.4, S.525).

An diese Aussagen anknüpfend akzentuieren vor allem Böttger [1959], S.302ff., Goldammer, GW, Bd.1, S.86f., Jackson (1972), Bollenbeck 1991, S.323 und Laage, 6. erw. u. überarb. Aufl. 1993, S.63 die Gesellschafts- und Ideologiekritik des Autors. Dies in Abgrenzung vor allem zu Stuckert und Martini, welche den Text als »Ausdruck von Storms Schicksalsgefühl« (Stuckert, 1955, S.332) verstanden bzw. zum »Sinnbild [...] der Verfallenheit ans Verhängnishafte« stilisierten (Martini, 4.Aufl. 1981, S.653). Der »Kampf zweier Liebender gegen das feudale Gesellschaftssystem« bzw. gegen »die ideologische Macht, die die Kirche auf die Gemüter ausübt« (Jackson, 1972, S.52) steht dagegen hier im Zentrum der Argumentation. Bei Jackson erweist diese am Ende eine vom gängigen liberalen Fortschrittsoptimismus der Zeit abweichende intellektuelle Anschauung Storms:

> »Seine intellektuellen Anschauungen bewahrten ihn davor, an eine liberale Theodizee zu glauben, die die Geschichte als notwendigen, metaphysisch angelegten Prozeß ansieht. Er neigte eher dazu, die Geschichte darwinistisch als Machtkampf zu betrachten. Zwar sollte die Macht des Gedankens die feudalen Überreste und deren Ideologieträger überwinden, aber nur indem eine geistige Selbstbefreiung der mittlern und unteren Klassen von ihrer Autoritätsgläubigkeit einen langen, erbitterten Kampf um liberal-demokratische Einrichtungen ermöglichte [...].« (Jackson, 1972, S.55).

W.A. Coupe polemisiert zwar bereits 1975 gegen Jackson, der die Schuld am Leid der Hauptlhelden allein den gesellschaftlichen Verhältnissen, im besonderen hier der institutionalisierten christlichen Sündenlehre anlastet. Coupes Argumentation bleibt jedoch im wesentlichen darauf beschränkt, eine Antithese zu Jacksons Auffassung von Storms feuerbachianischer Weltanschauung zu formulieren, indem er im Novellentext u.a. Belege für Storms vermeintliche Sehnsucht nach einer »›wahren‹ Religion« findet und Storms Vergänglichkeitsempfinden geistesgeschichtlich wieder dem christlichen Barockzeitalter naherückt (vgl. Coupe, 1975, besonders S.60ff.).

Noch Freund akzentuiert in seiner Interpretation von 1987 vor allem das gesellschaftskritische Potential dieses Textes, wenn er davon spricht, daß diese Chroniknovelle die »fortdauernde Gefährdung« einer von ihm im Zeitlosen verorteten »klassische[n] Humanitätsidee« darstelle, die sowohl in den Glaubenskämpfen des 17. Jahrhunderts als auch in den Napoleonischen Kriegen bzw. während der preußischen Reaktion erstickt worden sei (Freund, 1987, S.103).

Mullan stellt in der Figur des Johannes eine letztlich zerstörerisch wirkende Selbstüberhebung fest, die von dem gläubigen Maler selbst am Ende als seine Sünde begriffen wird und die der Autor im klassisch aristotelischen Sinne als *hamartia* deutet. Diese Schuld bewirke zusammen mit den als ›modern‹ zu bezeichnenden Determinismen aus Vererbung und rigid wirkenden Klassenschranken die Tragik in dieser Novelle (vgl. Mullan, 1982, besonders S.242f.; vor allem Ward hat sich 1985 nochmals kritisch mit Mullans Argumentation auseinandergesetzt).

Einen der wenigen literaturpsychologischen Versuche über Storm stellt Gerhard Kaisers ausgezeichnete *Aquis submersus*-Interpretation von 1979 dar (im folgenden zitiert nach G. Kaiser, 1981). Kaiser hat hier erstmals in der Storm-Forschung in überzeugender Weise nachgewiesen, »daß die Motive der Erwachsenenwelt Storms und seiner Kindheitswelt [...] auseinander hervorgehen« (ebd., S.62). Auch er konzentriert sich auf die Frage nach der Schuld in der Tragödie des Paares, findet sie allerdings – im Unterschied zu unseren Beobachtungen – in den versagenden ›Vätern‹ des kleinen Johannes, in seinem leiblichen Vater nämlich, der ihn in seiner Leidenschaft für die Mutter wegschiebt und in seinem Adoptivvater, der ihm »nicht zeigen kann, wie man liebt« (ebd., S.60f.). Kaisers These ist, daß sich in diesen zwei Vätern der »Januskopf« zeige, »den die Kulturinstanz Vater in der Sozialisationsagentur der bürgerlichen Familie überhaupt aufweist« (ebd., S.60). Die Geschichte des kleinen Johannes spiegele gleichsam auch das Sozialisationsmuster seines Vaters (und letztlich das von Theodor Storm). Kaiser entwickelt die These im klassischen freudschen Sinne vom unbewältigten Ödipuskomplex her: D.h., aufgrund eines schwachen bzw. abwesenden Vaters kann der Heranwachsende selbst die Individuation zum Vater nicht vollziehen, da er stets infantil an eine mütterliche Frau gebunden bleibt, nach deren Sexualität er verlangt, welche er zugleich als tödliche Bedrohung erfährt. (Die vorödipale Phase der Sozialisation spielt in Kaisers Argumentation dagegen keine Rolle, zentrale Motive in Storms Texten, die um die Geschlechterbeziehung zentriert sind, vor allem um die Liebe zur unerreichbaren, schwesterähnlichen Kindfrau und die Kausalität zwischen diesem Begehren und der künstlerischen Kreativität werden deshalb von ihm nicht berührt.) Interessant und gewichtig erweist sich Kaisers Ansatz dort, wo er die folgenschwere außereheliche Hingebung des Paares, die auf der Figurenebene schuldhaft erlebt und mit einem Bußakt gesühnt wird, mit Storms Frage nach dem Verhältnis von Natur- und Kulturformen menschlichen Zusammenlebens verbindet. Kaiser meint, – und diese These ist für das ganze Spätwerk zu überdenken – für Storm stelle die Ehe eine der Natur abgerungene, kulturelle Erfindung dar, garantiere aber »die Kette aus Erinnerung und Gedächtnis in der Familie«, die in Storms Immanenzdenken »die kleine Unsterblichkeit sichert« (ebd., S.59). Aus dieser Bewertung der bürgerlichen Ehe heraus erfahre die Leidenschaft als Naturform menschlichen Zusammenlebens eine verdeckte »Beschuldigung« im Text, da sie geradezu als Anschlag auf diese »kleine Unsterblichkeit« verstanden werden müsse (ebd., S.59). Die Schuld springe von den Verhinderern der Ehe (Junker Wulf) über zu den Verhinderten und zeige in ihnen ihre »tödliche Spitze« (ebd., S.59). Hinzuzufügen wäre hier, daß genau diese Leidenschaft, die auf einer Störung frühkindlicher Sozialisation beruht und tatsächlich die kulturelle Reproduktion, die Familie, verhindern kann, immer auch die Voraussetzung für eine andere kulturelle Reproduktion darstellt: nämlich für die Kunst oder generell für das die Zeiten überdauernde Werk. Aus dieser Perspektive wird die Leidenschaft gleichsam wieder ›entschuldet‹.

Das Gemeinsame zwischen den Arbeiten von Holub (1985), Bronfen (1990), Pizer (1992), Nuber (1993), z.T. auch von Hertling (1994) besteht darin, daß sie auf der Grundlage unterschiedlicher Literaturmodelle die Funktionalität von Kunst in *Aquis submersus* diskutieren.

Bronfen, deren Aufsatz besondere Erwähnung finden soll, erörtert vor dem Hintergrund von Jacques Lacans These von Bildern als Ursprung libidinöser Besetzung das hier interessierende Verhältnis des Malers Johannes zu seinem Bild und zu dessen Referenz, dem lebendigen Mädchen Katharina, ganz richtig als das metapoetische Problem des Textes, in dem die menschliche Tragödie des Paares enthalten ist:

> »Demnach wird ihm [Johannes, R.F.] die Bedeutung des Modells und seines Verhältnisses zu ihm erst, nachdem er es zum sekundären Zeichen gemacht und im Zeichen gesehen hat, deutlich. Seine erotische Besetzung Katharinas kann er sich erst nachträglich bewußt eingestehen. [...] Erst nachdem er ihr metaphorisch bereits das Leben genommen, sie durch zeichnerische Designation verloren und ersetzt hat, erkennt er seine Liebe.« (Bronfen, 1990, S.321f.).

Bronfen erhellt vor allem anhand der Funktionalität der Bilder im Text ein Realismus-Verständnis, in dessen Zentrum der Begriff der Allegorie steht: Die überall in der Novelle zu bemerkende »Tendenz zur Allegorisierung« bezeuge, »daß ein Überwinden des Realen durch seine Transformation in Bilder notwendig ist, wie auch daß eine Erkenntnis des Realen erst nachträglich über die Vermittlung von Bildern entstehen kann, wobei sich das Reale am prägnantesten im Tod oder unwiederrufbaren Verlust geliebter Menschen manifestiert.« (Bronfen, 1990, S.326).

Nubers Studie (1993) wird vor allem dadurch interessant, daß der Autor im Bildnis des Knaben mit der Lilie und der geheimnisvollen Inschrift C. P. A. S. eine emblematische Struktur nachweisen kann. Nuber verknüpft damit seine These, textimmanent werde eine Diskussion über die »Hierarchisierung von Literatur und Malerei« im 19. Jahrhundert vorgeführt (Nuber, 1993, S.240). (Darüber hinaus wäre überdenkenswert, ob die emblematische Struktur nicht den realistischen Texten Storms überhaupt zugrunde liegt).

Angesichts dieser Studien erscheint uns Hertlings, als selbständige Publikation 1995 erschienene Arbeit zu *Aquis submersus* recht voraussetzungslos begonnen. Seine Bibliographie verzeichnet weder Kaiser, noch Holub, Bronfen oder Nuber. Deshalb erweist sich bereits Hertlings einleitende Behauptung, die Forschung habe die Novelle »in der letzten Zeit [...] stiefmütterlich« behandelt, als nicht haltbar und sein Versuch einer »kritischen Neubewertung« (Hertling, 1995, S.10) als teilweise überholt, gerade weil sich der Autor vorgenommen hat zu zeigen,

> »daß sich durch Malerei, durch Plastik, durch die musikalischen Elemente und besonders durch den episch-dramatischen Erzähltext die Angst vor der Hinfälligkeit alles Guten und Schönen abstreifen läßt, – ja, noch mehr: daß die Kunst alles Endliche schließlich doch transzendiert.« (Hertling, 1995, S.14).

Hertling fügt der bereits an anderer Stelle erwähnten Diskussion über die Funktionalität der Bilder in Storms Texten nichts Neues hinzu.

Exkurs: Chroniknovellen

Aquis submersus sowie *Renate*, *Eekenhof*, *Zur Chronik von Grieshuus* und *Ein Fest auf Haderslevhuus* – die letzteren in der Forschung weit weniger beachtet als die erste historische Novelle – hat man sowohl aufgund der in zurückliegende Zeiten verlagerten Handlung als auch aufgrund der fingierten Überlieferung, in der sie zumeist erzählt werden, zur Gruppe der Chroniknovellen zusammengefaßt. Storm selbst hatte sich zur historischen Stoffwahl wie folgt geäußert:

> »Immer und unter allen Umstände<n> wird die Poesie in jedem Jahrhundert, dem sich ihr Stoff am sichersten anpaßt, ihr Zelt aufschlagen können; nur soll der Stoff selbst nicht auf vorübergehenden Zuständen beruhen; sondern auf rein menschlichen Conflicten, die wir ewig nennen.« (An Wilhelm Petersen, 12. Dezember 1885, Pe., S.168).

Freund betont in seiner Interpretation von *Zur Chronik von Grieshuus* eine Spezifik der historischen Storm-Novelle, die mit diesem von Storm selbst bezeugten Interesse am geschichtlichen Stoff identisch erscheint: Die Chroniknovelle, so Freund, verlebendige und beleuchte den zeitlich weit entrückten Hintergrund, so daß »die Gegenwart erst ihre geschichtlich-existentielle Tiefe« erhielte. »Die Ortsgebundenheit bei zeitlicher Rückwendung verweist auf die zeitlos wirkenden Kräfte und Bedingungen der conditio humana.« (Freund, 1987, S.123).

Autoren mit sozialgeschichtlich orientiertem Literaturverständnis haben dagegen bis heute wiederholt darauf verwiesen, daß die »im 17. und beginnenden 18. Jahrhundert noch klar überschaubaren Fronten zwischen Adel und Bürgertum, die der Kompromiß nach der Reichsgründung verwischt hatte«, Storm vor allem eine »rigorose Zuspitzung seiner antifeudalistischen Gesellschaftskritik« ermöglichte (Rentzsch, 1975, Bd.8.2., S.824; ganz ähnlich argumentiert Goldammer, GW, Bd.1, S.89 oder Bollenbeck, 1991, S.323ff.).

Von der Poetologie her gesehen besteht wohl Einigkeit darüber, daß die historische Novelle Storms im Grunde eine Spielart seiner Erinnerungsnovelle darstellt. Sein Erzählvorgang impliziert generell die ›Verlebendigung‹ eines Erinnerungsbildes und die gleichzeitige ›Abtötung‹ des Erlebnisses im Bild (vgl. Kap. II.2.1.1.). Deshalb ermöglicht dieser Kunstgriff, der einen ersten Erzähler ein Manuskript auffinden läßt, in dem sich ein zweiter bzw. dritter Gewährsmann an ein weiter zurückliegendes Ereignis erinnert, zunächst vor allem die virtuose Meisterung des zugrunde liegenden poetologischen Prinzips: eine artistische Staffelung des gesamten Erinnerungsvorgangs in die zeitliche und räumliche Distanz sowie die gleichzeitige spielerische Annäherung eines Ich-Erzählers an die verschiedenen, z.T. in sich abgeschlossenen Erinnerungsplots. G. Kaiser geht generell davon aus, daß Storm Geschichte als »intime, biographisch-heimatgeschichtliche Tiefendimension« funktionalisiere und »weder geschichtliche Entscheidungs- und Handlungssituationen noch epochale Konstellationen in ihrer Spannung« zu entsprechenden Strukturen in der Gegenwart erfasse (G. Kaiser, 1981, S.56). Dem ist im wesentlichen zuzustimmen.

Daß sich jedoch darüber hinaus in den Chroniknovellen doch auch ein spezifisches Geschichtsverständnis Storms ausdrückt, wird erst ablesbar, wenn man wie Herbert Kaiser (1991) den poetischen Text in den geschichtstheoretischen Diskurs seiner Zeit stellt. H. Kaisers Interpretation von *Zur Chronik von Grieshuus* (E: WM, Oktober und November 1884) muß deshalb als einer der wichtigsten jüngeren Beiträge zur Bedeutung von Storms historischen Novellen angesehen werden. Überzeugend rückt der Autor Storms Erzählung (und Meyers *Huttens letzte Tage*) in den Kontext von Friedrich

Nietzsches fundamentaler Historismus-Kritik in den *Unzeitgemäßen Betrachtungen. Zweites Stück: Vom Nutzen und Nachteil der Historie für das Leben* (1874). Über Nietzsches Kritik am Objektivitätsideal des Historismus und über seine Einsicht in die »Begrenztheit und Endlichkeit als konstitutivem Moment menschlichen Erkennens« (H. Kaiser, 1991, S.21) gingen die besprochenen Texte des Poetischen Realismus insofern noch hinaus, als ihre Geschichtsdarstellung erweise, daß »das Erinnern in letzter Instanz dem Vergessen, der Konstruktion von Geschichte der Naturmacht der Zeit, das heißt: der Sterblichkeit aller einzelnen unterworfen« sei. Die poetischen Texte seien somit Zeugnisse dafür, daß es »keine Souveränität des historisch-objektiven Wissens über die Geschichte geben« kann (H. Kaiser, 1991, S.30). Überdenkenswert ist in diesem Zusammenhang auch H. Kaisers These:

»Je historischer, je unmittelbarer zur dargestellten Zeit sich eine Erzählung gibt (z.B. Scheffel: *Ekkehard*; Freytag: *Die Ahnen*), desto geringer ist ihre literarische Qualität; je stärker sie jedoch die geschichtstheoretischen Probleme (der Bewußtmachung der Zeitdifferenz; der Konstitution der Geschichte als eines poetisch-reflexiven Vorgangs; der Herstellung von geschichtlicher Kontinuität unter der Bedingung des Todes) darstellt und austrägt, desto poetischer wird sie.« (H. Kaiser, 1991, S.21f.)

Immer wieder wurde in der Forschung auch ein Phänomen der Figurengestaltung in den Chroniknovellen beschrieben, aber kaum hinreichend problematisiert: die wilde, düstere »Schönheit junkerlicher Gestalten in ihrer antizivilisatorischen, ungezügelten, das eigene Leben aufs Spiel setzenden Vitalität« (Rentzsch, 1975, Bd.8.2., S.825). Für Korte wird dieses Phänomen zu einem Indiz dafür, daß sich Storm mit seinem Persönlichkeitskonzept bereits stark der literarischen Moderne annähert. Vor allem in der Wulfhild, der femme fatale aus *Ein Fest auf Haderslevhuus* (E: WM, Oktober 1885, unter dem Titel: *Noch ein Lembeck*) entdeckt er Züge, die eine »auffallende Nähe zum Lebensbegriff« der Literatur des Fin de siècle signalisieren (Korte, 1989, S.138): Der Wille zur Lebenssteigerung und Lebenserfüllung um jeden Preis, »ohne daß der Erzähler etwa mit moralisierenden Einschüben ein solches Verlangen sofort kommentierte« (ebd., S.136). Der Figur der Dagmar, das Pendant zur Wulfhild, eignen dann folgerichtig Züge der femme fragile, »jenen Konnex von Krankheit, Zartheit, Schönheit und Vergeistigung« (ebd., S.140). Korte vertritt die Ansicht, Storm habe in der erotischen Leidenschaft Lembecks und in der unerfüllten Begierde Wulfhilds, die keine sittliche Instanz richtet, eine ästhetische Opposition »gegen den Familialismus und dessen engen

Normenhorizont« eröffnet (ebd., S.147). Er arbeitet damit einen wenig beachteten Entwicklungszusammenhang zwischen Realismus und früher Moderne heraus, zu dem in der Storm-Forschung bisher nur Wünsch einen speziellen Beitrag vorgelegt hat (vgl. Wünsch, 1992 und Kap. II.2.5.2., vgl. aber auch Wünschs Aufsatz von 1991, »Vom späten ›Realismus‹ zur ›Frühen Moderne‹: Versuch eines Modells des literarischen Strukturwandels«). Korte unterschätzt u.E. jedoch, daß der Tod des Paares, in dem Lembeck ein letztes Mal seinen »Anspruch auf ein gesteigertes, erfülltes, ›schönes‹ Leben« erhebt (Korte, 1989, S.144), durch die Worte des einsam zurückbleibenden Vaters kommentiert werden und damit die Leidenschaft am Ende doch wieder – im Sinne G. Kaisers (vgl. Kap. II.2.5.4.) – eine textimmanente Beschuldigung erfährt.

2.5.5. *Carsten Curator* (1878), *Der Herr Etatsrat* (1881), *Hans und Heinz Kirch* (1882), *Ein Doppelgänger* (1886) – der Eltern-Kind-Konflikt in Storms späten Novellen

Wenn wir uns in diesem Abschnitt mit den genannten Novellen einem thematischen Schwerpunkt der Stormschen Novellistik der 80er Jahre im besonderen zuwenden, so ist dies hauptsächlich der Möglichkeit einer nochmaligen Gliederung des Textkorpus geschuldet, einer Gliederung, die in der Storm-Forschung zudem üblich ist. Weniger beachtete Texte wie *Die Söhne des Senators* (E: DR, Oktober 1880), *Schweigen* (E: DR, Mai 1883), *John Riew'* (E: DR, März 1885, unter dem Titel: *Eine stille Geschichte*) sowie *Bötjer Basch* (E: DR, Oktober 1886, unter dem Titel: *Aus engen Wänden*) ließen sich gleichfalls unter dieser Überschrift gruppieren. Betont werden sollte aber an dieser Stelle, daß der Generationenkonflikt seit Mitte der 70er Jahre Storms Novellistik fast durchgängig beherrscht, selbstverständlich auch – wie an *Aquis submersus* gezeigt – alle historischen Novellen. Und die hier in Frage stehenden Texte, zentriert um einen Vater-Kind-Konflikt in überwiegend bürgerlich-kleinbürgerlichen Kreisen der norddeutschen Küstenstadt, in der man unzweifelhaft Husum wiedererkennt, stellen strenggenommen historische Novellen dar, denn die erzählte Zeit ist in fast allen Texten um mindestens einige Jahrzehnte gegenüber der Erzählzeit in die Vergangenheit zurückversetzt. In fast manisch zu nennender Weise umkreist Storm in den verschiedenen stofflich gegebenen Konstellationen in der Tiefendimension der Texte seine zentralen Motive und versucht, sie in ihren kausalen Zusammenhängen erzählend zu erfassen. Was die hier zu betrachtenden Texte, vor allem *Carsten Curator* und *Hans und Heinz Kirch*, auszeichnet und was sie mit einer Novelle wie

Draußen im Heidedorf verbindet bzw. auf den *Schimmelreiter* vorausweisen läßt, ist das den Hauptfiguren zugrunde gelegte Persönlichkeitskonzept (vgl. Kap. II.2.5.2.). Es erscheint gegenüber dem in den Chroniknovellen erweitert durch die differenzierte Wahrnehmung von psychischen Dynamiken und Verhaltensmustern, die aus der Verinnerlichung sozialer und kultureller Normen erwachsen. Diese Relation innerhalb der Figurencharakteristik findet selbstverständlich ihre Entsprechung in der prägnanten Darstellung der jeweiligen Milieus.

Carsten Curator (E: WM, April 1878) ist die erste Novelle in einer Reihe von Texten, die dezidiert Storms großes Thema der 80er Jahre umkreisen: »[...] die Familie in der Zerstörung mit den tiefsten Schatten« (An Albert Nieß, 8. Juni 1881, GB, Bd.2, S.220). Die dramatische Handlung gipfelt in dem von einer hereinbrechenden Naturkatastrophe begleiteten absoluten Zerwürfnis zwischen Vater und Sohn. Durch Anklänge an christliche Motive unterstützt – Heinrich erinnert in seinen vergeblichen Bitten um eine letzte Hilfe seines Vaters und in seiner Todesangst auf dem hohen Pfahl in der Sturmflut an Christus am Kreuz – gibt hier Storm erstmals einem Text tragödienhafte Dimension. Von der tragischen Fallhöhe des Schlusses her, der nur mit dem des *Schimmelreiter* vergleichbar ist, sollte die Frage nach der Schuld des Vaters Carsten Carstens gestellt werden, die einer so dimensionierten Katastrophe zu entsprechen hätte.

Der Text ist in der Forschung wenig beachtet worden: Martini hatte allerdings schon den Kern der Novelle im Blick, nämlich die problematische Liebe des höchst ehrenhaften Curators zu der um 20 Jahre jüngeren schönen Juliane, wenn er feststellte, Storm habe hier »die Gefährdung des bürgerlichen Lebens aus sich selbst heraus« gezeigt, »seine immanente Tragik jedoch nicht nur in das Sozial-Moralische und Sozial-Psychologische, vielmehr in den Zwang des Triebhaft-Unbewußten gelegt« (Martini, 4. Aufl. 1981, S.657f.).

Laage, der als einziger neben Chowanietz (1990) diesem Text eine ausführlichere Betrachtung widmet (1995), meint zwar, daß in dem Verhältnis zu Juliane eine Schuld Carstens vorhanden sei, geht in seiner Deutung der Beziehung jedoch kaum über die bereits von Gottfried Keller in diesem Zusammenhang geprägte Formel von der »Unterwerfung der schlichtbürgerlichen Pflichtmäßigkeit und Anspruchslosigkeit unter das dämonische Prinzip sinnlicher Schönheit« (Gottfried Keller an Theodor Storm, 15. November 1878, K, S.38) hinaus, und auch Chowanietz fügt hier nicht Neues hinzu, vgl. Chowanietz, 1990, S.160f. Laage sieht die Schuld Carstens vor allem in seinem Versagen gegenüber Anna, dem ihm anvertrauten

Mündel, und in der beginnenden Auflösung seiner Redlichkeit durch den Zwang, den Sohn mit allen Mitteln zu halten. (Eine dritte Schuld des Vaters konstatiert er in der bewußten Verweigerung einer letzten Hilfe; Chowanietz legt das Verhalten Carstens gegenüber seinem Sohn schlichtweg als »Charakterschwäche« aus, ebd., S.162). Im übrigen meint Laage, daß Storm hier den Vater-Sohn-Konflikt durch seine Ansichten von der Vererbung überformt habe (die Juliane vererbe Heinrich ihre sorglose Leichtlebigkeit) und daß das Ende der Novelle die Ohnmacht gegenüber diesen »Mächten der Natur« versinnbildliche (Laage, 1995, S.19). Laage wie auch Chowanietz (1990, S.161) argumentieren an diesem Punkt mit Storms Äußerungen zum Vererbungsproblem bzw. mit biographischen Tatsachen, die Storms Verhältnis zu seinem eigenen Sohn Hans betreffen. Zu fragen wäre, ob solche Rekurse nicht die vom Text her gegebenen Zusammenhänge überdecken. Die entscheidende Textpassage, die man als Aussage zum Vererbungsproblem deuten könnte, lautet nämlich:

»[...] Meinst du' [...], daß die Stunde gleich sei, in der unter des allweisen Gottes Zulassung ein Menschenleben aus dem Nichts hervorgeht? – Ich sage dir, ein jeder Mensch bringt sein Leben fertig mit sich auf die Welt; und Alle, in die Jahrhunderte hinauf, die nur einen Tropfen zu seinem Blute gaben, haben ihren Teil daran.'« (LL, Bd.2, S.478).

Konstatiert wird aus der Sicht der Figur hier nur die Tatsache einer Prädisposition des Menschenlebens durch die vorangegangenen Generationen. Storm verwendet zudem die alte Blutmetapher (übrigens auch in *Aquis submersus*, vgl. LL, Bd.2, S.402) und nicht die damals modernen Begriffe der Biologen für den Träger des Erbmaterials (Ernst Haeckel nennt ihn ›Plasma‹, Ludwig Büchner ›Keim‹, Charles Darwin gar ›Gemmulae‹). Die Blutmetapher weist durch ihre tiefe kulturelle Verwurzelung eine Fülle von Konnotationen auf und rationalisiert nicht vorschnell die Beziehung zwischen den Generationen im modernen biologischen Sinne, sondern beläßt ihr das Geheimnis. (Der in den 70er und 80er Jahren sehr verbreiteten Auffassung, erworbene Eigenschaften könnten über das Erbmaterial direkt übertragen werden, wurde erst 1886 von August Weismann erstmals widersprochen, u.a. in einem bedeutenden Aufsatz in der »Deutschen Rundschau«).

Bei den von Storm in *Carsten Curator* dargestellten Zusammenhängen zwischen den Generationen sollte deshalb wie in *Aquis submersus* ein hier höchst differenziert beschriebenes »Ahnenbild« (LL, Bd.2, S.469) des kleinbürgerlichen Mannes nicht unberücksichtigt bleiben, das den »Abendspaziergang der nun halb verwaisten Familie« des Kindes Carsten Carstens zeigt und damit seine frühkindliche Sozialisation andeutet (ebd., S.470). Die Mutter Carstens starb früh, so daß sie in dem schattenrißartigen Familienporträt nur als das Abendrot am Himmel gedeutet wird, das jedoch, so der betrachtende Erzähler, »die Schatten der sämtlichen Spaziergänger nur um so schärfer hervortreten ließ« (ebd., S.470). Dieser unheilvolle Mutterverlust muß auch hier als der eigentliche Beginn der Auflösung der Familie und als letzte, dem aufklärenden Bemühen Carstens sich entziehende Ursache für den Untergang seines Hauses angesehen werden. Auch hier prädestiniert der Ausfall der Mutter letztlich des Curators problematische Partnerwahl. Die Bindung an die schöne, in ihrer Unzugänglichkeit und Autarkie faszinierend wirkende Kindfrau Juliane, die in dem Augenblick, da sie selbst Mutter wird, stirbt, scheint zunächst vor allem dem sittenstrengen, kleinbügerlichen Lebensstil der Carstens' zu widersprechen. Sie »gehörte nicht zu uns«, sagt die Schwester Brigitte von ihr. Aber sie gehört wie ein »Gespenst« in der »Gruft« eines Adelsgeschlechts (ebd., S.477) gerade in diese Familie und in dieses Haus. Denn Carsten ist es offenbar von Grund auf verwehrt, ›normal‹ und gesellschaftlich sanktioniert zu lieben, er selbst bleibt bis zu seinem 40. Jahre, seine Schwester Brigitte gänzlich unverheiratet und letztlich in einer für die nachfolgende Generation verhängnisvollen Weise an verdeckt inzestuöse Beziehungen fixiert: Juliane, die altersmäßig die Tochter der Geschwister sein könnte – selbst während der kurzen Ehe Carstens bleiben sie »ungetrennt« (ebd., S.471) – erscheint zugleich als das Substitut für den frühverstorbenen Bruder Peter, dem die bewundernden Blicke des Geschwisterpaares auf dem »Ahnenbilde« galten und in dem Brigitte noch im Alter Talente und Fähigkeiten idealisiert, die ihr selbst und Carsten versagt waren. Das parasitäre Wesen, das diesen vergötterten ›Lieblingen des Hauses‹ (vgl. Kap. I.1.) innewohnt und das vorzugsweise durch eine solche projektive Bindung im Kind erst entwickelt wird, bleibt beim kleinen Bruder, der in seinem fünften Lebensjahr starb, noch ausgeblendet. Erst Julianes Existenz erweist, daß aus einer bewundernden Beziehung keine Liebesfähigkeit erwächst, sondern nur wiederum das unstillbare Begehren nach Spiegelung. Heinrich, der die Lücke der Verstorbenen erneut auffüllt, wächst seinerseits mutterlos zwischen den alten Geschwistern heran und kann in dieser Konstellation nur den kleinen Peter bzw. Juliane wiederholen. Seine durch erzieherische Maßnahmen zunächst unbeeinflußbar erscheinende Beziehungsstörung, die sich u.a. darin zeigt, daß er unfähig ist, »so wenig wie sein eigenes, so auch nur der Allernächsten Wohl und Wehe bei seinem Treiben zu bedenken« (LL, Bd.2, S.461), zeigt ihr volles destruktives Potential allerdings erst zu einem historischen Zeitpunkt, wo diese Eigenschaft auf Entwicklungsphänomene wirtschaftlicher Art treffen, nämlich den in die Kleinstadt einströmenden hemmungslosen Spekulationsgeist gründerzeitlichen Zuschnitts. Die zerstörerisch wirkende Generationenverkettung kann nur durch eine Art deus ex machina unterbrochen werden: hier durch das »einer anderen Mutter nachgeartet[e]« Mädchen Anna, welches das erbarmende mütterliche Prinzip in dieser Familie wieder einsetzt (ebd., S.461).

Der Stoff der Novelle *Der Herr Etatsrat* (E: WM, August 1881), in welcher der alkoholsüchtige Rat Sternow in animalischer Gleichgültigkeit und rücksichtslosem Egoismus seine beiden Kinder zugrunde gehen läßt, ist vor allem von Tschorn unter soziologischem Gesichtspunkt als Zeugnis für die Brüchigkeit der gesamten bürgerlichen Gesellschaft aufgefaßt worden (vgl.Tschorn, 1980, S.44-47). In jüngerer Zeit ist die Novelle, sieht man von dem eher deskriptiven Kapitel in Chowanietz' Dissertation von 1990 ab, durch Pastor (1988) differenziert interpretiert worden. (In Roeblings Aufsatz von 1983, in ihrer Analyse der Schwester-Fixierung Storms und des in diesem Zusammenhang gesehenen Fuß- und Schuhfetischismus, erlangt der Text jedoch gleichfalls einen gewichtigen Stellenwert, vgl. Roebling, 1983, S.113-118). Pastor deutet die Familientragödie in dieser Novelle, die erstmals durch die Hauptfigur des Etatsrats, der »Bestie« Sternow, (LL, Bd.3, S.9) groteske Züge erhält, in Anlehnung an G. Kaisers These (vgl. Kap. II.2.5.4.) als den Rückfall der »Kulturleistung Familie« und der »Kulturleistung Staat« auf eine bestialische Naturstufe (Pastor, 1988, S.138). Pastor eröffnet diese Dimension, indem er sowohl auf Storms Darwin-Rezeption als auch auf dessen Erfahrungen von der ›Vergewaltigung‹ seiner Heimat durch Preußen rekurriert (vgl. Pastor, 1988, S.121ff.). Sein Resümee:

»Da weitet sich der Blick endgültig von der zerrütteten Familie über die herzlose Stadt auf die noch rohere Welt, in der auf ›niedriger Stufe‹, will sagen: kreatürlich, der ›homo sapiens‹ [...] in ›Tun und Treiben‹ seine Kulturferne demonstriert, für die wiederum der Etatsrat nur beispielhaft groteskes Exempel ist.« (Pastor, 1988, S.126).

Zu den substanziellsten und artifiziell gelungensten Novellen der 80er Jahre zählt die Storm-Forschung unbestritten *Hans und Heinz Kirch* (E: WM, Oktober 1882); Benno von Wiese hat sie gar zur besten Novelle des Husumer Autors ernannt (vgl. Wiese, 1962, Bd.2, S.221). Die Gewichtigkeit des Textes leitet sich nicht zuletzt daher, daß die Beziehung zwischen Vater und Sohn anders als in *Carsten Curator* – wo der Vater ›nur‹ den status quo seiner kleinbürgerlichen

Ehrbarkeit und Rechtschaffenheit zu bewahren suchte, hier durch das energisch umgesetzte bürgerliche Aufstiegskonzept des kleinen Schiffseigners Hans Adam Kirch überformt wird. Innerhalb eines Lebensplans, an dessen Ziel der »Reeder« und »Senator« (LL, Bd.3, S.59) in der Heimatstadt stehen, ist dem Kind von vornherein eine Rolle zugewiesen, die darin besteht, des Vaters »Ebenbild« (ebd., S.61) zu werden, ein Duplikat von Hans Kirchs zielunterworfener Lebensauffassung. Sie beinhaltet asketisches Arbeitsethos und Sparsamkeit, ausschließliche Zweckorientiertheit und keine Ausnahme duldende bürgerliche Ordnungs- und Moralvorstellungen. Die Konzeptionalisierung des Kindes nach dem Bild des Vaters mißlingt vollständig, aber noch im Mißlingen erweist dieses vom Vater aufgebaute Beziehungsmuster seine bereits von anderen Storm-Novellen her bekannte zerstörerische, ja tödliche Dimension. Denn im Widerstand gegen die väterliche Vereinnahmung allein liegt nicht das Heil, gewinnt Heinz Kirch keine eigene Identität. Sie wäre abhängig von der Anerkennung seiner individuellen Eigenart durch den Vater, außerhalb der väterlichen Ordnung verwildert der »wilde[n] Junge« (ebd., S.64). Hans Kirch vermag jedoch die Zeichen nicht zu deuten, die das Leben ihm von Beginn an gibt: Bereits beim ersten Mal, als er Heinz noch in seiner ganzen ursprünglichen und sicher in sich selbst ruhenden Einmaligkeit singend im Mastbaum des eigenen Schiffes erlebt, kann er dieses der Todesgefahr glücklich entronnene Kind nicht wie ein ihm wiedergegebenes Gottesgeschenk annehmen. Und so ›verleugnet‹ er seinen Sohn noch zwei weitere Male wie Petrus den Gottessohn. Religiöse Subtexte beschweren auch hier die Handlung: die dreißig Schillinge, die der Vater für das fehlende Porto auf dem Brief seines Sohnes nicht ausgeben will, sind gleichsam sein Judaslohn (auch auf die biblische Geschichte vom verlorenen Sohn wird rekurriert, vgl. dazu ausführlich Weiß-Dasio, 1988, S.157f). Bei der Rückkehr des ›verlorenen Sohnes‹ nach 17 Jahren in »wilde[r] See« und unter »wilde[m] Volk« (LL, Bd.3, S.98) ist Heinz äußerlich wie innerlich nicht mehr wiederzuerkennen und der Vater nur zu gern bereit, in ihm den einstigen ›Doppelgänger‹ seines Sohnes, den Hasselfritz zu identifizieren: »Gott Dank, daß es ein Fremder ist!« (ebd. S.109). Mit dieser letzten Deutungsarbeit am Sohn tötet der Vater sich aber gleichsam selbst: Hans Kirch wirkt nach der Vertreibung von Heinz wie ein »totes Bild« (ebd., S.121).

Martini (4. Aufl., 1981) deutet die Konfliktsituation zwischen Vater und Sohn noch aus einer als »schicksalhaft« angenommenen Konstellation innerhalb der starren Charaktere der Kirchs heraus, einer »ihnen immanente[n] Seinstragik« (ebd., S.659). Wiese dagegen gibt die Schuld am tragischen Zerwürfnis bereits eindeutig

Hans Kirch, einem Mann, »der nur noch Bürger und nicht mehr Vater ist« (Wiese, 1962, Bd.2, S.228). Die jüngeren Arbeiten rücken nun vorrangig das von Hans Kirch verinnerlichte bürgerlichen Werte- und Normensystem in den Blick und suchen es exakter als bisher historisch zu bestimmen. Freunds These besteht darin, daß in dieser »soziale[n] Novelle« die kompromißlose Unterwerfung Hans Kirchs unter das »Prinzip ertragssteigernder Tüchtigkeit« der Kritik unterzogen werde (Freund, 1987, S.122 u. S.107): »Weniger der immer wieder herausgestellte Vater-Sohn-Konflikt steht im Mittelpunkt als die Gefährdung der Humanität durch die wachstumsorientierte Arbeitsmoral«, durch »sich verabsolutierende[r] Wirtschaftszwänge« (ebd., S.107 u. 111; ganz ähnlich auch Freund, 1994, S.71ff.). Weiß-Dasio meint dagegen, daß nicht so sehr die Entfremdungsphänomene der kapitalistischen Gesellschaft gründerzeitlichen Zuschnitts im Vordergrund stünden, daß vielmehr hier das dem bürgerlichen Aufstieg inhärente Autonomiekonzept in seinen Grenzen gezeigt werde, Hans Kirch als das am Ende zur Demut gezwungene »die Welt übermächtigende, [...] gottgleiche Subjekt« (Weiß-Dasio, 1988, S.160):

»Die selbstkritische Frage des Erzählers nach Aufstieg und Perspektive des Bürgertums, blickt hinter die Befunde der erstarrten, menschenfeindlichen Normenwelt. Es ist das sich entgrenzende, expansive bürgerliche Subjekt, das die Welt zerstört« (ebd., S.160).

Uns erscheint Weiß-Dasios Deutung insofern überzeugend, als mit ihr eine bestimmte Konzeptionalisierung der Persönlichkeit nicht aus dem Blick gerät, die Storm u.a. in seiner Novelle *Im Schloß* 1861 bzw. in dem Gedicht »*An meine Söhne*« vertrat und jetzt offenbar in Frage gestellt sieht (vgl. dazu auch den problematischen Aufstieg und Fall von Hauke Haien im *Schimmelreiter*).

Pastor zieht im Zusammenhang mit seiner Erörterung von Hans Kirchs Lebensmaximen die Arbeit Zanders (1985) heran, der Analogien zwischen Tönnies' zentralen soziologischen Kategorien und den von Storm dargestellten gesellschaftlichen Beziehungen seiner Hauptfiguren feststellte (vgl. dazu auch Segeberg (1985), der Storms Texte gleichfalls vor dem Hintergrund von Tönnies' Soziologie interpretiert, vgl. auch Kap. II.2.5.1.). So sei Hans Kirch sehr wohl als »eine dichterisch-fiktive Verkörperung des ›Gesellschaftsmenschen‹ ohne Bindung« aufzufassen (Pastor, 1988, S.146), doch sei das Leben in der ›Gemeinschaft‹, geprägt durch Gefühlsbindungen zu Verwandtschaft und Nachbarn, durch Anerkennung natürlicher Abhängigkeiten von anderen, noch nicht aus seinem Bewußtseinshorizont geraten. (Diesen Zustand zwischen ›Gemeinschaft‹ und ›Gesellschaft‹

hatte Zander im Prinzip für alle leidenden Hauptfiguren in Storms Spätwerk verallgemeinert, ihn zur Ursache ihrer Tragik erklärt, vgl. Zander, 1985, S.79).

Darüber hinaus arbeitet Pastor einige wichtige sozialpsychologisch motivierte Verdrängungsmechanismen an der Figur des Hans Kirch heraus, die diesem dazu dienen, sich vom Gefühl der vollen Schuld am Tod seines Sohnes zu entlasten.

Pätzold, der auch eine ausführliche »Kritik der Rezeptionsgeschichte« dieser Novelle gibt, versucht, den sozialhistorischen Interpretationsansatz von Freund, aber vor allem den von Zander und Pastor noch weiter zu differenzieren, indem er diskursanalytisch vorgeht. Er erklärt den »sozialen Raum«, in dem Hans Kirch im Grunde »haltlos hin und her pendelt«, zum zentralen Bezugspunkt des Erzählers (Pätzold, 1991, S.42) und erkennt im Text vier einander überlagernde Mentalitätsstrukturen, an denen Hans Kirch partizipiere und von denen die bisherigen Interpreten jeweils nur die eine oder andere aktualisiert hätten:

»de[n] Anspruch auf ökonomische Unabhängigkeit und Sicherheit als Voraussetzung für eine eigenverantwortliche Lebensgestaltung, das Bewußtsein der Gefährdung gemeinschaftlicher Intimität und ständischer Geborgenheit durch das Scheitern in einer leitstungsorientierten Gesellschaft, das Projekt partnerschaftlicher Beziehungen in der Familie und eine aus dem naturwissenschaftlichen Materialismus erwachsene pessimistisch-resignative Grundstimmung über die Handlungsmöglichkeiten des Menschen, die zugleich von dem Gefühl persönlicher Schuld entlastet.« (Pätzold, 1991, S.39).

Vor allem der Stoff der Binnennovelle von *Ein Doppelgänger* (E: »Deutsche Dichtung«, Bd.1, Heft 1-6, 1886) hat diesen Text – ähnlich wie *Draußen im Heidedorf* – von den im bürgerlich-kleinbürgerlichen Milieu angesiedelten übrigen Novellen der 70er und 80er Jahre stets etwas abgehoben und ihn in die Nähe des Naturalismus gerückt: Der Landarbeiter und ehemalige Zuchthäusler John Hansen gerät sowohl durch seinen wild-unbeherrschten Charakter als auch durch den Makel der Ehrlosigkeit, den ihm seine bornierte, mitleidlose Umwelt nicht nur mit dem Namen John Glückstadt anheftet, in eine tödliche gesellschaftliche Isolation. In ärgster Not versucht er, eines Nachts für seine hungernde Tochter Kartoffeln zu stehlen und fällt dabei in den Brunnen, von dem er selbst einst das sichernde Geländer abgerissen hatte und in dem er nun einen grausamen Tod findet.

Jene Wissenschaftler und Autoren, die dezidiert um die Herausarbeitung gesellschaftskritischer Intentionen in Storms Werk bemüht waren, haben es gerade bei dieser Stoffwahl immer etwas bedauert, daß Storm den »sozialen Konflikt« der Binnenhandlung dadurch entschärfte, daß er in der Rahmenerzählung »die Tochter des ehemaligen Zuchthäuslers inmitten gutsituierter bürgerlicher Verhältnisse« zeigte (vgl. Goldammer, GW, Bd.1, S.92; vgl. auch Rentzsch, 1975, Bd.8.2, S.824: »Daß Storm jedoch vor der sozialen Konsequenz dieses gesellschaftskritischen Ansatzes zurückschreckte, erweist die Rahmenhandlung, die die mitgeteilten Schicksale schließlich einer veredelten Bürgerlichkeit überantwortet.«). Noch Meyer-Krentler denunziert geradezu auf einem zwar hohen Niveau der Analyse von Erzählstrukturen und textimmanent gegebener Erzähltheorie diese ›versöhnende‹ Beziehung zwischen Rahmen-und Binnenhandlung, die sich auf der Ebene der Poetik als Verklärungsprinzip darstelle: »Die Rahmenerzählung ist als Leseanweisung zu verstehen, als Anweisung, wie das Schlechte in der Welt positiv in die eigene, gut behütete bürgerliche Bewußtseinswirklichkeit integriert werden kann« (Meyer-Krentler, 1987, S.190). Meyer-Krentler lastet dieses Verfahren Storm im Grunde als künstlerische Schwäche an, die ihn geradezu epochal unterscheide von einem Erzähler wie Raabe und einem Roman wie *Stopfkuchen*, der gerade »von der Entmachtung poetisch-realistischer Erzähltechnik« handele, »von der Behauptung des Erzählten gegen den Erzähler, der disharmonischen Welt gegen ihre poetische Überhöhung« (ebd., S.199; vgl. zur Kritik des auch hier im Hintergrund stehenden Wertungsparadigmas bereits Kap. II.2.5.1; überzeugend ist Meyer-Krentlers Studie im Hinblick auf den romanimmanenten Diskurs Raabes über das Erzählverfahren des wenig geschätzten, jedoch im Literatenkreis und auf dem Literaturmarkt als anerkannt erlebten Kollegen Storm).

Die eigentlichen Anregungen zu einer Neubeschäftigung mit diesem von den Wissenschaftlern »weniger beachteten und untersuchten« Text (Pastor, 1988, S.163) gehen von Grimm (1980, mit einem knappen Bericht über die Rezeption der Novelle, S.329-332) bzw. von Pastor (1988) aus. (Schunichts Verdienst besteht vor allem darin, das Brunnen-Motiv gewürdigt zu haben, das einer vereindeutigenden Erklärung von Johns Lebensgeschick aus seiner sozialen Determination heraus entgegensteht, vgl. Schunicht, 1985, S.180). Hatte Grimm noch an einem stofflichen Aspekt der Novelle den Bezug zur Zeitgeschichte, zu Grenzen des bürgerlichen Vergeltungsstrafrechts etwa, hervorgehoben und als das »›moderne‹ Kernproblem [...] die aus dem Scheitern der Rehabilitation erwachsende Zerstörung einer Existenz« herausgearbeitet, die »Tragik eines schuldlosen Untergangs« (Grimm, 1980, S.337 und S.338), so setzt Pastor konsequent bei der animalisch-wild anmutenden ›Natur‹ des ›Doppelgängers‹ an, der ja erst aus der erinnernden Perspektive seiner kultivierten, verbürgerlichten Tochter Christine das Janusgesicht eines gewalttätigen und zugleich liebevoll sorgenden Mannes erhält. Pastor entwickelt seine Interpretation aus dem so auffälligen Unterschied zwischen der heißblütigen und am Ende tödlichen Leidenschaft zwischen dem wilden John und seiner nicht weniger unbeherrschten Hanna in der Binnenhandlung und der eher leidenschaftslosen, jedoch zärtlich-vertrauensvollen Zuneigung zwischen Christine, der Tochter der Hansens, und ihrem späteren Mann, dem Förster und Wildheger in der Rahmenerzählung. Pastor deckt eine komplementäre Beziehung zwischen diesen beiden Teilen eines Familienromans auf, der eine zivilisationsgeschichtliche Dimension innewohnt, welche auf eine von Storm erst im *Schimmelreiter* wirklich thematisierte Problematik vorausweist:

»So gesehen, wird der Gang durch die Biographie von John und Christine zur Erkundungsfahrt in die eigene Herkunft, in wilde Archetypen eigenen Verhaltens, von denen man sich – wie man meint: zum Glück – entfernt hat, eine Reise ins Unheimliche, dorthin, wo nach der Definition Freuds ›verdrängte Wunschregungen und überwundene Denkweisen der individuellen Vorzeit und der Völkerurzeit‹ noch wirkungsmächtig sind.« (Pastor, 1988, S.184).

Freund meint schließlich, daß Storm im Doppelgängermotiv ähnlich wie Annette von Droste-Hülshoff – (den offensichtlichen Einfluß von Droste-Hülshoffs *Die Judenbuche* erörtert Rölleke, 1992) – den »Widerspruch von personaler und sozialer Existenz« des Menschen eingefangen habe und die Binnenhandlung »die Geschichte eines Persönlichkeitsverlusts unter dem Druck sozialer Diskriminierung« erzähle (Freund, 1994, S.78 und S.79). Eine gute Dokumentation der Rezeptionsgeschichte dieser Novelle bis Mitte der 80er Jahre bietet Zimorski (1986).

2.5.6. *Der Schimmelreiter* (1888)

Der Schimmelreiter (E: DR, April und Mai 1888) ist Storms umfangreichste, komplexeste und zugleich künstlerisch anspruchsvollste Novelle. Über die besonders interessante Verarbeitung verschiedener Quellen und über die Textgenese, an deren Ende die Streichung eines ursprünglich vorgesehenen Schlusses in den Korrekturfahnen zum Zeitschriftendruck steht, ist ausführlich nachzulesen in LL, Bd.3, S.1049-1082. Der ursprüngliche Schluß der Novelle, den Laage erst 1979 auffand, wird zitiert in ebd., S.1060-1062. Er ist für die Interpretation insofern unverzichtbar, als er die Intention des Autors im Zusammenhang mit der mythischen Ebene dieses Textes verdeutlicht: Die ursprüngliche Fassung desavouierte sehr stark die irrationalen Vorstellungen als eine Sicht abergläubischer Menschen ohne intellektuelles Gewicht und menschliches Format, wogegen die letzte Fassung die aufklärerische Kritik an den verschiedenen Formen des animistischen Weltbilds der Dorfbewohner zurückdrängt.

Die Herausforderung an die Interpreten dieses meistgedeuteten Textes stellt sich sowohl auf der Ebene der Erzähltechnik, des doppelten Rahmens und der drei Erzähler mit ihrer Perspektivierung des Erzählten als auch auf der Ebene des erzählten tragischen Lebensgeschicks der Hauptfigur selbst, das sich eng mit dem Mythos vom Schimmelreiter verbindet. Hauke Haiens sozialer Aufstieg vom Kleinknecht zum Deichgrafen in einem nordfriesischen Dorf Mitte des 18. Jahrhunderts hat anders als noch in *Hans und Heinz Kirch* nicht ›nur‹ den Erwerb von Besitz und Ansehen durch ein Amt zum Ziel, sondern seine ›Karriere‹ ist auch gekrönt mit dem alle bisherigen Leistungen auf diesem Gebiet übertreffenden Werk, dem Deich, der sich später mit seinem Namen verbinden wird. Der Kampf um den sozialen Aufstieg und um das in diesem Aufstiegskonzept funktionalisierte Werk wird wie in früheren Storm-Novellen auch von familiären Auflösungsprozessen begleitet, die am Ende in eine Katastrophe tragödienhaften Ausmaßes einmünden, wie sie Storm vorher nicht gezeigt hat: alle Familienmitglieder, Frau, Kind, Mann und Haustiere kommen in einer großen Sturmflut um, die nicht von ungefähr deutlich mit Attributen einer Sintflut im christlichen bzw. eines Weltuntergangs im heidnisch-germanischen Sinne versehen ist. Die große Symbolkraft dieses Textes erwächst aber nicht zuletzt daraus, daß Storm durch eine glücklich zu nennende Stoffwahl sein Motivarsenal in weitere, menschliche Bezugsfelder zu stellen vermag: Hauke Haiens »Kampf« (LL, Bd.3, S.745) vollzieht sich zum einen in der differenziert entfalteten Beziehung zur Dorfgemeinschaft und zum anderen in einer ganz spezifischen ›Grenzregion‹ zwischen Kultur und Natur, in einer Küstenlandschaft, in welcher die Bewohner auf Leben und Tod mit der Gewalt des Meeres ringen. In dieser Allgegenwart der übermächtigen und zerstörerisch wirkenden Elemente entwickelt der Mensch offenbar – so der Text auf einer eigenen Diskursebene – zwei, einander ausschließende Grundhaltungen zur Natur: Auf der einen Seite steht ein vormodernes, atavistisch anmutendes, angstbesetztes Verhältnis, das auf einem begrenzten Wissen beruht und eng mit einer konservativen Lebensauffassung verbunden erscheint, das in seiner Naturdeutung jedoch einem ins Unbewußte abgesunkenen kollektiven Erfahrungsbereich verbunden bleibt und somit den einzelnen wie die Gemeinschaft ganzheitlich erfaßt. Der Ausdruck dieses Verhältnisses ist der Mythos. Alternativ dazu steht die aufklärerische, auf einem wissenschaftlichen Weltbild beruhende und in Büchern wie dem Euklids festgehaltene Naturdeutung Hauke Haiens, die rational bestimmt ist, abgelöst von der eigenen Affektwelt und einer progressiven, veränderungswilligen Lebensauffassung verbunden, der jedoch auch deshalb im Naturverhältnis deutliche Züge von Vermessenheit innewohnen. Letztere kommen zum Ausdruck in dem bei Hauke Haien von Beginn an vorhandenen Willen zur absoluten Unterwerfung und Kontrolle des Meeres und einer damit einhergehenden Geringschätzung der Naturgewalt und des bereits geschaffenen Menschenwerks. Diese beiden ambivalent strukturierten Grundhaltungen, die durch die verschiedenen Erzählinstanzen perspektiviert sind und in dem januskköpfigen, doppelgängerischen Hauke Haien als Aufklärer und als gespenstischer Schimmelreiter fokussiert erscheinen, müßten in ihrer ganzen, kompliziert angelegten Geltung im Text analysiert werden, enthalten sie doch die noch heute interessierende Zivilisationsproblematik schlechthin, die dem tragischen Lebensgeschick des Haupthelden seine exemplarische Bedeutung verleiht. Wichtig in diesem Zusammenhang ist, daß Storm den Grundwiderspruch des Menschen, Natur- und Kulturwesen zu sein und damit in einem schwer durchschau- und noch weniger beherrschbaren Abhängigkeitsverhältnis zu dieser ersten Natur zu stehen, in der entwicklungsromanartig angelegten Sozialisation des Hauke Haien noch einmal spiegelt. Von Beginn an zeigt der Autor an diesem Charakter, daß bestimmte, den späteren Aufstieg wie das zu schaffende, überragende Kulturwerk geradezu voraussetzende Willenseigenschaften – zielorientiertes Durchsetzungsvermögen, asketisches Arbeits- und Tatethos z.B. – auf einem starken Aggressionstrieb Haiens beruhen, der zerstörerisch wirken kann – wie die Katerszene (LL, Bd.3, S.647f.) sehr deutlich vor Augen führt –, würde er nicht in der Kulturleistung sublimiert: »Ja, man wird grimmig in sich, wenn man's nicht an einem ordentlichen Stück Arbeit auslassen kann.« (ebd., S.651), rechtfertigt Hauke Haien die Tötung des Katers der Trien' Jans vor seinem Vater und verläßt daraufhin dessen Haus, um Kleinknecht beim Deichgrafen Volkerts zu werden (auf die zentrale Bedeutung der ›Katerszene‹ im Entwicklungsgang Haiens hat u.E. erstmals Wittmann, 1961, S.57f. hingewiesen). Das rigide Unterwerfen der eigenen ›Natur‹ unter das kulturstiftende Aufsteigerkonzept gewinnt seine ganze expansive Dynamik aber erst durch eine psychische Disposition des Haupthelden, deren Symptomatik in verschiedenen Spielarten in allen Stormnovellen zu beobachten war. Der so willensstarke Mann ist im Grunde ein selbstwertschwacher Mensch, dessen Identitätsschwäche bereits in seinem ›Familienroman‹ angezeigt ist. Er wie seine spätere Frau Elke Volkerts wachsen mutterlos auf, darauf verwies bereits Freund (1984, S.66f.), ohne allerdings das »um den weiblichen Einfluß verkürzte Elternhaus« (ebd., S.66) einer weiteren Analyse zu unterziehen.

»Mutterseelenallein« (LL, Bd.3, S.643) entwickelt dieser beziehungsgestörte Junge, dem es nicht einfiel, mit »denen zu verkehren, die mit ihm auf der Schulbank gesessen hatten« (ebd.), das intensivste Verhältnis gerade zum mütterlichen Element schlechthin, zum Meer, in dem er sich am Ende auflösen wird (vgl. dazu Hedwig von Beit: »Das Wasser hat, mythologisch gesehen, oft mütterliche Bedeutung [...] Wie sich die Germanen vorstellten, daß die menschlichen Seelen vor ihrer Geburt im Wasser weilten, so nahmen sie auch an, daß sie nach dem Tode dorthin zurückkehrten [...]«, vgl. von Beit, 1986, S.39). In diesem Verhältnis Hauke Haiens zur See wird aber frühzeitig eine Verkehrung der vom Erzähler als ›normal‹ empfundenen Beziehung deutlich, denn »den Allerheiligentag, um den herum die Äquinoktialstürme zu tosen pflegen, von dem wir sagen, daß Friesland ihn wohl beklagen mag, erwartete er wie heut die Kinder das Christfest« (LL, Bd.3, S.643). Diesen mütterlichen Bereich Meer – vorzugsweise in winterlicher Kälte und im Sturm aufgesucht und offenbar ohne Erwartung einer Spiegelung – erfährt Hauke Haien grundsätzlich als Vernichtungsbedrohung. Die in allen Kulturen vorhandene Bedeutungsebene von Lebensursprung und Lebenserhalt im Mythos von Wasser und Meer – in Storms Märchen *Die Regentrude* in eindrücklichen Bildern vorgeführt und noch in der Novelle *Psyche* bemerkbar – scheint hier völlig getilgt. Das Wasser ist im *Schimmelreiter* allein ein Reich des Todes und der Toten, wobei der Erzähler offen läßt, ob nicht gerade das Grauen vor diesem alles verschlingenden Abgrund den Jungen an den Strand gefesselt hält (vgl. ebd., S.644). Haiens Beziehung zum Meer deutet im Grunde auf eine innerpsychische Realität, die in der Vernichtungsbedrohung durch eine aggressive Mutterimago besteht, die die Gewißheit der eigenen Identität, konstelliert in einer gelungenen Beziehung zwischen Mutter und Sohn, grundsätzlich verweigert und gegen deren massive Frustration nur der Aufbau von Allmachtsphantasien schützt, die die Realität der Todesdrohung entwertet: »›Ihr könnt nichts Rechtes‹, schrie er in den Lärm hinaus, ›sowie die Menschen auch nichts können!‹« (ebd., S. 643). Hauke Haien wird später den Deich sowohl als überdimensionalen Spiegel vor die mütterliche See stellen, deren »schimmernde[n] Fläche« (ebd., S.644) ihn niemals gespiegelt hat, als auch als Abwehrkonstrukt gegen die Angst vor der Zerstörungsgewalt des chaotisch Elementaren errichten. Man kann das seinem aufklärerischen Rationalismus entsprungene Werk auch als letztlich erfolgloses Bestreben deuten, vergessen zu machen, daß er dieser ›grausamen‹ Mutter Sohn war. Oder, um mit Max Horkheimer zu sprechen: »Aufklärung ist die radikal gewordene, mythische Angst. Die reine Immanenz des Positivismus, ihr letztes Produkt, ist nichts anderes als ein gleichsam universales Tabu. Es darf überhaupt nichts mehr draußen sein, weil die bloße Vorstellug des Draußen die eigentliche Quelle der Angst ist.« (Horkheimer, Bd.5, 1987, S.38). Die Tragik Hauke Haiens besteht aus der Perspektive seiner Sozialisation gerade darin, daß seine überragenden intellektuellen Fähigkeiten und seine Willenskraft von Grund auf kompensatorischen Charakter tragen mußten und ein menschliches Defizit zur Voraussetzung hatten, das sich in den entscheidenden Augenblicken seines späteren Lebens zwangsläufig gegen ihn kehrt. Durch den hier angedeuteten Zusammenhang eröffnet sich auch auf die Bindung Haiens an Trien' Jans noch eine spezifische Sicht: Trien' Jans stellt eine Mutterfigur dar, die deutlich die hexenhaften Züge der ›bösen‹ Mutter trägt, die sie aber realiter nie war (d.h. auch, daß die Erzählinstanz, der ›aufklärerische‹ Schulmeister, sie mit diesen Attributen belegt; der Vorgang erforderte eine eigene Analyse). Dieser Mutter erschlägt Haien den Angorakater, das Geschenk ihres Sohnes, der im Meer umkam, als er »seiner Mutter beim Porrenfangen hatte helfen wollen« (LL, Bd.3, S.648), ein Tier, das von ihr zärtlich wie ein Kind gehegt wurde und ihr Sohn und Mann zugleich ersetzte. Mit dem Kater tötet Haien somit auch das Substitut eines Sohnes, der geliebt worden ist, das Erinnerungsstück an eine ihm versagte gute Mutter-Kind-Beziehung.

Die mit der narzißtischen Selbstwertstörung verbundene enorme Kränkbarkeit des »Wunderkind[s]« (ebd., S.642) wird schließlich im Handlungsverlauf, nachdem der Aufstieg zum Deichgrafen bereits geglückt erscheint, zum Ausgangspunkt für das ehrgeizige Deichbauprojekt wie letztlich für den Untergang der Familie. In seiner gesamten Persönlichkeit tief getroffen von dem im Dorfkrug leicht hingeworfenen Wort, er sei nur Deichgraf »von seines Weibes wegen« (ebd., S.689), bricht Hauke Haiens starke, archaisch anmutende Vitalnatur im ohnmächtigen Zorn über die ihm zugefügte Kränkung durch: »›Hunde!‹ schrie er, und seine Augen sahen grimmig zur Seite, als wolle er sie peitschen lassen.« (ebd.). Von seiner Frau daraufhin vor einen Spiegel gestellt, um ihm zu helfen, sich seiner selbst zu versichern – »›Da steht der Deichgraf!‹ [...] › nun sieh ihn an; nur wer ein Amt regieren kann, der hat es!‹« (ebd.) – kommt Hauke Haien die Idee von einem Spiegel kolossalen Ausmaßes: Der Deich ist das den Schöpfer überdauernde Bild seines Größen-Selbst, das er in den Todesraum der Meerlandschaft hineinstellt. Man erkennt hier einen wesentlichen Aspekt des bereits aus dem Frühwerk

Storms bekannten persönlichen Mythos, der dort als toposhaftes Motiv vom lebendig bleibenden Bild der toten Frau, vom mortifizierten Leben in der Kunst erscheint (vgl. Kap. II.2.1.1. bzw. II.2.5.3.). Die Gemeinsamkeit zwischen dem vom Erinnernden geschaffenen Bild der Frau in *Immensee*, *Posthuma*, *Im Sonnenschein* etc. und Haiens Deich im *Schimmelreiter* besteht darin, daß in diesen ›Werken‹ das angstbesetzte Natürliche der Kontrolle des Schöpfers unterworfen wird, der in der Beziehung zum Lebendigen um seinen Selbstverlust bangt. Der neue Deich, so muß betont werden, wird, einer narzißtischen Größenphantasie folgend, gegen alle Widerstände begonnen und am Ende mit dem eigenen und dem Leben anderer bezahlt, um sich und der Welt zu erweisen, was die bisherige rastlose Tätigkeit offenbar nicht vermocht hatte: die Gewißheit der eigenen Identität und die endgültige Überwindung der chronischen Unsicherheit und Unzufriedenheit mit sich selbst. Erst als sein Name sich wirklich mit dem neuen Koog verbindet, der offiziell den Namen einer »herrschaftlichen Prinzessin« trägt, ist Haien am Ziel, das er als rauschhaften Triumph erlebt:

»›Hauke-Haienkoog! Hauke-Haienkoog!‹ In seinen Gedanken wuchs fast der neue Deich zu einem achten Weltwunder; in ganz Friesland war nicht seines Gleichen! Und er ließ den Schimmel tanzen; ihm war, er stünde inmitten aller Friesen; er überragte sie um Kopfeshöhe, und seine Blicke flogen scharf und mitleidig über sie hin.« (ebd., S.725).

Die Gründe für den Bau des neuen Deichs dagegen, die Haien nach dem Gang ans Meer mit Elke offen bespricht, sind für ihn von sekundärer Natur, obwohl sie aus seinen Überzeugungen erwachsen, in denen er integer wirkt, und obwohl nur sie allein, wie er weiß, ein solches Werk in den Augen der Welt legitimieren: die Angst vor der Jahrhundertflut und ihrem Vernichtungswerk an Menschen und Gütern, denen gegenüber er Verantwortung trägt. (vgl. ebd., S.692). Aber Verantwortungsgefühl und Besitzstreben – letzteres als dritter Grund für den neuen Koog angeführt –, setzen nicht die enormen Energien frei, die für die Umsetzung der großen Idee nötig sind. Diese erwachsen Hauke Haien allein aus dem Begehren, die tiefe Kränkung zu überwinden, welche in ihm das Gefühl der eigenen Nichtigkeit erweckt hatte. In diesem manischen Begehren, das wie ein unsichtbarer Motor seine Handlungen antreibt und das er selbst Elke nicht gestehen kann, bleibt er seinen Mitmenschen unverständlich. Aber noch in dem Mythos vom Teufelspferd, mit dem sie ihn ins Übermenschliche vergrößern und in dem Angst und Bewunderung vor der unbegreiflichen Macht seiner inneren, verborgenen Realität mitschwingt, wird nicht nur der Wille zum Begreifen und

Deuten sichtbar, sondern letztlich auch eine Wahrheit über den großen einzelnen. (Der Text enthält über das ›Teufelspferd‹ hinaus eine Fülle von Zeichen, die einen intertextuellen Bezug zu christlichen und germanisch-heidnischen Mythologemen eröffnen, deren Bedeutung für die Vita des Helden es noch zu erschließen gilt). Der Weltuntergangscharakter in den letzten dramatischen Szenen während der Sturmflut beschwert rückwirkend die Menschenhandlungen erneut mit einer Schuld, deren ganzes Ausmaß den Beteiligten verborgen bleiben muß, weil sie die figurenimmanenten, von einem historischen Wertesystem geprägten Vorstellungen von Verantwortung und Schuld generell überschreitet. Am Ende steht – wie in anderen Novellen Storms auch (vgl. *Carsten Curator* und *Hans und Heinz Kirch*) – der sich einer irrationalen Macht überantwortende Mensch mit der demütigen Bitte um Gnade. Aber Hauke Haiens Selbstopfer, mit dem er diese Gnade zu erflehen scheint, ist gleichbedeutend mit der Vollendung seines Werks, deren Bedingung gerade die Vernichtung des Lebendigen darstellt oder – wie es auf der Ebene des animistischen Weltverständnisses der Dorfbewohner heißt: »soll Euer Deich sich halten, so muß was Lebiges hinein!« (LL, Bd.3, S.722).

Die Geschichte der Deutung des *Schimmelreiter* stellt einen wesentlichen Teil der Rezeptionsgeschichte des Stormschen Gesamtwerks überhaupt dar und verlangte im Prinzip eine eigene Untersuchung. In großen Zügen informieren aber bereits Holander (1976), Segeberg (1987), Freund (1984) und Weinreich (1988) in ihren Einführungen bzw. Interpretationen über Deutungsansätze in der Forschung und – was im Zusammenhang mit dem *Schimmelreiter* von besonderem Gewicht erscheint – in den Handreichungen und Materialien für die Deutschlehrer.

Eine der grundlegenden Interpretationen dieses Textes in den 50er Jahren erarbeitete Silz. Er vertritt eine Ansicht, die Konsens der älteren Storm-Forschung war: Mit dem »selbständigen Willensmenschen« Haien, dem »schöpferischen Einzelmenschen« in seiner unvermeidlichen Einsamkeit (Silz, 1955, S.10), der hier gefeiert werde, setzt Silz das Spätwerk Storms, das im *Schimmelreiter* seine Aufgipfelung erfahre, gegen die frühen Novellen ab, »die in wehmütiger Resignation« enden (ebd., S.9; wichtig sind Silz' Erörterungen von Storms Sprachkunst in diesem Text, besonders S.19ff.). Ähnlich argumentiert Stuckert, der positiv hervorhebt, daß der Autor jetzt »den aktiven Menschen als den sich Behauptenden und sich Bewährenden im Kampfe mit dem Schicksal« zeige (Stuckert, 1955, S.400). Stuckert sah im übrigen in dieser Novelle einen überhistorischen, »immer wieder aufbrechende[n] Konflikt zwischen dem Individuum und der Gemeinschaft, dem großen Menschen und dem Durchschnitt, in welchem sich der Prozeß des geschichtlichen Lebens vollzieht, ein Konflikt, der unausweichlich ist und von vornherein die Möglichkeit tragischen Scheiterns in sich schließt.« (Stukkert, 1955, S.401).

Diesem Tragikverständnis hielt Goldammer entgegen, daß eine wesentliche Ursache für den Untergang des Deichgrafen in seinem gesellschaftlichen Versagen liege, Hauke Haien scheitere letztlich an einer Vereinsamung, die auf der Textebene nicht als schicksalhaft ausgewiesen sei:

»Sein tragischer Untergang ist durch den Widerstand derer bedingt, die seine Verbündeten bei dem gewaltigen Deichbau hätten sein müssen, unter den obwaltenden Verhältnissen aber nicht sein konnten.« (GW, Bd.1, S.98)

Mit der Frage nach den Ursachen des Untergangs des Helden, der Frage nach der Schuld für die Katastrophe mit Weltuntergangscharakter ist der Kern dieser Novelle angesprochen; und vor allem mit Blick auf die unterschiedlichen Antworten auf diese Frage lassen sich die Deutungsansätze der zurückliegenden Jahrzehnte zusammenfassen.

Eine zu Unrecht im wissenschaflichen Diskurs wenig beachtete Interpretation stellt die umfangreiche, textnahe Studie von Wittmann (1961) dar. Zwar ist seine Sicht durch ein christlich-religiöses Weltverständnis geprägt, doch gewinnt der Autor gerade damit einen ausgeprägten Sinn für die im Text enthaltene Rationalismuskritik. Er erklärt die komplexen Motivzusammenhänge überzeugend aus seiner Grundthese heraus, daß Storm hier den Versuch einer Lebens- und Weltbewältigung darstelle,

»die nur leben will aus den Kräften des vernunftbezogenen Ich, das sich selbst überschätzt und das Wirken überpersönlicher, irrationaler Lebensmächte in sich selbst nicht anerkennt. Ihm liegt die Verleugnung des Irrationalen als dunkle Wurzel, als Muttergrund der Vernunft zu Grunde und seine gewaltsame Ausklammerung aus dem menschlichen Dasein.« (Wittman, 1961, S.85).

Überdenkenswert ist noch heute Wittmans Deutung der Gebetsszene, in der eine »geheime Gleichstellung« Haiens mit Gott verborgen sei, indem er »ihn sich ›zurecht-rechnet‹ nach seinem eigenen ›Bild und Gleichnis‹ und so den ursprünglichen Schöpfungsakt umkehrt.« (ebd., S.73; eine der wichtigen jüngeren Äußerungen zum Gottesverständnis des Deichgrafen stammt von Jackson, 1989, S.93-97). Bemerkenswert aber auch Wittmans Erklärung des Wienke-Motivs: »Im eigenen Kind sieht sich Hauke dem Irrationalen konfrontiert.

Der ›Abgrund‹, den Wienke sieht, lebt in ihr selbst als die Irrationalität ihres Irrsinns.« (ebd., S.80).

Auch Kuchenbuchs Kapitel zum *Schimmelreiter* in seiner Dissertation von 1969 wird in der Forschung wenig beachtet; sein Ansatz, existenzialistisch geprägt, ist dort interessant, wo er den Wahrheitsgehalt der mythischen Deutung der Hauptfigur nicht vernachlässigt. Seine Analyse der Erzähler, voran die des Schulmeisters mit seiner sokratischen Ironie im zweiten Rahmen, sind dabei von besonderer Wichtigkeit (zum Perspektivierungsverfahren durch die verschiedenen Erzähler, vgl. auch Knüfermann, 1967, besonders S.97-104):

»Wenn er [der Schulmeister, R.F.] seiner Erzählung vorausschickt, daß ›viel Aberglauben dazwischen‹ sei [...], so distanziert er sich als aufgeklärter Mensch von den Leichtgläubigen. Wenn er aber gleichzeitig bekennt, daß sich die Geschichte schwer ohne dieses beigemischte Element des Aberglaubens erzählen läßt [...], so nimmt er damit implizit in Anspruch, sich der Formeln des Aberglaubens bedienen zu dürfen, ohne doch um dessentwillen mißverstanden zu werden. Denn offensichtlich lassen sich gewisse Dinge nicht aufs rein Faktische reduzieren, sondern sind nur in der Sprache der Gleichnisse und Symbole zu erfassen, für die der Aberglaube des Volkes die herkömmlichen Vokabeln liefert.« (Kuchenbuch, 1969, S.197f.)

Einen ersten Versuch, den Aufsteiger Hauke Haien als einen zeitgeschichtlichen Typus des ausgehenden 19. Jahrhunderts zu fassen und damit gleichzeitig einer literarischen Epoche zuzuordnen, stellt die vielzitierte Studie von Hermand dar, »Hauke Haien. Kritik oder Ideal des gründerzeitlichen Übermenschen« (1969, zuerst 1965). Aus heutiger Sicht wirken die von Hermand herangezogenen Kriterien, um das »Phänomen des ›Gründerzeitlichen‹« (Hermand, 1969, S.251) zu erfassen, bestehend aus einigen Nietzsche-Zitaten, Schlagworten von Treitschke, Herman Grimm und einem vagen Bismarckbezug, freilich recht beliebig. Für die interpretatorische Erschließung des Novellentextes bringen Verallgemeinerungen der folgenden Art zu wenig:

»Das Streben, Macht zu gewinnen und Macht zu verwalten, wie man es täglich auf politischer Ebene erlebte, lauert daher auch hinter einem solchen Thema. Man spürt den Parvenü, der sich legitimieren will, um nach einem Leben des Kampfes und der brutalen Gewalt als der gerechte Herrscher, als ›ehrlicher Makler‹ angesehen zu werden.« (ebd. S. 255).

Hermand überformt Storms Text stellenweise geradezu durch Formulierungen mit suggestiver Wirkung: »Selbst vor Opfern schreckt er [Haien, R.F.] nicht zurück, über Leichen reitend wie eine ›schweifende, blonde Bestie‹. Seine Hybris nimmt schließlich solche

Formen an, daß er selbst Gottes Allmacht in Frage stellt. » (ebd., S.260). Zudem: was Hermand als gründerzeitliche Neuerung im Erzählen Storms zu erkennen vermeint, die »vornehme Distanziertheit« (ebd., S.253), die den Helden aus »respektvoller Entfernung, durch Rahmen und Historie ins Monumentale« (ebd., S.254) steigere, ist letztlich auf eine Erzähltechnik zurückzuführen, die Storm bereits im Frühwerk praktizierte. Freilich sieht der Autor klar, daß die Interpretation Haiens als »großen Einzelnen«, als »mythischen Übermenschen« (ebd.) nur einen Aspekt dieser Novelle erfaßt. Und die Tatsache, daß im Gegensatz zu Texten Conrad Ferdinand Meyers z.B. Storms Held »in ein realistisches Milieu« (ebd., S.262) eingebettet bzw. die Figurenpsychologie von einem »stärkere[n] Realismus« (ebd., S.264) geprägt seien, wird letztlich als Storms Kritik am Gründerzeitlichen interpretiert. Die »Schwäche eines methodischen Zugriffs«, der die Befunde »zur Typologie einer ›geistigen Situation‹ [...] von fragwürdiger Allgemeinheit generalisiert« (Segeberg, 1987, S.65, Anm.41), ist jedoch insgesamt nicht zu leugnen (ausführlich setzt sich Segeberg mit Hermands Thesen kritisch auseinander, vgl. Segeberg, 1987, besonders S.56f., S.65 und S.89).

Der Verdienst der Studien zum *Schimmelreiter* von Holander (1976), Laage (1970),(1979), Lohmeier (1980) und Barz (1982) besteht vor allem darin, den landesgeschichtlichen Hintergrund für die Deichnovelle erfaßt, Quellen sowie die Entstehungsgeschichte des künstlerischen Textes selbst gesichert zu haben, so daß von da ab das Verhältnis von Fiktion, Realgeschichte der Novellenhandlung und Realgeschichte der Entstehungszeit des Textes klarer zu fassen ist.

Einen wichtigen Anstoß zu einer textgenaueren Analyse, die das dichte System der Zeichen und Motive dieser Novelle ernst nimmt, gibt die Studie von Lerchner und Werner zu »Problemen der semantischen Analyse eines poetischen Textes« von 1975. Die linguistische Textanalyse zeitigte hier Ergebnisse, an denen die späteren Interpretationen eigentlich nicht mehr vorbeigehen dürften. Dies betrifft u.a. sämtliche Folgerungen der Autoren, die auf die irrationale Ebene der Darstellung zielen:

»Die Frage nach rationaler oder gespenstischer Deutung der Deicherscheinung ist durch eine solche Fülle signifikanter Textmerkmale als Grundlage für die Darbietungsweise der Geschichte ausgewiesen, daß eine Interpretation, die diese Fragestellung außer acht läßt, dem Text nicht entspricht.« (Lerchner/Werner, 1975, S.117)

Und dies gilt für jene Ergebnisse der semantischen Analyse des Erzählens, die den Haupthelden selbst betreffen:

»Ein Vergleich der wesentlichen Aussagen über Hauke Haien im zweiten Teil der Binnennovelle führt zu einem überraschenden Ergebnis. Es wird hier eigentlich alles an Komponenten beigebracht, was semantisch die Bedeutung ›Gespenst‹ ausmacht: bedrohlich, unheilvoll, umgehend, Beziehung zu übersinnlichen Kräften, unerlöst, unheimliches Erscheinungsbild.« (ebd., S.124).

Nicht zu vergessen ist die letzte Schlußfolgerung Lerchner/Werners:

»Das Mysteriöse verlagert sich, vom Schluß der Binnenerzählung her gesehen, aus dem gespenstisch-abergläubischen in den allgemein-philosophischen Bereich (Schicksal, Nemesis, Gott).« (ebd., S.129)

Wolfgang Frühwald arbeitet in seiner Deutung des *Schimmelreiter* von 1981 als zeitbedingte Komponente dieses Textes den darwinistischen Kampf ums Dasein heraus, wird aber in seiner Interpretation von Haiens Schuld, die er in dem »Augenblick der Ermüdung und der Schwäche« (Frühwald, 1981, S.445) des Deichgrafen nach seiner Erkrankung sieht und generell in der »Schwächung der Vernunftposition« (ebd., S.454) der Komplexität des Textes in bezug auf die Schuldfrage nicht gerecht. Letztere sollte hier wie in anderen Novellen Storms unbedingt vom Schluß her gesehen werden, wobei dem tragischen Fall des Helden eine adäquate Schuld vorausgehen müßte, die mit dieser »Schwäche« Haiens nicht gegeben ist. Eine Ursache für die Inadäquatheit der Deutung an dieser Stelle liegt u.E. darin, daß Frühwald das »mythische[n] Weltbild [...] der Marschbauern« (ebd., S.447) nicht in seiner vom Text her gebotenen Ambivalenz sieht, sondern es eindeutig einem der Natur inhärenten »Prinzip der Zerstörung« (ebd., S.454) zuordnet und im Sinne einer unbefragten Vernunft- und Fortschrittsgläubigkeit abwertet:

»Die Katastrophe selbst«, so Frühwald, »die hereinbrechende Sturmflut, der freiwillige Tod Hauke Haiens und das Standhalten seines Deiches lenkt im Sturz der Zeiten den Blick des Lesers zurück auf das einzige Kontinuum inmitten von Zerstörung und Verfall: die Vernunft des Menschen, die am Ende einer langen Kette von Verstandes- und Bewußtseinsgeschichte dem tödlichen Prinzip der Natur noch immer zu widerstehen vermag.« (ebd., S.449).

Die Teufelsgestalt Haien, die die Kehrseite des radikalen Aufklärers ins Bild setzt, sei dagegen nur, so Frühwald, in der Figurenperspektive der geistesstumpfen Menschen um Ole Peters entstanden (vgl. ebd., S.452; dies wird im Gegensatz zu Lerchener/Werner behauptet, deren Belege auswiesen, daß Haien auch von der Erzählinstanz selbst zum ›Gespenst‹ gemacht wird).

Auch für Freund, der 1984 bzw. in komprimierter Form 1987 eine der umfangreichsten jüngeren Interpretationen des *Schimmelreiter* vorstellt, offenbart die phantastische Motivik in der Rahmen- und der Binnenerzählung nur »einen Bewußtseinsstand, den es zu überwinden gilt, um die Menschen zu befreien von selbstverschuldeten Fehlorientierungen, die ein verantwortliches Verhalten in der Praxis fortlaufend verhindern.« (Freund, 1987, S.145). An dieser Stelle muß allerdings die Frage erlaubt sein, ob ein Autor des ausgehenden 19. Jahrhunderts einen solchen artifiziellen Aufwand betreibt, um am Ende die »mystisch-okkulte Welterfassung [...] als ein Fernstehen von den Dingen« zu entlarven (ebd., S.144), mithin eine Welterfassung zu desavouieren, die zum Entstehungzeitpunkt der Novelle nur noch bedingte gesellschaftliche Relevanz besaß. Eine rein aufklärerische Absicht des Autors gegenüber den »irrational Bornierten« (ebd., S.145) wäre wohl genauso unzeitgemäß wie die gegenüber dem Ständevorurteil in den Novellen der 60er und 70er Jahre (vgl. dazu Kap. II.2.3.). Freunds Standpunkt hier verwundert um so mehr, als gerade er den Mythos und das Phantastische in Storms Dichtung an anderer Stelle, im Zusammenhang mit den Märchen und den Gespenstergeschichten, als eine Möglichkeit »vertieften symbolischen Erzählens« (Freund, 1987, S.78) erkannte bzw. als Chance, »das in den Bereichen existentieller und sozialer Kernerfahrungen verflachte bürgerliche Bewußtsein wieder zu vertiefen« (Freund, 1989, S.114, vgl. auch Kap. II.2.4.).

Den Haupthelden sieht Freund vor allem als einen Mann, der in patriarchalischen Familien- und Gesellschaftsstrukturen aufwächst:

> »Unter einseitigem männlichen Einfluß gewinnt der Charakter eines Egozentrikers Konturen, der, besessen von technischer Perfektion, sich allein gegen die menschliche wie die natürliche Umwelt durchsetzen möchte.« (Freund, 1987, S.146).

Freund erneuert dann noch einmal auf der Basis einer geschlechterspezifischen Sicht ein Argument, das bereits Goldammer vorbrachte, um die Schuld des Helden und damit eine Ursache des Untergangs zu bezeichen: die soziale Verkümmerung Hauke Haiens, den Verlust seiner »Verwurzelung im Sozialen« (ebd., S.162). Der »Enge männlicher Lebensgestaltung« (ebd., S.147), durch egozentrische Prinzipien wie Leistungs-, Aufstiegs- und Geltungsstreben charakterisiert, steht bei Freund eine weiblich bestimmte Welt gegenüber, die durch altruistische Tugenden wie Fürsorge, Mitgefühl, Vertrauen etc. ausgezeichnet sei und vor allem durch Elke Volkerts im Textganzen vertreten werde. Storm, so resümiert Freund, »mißt den Handlungsdrang der ausschließlich von Männern getragenen Gründergesellschaft seiner Zeit am Gebot sozialer Verantwortung und mitmenschlicher Anteilnahme und bleibt damit auch für die Jetztzeit bedeutsam.« (ebd., S.149). Mit der These von der »hybriden Selbstbezogenheit« (ebd., S.151) Haiens kann der Autor nicht zuletzt dem Wienke-Motiv eine angemessene Deutung geben: »Von unfreiwilliger, bitterer Ironie ist es, wenn gerade Wienke mit der Naivität der Schwachsinnigen ihren Vater für allmächtig hält. Entlarvend klingt der Satz im Munde des Kindes, dessen Zustand Zeugnis gibt von der väterlichen Ohnmacht.« (ebd., S.150). Ausführlich hat sich Freund erstmals mit den Frauenfiguren des Textes beschäftigt. Seine wichtigen Beobachtungen betreffen vor allem die Figur der Trien' Jans, der Mutterfigur im Text schlechthin, zu der Hauke Haien nicht von ungefähr von früh an eine hochambivalente Bindung entwickelt. In ihrer Erzählung vom Fischweib gibt sie eine noch zu enträtselnde Deutung von Elementar- und Kulturbereich, von dem Verhältnis von Männlichem und Weiblichem in diesem Text. Den Motivstrang, der sich mit dieser Figur durch den Text zieht, gilt es überhaupt noch in all seinen Verästelungen zu erfassen. Allein der Hinweis Freunds auf das Textsignal, daß Haien am Ende mit den Worten der sterbenden Trien' Jans in den Tod geht, »Gott gnåd de Annern!« (LL, Bd.3, S.742), sollte Anlaß genug dafür sein.

Zeitgleich mit Freunds Interpretation ist die von Segeberg (1987) entstanden, eine der umfangreichsten Studien zum Verhältnis von Aktualität und Historizität dieses Textes in der Gegenwart. Segeberg entwickelt in den ersten Abschnitten sowohl durch einen diskursanalytisch angelegten Exkurs zum Begriff ›Stahl‹ als auch durch einen Aufriß technikgeschichtlicher Fakten zu Problemen des Deichbaus im 17. und 18. Jahrhundert die Basis für seine differenzierte Kritik an den von der Forschung bisher eröffneten zeitgeschichtlichen Bezügen dieses Textes (überzeugend seine Kritik an Hermand, 1969; Vincon, 1973; Frühwald, 1981). Sein Resümee bezüglich des Verhältnisses von Historizität und Fiktionalität der Novelle: »Die Historisierung der Erzählperspektive zielt also nicht auf eine im Kern historische Problemstellung. Das Ergebnis ist vielmehr, paradoxerweise, eine idealtypische Problemformulierung mit je nach Bedarf und sehr freizügig ausgewählten historischen Anleihen.« (Segeberg, 1987, S.76). In Abschnitt 4 wendet sich Segeberg sodann der »idealtypischen Problemformulierung« des Textes zu, welche er in den sich in Hauke Haien und Elke Volkerts gegenüberstehenden »Prinzipien technischer Rationalität« (ebd., S.78) sieht. Im Hintergrund stehe ein – allerdings von Segeberg interpretatorisch nur angedeuteter – Geschlechterkampf, in dem schließlich das defizitäre Konzept des Mannes triumphiere. Als Defizite der ›technischen Rationalität‹ Haiens erscheinen dann die bereits andernorts kritisch vermerkten ›Charakterschwächen‹ des ambivalent gesehenen Helden: ein berechnendes, abstraktes, unterjochendes Verhältnis zum Elementarbereich, »ohne jeden Blick für die belebte Natur« (ebd., S.80) und ein berechnender, gewalttätiger, blinder Zugriff mithin auch auf die Menschen. In Segebergs Sicht verkörpert sich in Elke Volkerts das überlegene Rationalitätskonzept, da es die im Konzept Haiens bemerkten Mängel gerade nicht aufweist. Die Frau habe aber nie eine Chance erhalten, »nach außen hin unter Beweis zu stellen, was in ihr, wie jedermann weiß, drinsteckt« (ebd., S.83).

Von eher schwacher Argumentationskraft ist Segebergs These zur Ursache des Untergangs des Helden: er läßt ihn an der permanenten »Überforderung« (ebd., S.85) zugrunde gehen; diese »fortwährende Überanstrengung« (ebd., S.89) wird im übrigen auch als zeitkritischer Aspekt in Storms Novelle gesehen: »In diesem Zusammenbruch eines von vornherein überanstrengten Rationalitätskonzepts wird man am ehesten eine Analogie zu den antiliberalen bis antidemokratischen Gründergestalten der Epoche erblicken dürfen.« (ebd., S.91). Im 6. Abschnitt schließlich, der hier noch hervorgehoben werden soll, wendet sich der Autor dem konflikthaften Verhältnis von »technisch-finale[r]« und »magisch-animistische[r]« Weltsicht im Text zu (ebd., S.93). Segebergs Überlegungen hierzu müssen von seiner zu hinterfragenden Deutung des Schulmeister-Erzählers her gesehen werden: »Die Neugestaltung der Schimmelreiter-Sage durch den Aufklärer und Schulmeister will die Befreiung vom Zwang mythischen Denkens endgültig sicherstellen.« (ebd., S.102). Die mythische Deutung Hauke Haiens als Teufelsbündner ist für den Autor deshalb nur eine ›abergläubische Projektion‹ der Dorfbewohner, die auf das Versagen des Aufklärers gegenüber seinen Mitmenschen zurückverweist:

»Wo einer alleine gegen alle anderen und ohne jedes Gespür für deren Mentalität die Regeln magischer Naturdisziplinierung verletzt, muß diese Handlungsweise in diesem sozialen Kontext die abergläubischen Projektionen hervorrufen. Da Hauke Haien die erlaubten Rituale verweigert, bleibt nur der Schluß, daß er über andere und zwar unerlaubte Zauberkräfte der ›Schwarzen Magie‹ gebietet. Daß der Deichgraf ein ›Teufelspferd‹ reitet, ist, so gesehen, fast zwingend. Menschen, die schon durch ein simples Evidenzerlebnis verwirrt werden [...], hätten nur dann eine Chance, sich anders zu verhalten, wenn der Rechner auf ihre Ängste, die sich in ihren magischen Zuschreibungen spiegeln, auch wirklich eingeht.« (ebd., S.98f.).

Weinreichs Arbeit von 1988, mit dem Charakter einer einführenden Studie zu Autor und Text (ausführliche Bemerkungen u.a. zum Stoff und zur Entstehung der Novelle), basiert im interpretatorischen Teil auf dem aktuellen Forschungsstand, der zudem kritisch gesichtet wird. Daneben formuliert der Autor auch eigene Überlegungen zu Ursachen des Untergangs des Helden, die er in »einer charakterlichen Schwäche« des Helden findet, aus der heraus Haien eine große Willenstärke entwickle (Weinreich, 1988, S.53). »In dieser egoistischen Motivierung«, so der Autor weiter, »liegt die Schwäche des groß angelegten Deichbauprojektes, dessen Notwendigkeit für die Sicherheit unbewiesen ist [...]« (ebd., S.53).

Hoffmanns Aufsatz von 1990 stellt einen der jüngsten, eigenständigen Deutungsansätze zum *Schimmelreiter* dar. Der Autor liest die Novelle auf der Folie tradierter Teufelspaktgeschichten und damit im Kontrast zu einem »idealen Lebenslaufbild« (Hoffmann, 1990, S.343). Letzteres entnimmt der Autor verschiedenen Diätetiken, »popularphilosophisch-medizinischen Lebensanweisungen, die angesichts der allgemeinen Werteverunsicherung seit der Französischen Revolution aus dem Boden schießen und für das ganze 19. Jahrhundert verbindlich bleiben« (ebd., S.343). Gegenüber der so konstruierten »Lebenslaufnorm« (ebd., S.355) zeige Hauke Haiens Vita die charakteristischen Abweichungen des Teufelsbündners, den Hoffmann als Topos in einigen Texten der Romantik nachweist: »1. das Verlassen der menschlichen Mitte zugunsten von Vergeistigung (Dämonisierung) und Vertierung; 2. extrem selbstische, solitäre Existenz mit antivitalen Zügen und antimakrobiotischer Tendenz; 3. Werkstiftung unter dem eigenen Namen auf Kosten der Fortflanzungsfamilie.« (ebd., S.356). Hoffman gelingen durch diesen Ansatz manche interessante Einzelbeobachtungen. Die Antwort auf die Frage, worin am Ende für den Realisten Storm die Bedeutung dieses normabweichenden Verhaltens besteht, geht jedoch kaum über die in der Forschung hinlänglich bekannte These von der »extrem selbstischen Existenz« der Hauptfigur mit ihren Defiziten im mitmenschlichen Bereich hinaus, die hier ins »Lebensfeindliche« gesteigert erscheinen (ebd., S.359f.). Wichtig ist jedoch der von Hoffmann gesehene Zusammenhang von »Werkstiftung« und Verlust der »Fortpflanzungsfamilie« (ebd., S.359f.). Der Autor bescheinigt Haien eine »Suche nach Dauer«, die allerdings erst dann auf den Deich ziele, nachdem feststehe, daß ein Überleben in »Form der Nachkommenschaft« nicht möglich sei (ebd., S.365).

Krechs Dissertation von 1992 zu Wirkungen des ›Unheimlichen‹ in Novellen des 19. Jahrhunderts hat durch den wenig strukturierten Begriff des Unheimlichen eher beschreibenden Charakter und bringt in dem ca. 40 Seiten umfassenden Kapitel zum *Schimmelrei-*

ter kaum Ergebnisse, welche die bereits allseits bekannte Interpretation der Hauptfigur als »Außenseiterexistenz« mit »unheimliche[r] Bedeutung« vertiefen würde (Krech, 1992, S.168).

III. Materialien

1. Der handschriftliche Nachlaß

Die Schleswig-Holsteinische Landesbibliothek in Kiel sowie das Archiv der Theodor-Storm-Gesellschaft in Husum sind die wichtigsten Sammelstätten der Storm-Handschriften.

Die ersten Bemühungen um die Manuskripte gingen von der Storm-Tochter Gertrud aus (vgl. Laage, 1985, S.136), deren Nachlaß 1936 die Schleswig-Holsteinische Landesbibliothek in Kiel erwarb.

In den letzten Jahrzehnten ist es vor allem das Verdienst der Theodor-Storm-Gesellschaft, voran seines langjährigen Sekretärs Karl Ernst Laage, eine Vielzahl weiterer Handschriften, die z.T. durch Storms eigene Schenkungen über ganz Deutschland verteilt waren und sind, für das Storm-Archiv in Husum erwoben bzw. in Kopien der Forschung zugänglich gemacht zu haben. Karl Ernst Laage stellte 1985 auch einen Katalog des handschriftlichen Nachlasses zusammen (vgl. Laage, 1985, S.131-176, bzw. Laage, 2. erw. u. verb. Aufl. 1988, S.156-209), wobei die Neuerwerbungen durch das Archiv der Storm-Gesellschaft ab 1985 den jährlich erscheinenden »Schriften der Theodor-Storm-Gesellschaft« zu entnehmen sind. Diese könnten in Laages Katalog ergänzend eingetragen werden, denn der Verfasser verzeichnet sämtliche Storm-Texte, Gedichte, Novellen und Erzählungen, Tagebücher und andere Handschriften, selbst wenn die »Fundorte der Handschriften nicht bekannt sind oder die Handschriften z.Z. als verschollen gelten müssen« (Laage, 1985, S.133).

Folgende weitere, öffentlich zugängliche Aufbewahrungsorte von Storm-Manuskripten nennt Laage: das Nissenhaus/Nordfriesisches Museum Husum, das Klaus-Groth-Museum Heide, das Schleswig-Holsteinische Landesarchiv Schleswig, die Deutsche Staatsbibliothek Berlin, die Staatsbibliothek zu Berlin – Preußischer Kulturbesitz, das Archiv des Westermann Verlages Braunschweig, das Schiller-Nationalmuseum/Deutsches Literaturarchiv Marbach, die Bayerische Staatsbibliothek München, das Germanische Nationalmuseum Nürnberg, das Goethe- und Schiller-Archiv Weimar, die Bibliotheca Bodmeriana Genf, die Zentralbibliothek Zürich, die Houghton Library, Harvard University, Cambridge, Mass., (USA).

Über Jahrzehnte standen für Forschungszwecke im Prinzip zwei Gesamtausgaben zur Verfügung: die von Albert Köster besorgte Ausgabe *Sämtliche Werke*, 8 Bde., Leipzig 1919-1920 sowie die Edition von Peter Goldammer, *Sämtliche Werke in vier Bänden*, 2., überarb. u. erg. Auflage, Berlin und Weimar 1967 (7. überarb. Aufl. 1992). Kösters Edition war als »kritische Ausgabe« konzipiert; Band 8 enthält die Anmerkungen, Angaben zur Druckgeschichte, Lesarten, u.a. auch Handschriftenverweise und Entstehungsgeschichtliches mit Briefzitaten. Goldammer ging auf die Texte Kösters zurück, nahm aber nach den Prinzipien des Aufbau-Verlages behutsame Modernisierungen in Orthographie und Interpunktion vor. Er bereicherte gegenüber der Kösterschen Ausgabe die Gruppe Lyrik, Märchen und Spukgeschichten, Autobiographisches sowie die Rezensionen und brachte erstmals Storms Korrespondenzen aus dem Jahre 1848 für die »Schleswig-Holsteinische Zeitung«. Der Anmerkungsteil mit dem Quellenmaterial zur Entstehungs- und Wirkungsgeschichte der Texte sowie der knappe und informative Zeilenkommentar war für den damaligen Zeitpunkt und für eine als Leseausgabe konzipierte Edition mustergültig. Freilich gab Goldammer, dem Charakter dieser Leseausgabe entsprechend, weniger Textvarianten als Köster.

Den Herausgebern der sogenannten Säkularausgabe, Karl Ernst Laage und Dieter Lohmeier, gebürt das Verdienst, einen kritisch durchgesehenen und mit einem Editionsbericht versehenen Text zu präsentieren (Kösters Textfassungen waren z.T. Mischtexte, aus Handschriften, Erstdrucken und den Drucken der seit 1868 bei George Westermann erschienenen *Gesammelten Schriften* Storms kontaminiert). Die Textfassungen der Säkularausgabe gehen in der Regel auf den jeweils letzten, von Storm geprüften Druck zurück, das ist im »allgemeinen derjenige der *Gesammelten Schriften* in 19 Bänden, die zu Ende des Jahres 1888 mit dem Datum 1889 erschienen sind« (LL, Bd.1, S.741). Damit stellen die *Sämtlichen Werke* heute die für wissenschaftliche Zwecke gundsätzlich zu empfehlende Ausgabe dar.

Erweitert wurde in der Gedichtabteilung des 1. Bandes die *Nachlese*. Lohmeier bringt hier reichlich 80 Gedichte erstmals zum Druck, davon sind vor allem die ca. 40 Gedichte aus der Abteilung 1833-1836 interessant. Sie stammen vorrangig aus Storms handschriftlicher Sammlung *Meine Gedichte* und können »manchen Aufschluß« geben über die »kulturelle Verspätung der Kleinstadt, in der er [Storm] aufgewachsen ist, und über seine persönliche Umwelt, von der man sonst verhältnismäßig wenig weiß« (LL, Bd.1, S.899). Auch entnimmt man dieser Abteilung, daß Storm in den frühen

Jahren noch mit verschiedenen Versmaßen und Strophenformen experimentierte. Der zweite Teil der *Nachlese*, 1827-1843, (Lohmeier präsentiert hier 20 Erstdrucke), versammelt die Gedichte, die während Storms Studienzeit entstanden, viele davon an Bertha von Buchan gerichtet. Für den Storm-Forscher ist dieser Entwicklungsabschnitt des Dichters insofern von besonderem Interesse, als sich hier die zukünftige Originalität des Lyrikers abzuzeichnen beginnt. Der dritte Teil der *Nachlese* umfaßt den größten Zeitraum, er reicht von 1844 bis 1888 und wird vom Herausgeber inhaltlich und chronologisch gegliedert: zu Beginn stehen die Gedichte, die Storm vor allem in den Briefen an Constanze während seiner Verlobungszeit mitteilte, dann die künstlerisch wertvollen Verse *»Rote Rosen«* und *»Mysterium«*, die der Dichter wahrscheinlich aus Pietätsgründen nie veröffentlichte und die auch Goldammer bereits in der *Nachlese* brachte. Politische Gedichte schließen sich an sowie das erst 1984 von David A. Jackson aufgefundene Gedicht mit Weltanschauungscharakter, *»An deines Kreuzes Stamm o Jesu Christ«*. Die Erstdrucke dieser Abteilung stellen fast ausnahmslos Gelegenheitsverse und Widmungen dar.

Im 4. Band der Ausgabe ist auf den bisher nicht publizierten frühesten Prosatext Storms, *Celeste*, und auf die unter Autobiographisches eingereihte fiktive Prosa *Beroliniana* aufmerksam zu machen, Texte – künstlerisch freilich belanglos – die beim Erschließen der Biographie und der Entwicklung der Bildwelt Storms nicht unbeachtet bleiben sollten. Gleiches gilt für die Entwürfe zu nicht ausgeführten Novellen, *Im Korn*, *Marie von Lützow*, *Florentiner Novelle* und *Sylter Novelle* (die drei anfangs genannten Entwürfe erscheinen hier im Erstdruck). Auch Storms Tagebuch *Was der Tag gibt* (von ihm geführt von 1881 bis 1883) mit wichtigen Aufzeichungen zu seiner Novellistik und poetologischen Überlegungen wurde bisher noch nie vollständig publiziert. Lohmeier bereichert die Abteilung ›Tagebuchaufzeichnungen‹ zudem durch umfangreiche Auszüge aus dem ab 1883 bis 1888 geführten sogenannten *Braunen Taschenbuch* sowie durch die Eintragungen zwischen 1870 bis 1874 in den kleinen Notizkalender *Agenda*.

Der kritische Apparat bietet nach Aussagen der Herausgeber bei den von Storm selbst noch in die *Gesammelten Schriften* aufgenommenen Gedichten die Lesarten vollständig, bei den übrigen Gedichten und Novellen nur jene Varianten, »die für die Textgeschichte oder für Storms Gestaltungsabsichten aufschlußreich sein können« (LL, Bd.1, S.742f.). Die Textvarianten werden z.T. im Abschnitt ›Entstehung‹, z.T erst im Zeilenkommentar präsentiert. Die Teile ›Entstehung‹, ›Quellen‹ und ›Wirkung‹ der Anmerkungen stellen neben dem kritischen Apparat eine editorische Leistung dar, die sich in ihrem ganzen Umfang erst allmählich beim vertieften Studium der einzelnen Texte voll erschließt, zahlreiche Quellen und Zeugnisse wurden neu entdeckt und hier erstmals präsentiert. Nicht unproblematisch sind dagegen die Einleitungskapitel im Kommentarteil jeden Bandes (auch Teile der ›Würdigung‹), die verschiedene Schaffensperioden einschätzen und Wertungen zu den Leistungen Storms auf dem Gebiet der Lyrik, Novellistik und Märchendichtung abgeben. Sie können nur zum Teil den heutigen Forschungsstand erfassen, wirken jedoch zugleich an solch exponierter Stelle kanonbildend. Diese Teile der Edition werden zwangsläufig am raschesten veralten, wenn die Ausgabe ihre eigentliche Funktion erfüllt, nämlich durch den neuen, gesicherten Text die Storm-Forschung weiter zu beleben.

3. Briefe

Von großer Bedeutung für die Beschäftigung mit Storm sind seine Briefe. Im Nachlaß, so Laage (1982), befinden sich ca. 4500 Briefe von und an ihn. An dem dringend erforderlichen kompletten Briefverzeichnis arbeitet z.Z. Elke Jacobsen im Archiv der Theodor-Storm-Gesellschaft. Einen ersten Überblick über die erhaltenen Originalbriefe Storms und über ihre Bedeutung für die Forschung gab Franz Stuckert 1952 in den »Schriften der Theodor-Storm-Gesellschaft«; regelmäßig wird dann an diesem Ort über Neuerwerbungen berichtet. Storm-Briefe an verschiedene Empfänger sind bereits ausgangs des 19. Jahrhunderts in Zeitschriften, Erinnerungen der Adressaten und in biographischen Abhandlungen erschienen. Die Reihe der Briefeditionen begann aber im Prinzip erst mit Gertrud Storms Ausgaben *Briefe in die Heimat* (1907), *Briefe an seine Braut* (1915) und *Briefe an seine Frau* (1915), *Briefe an seine Kinder* (1916) und *Briefe an seine Freunde* (1917). Die Schwächen der Briefausgaben der Storm-Tochter, die keinerlei wissenschaftliche Ausbildung besaß, sind hinlänglich bekannt, Laage hat sie zuletzt 1980 nochmals benannt: Gertrud Storm kürzte Briefe, ohne dies kenntlich zu machen, veränderte schwierige Sätze, strich »verfängliche und weniger interessante Abschnitte« und ließ ganze Briefe und Briefgruppen« weg (Laage, 1980, S.67). Für wissenschaftliches Arbeiten sind Gertrud Storms Briefeditionen deshalb im Grunde nicht geeignet; trotzdem wird man auf sie zurückgreifen müssen, solange keine textgenauen und vollständigen Ausgaben vorliegen. Die Herausgabe der Familienbriefe, voran die an Braut, Frau und Kinder, ist deshalb von äußerster Dringlichkeit (vgl. dazu auch Kap. I.5. und I.6.2. dieses Bandes; vgl. dazu auch Jackson, 1992, S.259).

Einen Querschnitt durch das Briefwerk gibt Peter Goldammers zweibändige Briefausgabe von 1971, (2. durchges. Aufl. 1984). Goldammer bringt die Brieftexte in vollem Wortlaut und wenn möglich nach den Handschriften, jedoch wieder nach den Prinzipien des Aufbau-Verlages in Orthographie und Interpunktion modernisiert. Die Auswahl umfaßt Briefe aus sämtlichen Lebensabschnitten des Dichters und bietet u.a. seine wichtigsten Äußerungen zu den eigenen Texten und zur Poetik, zur Weltanschauung und zum politischen Zeitgeschehen. Im Vorwort gibt Goldammer ein lesenswertes knappes Porträt des Briefschreibers Storm, wenngleich etwas stark durch die Sicht Fontanes auf das ›Stormsche‹ geprägt.

Es ist ein großes Verdienst der Theodor-Storm-Gesellschaft, 1967 anläßlich des 150. Geburtstages des Dichters eine Reihe von Storms Briefwechseln in kritischer Ausgabe initiiert zu haben. Im Berliner Erich Schmidt-Verlag sind seitdem in regelmäßigen Abständen Briefbände erschienen, die fast ausnahmslos durch ihre editorische Akribie und einen Kommentar bestechen, der, wie in dem Storm-Heyse-Briefwechsel, kaum etwas zu wünschen übrig läßt. Briefwechsel mit folgenden Adressaten sind bisher erschienen: Clifford Albrecht Bernd brachte drei Bände des Briefwechsels Storm – Paul Heyse heraus (1969, 1970, 1974), Karl Ernst Laage zwei Bände des Briefwechsels Storm – Erich Schmidt (1972, 1976), Hildburg und Werner Kohlschmidt: Storm – Eduard und Margarete Mörike (1978),

Arthur Tilo Alt: Storm – Ernst Esmarch (1979),
Jacob Steiner: Storm – Theodor Fontane (1981),
Brian Coghlan: Storm – Wilhelm Petersen (1984),
August Stahl: Storm – Hartmuth und Laura Brinkmann (1986),
Boy Hinrichs: Storm – Klaus Groth (1990),
Walter Hettche: Storm – Otto und Hans Speckter (1991),
Karl Ernst Laage: Storm – Gottfried Keller (1992),
Peter Goldammer: Storm – Heinrich Schleiden (1995).

Weniger umfangreiche bzw. weniger gewichtige Korrespondenzen fanden Platz in den »Schriften der Theodor-Storm-Gesellschaft«: Briefe an (bzw. an und von): Georg Scherer und Detlev von Liliencron (1954), Ludwig Eichrodt (1965), Karl Emil Franzos (1969), Hermione von Preuschen (1973), Julius Rodenberg (1973), Emilie Gräfin zu Reventlow (1976), Hieronymus Lorm (1978), Dorothea Jensen (1979), Johannes Magnussen (1984), Elise Polko (1990), Wilhelm Mauke (1991), Gustav Stuhr (1991), Franz Kugler (1993), Ludwig Loewe (1994), Heinrich Seidel (1996) (vgl. zu den Brief-

Veröffentlichungen und Brief-Editionen auch die Bibliographie dieses Bandes).

4. *Bibliographische Hilfsmittel, Forschungsberichte*

4.1. Bibliographische Hilfsmittel

Die gesamte Literatur von und über Theodor Storm bis 1966 nach Sachgebieten geordnet verzeichnet die Bibiliographie von Hans-Erich Teitge (1967). Ältere Teilbibliographien wie die z.B. von Elmer O. Wooley (1943) und Clifford Albrecht Bernd (1954) sind darin miterfaßt. Nachträge zu Teitge sowie fortlaufende Neuerscheinungen bringen seit 1974 die »Schriften der Theodor-Storm-Gesellschaft«, 1974 und 1975 zusammengestellt von Kurt Meyer, 1976 bis 1988 von Margarete Draheim und ab 1989 von Elke Jacobsen. Die Bibliographie in den »Schriften« gliedert sich in die Abteilung I, Werke, Übersetzungen und Briefe, Abteilung II, Sekundärliteratur, und Abteilung III, Sekundärliteratur (Examensarbeiten und ähnliches). Eine Auswahlbibliographie brachte zudem Hartmut Vinçon 1973 im Storm-Band der Sammlung Metzler, Vinçon bot auch eine Übersicht über Storms zu dessen Lebzeiten erschienene Schriften (vgl. Vinçon, 1973, S.13-17). Eine Chronologie der Erstveröffentlichungen der Gedichte, die Fritz Böhme in seiner Ausgabe von 1936 versammelte, erstellte 1943 Elmer O. Wooley. Die Chronologie müßte jedoch heute mit den Angaben Dieter Lohmeiers in der *Gesamtausgabe* verglichen werden.

Die Bibliographie von Alfred Sobel, 1993 in Buchform erschienen und mit »beigefügtem Verzeichnis von Lehrerhandreichungen und Unterrichtshilfen zu T. Storm für den Deutschunterricht«, schließt an die Hans-Erich Teitges an und umfaßt den Zeitraum von 1967 bis 1991. Bei der Primärliteratur bietet der Verfasser allerdings nur eine Auswahl (vgl. dazu die Rezension von Goldammer, 1996). Leider beeinträchtigen Flüchtigkeits- und Druckfehler sowie Unexaktheiten auch mangels einer genaueren Kenntnis der Storm-Texte und der Storm-Forschung erheblich die Brauchbarkeit (vgl. dazu auch die Rezension von Pastor, 1994). Ein Nachprüfen von Sobels Angaben ist leider in vielen Fällen notwendig. Trotzdem erleichtert sein Verzeichnis die Orientierung auf dem Gebiet der weitgefächerten Forschungsliteratur zu Storm, und der spezielle Überblick über Interpretationen in Lehrerheften und Unterrichtshilfen ist wichtig und hilfreich zugleich, gingen und gehen doch wesentliche Anstöße zur Storm-Rezeption vom Deutschunterricht und von den Deutschlehrern aus.

4.2. Forschungsberichte

Hartmut Vinçon erarbeitete 1973 im Band *Theodor Storm* der Sammlung Metzler einen Bericht, der die Forschung zu »Leben und Werk« Theodor Storms seit 1945 kommentierte. Seinen Wertungsansatz entwickelte Vinçon in deutlicher Abgrenzung zu der von ihm so benannten »Storm-Legende«. Deren Anfang sah Vinçon in Erich Schmidts Stilisierung Storms »zum Dichter der Gemütlichkeit und der Resignationspoesie« (Vinçon, 1973, S.1) und deren letzte Auswüchse in der geschichtslosen »Auslegunskunst der postfaschistischen bürgerlichen Literaturgeschichtsschreibung« der 50er und frühen 60er Jahre (ebd., S.6; vgl. zu Vinçons Storm-Bild auch Kap. III.5. dieser Arbeit).

Einzelne Forschungsberichte zur Lyrik und Novellistik Storms (vgl. Sang, 1981 bzw. 1982) und zu speziellen Entwicklungen von Rezeption und Forschung in einzelnen Ländern (Amerika und Japan z.B.) sind der Bibliographie im Anhang dieses Bandes zu entnehmen.

Einen besonderen Stellenwert innerhalb der Forschungsberichte nimmt das Heft des Jahrgangs 1993 der »Schriften der Theodor-Storm-Gesellschaft« ein, das das Husumer Kolloquium »Perspektiven der Storm-Forschung« von 1992 dokumentiert. Dieses Heft kann heute Ausgangspunkt für eine beginnende wissenschaftliche Beschäftigung mit Storm sein. Bekannte Storm-Forscher aus dem In- und Ausland resümieren hier das bisher Geleistete und formulieren zugleich Aufgaben für künftige wissenschaftliche Arbeiten: David A. Jackson z.B. fordert, »den Inhalt von Storms Lyrik neu zu definieren« und damit auch die elementaren Zusammenhänge von Lyrik und Novellistik neu zu erfassen (Jackson, 1993, S.39). Dieter Lohmeier plädiert für sozialpsychologische Untersuchungen über die Familiarität im 19. Jahrhundert im Zusammenhang mit Storms problematischen Beziehungen zu seinen Kindern und Eckart Pastor u.a. für die Analyse der zentralen »Bild-und Metaphernstrukturen« der einzelnen Novellen (Pastor, 1993, S.52). Boy Hinrichs formuliert Thesen zur Rezeptionsforschung und Harro Segeberg Überlegungen zur Intermedialität bei Storm.

Die seit 1952 jährlich erscheinenden »Schriften der Theodor-Storm-Gesellschaft« stellen vor allem seit 1968 *das* Organ der nationalen und internationalen Stormforschung dar, deren Entwicklungen, Leistungen und Grenzen sich an den hier publizierten Beiträgen gut ablesen lassen.

5. Biographien

Die Verbindung von Leben und Werk, Biographie und Text ist ein bereits zu Lebzeiten des Dichters existierender, z.T. hochproblematischer, weil die Texte stark überformenden Ansatz der Forschung, der bis heute den Kern der wissenschaftlichen Arbeit über Storm bildet. Ausdruck dafür sind eine Reihe von Biographien, die einen wesentlichen Teil der Forschungsgeschichte repräsentieren.

Auch heute noch als Quellenwerk zu nutzen ist die erste umfangreiche Storm-Biographie, die Gertrud Storm 1912/13 verfaßte und die Walter Zimorski, mit einem Nachwort versehen, 1991 noch einmal im Nachdruck herausbrachte. Sie beruht auf vielen persönlichen Erinnerungen der Verfasserin an Eltern und Großeltern und erreicht dadurch Authentizität; sie enthält freilich manche Unkorrektheiten beim Zitieren von Textzeugnissen, und Gertrud Storms idyllisierende Sicht auf die Vergangenheit zusammen mit einem Stil, der den des Vaters in unguter Weise nachahmt, haben viel dazu beigetragen, das Persönlichkeitsbild des Autors frühzeitig zu glätten.

Unerläßlich für die Beschäftigung mit Storm ist nach wie vor auch die Biographie von Franz Stuckert von 1955, *Theodor Storm. Sein Leben und seine Welt*. Einerseits muß man klar sehen, daß Stukkerts Textdeutungen auf Begriffen beruhen wie ›Stammestum‹ und ›Schicksal‹ sowie einem metaphysischen Schuldverständnis und daß diese Paradigmen nach dem Krieg nur leicht eingefärbt wurden durch eine existenzialistische Sicht. Sie sind rückgebunden an die Naziideologie, die Stuckert ziemlich unverblümt in seiner ersten, kleineren, 1940 erstmals erschienenen Biographie, *Theodor Storm. Der Dichter in seinem Werk*, zum Ausdruck brachte (vgl. hier besonders das Kapitel zum *Schimmelreiter*, Stuckert, 1940, S.120ff.). Heute kaum nachzuvollziehen ist zudem die Tatsache, daß diese Biographie nur geringfügig überarbeitet in 2. Auflage 1952 und in 3. Auflage noch 1966 (!) erschien. Andererseits muß betont werden, daß Franz Stuckert einen ausgeprägten Sinn für die Seite der Persönlichkeit des Dichters hatte, die auf seine künstlerischen Konstitution hindeutet, für die starken Gefühlsspannungen, in denen Storm lebte und die vor Stuckert nur Thomas Mann in seinem Essay von 1930 recht zu erfassen und zu würdigen verstand (zur Bedeutung von Thomas Manns Storm-Essay, vgl. Laages umfangreichen Begleittext zur neuen Edition dieses Textes 1996). Auch Thomas Mann ging bei seiner Annäherung an Storm von dessen Persönlichkeit aus, der »sensitive[n] Vergeistigung« und dem »Extremismus seiner Gemütshaftigkeit«, dem »Norm-und Glückswidrigen, das zur künstlerischen Konstitution gehört« (Laage, 1996, S.25).

Neben Stuckert müßte heute die fast zeitgleich, nämlich 1959 erschienene Biographie von Fritz Böttger gelesen werden. Böttger versuchte, die historischen Bezüge von Leben und Werk herauszuarbeiten und ließ sich tiefgründig und kenntnisreich auf Autor und Texte ein. Freilich stand bei Böttger ein Geschichtsbild im Hintergrund, das zentriert war um die vom Bürgertum ›verlorene‹ Revolution von 1848 und den damit einhergehenden Verlust der Progressivität im politischen wie weltanschaulichen Bereich. Auch Peter Goldammers Biographie, *Theodor Storm. Einführung in Leben und Werk*, 1968 erstmals im Reclam-Verlag erschienen (4., durchges. Aufl. 1990), die zugleich als Vorwort zu den verschiedenen Auflagen seiner vierbändigen Werkausgabe fungiert, ist mit dieser Sicht auf den Geschichtsverlauf verbunden. Sie bietet darüber hinaus jedoch ein ausgewogenes, einfühlsames und lesenswertes Porträt der Persönlichkeit des Dichters und akzentuiert in den Teilen, wo Ansätze zu Novelleninterpretationen vorgetragen werden, die gesellschaftskritischen Aspekte von Storms Werk.

Die im Umfang und im Adressatenbezug mit Goldammer vergleichbare Biographie von Hartmut Vinçon erschien 1972 erstmals in der populären Reihe »rowohlts monographien« und erlebte 1994 die 13., unveränderte (!) Auflage. Hier scheint mittlerweile die Gefahr der Kanonisierung eines Standpunktes vorzuliegen, der vor allem bei den Interpretationen bedenklich reduktionistisch-tendenziös wirkt. Schließlich opfert Vinçon einen Hauptteil von Storms Werk, indem er vom Autor im Grunde eine ideologiekritische Durchdringung der historischen Klassenkonflikte auf dem Level der Marx-Schriften erwartet. Gleichwohl ist unbedingt zu würdigen, daß Vinçons radikaler Ansatz Anfang der 70er Jahre der hochproblematischen Rezeptionsgeschichte Storms in der ersten Hälfte des 20. Jahrhunderts geschuldet war, nämlich der Tatsache, daß mit der »Umfälschung« Storms zum »Heimatdichter und Nationalisten« seine »faschistische Funktionalisierung« vorbereitet wurde (Vinçon, 13. Aufl. 1994, S.158). In ausgewogenerer Art stellt auch Karl Ernst Laages Buch von 1979, *Theodor Storm. Leben und Werk* (6. Aufl. 1993), den »kritischen Storm« ins Zentrum (vgl. zu Laage Storm-Bild auch sein Bändchen von 1989, *Der kritische Storm*). Laage garantiert bei aller Knappheit in der Darstellung Faktengenauigkeit, die in den erweiterten und überarbeiteten Auflagen auf den neuesten Forschungstand gebracht wurde.

Paul Barz und Henning Berkefeld konzentrieren sich 1988 in ihrer erzählenden, sehr anschaulichen Darstellung auf die Verknüpfungen von Storms Lebensumständen mit der historischen Entwicklung Schleswig-Holsteins. Roger Paulin bietet in seiner Biographie von 1992, erschienen in der populären Beckschen Reihe, auf dem ihm zur Verfügung stehenden knappen Raum nichts wirklich Neues (z.T. sind die zwischen Text und Kontext hergestellten Zusammenhänge recht spekulativ, vgl. auch Kap. I.6.3. dieser Arbeit).

In der Gegenwart gibt es zwei umfangreiche und maßgebende Biographien, die von Georg Bollenbeck (1988 im Insel-Verlag erschienen und 1991 dort auch in der Taschenbuch-Ausgabe), und die von David A. Jackson von 1992, die leider bisher nur in englischer Sprache vorliegt. Bollenbeck geht es »um Storms Individualität als gesellschaftliche Erscheinung, um den Ereignischarakter seiner Werke in und gegenüber einer bestimmten literarischen Reihe« (Bollenbeck, 1991, S.19), und er stellt die politisch-soziale wie kulturell-geistige Welt Storms als den ›Ermöglichungszusammenhang‹ der Texte dar. Der Verfasser besitzt ein gutes Einfühlungsvermögen in die Zeitverhältnisse bei klarer problematisierender Sicht auf sie und ein Gespür für das dem Autor Bedeutsame. Sein Stil, erfrischend locker und unprätentiös, verweist auf das Bemühen, eine Brücke zu schlagen zwischen dem heutigen Leser und der über 100 Jahre zurückliegenden Lebenswelt des Autors (zu einzelnen Abschnitten von Bollenbecks Biographie, vgl. u.a. Kap. I.3.1., I.4. und I.6.2. dieser Arbeit).

Maßstabsetzend in bezug auf die Darstellung der menschlichen sowie der geistig-weltanschaulichen Entwicklung Storms ist die Biographie David A. Jacksons. Der Verfasser konnte dabei von seinen Forschungen zu Storms Verhältnis zur Religionskritik seiner Zeit profitieren sowie von seinen einschlägigen Textstudien und Interpretationen. Jacksons Verdienst besteht jedoch vor allem in der Präsentation und differenzierten Bewertung von neuem Quellenmaterial, das viele Stereotypen der Storm-Biographik in Frage stellt. Erst durch die lückenlose Einbeziehung des vorhandenen Materials und erst durch einen solch nüchternen Blick auf die Tatsachen, wie ihn Jackson besitzt, ist eine wirkliche Basis für ein neues Stormverständnis geschaffen (zu einzelnen Abschnitten von Jacksons Biographie, vgl. u.a. Kap. I.1. und I.6.2. dieser Arbeit).

Abkürzungsverzeichnis

Abgekürzt zitierte Literatur
(in alphabetischer Reihenfolge der Abkürzungen):

BB: *Theodor Storm. Briefe an seine Braut* (Constanze Esmarch), hrsg. Gertrud Storm, Braunschweig 1915

BF: *Theodor Storm. Briefe an seine Frau* (Constanze Storm), hrsg. Gertrud Storm, Braunschweig 1915

BH: *Briefe in die Heimat aus den Jahren 1853-1864*, (an seine Eltern Johann Casimir und Lucie Storm), hrsg. Gertrud Storm, Berlin 1907

BK: *Theodor Storm. Briefe an seine Kinder* (an Hans, Ernst, Liesbeth, Lucie, Elsabe, Gertrud und Dodo Storm), hrsg. Gertrud Storm, Braunschweig 1916

Böttger [1959]: Fritz Böttger: *Theodor Storm und seine Zeit*, Berlin [1959]

Bollenbeck, 1991: Georg Bollenbeck: *Theodor Storm. Eine Biographie*, Frankfurt a. Main 1991, (Insel-Taschenbuch 1347)

Br.: *Theodor Storm – Hartmuth und Laura Brinkmann*. Briefwechsel. Kritische Ausgabe. In Verbindung mit der Theodor-Storm-Gesellschaft, hrsg. August Stahl, Berlin 1986

Ch.: *Storm als Erzieher. Seine Briefe an Ada Christen*, hrsg. Oskar Katann, Wien 1948

DR: Deutsche Rundschau, Berlin 1874ff.

E: Erstdruck

Es.: *Theodor Storm – Ernst Esmarch*. Briefwechsel. Kritische Ausgabe. In Verbindung mit der Theodor-Storm-Gesellschaft, hrsg. Arthur Tilo Alt, Berlin 1979

F: *Theodor Storm – Theodor Fontane*. Briefwechsel. Kritische Ausgabe. In Verbidnung mit der Theodor-Storm-Gesellschaft, hrsg. Jacob Steiner, Berlin 1981

FB: Theodor Fontane: *Briefe*, hrsg. Walter Keitel und Helmuth Nürnberger, Bd. 1 (1833-1866), München 1976 bzw. Bd.3 (1879-1889), München 1980

Freund, 1987: Winfried Freund: *Theodor Storm*, Stuttgart 1987

G: *Theodor Storm – Klaus Groth*. Briefwechsel. Kritische Ausgabe. Mit Dokumenten u. den Briefen von Storm und Groth zum Hebbel-Denkmal im Anhang. In Verbindung mit der Theodor-Storm-Gesellschaft, hrsg. Boy Hinrichs, Berlin 1990

GB, Bd.1-2: *Theodor Storm. Briefe*, hrsg. Peter Goldammer, 2 Bde., 2., durchges. Aufl., Berlin und Weimar 1984

GW, Bd.1-4: Theodor Storm: *Sämtliche Werke in vier Bänden*, hrsg. Peter Goldammer, Berlin und Weimar, 2., überarb. und erg. Aufl., Berlin und Weimar 1967

H: *Theodor Storm – Paul Heyse*. Briefwechsel. Kritische Ausgabe. In Verbindung mit der Theodor-Storm-Gesellschaft, hrsg. Clifford Albrecht Bernd, 3 Bde., Berlin 1969-1974

In Search of the Poetic Real, Stuttgart 1989: John F. Fetzer, Roland Hoermann, Winder McConnell (Hrsg.): *In Search of the Poetic Real. Essays in Honor of Clifford Albrecht Bernd on the Occasion of his Sixtieth Birthday*, Stuttgart 1989

Jackson, 1992: David A. Jackson: *Theodor Storm. The Life and Works of a Democratic Humanitarian*, New York/Oxford 1992

K: *Theodor Storm – Gottfried Keller*. Briefwechsel. Kritische Ausgabe. In Verbindung mit der Theodor-Storm-Gesellschaft, hrsg. Karl Ernst Laage, Berlin 1992

Laage, 6. erw. und überarb. Aufl. 1993: Karl Ernst Laage: *Theodor Storm. Leben und Werk*, 6. erw. und überarb. Aufl. 1993

Laage, 1985 bzw. 1988: Karl Ernst Laage (Hrsg.): *Theodor Storm: Studien zu seinem Leben und Werk mit einem Handschriftenkatalog*, Berlin 1985, 2. erw. u. verb. Aufl. 1988

LL, Bd.1-4: Theodor Storm: *Sämtliche Werke in vier Bänden*, hrsg. Karl Ernst Laage und Dieter Lohmeier, Frankfurt a. Main 1987-1988

Martini, 4. Aufl. 1981: Fritz Martini: *Deutsche Literatur im Bürgerlichen Realismus 1848-1898*, 4. mit einem neuen Vorwort und erweitertem Nachwort versehene Aufl., Stuttgart 1981

Mo.: *Theodor Storms Briefwechsel mit Theodor Mommsen*, hrsg. Hans-Erich Teitge, Weimar 1966

Mö.: *Theodor Storm – Eduard Mörike. Theodor Storm – Margarethe Mörike*. Kritische Ausgabe. In Verbindung mit der Theodor-Storm-Gesellschaft, hrsg. Hildburg und Werner Kohlschmidt, Berlin 1978

Pastor, 1988: Eckart Pastor: *Die Sprache der Erinnerung. Zu den Novellen von Theodor Storm*, Frankfurt a. Main 1988

Paulin, 1992: Roger Paulin: *Theodor Storm*, München 1992

Pe.: *Theodor Storm – Wilhelm Petersen*. Briefwechsel. Kritische Ausgabe. In Verbindung mit der Theodor-Storm-Gesellschaft, hrsg. Brian Coghlan, Berlin 1984

Pie.: *Blätter der Freundschaft. Aus dem Briefwechsel zwischen Theodor Storm und Ludwig Pietsch*, hrsg. Volquart Pauls, Heide 1939

Roebling, 1983: Irmgard Roebling: »Liebe und Variationen. Zu einer biographischen Konstante in Storms Prosawerk«, Amsterdamer Beiträge zur Neueren Germanistik 17 (1983), S.99-130

Sch.: *Theodor Storm – Erich Schmidt*. Briefwechsel. Kritische Ausgabe. In Verbindung mit der Theodor-Storm-Gesellschaft, hrsg. Karl Ernst Laage, 2 Bde., Berlin 1972-1976

Schl.: *Theodor Storm – Heinrich Schleiden*. Briefwechsel. Kritische Ausgabe. In Verbindung mit der Theodor-Storm-Gesellschaft, hrsg. Peter Goldammer, Berlin 1995

Schriften: Schriften der Theodor-Storm-Gesellschaft, Heide 1952 ff.

Sp.: *Theodor Storm – Otto Speckter. Theodor Storm – Hans Speckter.* Briefwechsel. Kritische Ausgabe. In Verbindung mit der Theodor-Storm-Gesellschaft, hrsg. Walter Hettche, Berlin 1991

G. Storm, Bd.1,2, 1912/1913: Gertrud Storm: *Theodor Storm. Ein Bild seines Lebens*, 2 Bde., Berlin 1912/1913

Stuckert, 1955: Franz Stuckert: *Theodor Storm. Sein Leben und seine Welt*, Bremen 1955

T: Karl Ernst Laage: *Theodor Storm und Iwan Turgenjew. Persönliche und literarische Beziehungen, Einflüsse, Briefe, Bilder*, Vaduz, Liechtenstein 1989

Theodor Storm und das 19. Jahrhundert, Berlin 1989: Brian Coghlan und Karl Ernst Laage (Hrsg.): *Theodor Storm und das 19. Jahrhundert: Vorträge und Berichte des Internationalen Storm-Symposiums aus Anlaß des 100. Todestages Theodor Storms*, Berlin 1989

Vinçon, 1973: Hartmut Vinçon: *Theodor Storm.* Sammlung Metzler, Stuttgart 1973

Vinçon, 13. Aufl. 1994: Hartmut Vinçon: *Theodor Storm mit Selbstzeugnissen und Bilddokumenten*, Reinbek bei Hamburg, 13. Aufl. 1994

WM: Westermann's Illustrirte Deutsche Monatshefte, (ab 1882 Westermanns Illustrierte Deutsche Monatshefte), Braunschweig 1856 ff.

Bibliographie

1. Materialien

1.1 Der handschriftliche Nachlaß

Franz Stuckert: »Der handschriftliche Nachlaß Storms und seine Bedeutung für die Forschung«, Schriften 1 (1952), S.41-60

Karl Ernst Laage: »Der handschriftliche Nachlaß Theodor Storms. Katalog«, in: Laage, 1985, S.131-176; bzw. Laage, 2., erw. u. verb. Aufl. 1988, S.156-209

Karl Ernst Laage: »Neue Storm-Handschriften im Archiv der Theodor-Storm-Gesellschaft«, Schriften 29 (1980), S.55-63

Karl Ernst Laage: »Die Handschriften und ihre Bedeutung für die neue Storm-Ausgabe«, Schriften 38 (1989), S.19-25

1.2 Gesamtausgaben

Theodor Storm: *Sämtliche Werke*, hrsg. Albert Köster, 8 Bde., Leipzig 1919 ff.

Storms Werke, nach der von Theodor Hertel besorgten Ausgabe neubearbeitet und ergänzt von Fritz Böhme, 9 Bde., Leipzig 1935

Theodor Storm: *Sämtliche Werke in vier Bänden*, hrsg. Peter Goldammer, Berlin und Weimar, 2., überarbeitete und ergänzte Auflage 1967, 7., überarb. Aufl. 1992

Theodor Storm: *Sämtliche Werke in vier Bänden*, hrsg. Karl Ernst Laage und Dieter Lohmeier, Frankfurt a. Main 1987-1988

- Bd.1, Gedichte. Novellen 1848-1867, hrsg. Dieter Lohmeier, Frankfurt a. Main 1987
- Bd.2, Novellen 1867-1880, hrsg. Karl Ernst Laage, Frankfurt a. Main 1987
- Bd.3, Novellen 1881-1888, hrsg. Karl Ernst Laage, Frankfurt a. Main 1988
- Bd.4, Märchen. Kleine Prosa, hrsg. Dieter Lohmeier, Frankfurt a. Main 1988

Rezensionen zur Edition:

Gottfried Honnefelder, Schriften 38 (1989), S.6-8

Peter Goldammer, Arbitrium 2 (1990), S.225-229

Günter Häntzschel, Schriften 39 (1990), S.104-106

David A. Jackson, Germanic Review 65 (1990), S.43f. und S.136

Inge Diersen, Zeitschrift für Germanistik, N.F. 1 (1991), S.198-200

Jean Royer, Etudes Germaniques 46 (1991) 3, S.377f.

Roger Paulin, Zeitschrift für deutsche Philologie 112 (1993) 2, S.301-304

Literatur zur Edition: Dieter Lohmeier: »Zur Druckgeschichte der ›Ersten Gesamtausgabe‹ von Storms Werken«, Schriften 35 (1986), S.16-24

Dieter Lohmeier: »Warum eine neue Storm-Ausgabe?«, Schriften 38 (1989), S.9-18

Peter Goldammer: »Brauchen wir eine ›Storm-Philologie‹?«, in: Theodor Storm und das 19. Jahrhundert, Berlin 1989, S. 151-157

1.3 Briefe

Editionen und Veröffentlichungen von Storm-Briefen

(alphabetisch geordnet nach den Empfängern)

Ernst Feder: »Unbekannte Briefe von Theodor Storm (an Carl Aldenhofen)«, Maß und Wert 2 (1939), S.735-747; mit Ausnahme eines undatierten Billetts wieder abgedruckt bei Elga Böhm: »Carl Aldenhoven (1842-1907), der erste wissenschaftliche

Direktor des Wallraf-Richartz-Museums Köln«, Wallraf-Richartz-Jahrbuch 44 (1984), S.307-347

Alfred Biese: *Theodor Storm. Zur Einführung in Welt und Herz des Dichters.* (mit einem Anhang: Bisher ungedruckte Briefe Theodor Storms an den Verfasser), 3., verm. und verb. Aufl., Leipzig 1921

Alfred Biese: »Erinnerungen an Theodor Storm (Im Anhang: Die Korrespondenz Storm – Biese)«, Schriften 30 (1981), S.77-88

Theodor Storm – Hartmuth und Laura Brinkmann. Briefwechsel. Kritische Ausgabe. In Verbindung mit der Theodor-Storm-Gesellschaft, hrsg. August Stahl, Berlin 1986

F. O. Wooley: »Storm und Bertha von Buchan«, Schriften 2 (1953), S.19-51

Storms erste große Liebe: Theodor Storm und Bertha von Buchan in Gedichten und Dokumenten, hrsg. u. erl. v. Gerd Eversberg, Heide 1995

Else Brenke: »Neue Briefe von Theodor Storm (an Hedwig von Byern, Rosalie von Kaiserberg und Alexander von Wussow)«, Westermanns Monatshefte 66 (1921/22), S.501-504, 581-587

Storm als Erzieher. Seine Briefe an Ada Christen, hrsg. Oskar Katann, Wien 1948

Theodor Storms Briefe an Friedrich Eggers, hrsg. H. Wolfgang Seidel, Berlin 1911

Clifford Albrecht Bernd: »Ein unveröffentlichter Briefwechsel zwischen Theodor Storm und Ludwig Eichrodt (Storm als Literaturkritiker)«, Schriften 14 (1965), S.12-19

Theodor Storm. Briefe an seine Braut (Constanze Esmarch), hrsg. Gertrud Storm, Braunschweig 1915

Theodor Storm – Ernst Esmarch. Briefwechsel. Kritische Ausgabe. In Verbindung mit der Theodor-Storm-Gesellschaft, hrsg. Arthur Tilo Alt, Berlin 1979

Theodor Storm – Theodor Fontane. Briefwechsel. Kritische Ausgabe. In Verbindung mit der Theodor-Storm-Gesellschaft, hrsg. Jacob Steiner, Berlin 1981

Peter Goldammer: »Theodor Storm und Karl Emil Franzos. Ein unbekannter Briefwechsel«, Schriften 18 (1969) S.9-40

Christian Jenssen: »Theodor Storms Briefe an Klaus Groth«, Schriften 4 (1955), S.31-77

Theodor Storm – Klaus Groth. Briefwechsel. Kritische Ausgabe. Mit Dok. u. d. Briefen v. Storm u. Groth zum Hebbel-Denkmal im Anh. In Verbindung mit der Theodor-Storm-Gesellschaft, hrsg. Boy Hinrichs, Berlin 1990

Hans-Henrik Krummacher: »Lebensrückblick im Brief. Eine unbekannte Korrespondenz Theodor Storms mit seinem einstigen Lübecker Mitschüler Marcus von Heise-Rotenburg«, in: Martin Forstner und Klaus von Schilling (Hrsg.): *Interdisziplinarität. Deutsche Sprache und Literatur im Spannungsfeld der Kulturen. Festschrift für Gerhart Mayer zum 65. Geburtstag,* Frankfurt a. Main 1991

Theodor Storm – Paul Heyse. Briefwechsel. Kritische Ausgabe. In Verbindung mit der Theodor-Storm-Gesellschaft, hrsg. Clifford Albrecht Bernd, 3 Bde., Berlin 1969-1974.

Gerhard Ranft: »Theodor Storm und Dorothea geb. Jensen. Ein unveröffentlichter Briefwechsel«, Schriften 28 (1979), S.34-97

Der Briefwechsel zwischen Theodor Storm und Gottfried Keller, hrsg. Peter Goldammer, Berlin 1960, 2. Aufl., Berlin und Weimar 1967

Theodor Storm – Gottfried Keller. Briefwechsel. Kritische Ausgabe. In Verbindung mit der Theodor-Storm-Gesellschaft, hrsg. Karl Ernst Laage, Berlin 1992

»Theodor Storm: Brief an Frau Klander (Witwe von Christian Albrecht Klander)«, in: Heinrich Rieper: *Geschichte des Plöner Gymnasiums (1704-1930),* Plön 1956

»Ungedruckte Briefe Theodor Storms (an Heinrich Kruse)«, Die Bücherschau 3 (1912), S.38-43

Roland Berbig: »Der Unsern über dem Tannhäuser-Rütli. Franz Kuglers Briefe an Theodor Storm«, Schriften 42 (1993), S.115-139

Theodor Storm – Emil Kuh. Briefwechsel, hrsg. Erwin Streitfeld, (Habilitationsschrift), Graz 1985

Paul R. Kuh: »Briefwechsel zwischen Theodor Storm und Emil Kuh«, WM 67 (1889/ 90), S. 99-107, 264-274, 363-378, 541-554

Franz Stuckert: »Theodor Storm, Briefe an Georg Scherer und Detlev von Liliencron«, Schriften 3 (1954), S.15-59

Dieter Lohmeier: »Die Briefe Ludwig Loewes an Theodor Storm«, Schriften 43 (1994), S.23-41

Theodor Storms Briefe an seinen Freund Georg Lorenzen 1876 bis 1882, hrsg. Conrad Höfer, Leipzig 1923

Arthur Tilo Alt: »Theodor Storm und Hieronymus Lorm: Unveröffentlichte Briefe«, Schriften 27 (1978), S.26-36

Dieter Lohmeier: »Storm und sein dänischer Übersetzer Johannes Magnussen. Mit unveröffentlichten Briefen«, Schriften 33 (1984), S.53-70

Gerd Eversberg: »›Ich halte übrigens ein großes Stück auf diesen Mann‹. Briefwechsel zwischen Theodor Storm und dem Verleger Wilhelm Mauke«, Schriften 40 (1991), S.59-82

Theodor Storm – Eduard Mörike. Theodor Storm – Margarethe Mörike. Briefwechsel. Kritische Ausgabe. In Verbindung mit der Theodor-Storm-Gesellschaft, hrsg. Hildburg und Werner Kohlschmidt, Berlin 1978

Theodor Storms Briefwechsel mit Theodor Mommsen, hrsg. Hans-Erich Teitge, Weimar 1966

Friedrich Krüger: »Theodor Storms Briefe an Tycho Mommsen«, Die neue Rundschau 25 (1914), S.366-381

Heinrich Mack: »Theodor Storms Briefe an Albert Nieß«, Westermanns Monatshefte 81 (1936), S.71-76

Wilhelm Tornette: »Neue Stormbriefe (an die Gebrüder Paetel)«, Die Bücherschale (1927) 3, S.3-18

Theodor Storm – Wilhelm Petersen. Briefwechsel. Kritische Ausgabe. In Verbindung mit der Theodor-Storm-Gesellschaft, hrsg. Brian Coghlan, Berlin 1984

Blätter der Freundschaft. Aus dem Briefwechsel zwischen Theodor Storm und Ludwig Pietsch. hrsg. Volquart Pauls, Heide 1939, 2. Aufl., Heide 1943

Gerhard Ranft: »Theodor Storm und Elise Polko. Ein bisher unveröffentlichter Briefwechsel«, Schriften 39 (1990), S.46-68

Gerhard Ranft: »Theodor Storms Briefe an Hermione von Preuschen«, Schriften 22 (1973), S.55-94

Kurt Gassen: »Theodor Storm und Karl Theodor Pyl. Unbekannte Briefe«, Pommersche Jahrbücher 33 (1939), S.128-152

Hermann Fey: »Theodor Storm und sein Landsmann Carl Reinecke«, Schriften 5 (1956), S.43-59

Ferdinand Trömel: »Theodor Storms Briefe an die Gräfin Emilie Reventlow«, Schriften 25 (1976), S.25-47

Peter Goldammer: »Theodor Storm und Julius Rodenberg«, Schriften 22 (1973), S.32-54

Theodor Storm – Heinrich Schleiden. Briefwechsel. Kritische Ausgabe. In Verbindung mit der Theodor-Storm-Gesellschaft, hrsg. Peter Goldammer, Berlin 1995

Theodor Storm – Erich Schmidt. Briefwechsel. Kritische Ausgabe. In Verbindung mit der Theodor-Storm-Gesellschaft, hrsg. Karl Ernst Laage, 2 Bde., Berlin 1972-76

Gerd Eversberg: »Der Briefwechsel zwischen Theodor Storm und Heinrich Seidel«, Schriften 45 (1996), S.47-96

Theodor Storm – Otto Speckter. Theodor Storm – Hans Speckter. Briefwechsel. Kritische Ausgabe. In Verbindung mit der Theodor- Storm-Gesellschaft, hrsg. Walter Hettche, Berlin 1991

E. O. Wooley: »A letter of Storm to Julius Spengel«, Monatshefte für deutschen Unterricht 32 (1940), S.385f.

Theodor Storm. Briefe an seine Frau (Constanze Storm), hrsg. Gertrud Storm, Braunschweig 1915

Max Suhr: »Umzugsgedanken. Mit unbekannten Briefen v. Dorothea u. Theodor Storm«, Schriften 41 (1992), S.83-89

Theodor Storm. Briefe an seine Kinder (Hans, Ernst, Liesbeth, Lucie, Elsabe, Gertrud und Dodo Storm), hrsg. Gertrud Storm, Braunschweig 1916

Theodor Storm, Briefe an seinen Sohn Hans (vom 7. 5. 1869 – 1. 12.1873), Katalog 633, gewidmet dem Andenken an Günther Mecklenburg, J. A. Stargardt, Marburg 1985

Theodor Storms Briefe in die Heimat aus den Jahren 1853-1864 (an seine Eltern Johann Casimir und Lucie Storm), hrsg. Gertrud Storm, Berlin 1907

Walter Zimorski: »Familiärer Brief-Dialog. Theodor Storm und Otto Storms Heiligenstädter Doppelbrief vom 24. 11. 1857 an ihren Vater in Husum«, Wirkendes Wort 45 (1995) 3, S.417-427

Christian Gellinek: »Theodor Storms Briefe an Mitglieder der Familie seines Vetters Friedrich Gustav Stuhr aus Friedrichstadt«, Schriften 40 (1991), S.51-58

Heinrich Meyer: »Theodor Storm und Ferdinand Tönnies«, Monatshefte für deutsche Literatur 32 (1940), S.355-380

Karl Ernst Laage: »Theodor Storm und Iwan Turgenjew. Persönliche und literarische Beziehungen, Einflüsse, Briefe, Bilder«, Schriften 16 (1967) bzw. ders: *Theodor Storm und Iwan Turgenjew. Persönliche und literarische Beziehungen, Einflüsse, Briefe, Bilder*, Vaduz, Liechtenstein 1989

Theodor Storm, Briefe an Dorothea Jensen und Georg Westermann, hrsg. Ewald Lüpke, Braunschweig 1942

Verschiedene Empfänger:

Theodor Storm: *Briefe*, hrsg. Peter Goldammer, 2 Bde., Berlin und Weimar 1972, 2., durchges. Aufl. 1984

Theodor Storm. Ein rechtes Herz. Sein Leben in Briefen dargestellt von Bruno Loets, Leipzig 1945

1.3.1 Literatur zu den Briefeditionen

Karl Ernst Laage: »Storm-Briefveröffentlichungen. Vom Einzelbrief zur Briefbandreihe«, Schriften 29 (1980), S.66-71

Karl Ernst Laage: »Die Problematik von Briefeditionen und die Briefbandreihe der Storm-Gesellschaft«, Schriften 31 (1982), S.61-63

Jacob Steiner: »Schlußworte der Herausgeber anläßlich der Übergabe der Kritischen Ausgabe des Briefwechsels Theodor Storm – Theodor Fontane«, Schriften 31 (1982), S.64-66

Ellinor Kahleyss: »Der Storm-Petersen-Briefwechsel innerhalb der Reihe der Briefausgaben«, Schriften 34 (1985), S.17-20

Dies.: »Zur Edition des Briefwechsels von Storm mit Hartmuth und Laura Brinkmann«, Schriften 36 (1987), S.15-18

Dies.: »Unsere neuen Storm-Veröffentlichungen«, Schriften 39 (1990), S.11-14

Karl Ernst Laage: »Theodor Storms Briefe. Eine interessante Lektüre und eine wichtige Voraussetzung für die Storm-Forschung«, Schleswig-Holstein 6 (1990), S.7f

Ders.: »›Der Storm-Keller-Briefwechsel ist ein unschätzbarer Besitz unserer Literatur‹ (H. Maync) – Zur Neuedition der Briefe«, Schriften 42 (1993), S.7-13

Hans-Friedrich Rosenfeld: »Zum Briefwechsel Theodor Storm – Theodor Fontane«, Euphorion 84 (1990), S.449-451

1.4 Bibliographische Hilfsmittel, Forschungsberichte, Rezeption

1.4.1. Bibliographien

Elmer Otto Wooley: *Studies in Theodor Storm*, Bloomington, Ind. 1943, hier: S.106-141

Clifford Albrecht Bernd: »Die gegenwärtige Theodor-Storm-Forschung. Eine Bibliographie«, Schriften 3 (1954), S. 60-79

Hans Erich Teitge: *Theodor Storm. Bibliographie*, Berlin 1967

Hartmut Vinçon: *Theodor Storm*. Sammlung Metzler, Stuttgart 1973

Kurt Meyer: »Storm-Bibliographie«, Schriften 23 (1974) und 24 (1975)

Margarete Draheim: »Storm-Bibliographie«, Schriften 25 (1976) bis 36 (1987)

Elke Jacobsen: »Storm-Bibliographie«, Schriften 38 (1989) ff.

Alfred Sobel: *Theodor Storm-Bibliographie (1967-1991). Mit beigefügtem Verzeichnis von Lehrerhandreichungen und Unterrichtshilfen zu T. Storm für den Deutschunterricht*, Wiesbaden – Berlin 1993: (Rezensionen: Eckart Pastor, Schriften 43 (1994), S.170f.; Peter Goldammer, Jahrbuch der Raabe-Gesellschaft (1996), S.189-191)

1.4.2. Forschungsberichte

Lydia Prinzivalli: »Ergebnisse und Aufgaben der Storm-Forschung in Italien«, Schriften 17 (1968), S.47-54

Walter Silz: »Storm-Forschung in den Vereinigten Staaten«, Schriften 17 (1968), S.41-46

Hartmut Vinçon: *Theodor Storm*, Sammlung Metzler, Stuttgart 1973

Rachel M. Carnaby: »Recent Trends in Theodor Storm Research«, German Life and Letters 35 (1981/82) 2, S.150-164

Jürgen Sang: »Storms Lyrik als Gegenstand der Forschung. 30 Jahre ›Schriften der Theodor-Storm-Gesellschaft‹«, Schriften 30 (1981), S.27-38

Ders: »Novellenforschung und Storm-Literatur in 30 Jahrgängen der ›Schriften der Theodor-Storm-Gesellschaft‹«, Schriften 32 (1982), S.50-60

Erwin Lazar: »Storm-Rezeption in der slowakischen Literatur«, Schriften 32 (1983), S.41-45

Inga E. Mullen: *German Realism in the United States. The American Reception of Meyer, Storm, Raabe, Keller and Fontane*, New York [u.a.] 1988

Anatoli S. Bakalov: »Storm-Forschung in der UdSSR«, in: Theodor Storm und das 19. Jahrhundert, Berlin 1989, S.176-181

Clifford A. Bernd: »Storm in der amerikanischen Schul- und Universitätsgermanistik«, in: Theodor Storm und das 19. Jahrhundert, Berlin 1989, S.160-168

Hiroyuki Tanaka: »Storm in Japan«, in: Theodor Storm und das 19. Jahrhundert, Berlin 1989, S.169-172

Zhiyou Wang: » Theodor Storm in China«, in: Theodor Storm und das 19. Jahrhundert, Berlin 1989, S.173-175

Man Mohan Singh Chauhan: »Storm-Forschung in Indien: Die sozialen Perspektiven im Werk Theodor Storms u. Yashpals«, Schriften 40 (1991), S.83-85

Gerd Eversberg: »Der Stand der Storm-Forschung und das Storm-Archiv in Husum«, German Studies in India 15 (1991), S.47-52

Brian Coghlan: »Vierzig Jahre ›Schriften der Theodor-Storm-Gesellschaft‹«, Schriften 42 (1993), S.107-113

Gerd Eversberg: »Der Stand der Stormforschung und das Storm-Archiv in Husum«, Schriften 42 (1993), S.63-66

David A. Jackson: »Perspektiven der Storm-Forschung. Rückblick und Ausblick«, Schriften 42 (1993), S.23-34

2. *Sekundärliteratur*

2.1 Biographien

Paul Schütze: *Theodor Storm. Sein Leben und seine Dichtung*, Berlin 1887
Gertrud Storm: *Theodor Storm. Ein Bild seines Lebens*, Bd.1-2, Berlin 1912-13
Alfred Biese: *Theodor Storms Leben und Werke*, Leipzig 1917
Robert Pitrou: *La vie et l'oeuvre de Theodor Storm*, Paris 1920
Franz Stuckert: *Theodor Storm. Der Dichter in seinem Werk*, Halle 1940, 3. Aufl. 1966
E[lmer] O[tto] Wooley: *Theodor Storm's World in Pictures*, Bloomington, Ind. 1954
Franz Stuckert: *Theodor Storm. Sein Leben und seine Welt*, Bremen 1955
Fritz Böttger: *Theodor Storm in seiner Zeit*, Berlin [1959]
Peter Goldammer: *Theodor Storm. Eine Einführung in Leben und Werk*, Leipzig 1968, 4. durchges. Aufl. 1990
Hartmut Vinçon: *Theodor Storm in Selbstzeugnissen und Bilddokumenten*, Reinbek b. Hamburg 1972, 13. Aufl. 1994
Arthur Tilo Alt: *Theodor Storm*, New York 1973
Karl Ernst Laage: *Theodor Storm. Leben und Werk*, Husum 1979, 6. erw. und überarb. Aufl. 1993
Beate Charlotte Göhler: *Ein Leben für die graue Stadt*, Rendsburg 1987
Paul Barz/Henning Berkefeld: *Theodor Storm und Schleswig-Holstein*, Husum 1988
Georg Bollenbeck: *Theodor Storm. Eine Biographie*, Frankfurt a. Main 1988, Insel-Taschenbuch 1347, 1991
Regina Fasold: *Theodor Storm*, Leipzig 1988, 2. Aufl. 1990
Gertrud Storm: *Theodor Storm. Ein Bild seines Lebens*. Nachdr. Mit e. Nachwort von Walter Zimorski. (Reprint der 2. Aufl. Berlin 1912/13), Hildesheim 1991
David A. Jackson: *Theodor Storm. The Life and Works of a Democratic Humanitarian*, New York/Oxford 1992
Roger Paulin: *Theodor Storm*, München 1992

2.2 Sammelwerke

Rolf Fechner (Hrsg.): *Der Dichter und der Soziologe. Zum Verhältnis zwischen Theodor Storm und Ferdinand Tönnies. Referate der Arbeitstagung im November in Husum*, Hamburg 1985
Karl Ernst Laage: *Theodor Storm. Studien zu seinem Leben und Werk mit einem Handschriftenkatalog*, Berlin 1985, 2. erw. und überarb. Aufl. 1988
Walter Zimorski (Hrsg.): *Theodor Storm. Studien zur Kunst- und Künstlerproblematik*, Bonn 1988
Brian Coghlan und Karl Ernst Laage (Hrsg.): *Theodor Storm und das 19. Jahrhundert: Vorträge und Berichte des Internationalen Storm-Symposiums aus Anlaß des 100. Todestages Theodor Storms*, Berlin 1989
John F. Fetzer, Roland Hoermann, Winder McConnell (Hrsg.): *In Search of the Poetic Real. Essays in Honor of Clifford Albrecht Bernd on the Occasion of his Sixtieth Birthday*, Stuttgart 1989

2.3 Zu einzelnen biographischen Abschnitten

Kindheit und Schulzeit (1817-1837); Studium (1837-1842); Husum (1843-1853)

Ludwig Pietsch: »Theodor Storm. Eine Lebensskizze«, WM, 25 (1868/1869), S.98-112
Wilhelm Jensen: »Heimaterinnerungen. II. Theodor Storm«, Velhagen und Klasings Monatshefte 14 (1899/1900) 11, Juli 1900, S.501-512

Georg Lukács: »Bürgerlichkeit und l'art pour l'art. Theodor Storm«, in: Ders.: *Die Seele und die Formen. Essays*, Berlin 1911, S.119-169

Joseph Borst: »Theodor Storms Beziehungen zu Emanuel Geibel«, Die Heimat 42 (1932), S.57-61

E. O. Wooley: *Studies in Theodor Storm*, Bloomington, Ind. 1943

Elmer Otto Wooley: *Storm and Bertha v. Buchan*, Bloomington, Ind., 1951

Franz Schriewer: »Theodor Storm in seiner politischen Welt«, Schriften 1 (1952), S.27-40

Walther Herrmann: »Jugendliebe und Lebenswerk bei Theodor Storm«, Schriften 2 (1953), S.9-18

E. O. Wooley: »Storm und Bertha von Buchan«, Schriften 2 (1953), S.19-51

Otto von Fisenne: »Theodor Storm als Jurist«, Schriften 8 (1959), S.9-47

Ders: *Theodor Storm als Jurist*, Hamburg 1960

Johannes Jensen: *Nordfriesland in den geistigen und politischen Strömungen des 19. Jahrhunderts (1797-1864)*, Neumünster 1961

Ders: »Theodor Storms Auswanderung 1853«, Nordfriesisches Jahrbuch 1965, S.133-143

Storms Briefwechsel mit Theodor Mommsen, hrsg. Hans-Erich Teitge, Weimar 1966,(besonders die Einleitung bzw. im Anhang Storms Beiträge für die »Schleswig-Holsteinische Zeitung«)

Hans Jürgen Sievers: »Zur Geschichte von Theodor Storms ›Singverein‹. Eine Chronik«, Schriften 18 (1969), S.89-105

Werner Schriefer: »Theodor Storm, der Patriot, im Spiegel seiner politischen Lyrik«, Klüter Blätter. Deutsche Sammlung 21 (1970) 8, S.24-27

Gerhard Ranft: »Theodor Storms Briefe an Hermione von Preuschen«, Schriften 22 (1973), S.55-94

Ingwert Paulsen: »*Das Liederbuch dreier Freunde*«, Schriften 23 (1974), S.62-64

E. Charlotte Heidrich: »Theodor Storm und Theodor Mommsen (Zum Neudruck des *Liederbuches dreier Freunde*), Schleswig-Holstein 9 (1975), S.230-233

Hans-Sievert Hansen: »Narzißmus in Storms Märchen«, Schriften 26 (1977), S.37-56

Karl Ernst Laage: »›Urgroßmutters Garten ...weltfern, weit, weit dahinten...‹«, Schriften 27 (1978), S.61-69

Gerhard Ranft: »Theodor Storm und Dorothea geb. Jensen. Ein unveröffentlichter Briefwechsel«, 28 (1979), S. 34-97, (besonders die Einführung S.34-43)

Minna K. Altmann: *Theodor Storm – Das Persönlichkeitsbild in seinen Briefen*, Bonn 1980

Karl Ernst Laage: »Theodor Storm 1832 – 15 Jahre alt. Erstveröffentlichung des frühesten Storm-Briefes«, Schriften 29 (1980), S.9-16

Irmgard Roebling: »Liebe und Variationen. Zu einer biographischen Konstante in Storms Prosawerk«, Amsterdamer Beiträge zur neueren Germanistik 17 (1983), S.99-130

Karl Ernst Laage: »Dichtung und lokale Wirklichkeit in Storms Novellistik«, in: Laage, 1985, S.43-55

Frithjof Löding: *Theodor Storm und Klaus Groth in ihrem Verhältnis zur schleswig-holsteinischen Frage. Dichtung während einer politischen Krise*, Neumünster 1985, (besonders S.17-98)

Dieter Lohmeier: »Die Berichte der Husumer Behörden über Storms politische Haltung während der schleswig-holsteinischen Erhebung«, Schriften 34 (1985), S.39-48

Theodor Storm – Hartmuth und Laura Brinkmann. Briefwechsel. Kritische Ausgabe. In Verbindung mit der Theodor-Storm-Gesellschaft, hrsg. August Stahl, Berlin 1986, (besonders die Einführung S.9-19)

Moritz Baßler: »›Die ins Haus heimgeholte Transzendenz‹. Theodor Storms Liebesauffassung vor dem Hintergrund der Philosophie Ludwig Feuerbachs«, Schriften 36 (1987), S.43-60

Karl Ernst Laage: »Theodor Storms Lübecker Zeit«, in : Günter Spurgat (Hrsg.): *Theodor Storm im Film. Die Kino- u. Fernsehverfilmungen seiner Werke*, Lübeck 1987, S.75-82
August Stahl: »Der Amtsrichter Hartmuth Brinkmann und seine Beziehungen zu Theodor Storm«, Schriften 36 (1987), S.9-14
Karl Ernst Laage: »Theodor Storm – Künstler und Bürger«, Euterpe, Jahrbuch für Literatur in Schleswig-Holstein, 6 (1988), S.170-173
Winfried Freund: »Die natürliche Offenbarung der Liebe. Theodor Storms religiöses Erleben«, Neue Deutsche Hefte, 36 (1989) 1, S.3-23
David A. Jackson: »Storms Stellung zum Christentum und zur christlichen Kirche«, in: Theodor Storm und das 19. Jahrundert, Berlin 1989, S.41-99
Dieter Lohmeier: »Theodor Storm und die Politik«, in: Theodor Storm und das 19. Jahrhundert, Berlin 1989, S.26-40
Hiroyuki Tanaka: »Theodor Storm und die Musik des 19. Jahrhunderts«, in: Theodor Storm und das 19. Jahrhundert, Berlin 1989, S.145-150
Hans-Henrik Krummacher: »Lebensrückblick im Brief. Eine unbekannte Korrespondenz Theodor Storms mit seinem einstigen Lübecker Mitschüler Marcus von Heise-Rotenburg«, in: Martin Forstner u. Klaus von Schilling (Hrsg.): *Interdisziplinarität. Deutsche Sprache und Literatur im Spannungsfeld der Kulturen. Festschrift für Gerhart Mayer zum 65. Geburtstag*, Frankfurt a. Main 1991, S.61-116
Roland Berbig: »Ausland. Exil oder Weltgewinn? Zu Theodor Storms Wechsel nach Preußen 1852/1853«, Schriften 42 (1993), S.42-47
Theodor Storm und sein Chor. Eine Chronik, hrsg. v. Theodor Storms Chor von 1843 mit Unterstützung der Theodor-Storm-Gesellschaft Husum, Husum 1993
(darin: Ulf Dietrich v. Hielmcrone: Storms Singverein und das Husum der frühen 40er Jahre des 19. Jahrhunderts, S.7-16; Karl Ernst Laage: Theodor Storm und sein Chor, S.17-34, Gerd Eversberg: Chronologie, S.35-74)
Michael Perraudin: »Bild und Wirklichkeit des Hauses bei Theodor Storm«, Schriften 43 (1994), S.97-115
Heike Sevens: »Politik und Landschaft bei Theodor Storm. Folgerichtige Verbundenheit oder Widerspruch im Werk?«, in: Wilhelm Gößmann und Klaus-Hinrich Roth (Hrsg.): *Poetisierung – Politisierung. Deutschlandbilder in der Literatur bis 1848*, Paderborn [u.a.] 1994, S.357-361
Storms erste große Liebe: Theodor Storm und Bertha von Buchan in Gedichten und Dokumenten, hrsg. u. erl. Gerd Eversberg, Heide 1995
Wilhelm Friese: »Ein Heiligenstädter Gedicht und dänische literarische Stimmen zum Schleswig-Holstein-Konflikt«, Storm-Blätter aus Heiligenstadt (1996), S.4-17

In Kap. I.1. zitierte Literatur zu Psychologie und Psychoanalyse:
Peter Fiedler: *Persönlichkeitsstörungen*, 2., überarb. u. erw. Aufl., Weinheim 1995
Otto F. Kernberg: *Schwere Persönlichkeitsstörungen. Theorie. Diagnose. Behandlungsstrategien*, 2. Aufl., Stuttgart 1989
Otto. F. Kernberg: *Borderline-Störungen und pathologischer Narzißmus*, 7. Aufl., Frankfurt a. Main 1993

Potsdam (1853-1856)

Wilhelm Jensen: »Heimaterinnerungen. II. Theodor Storm«, Velhagen und Klasings Monatshefte 14 (1899/1900) 11, Juli 1900, S.501-512
Theodor Fontane: »Theodor Storm«, Deutsche Rundschau 87 (1896), S.214-229 bzw. Ders.: »Von Zwanzig bis Dreißig. Autobiographisches. Der Tunnel über der Spree. Aus dem Berliner literarischen Leben der vierziger und fünfziger Jahre. Viertes Kapitel. Theodor Storm«, in: Theodor Fontane: *Sämtliche Werke*, hrsg. Kurt Schreinert und Jutta Neuendorff-Fürstenau, München 1967, Bd.XV, S.192-215

Ders.: »Erinnerungen an Theodor Storm«, in: Theodor Fontane: *Sämtliche Werke*, hrsg. Kurt Schreinert und Hermann Kunisch, München 1974, Bd.XXI/2, S.83-97

Clifford Albrecht Bernd: »Storms Literaturkritik – ein Weg zum neuen Verständnis seiner Dichtung«, Schriften 17 (1968), S.77-81

Peter Goldammer: »Storms Werk und Persönlichkeit im Urteil Theodor Fontanes«, Fontane-Blätter 1 (1968) 6, S.247-264

Ida H. Washington: »Fontane and Storm. A study in differences«, The German Quarterly 42 (1969), S.37-43

Doris Rüegg: *Theodor Fontane und Theodor Storm. Dokumentation einer kritischen Begegnung*, Zürich 1981

Karl Ernst Laage: »Theodor Fontane und Theodor Storm. Eine Dichterfreundschaft. Anläßl. d. Erscheinens d. ersten Edition d. Storm-Fontane-Briefwechsels u. d. Eröffnung e. Storm-Fontane-Ausstellung im Storm-Haus«, Schriften 31 (1982), S.29-42

Dieter Lohmeier: »Einige Ergänzungen zur neuen Ausgabe des Briefwechsels zwischen Storm und Fontane«, Schriften 31 (1982), S. 43-49

Friedrich Minssen: »Von Mörike zu Reuter. Über Theodor Storms Verhältnis zu Dichtern und Dichtungen seiner Zeit«, in: Ulf Bichel, Friedrich Minssen, Helmut de Voss (Hrsg.): *Vom Reichtum des Erzählens*, München 1985, S.155-169

Peter Goldammer: »›Er war für den Husumer Deich, ich war für die London-Brücke.‹ Fontanes Storm-Essay und die Folgen«, in: *Theodor Fontane im literarischen Leben seiner Zeit. Beitr. zur Fontane-Konferenz vom 17.-20. Juni 1986 in Potsdam. Mit e. Vorw. von Otfried Keiler*, Berlin 1987, S.379-396

Christa Schultze: »Stormstätten in Potsdam«, Schriften 36 (1987), S.69-72

Dieter Lohmeier: »Der Kampf um Schleswig zwischen 1848 und 1864 aus schleswig-holsteinischer und preußischer Sicht: Theodor Storm und Theodor Fontane« (In dän. Sprache), in: Sven-Aage Jørgensen (Hrsg.): *Tysk. Et sprog – Fire stater – Fire kulturer. 8 forelaesninger holdt pa Københavns Universitet*, Kopenhagen und München 1989, S.125-143

Ders.: »Theodor Fontane über den ›Erotizismus‹ und die ›Husumerei‹ Storms: Fontanes Briefwechsel mit Hedwig Büchting«, Schriften 39 (1990), S.26-45

Roland Berbig: »›...wie gern in deiner Hand/Ich dieses Theilchen meiner Seele lasse.‹ Theodor Storm bei Franz Kugler u. im Rütli: Poet u. exilierter Jurist«, Fontane-Blätter 53 (1992), S.12-29

Karl Ernst Laage: »Die politischen Dissonanzen zwischen Theodor Storm und Theodor Fontane«, Fontane-Blätter 54 (1992), S.48-61

Roland Berbig: »Ausland. Exil oder Weltgewinn? Zu Theodor Storms Wechsel nach Preußen«, Schriften 42 (1993), S.42-47

Ders.: »Der Unstern über dem Tannhäuser-Rütli. Franz Kuglers Briefe an Theodor Storm«, Schriften 42 (1993), S.115-140

Helmuth Nürnberger: »›Der große Zusammenhang der Dinge‹. ›Region‹ und ›Welt‹ in Fontanes Romanen. Mit einem Exkurs: Fontane und Storm sowie einem unbekannten Brief Fontanes an Ada Eckermann«, Fontane-Blätter 55 (1993), S.33-68

Gerhard Baumann: »Storm im Geschichtsbild des Historikers«, Schriften 43 (1994), S.127-138

Peter Goldammer: *Theodor Storm in Potsdam 1853-1856*, Frankfurt (Oder) 1996

Heiligenstadt (1856-1864)

Ludwig Pietsch: »Theodor Storm. Eine Lebensskizze«, WM, 25 (1868/69), S.98-112

L[udwig] P[ietsch]: »Theodor Storm. Persönliche Erinnerungen«, Vossische Zeitung, Nr.320, 322, 328 v. 8., 10. und 13. Juli 1888

Ludwig Pietsch: *Wie ich Schriftsteller geworden bin. Erinnerungen*. 2 Bde., Berlin 1893/94, Bd.1, S.162-167, 247-248; Bd.2, S. 86-89, 288-289, 378-382

Maria Brüll: *Heiligenstadt in Theodor Storms Leben und Entwicklung. Eine literar-historische Untersuchung*, Münster 1915

Ernst Erichsen: *Theodor Storm und sein ältester Sohn Hans* (1848/86). *Ein Beitrag zum Verständnis des Menschen und des Dichters*, Hamburg [1956]

David A. Jackson: »Theodor Storms Heimkehr im Jahre 1864«, Schriften 33 (1984), S.19-24

Frithjof Löding: *Theodor Storm und Klaus Groth in ihrem Verhältnis zur schleswig-holsteinischen Frage. Dichtung während einer politischen Krise*, Neumünster 1985, (besonders S.98-120)

Peter Goldammer: »›Es gefällt mir hier ganz außerordentlich...‹ – Ein unbekannter Brief Theodor Storms aus Heiligenstadt«, in: *Theodor Storm und Heiligenstadt. Beitr. z. Theodor-Storm-Ehrung 1988*. Sonderausgabe der Eichsfelder Heimathefte, Heiligenstadt 1988, S.6-25

David A. Jackson: »Storms Stellung zum Christentum und zur christlichen Kirche«, in: Theodor Storm und das 19. Jahrhundert, Berlin 1989, (besonders S.62-73)

Dieter Lohmeier: »Theodor Storm und die Politik«, in: Theodor Storm und das 19. Jahrhundert, Berlin 1989, S.26-40

Fritz-Rüdiger Sammern-Frankenegg: »Liebe und Angst im Widerstreit: Bemerkungen zu e. Dialektik in Theodor Storms Novelle *Im Schloß*«, in: In Search of the Poetic Real, 1989, S.197-205

Gerd Eversberg: »Storms Reaktionen auf die Wahlbeeinflussungsversuche von 1862«, Schriften 39 (1990), S.69-74

Karl Ernst Laage: »Theodor Storm, Heiligenstadt und das Eichsfeld. Zum 175. Geburtstag des Dichters (14. 9. 1992)«, Unser Eichsfeld 1 (1992) 3, S.81-90

Theodor Storms Weihnachten. Dokumente, Gedichte, Erzählungen, ges., hrsg. u. erl. Gerd Eversberg, Husum 1993

Dieter Lohmeier: »Plädoyer für sozialpsychologische Untersuchungen über Theodor Storm«, Schriften 42 (1993), S.95-102

Dieter Lohmeier: »Die Briefe Ludwig Loewes an Theodor Storm«, Schriften 43 (1994), S.23-42

Peter Goldammer: »›Sieben fruchtbare, glückliche Jahre‹? Heiligenstadt im Leben und Schaffen Theodor Storms. Mit einem unbekannten Brief des Dichters und persönlichen Erinnerungen von Ludwig Pietsch«, Storm-Blätter aus Heiligenstadt (1995), S.7-25

Walter Hettche: »Theodor Storm und Paul Heyse. Literarische und biographische Aspekte einer Dichterfreundschaft«, Storm-Blätter aus Heiligenstadt (1995), S.39-57

Gerhard Jaritz: »Zeugnisse von Storms Gerichtstätigkeit in Heiligenstadt«, Storm-Blätter aus Heiligenstadt (1995), S.31-35

Ders.: »Kein Freund von Huldigungen. Storms Prinzipien bei Preußenfeiern in Heiligenstadt«, Storm-Blätter aus Heiligenstadt (1995), S.26-30

Walter Zimorski: »Familiärer Brief-Dialog. Theodor und Otto Storms Heiligenstädter Doppelbrief vom 24. 11. 1857 an ihren Vater in Husum«, Wirkendes Wort, 45 (1995) 3, S.417-427

Wilhelm Friese: »Ein Heiligenstädter Gedicht und dänische literarische Stimmen zum Schleswig-Konflikt«, Storm-Blätter aus Heiligenstadt (1996), S.18-39

Peter Goldammer: »›Mein ungezogener Adoptivneffe‹. Der Maler Hermann Schnee im Leben Theodor Storms«, Storm-Blätter aus Heiligenstadt (1996), S.4-17

Husum (1864-1880); Hademarschen (1880-1888)

Ludwig Pietsch: »Theodor Storm. Eine Lebensskizze«, WM, 25 (1868/69), S.98-112

Emil Kuh: »Theodor Storm«, Wiener Abendpost. Beilage zur Wiener Zeitung, Nr. 259-263, 11.-16. 11. 1874, S. 2068f., S.2076f., S.2084f., S.2092f., S.2100f.

Erich Schmidt: »Theodor Storm«, DR, 24 (1880), S.31-56
Ders.: *Charakteristiken*, Berlin 1886, S.437-479
Karl Emil Franzos: »Zur Erinnerung an Theodor Storm«, Deutsche Dichtung 5 (1888), S.27-31
Wilhelm Jensen: »Heimaterinnerungen. II. Theodor Storm«, Velhagen und Klasings Monatshefte 14 (1899/1900) 11, Juli 1900, S.501-512
Hermione von Preuschen: »Erinnerungen an Theodor Storm«, Deutsche Revue 24 (1899) 3, S.188-208
Gertrud Storm: »Aus Theodor Storms letzten Stunden«, in: Friedrich Düsel (Hrsg.): *Theodor Storm. Gedenkbuch zu des Dichters 100. Geburtstage*, Braunschweig 1916, S.51-61
Ferdinand Tönnies: »Persönliche Erinnerungen an Theodor Storm«, in: Ders.: *Theodor Storm. Zum 14. September 1917. Gedenkblätter*, Berlin 1917, S.46-72
Ernst Erichsen: *Theodor Storm und sein ältester Sohn Hans (1848/86). Ein Beitrag zum Verständnis des Menschen und des Dichters*, Hamburg [1956]
Traugott Schmidt: »Theodor Storm und Paul Heyse«, Schriften 15 (1966), S.9-32
Karl Ernst Laage: »Theodor Storm und Iwan Turgenjew. Persönliche und literarische Beziehungen, Einflüsse, Briefe, Bilder«, Schriften 16 (1967) bzw. ders: *Theodor Storm und Iwan Turgenjew. Persönliche und literarische Beziehungen, Einflüsse, Briefe, Bilder*, Vaduz, Liechtenstein 1989
Peter Goldammer: »Theodor Storm und Karl Emil Franzos. Ein unbekannter Briefwechsel«, Schriften 18 (1969), S.9-40
Hans Jürgen Sievers: »Zur Geschichte von Theodor Storms ›Singverein‹. Eine Chronik«, Schrifen 18 (1969), S.89-105
Jan Michielsen: »Theodor Storm als Kritiker Paul Heyses«, Schriften 26 (1977), S.57-66
Karl Ernst Laage: »Der Turgenjew-Übersetzer August von Viedert und Theodor Storm«, Die Welt der Slaven 23 (1978) 2, S.360-370
Ders.: »Storms zweite Trauung am 13. Juni 1866«, Schriften 28 (1979), S.123f.
Alfred Biese: »Erinnerungen an Theodor Storm (Im Anhang: Die Korrespondenz Storm – Biese)«, Schriften 30 (1981), S.77-88
David Jackson: »Theodor Storms Heimkehr im Jahre 1864«, Schriften 33 (1984), S.19-44
Karl Ernst Laage: »Theodor Storm und Iwan Turgenjew. Als Nachtrag zum 100. Todestag Turgenjews am 3. September 1983«, Schriften 33 (1984), S.71-74
Brian Coghlan: »Die Gestalt des Regierungsrates Wilhelm Petersen«, Schriften 34 (1985), S.9-16
Rolf Fechner: »Theodor Storm als Inkarnation des künstlerischen Geistes. Eine Skizze zur Kunstsoziologie Ferdinand Tönnies'«, in: Rolf Fechner (Hrsg.): *Der Dichter und der Soziologe. Zum Verhältnis zwischen Theodor Storm und Ferdinand Tönnies.* Referate der Arbeitstagung im November 1984 in Husum, Hamburg 1985
Karl Ernst Laage: »Theodor Storm und Iwan Turgenjew. Ein bisher verschollener Brief aus dem Jahre 1866, seine biographische und literarhistorische Einordnung«, in: Laage, 1985, S.90-96
Ders.: »Der Turgenjew-Übersetzer August von Viedert und Theodor Storm«, in: Laage, 1985, S.97-103
Ders.: »Storm und der junge Avenarius«, in: Laage, 1985, S.104-112
Frithjof Löding: *Theodor Storm und Klaus Groth in ihrem Verhältnis zur schleswig-holsteinischen Frage. Dichtung während einer politischen Krise*, Neumünster 1985, (besonders S.121-133)
Dieter Lohmeier: »Die persönlichen Beziehungen zwischen Storm und Tönnies«, in: Rolf Fechner (Hrsg.): *Der Dichter und der Soziologe. Zum Verhältnis zwischen Theodor Storm und Ferdinand Tönnies.* Referate der Arbeitstagung im November 1984 in Husum, Hamburg 1985

Lothar Müller: »Theodor Storms Gehalt als Landvogt und Amtsrichter in den Jahren 1866 und 1867. Eine Richtigstellung«, Schriften 34 (1985), S.49-54

Harro Segeberg: »Ferdinand Tönnies' *Gemeinschaft und Gesellschaft* und Theodor Storms Erzählwerk. Zur literarischen Spiegelung eines Epochenumbruchs«, Deutsche Vierteljahresschrift für Literaturwissenschaft und Geistesgeschichte 59 (1985) 3, S.474-496

Maria Ebert: *Storm und seine Verleger Paetel und Westermann* (Magisterarbeit), Kiel 1989

Mark Lehrer: »Der ausgegrabene Heinrich Schliemann und der begrabene Theodor Storm. Anspielungen auf Zeitgenossen in Raabes *Stopfkuchen*«, Jahrbuch der Raabe-Gesellschaft (1989), S.63-90

Regina Fasold: »Zu einigen Aspekten von Theodor Storms Weltbild«, Weimarer Beiträge 36 (1990) 1, S.100-117

Gerhard Ranft: »Theodor Storm und Elise Polko. Ein bisher unveröffentlichter Briefwechsel«, Schriften 39 (1990), S.46-68

Theodor Storm: *Hausbuch aus deutschen Dichtern seit Claudius. Eine kritische Anthologie von [...]*, hrsg. mit e. Nachwort von Gerd Eversberg und Walter Hettche, Husum 1991

Gerd Eversberg: »›Ich halte übrigens ein großes Stück auf diesen Mann‹. Briefwechsel zwischen Theodor Storm und dem Verleger Wilhelm Mauke«, Schriften 40 (1991), S.59-82

Walter Hettche: »›...diese mir wie Blutsverwandte liebe Familie...‹ Theodor Storm im Briefwechsel mit Otto und Hans Speckter«, Schriften 41 (1992), S.7-12

Boy Hinrichs: »›Geehrter Herr und Landsmann, /oder vielmehr Lieber Theodor Storm‹. Zum Briefwechsel zwischen Theodor Storm und Klaus Groth«, Klaus-Groth-Gesellschaft. Jahresgabe 1992, S.39-50

Karl Ernst Laage: »›Wen von Euch soll ich dafür zum Opfer bringen?‹ Zu einem neuentdeckten Storm-Brief«, Euterpe. Jahrbuch für Literatur in Schleswig-Holstein 10 (1992), S.151f.

Harro Segeberg: »Theodor Storm als ›Dichter-Jurist‹. Zum Verhältnis von juristischer, moralischer und poetischer Gerechtigkeit in den Erzählungen *Draußen im Heidedorf* und *Ein Doppelgänger*«, Schriften 41 (1992), S.69-82

Jens Stüben: »Haffkrug – Schleswig – Westerland – Hademarschen. Paul Heyses Schleswig-Holstein-Reise 1881«, Schriften 41 (1992), S.55-67

Max Suhr: »Umzugsgedanken. Mit unbekannten Briefen von Dorothea und Theodor Storm«, Schriften 41 (1992), S.83-89

Theodor Storm und sein Chor. Eine Chronik, hrsg. von Theodor Storms Chor von 1843 mit Unterstützung der Theodor-Storm-Gesellschaft Husum, Husum 1993

Peter Goldammer: »Animosität, Aversion und Aggression? Noch einmal zum Verhältnis Wilhelm Raabes zu Theodor Storm«, Jahrbuch der Raabe-Gesellschaft (1993), S.100-109

Karl Ernst Laage: »Ärzte und ärztliche Probleme bei Theodor Storm. Vortrag bei der 151. Tagung der Vereinigung Norwestdeutscher Chirurgen am 3. Juni 1993 in Husum«, Eichsfeld 2 (1994), S.163-170

Max Suhr: *Theodor Storm in Hademarschen und Hanerau*, 2. überarb. u. erw. Aufl., hrsg. Gemeinde Hanerau-Hademarschen, 1994

Storm-Portraits. Bildnisse von Theodor Storm und seiner Familie, hrsg. u. erläutert von Gerd Eversberg, Heide 1995

Walter Hettche: »Theodor Storm und Paul Heyse. Literarische und biographische Aspekte einer Dichterfreundschaft«, Storm-Blätter aus Heiligenstadt (1995), S.39-57

Peter Goldammer: »›Mein, den Jahren nach, ältester Freund‹. Zu Storms Briefwechsel mit Heinrich Schleiden«, Schriften 45 (1996), S.23-26

Ders.: »›Ich bin und bleibe ihre getreueste Verehrerin‹. Marie Jensen und Theodor Storm«, Jahrbuch der Raabe-Gesellschaft (1996), S.134-147

2.4 Werke

2.4.1 Lyrik

Georg Lukács: »Bürgerlichkeit und l'art pour l'art. Theodor Storm«, in: Georg Lukács: *Die Seele und die Formen. Essays*, Berlin 1911, S.119-169

Elmer Otto Wooley: *Studies in Theodor Storm*, Bloomington, Ind. 1943, hier: S.81-93

Peter Goldammer: »Erlebnis und Lebensgefühl. Die Lyrik Theodor Storms«, Neue deutsche Literatur 4 (1956) 12, S.98-106

Fritz Martini: »Ein Gedicht Theodor Storms: *Geh nicht hinein.* Existenz, Geschichte und Stilkritik«, Schriften 6 (1957), S.9-37

E. O. Wooley: »Ein Beitrag zur Datierung von Theodor Storms Gedichten«, Schriften 7 (1958), S.40-47

Gerhard Ranft: »Theodor Storms Auffassung vom Wesen der Lyrik«, Schriften 8 (1959), S.48-55

Manfred Hausmann: »Unendliches Gedicht. Bemerkungen anläßlich der Lyrik Th. Storms«, Schriften 11 (1962), S.9-25

Harry Tucker: »Theodor Storm: *Schlaflos*«, The German Quarterly 41 (1968), S.55-58

Clifford Albrecht Bernd: »Theodor Storms Lyrik. Die Bedeutung von neuerworbenem Quellenmaterial für deren Neuverständnis«, Nordelbingen 38. Heide 1969, S.104-111

Fritz-Rüdiger Sammern-Frankenegg: »Theodor Storms Gedicht *Crucifixus* – Ein Vorwurf christlicher Unversönlichkeit«, Moderna Språk 63 (1969), S.34-42

Alexander Schweickert: *Heinrich Heines Einflüsse auf die deutsche Lyrik 1830-1900*, Bonn 1969 (Die Heine-Nachfolge Theodor Storms, S.67-82)

Theodor Bertram: »*Der eine fragt: Was kommt danach?* Versuch einer Deutung des vielumstrittenen Storm-Gedichtes«, Schriften 19 (1970), S.50-62

Horst Jarka: »Theodor Storms Gedicht *Die Nachtigall*«, Schriften 19 (1970), S.43-49

Harro Müller und Norbert Mecklenburg: »Theodor Storms Gedicht *Über die Heide.* Versuch einer kritischen Interpretation«, Schriften 19 (1970), S.35-42

Heinz Nicolai: »Theodor Storms Verhältnis zu Goethe. Zu Storms Auffassung vom Wesen der Lyrik«, Schriften 19 (1970), S.9-24

Heinz Ritter: »›Jahreszeiten in Liedern‹. Storm und die Ritterschen Initialmalereien«, Schriften 19 (1970), S.63-69

Werner Schriefer: »Theodor Storm, der Patriot, im Spiegel seiner politischen Lyrik«, Klüter Blätter. Deutsche Sammlung 21 (1970) 8, S.24-27

Walter Silz: »Theodor Storm: drei Gedichte« (*Die Stadt, Oktoberlied, Juli*), Schriften 19 (1970), S.25-34

Ders.: »Theodor Storms *Über die Heide*«, in: Siegfried Mews (Hrsg.): *Studies in German Literature of the Nineteenth and Twentieth Centuries. Festschrift for Frederic E. Coenen*, Chapel Hill NC 1970, S.105-110

Tilo Alt: »Einige Bemerkungen zur Interpretation des Gedichtes *Über die Heide* in Schrift 19«, Schriften 20 (1971), S.71f.

Clifford Albrecht Bernd: »Theodor Storm und die Romantik«, Schriften 20 (1971), S.24-37

Hans Theodor Klindt: »Theodor Storm und Wieland, eine Anmerkung zu Storms Gedicht *Die Stadt*«, Schriften 20 (1971), S.76f.

Joachim Müller: *Von Schiller bis Heine*, Halle/Saale 1972, (zur Lyrik Theodor Storms, S.451-469)

Alan B. Galt: *Sound and Sense in the Poetry of Theodor Storm. A Phonological-Statistical Study*, Bern 1973

Fritz Martini: »Theodor Storms Lyrik. Tradition – Produktion -Rezeption«, Schriften 21 (1974), S.9-27

Ingwert Paulsen: »*Das Liederbuch dreier Freunde*«, Schriften 23 (1974), S.62-64

Helmut Brandt: »Theodor Storm«, in: Kurt Böttcher (Hrsg.): *Geschichte der Deutschen Literatur von 1830 bis zum Ausgang des 19. Jahrhunderts*, Berlin 1975, Bd.8.1., S.666-672

Werner Kohlschmidt: *Geschichte der Deutschen Literatur vom Jungen Deutschland bis zum Naturalismus*, Stuttgart 1975 (Herkommen und Lyrik, S.431-443)

Harro Müller: *Theodor Storms Lyrik*, Bonn 1975

Peter Spycher: »Theodor Storm: *Abseits*«, in: Benno von Wiese (Hrsg.): *Die deutsche Lyrik*, Düsseldorf 1975, Bd.2, S.191-200

Ders: »Geheimnisvolles in Theodor Storms Lyrik«, Schriften 24 (1975), S.9-35

Franz Forster: »Theodor Storms *Meeresstrand* und *Die Stadt*. Probleme der Lyrikdefinition. Zur Gattungspoetik und einigen Fragen ihrer Systematik«, Jahrbuch der Grillparzer-Gesellschaft 12 (1976), S.27-37

Lorenz C. Peters: »Zu Theodor Storms Gedicht *Die Stadt*«, Schriften 25 (1976), S.77f.

Tamara Silman: »Theodor Storms Gedicht *Meeresstrand*«, Schriften 25 (1976), S.48-52

Thomas Mann: »Theodor Storm«, in: Ders.: *Gesammelte Werke in dreizehn Bänden*, Stuttgart [1977], Bd.9, S.246-267

Harro Müller: »Kritische Überlegungen zu Storms Natur-Lyrik«, Literaturwissenschaft – Gesellschaftswissenschaft 31 (1977), S.126-136

Martin Anderle: *Deutsche Lyrik des 19. Jahrhunderts. Ihre Bildlichkeit: Metapher – Symbol – Evokation*, Bonn 1979, hier S.53-59

Dietmar Goltschnigg: »Zu Theodor Storms Liebeslyrik«, Literaturwissenschaftliches Jahrbuch, N. F., 20 (1979), S.299-305

Ingrid Schuster: »Zweierlei Lyrik: Theodor Storm und Robert Prutz«, Schriften 28 (1979), S.98-108

Friedrich Sengle: »Storms lyrische Eigenleistung. Abgrenzung von andern großen Lyrikern des 19. Jahrhunderts«, Schriften 28 (1979), S.9-33

Hans Bender: »Theodor Storm: *Hyazinthen*«, in: *Frankfurter Anthologie*, Frankfurt 1980, Bd.5, S.113-116

Karl Friedrich Boll: »Storm: ›*Meine Novellistik ist aus meiner Lyrik erwachsen*‹«, Schriften 29 (1980), S.17-32

Arthur Tilo Alt: »Zu Storms Kritik an Hebbel: eine Gedichtreplik, Julian Schmidt und obiter dicta«, Hebbel-Jahrbuch (1981), S.82-91

Clifford Albrecht Bernd: *German Poetic Realism*, Boston 1981 (zu *Meeresstrand*, S.66-71)

Patricia Boswell: »Theodor Storm: *Zur Taufe*. Ein Beitrag zur Entstehung des Gedichts«, Schriften 30 (1981), S.39-48

Dieter Lohmeier: »Das Erlebnisgedicht bei Theodor Storm«, Schriften 30 (1981), S.9-26

Fritz Martini: »Ein Österreicher entdeckt Theodor Storm. Ferdinand Kürnbergers Novelle *Das Fenderhaus*, ihre Umarbeitung zum Roman *Der Haustyrann* und Theodor Storms Gedicht *Für meine Söhne*«, Schriften 30 (1981), S.49-55

Martini, 4. Aufl. 1981, hier: S.246-249 u. S.286-294

Jürgen Sang: »Storms Lyrik als Gegenstand der Forschung. 30 Jahre ›Schriften der Theodor-Storm-Gesellschaft‹«, Schriften 30 (1981), S.27-38

Hiltrud Häntzschel: »Das quälende Rätsel des Todes. Zu Theodor Storms Gedichtreihe *Tiefe Schatten*«, in: Günter Häntzschel (Hrsg.): *Gedichte und Interpretationen. Bd.4. Vom Biedermeier zum Bürgerlichen Realismus*, Stuttgart 1983, S.360-371

Walter Hinderer (Hrsg.): *Geschichte der deutschen Lyrik vom Mittelalter bis zur Gegenwart*, Stuttgart 1983, hier: S.350-354

Eckart Pastor: »*Schließe mir die Augen beide*... Überlegungen zum poetischen Kosmos des jungen Storm«, Schriften 32 (1983), S.63-73

Robert Hippe: *Die Jahreszeiten im deutschen Gedicht*. 2. Aufl., Hollfeld 1984, S.52-54

David A. Jackson: »Storm at the Foot of the Cross«, The Germanic Review 59 (1984), S.82-89

Hartmut Vinçon: »Entpolitisierung der Lyrik. Subjektivierung: Storm, Keller, Fontane«, in: Josef Jansen (Hrsg.): *Einführung in die deutsche Literatur des 19. Jahrhunderts*, Opladen 1984, Bd.2, S.132-139

Evelyn Marion Brinker: *Die dichterische Gestaltung der Liebesauffassung in Theodor Storms Lyrik*, Los Angeles 1985

Karl Ernst Laage: »*Schlimmes Lieben*. Die Verarbeitung eines polnischen Sagenstoffs bei Kugler und Storm«, in: Laage, 1985, S.56-73

Ders.: »*Geh nicht hinein*. Der Tod des jungen Grafen Reventlow bei Theodor Storm und Franziska Reventlow«, in: Laage, 1985, S.74-80

Ders.: »Storms Gedicht *Westermühlen*. Ein ungelöstes Rätsel der Überlieferung«, in: Laage, 1985, S.81-89

Frithjof Löding: *Theodor Storm und Klaus Groth in ihrem Verhältnis zur schleswig-holsteinischen Frage*, Neumünster 1985 (zu *Ostern*, S.54-59; *Oktoberlied*, S.65-67; *Nach Reisegesprächen*, S.67-69; *Im Herbste 1850*, S.74-76; *Gräber an der Küste*, S.77-79; *1. Januar 1851*, S.79f.; *Ein grünes Blatt*, S.81-88; *Abschied*, S.95-98)

Max Suhr: »Zur Datierung von Storms Gedicht *Eine Fremde*«, Schriften 34 (1985), S.67-70

Anatol S. Bakalov: »›Stille‹ und ›Lärm‹ in der Lyrik Theodor Storms«, Schriften 36 (1987), S.37-42

Moritz Baßler: »›Die ins Haus heimgeholte Transzendenz‹. Theodor Storms Liebesauffassung vor dem Hintergrund der Philosophie Ludwig Feuerbachs«, Schriften 36 (1987), S.43-60 (zu *Gasel*, S.52 und *Schließe mir die Augen beide*, S.56)

Winfried Freund: »Im Empirischen das Essentielle – Die Vollendung des realistischen Symbolgedichts bei Theodor Storm«, in: Freund, 1987, S.12-43

Dorothea Ruprecht: *Untersuchungen zum Lyrikverständnis in Kunsttheorie, Literarhistorie und Literaturkritik zwischen 1830 und 1860*, Göttingen 1987

Winfried Freund: »Die Synthese von Sein und Sinn. Zu Storms Gedicht *Abseits*«, Wirkendes Wort. Deutsche Sprache und Literatur in Forschung und Lehre 3 (1988), S.317-321

Michio Ishibashi: »Untersuchungen zur Lyrik-Theorie von Theodor Storm, Language and culture 15 (1988), S.43-48

Pastor, 1988, hier: S.11-31

Heinz Sach: »Theodor Storms Lyrik. Zum 100. Todestag am 4. Juli 1988« (Sonderdr.), Heimatkundliches Jahrbuch f. d. Kreis Segeberg 34 (1988), S.116-131

Brian Coghlan: »Theodor Storms Intimations of Mortality in *Geh nicht hinein*«, in: In Search of the Poetic Real, Stuttgart 1989, S.81-96

Winfried Freund: »Die natürliche Offenbarung der Liebe. Theodor Storms religiöses Erleben«, Neue Deutsche Hefte 36 (1989) 1, S. 3-23

Günter Häntzschel: »Theodor Storm als Anthologie-Herausgeber«, Schriften 38 (1989), S.39-51

David A. Jackson: »Storms Stellung zum Christentum und zur christlichen Kirche«, in: Theodor Storm und das 19. Jahrhundert, Berlin 1989, S.41-99 (u.a. zu *An deines Kreuzes Stamm o Jesu Christ*, S.72; *Crucifixus*, S.74)

Dieter Lohmeier: »Theodor Storm und die Politik«, in: Theodor Storm und das 19. Jahrhundert, Berlin 1989, S.26-40

Michael Perraudin: »›Es lauert ja so manches...‹. Theodor Storm's Eichendorff«, German Life and Letters 42 (1989) 3, S.281-295

Harro Segeberg: »Kritischer Regionalismus. Zum Verhältnis von Regionalität und Modernität bei Storm«, in: Theodor Storm und das 19. Jahrhundert, Berlin 1989, S.120-132

Günter Stephan: »Natur als Landschaftsraum. Gottfried Keller und Theodor Storm«, in: Ders: *Lektürehilfen Naturlyrik. Gattungs- und epochenspezifische Aspekte*, Stuttgart 1989, S.85-97 (zu *Die Stadt*, S.90-97)

Elfriede Stutz: »Verskundliche Notizen zu Storms Gedicht *Meeresstrand*«, in: In Search of the Poetic Real, Stuttgart 1989, S.243-253

Michael Feldt: *Lyrik als Erlebnislyrik. Zur Geschichte eines Literatur- und Mentalitätstypus zwischen 1600 und 1900*, Heidelberg 1990

Albert Stolpe: »Mathias Claudius' und Theodor Storms Vorstellungen von Leben und Tod«, in: Georg Wilhelm Röpke (Hrsg.): *In Wandsbek zu Hause*, Hamburg 1990, S.140-156

Hausbuch aus deutschen Dichtern seit Claudius. Eine kritische Anthologie von Theodor Storm, hrsg. mit e. Nachwort v. Gerd Eversberg u. Walter Hettche, Husum 1991

Gerhard Kaiser: *Geschichte der deutschen Lyrik von Heine bis zur Gegenwart. Ein Grundriß in Interpretationen*. Erster Teil, Frankfurt a. Main 1991 (zu *Lied des Harfenmädchens* und *Gode Nacht*, S.280-282, *Hyazinthen*, S.315-319, *Meeresstrand*, S.319-323, *Schließe mir die Augen beide*, S.323f.)

Gerd Eversberg: »Storms erste Gedichtveröffentlichungen«, Schriften 41 (1992), S.45-49

Jackson, 1992, hier: S.69-76

Lothar Müller: »Neues zu den frühen Gedichtveröffentlichungen Theodor Storms«, Schriften 41 (1992), S.31-44

David Jackson: »Storms Lyrik«, Schriften 42 (1993), S.39-41

Byungje Choi: *Realismus und Lyrik. Untersuchungen zum Gedichtwerk Theodor Storms*, Passau 1994

Winfried Freund: *Theodor Storm*. Stuttgart 1994 (zu *Abseits*, S.89, *Oktoberlied*, S.92-97, *Im Walde*, S.97-100, *Lied des Harfenmädchens*, S.100-103, *Hyazinthen*, S.103-106, *Die Stadt*, S.106-109, *Meeresstrand*, S.109-112, *Trost*, S.112-115, *Juli*, S.115-117, *Frauen-Ritornelle*, S.118-120, *Über die Heide*, S.121-124)

Karl Ernst Laage: »›Zwei Strophen zu einem russischen Liede‹. Entstehung und Schicksal des Gedichts *Schlaf nicht mehr!* von Theodor Storm. Zum 175. Geburtstag Iwan Turgenjews (geb. 9. 11. 1818)«, Schriften 43 (1994), S.65-73

Hartmut Pätzold: »›Ein Stück andre Welt‹. Von der Unbrauchbarkeit des Paradigmas der ›Erlebnislyrik‹ für die Gedichte Theodor Storms«, Schriften 43 (1994), S.43-63

Max-Rainer Uhrig: »›Der tote Schatz am Wege‹ – Friedrich Rückert und Theodor Storm«, Jahrbuch der Rückert-Gesellschaft 8 (1994), S.59-99

Thomas Mann: *Theodor Storm. Essay*, hrsg. u. komm. Karl Ernst Laage, Heide 1996

Rolf Selbmann: »Vergoldeter Herbst. Storms *Oktoberlied*, Emanuel Geibel und der Realismus in der Lyrik«, Schriften 45 (1996), S.117-126

In Kap. II.1.2. und II.1.3. zitierte Literatur, die über den engeren thematischen Rahmen hinausreicht, in der Reihenfolge ihres Erscheinens im Text:

Karl Boll: *Die Weltanschauung Theodor Storms*, Berlin 1940

Minna K. Altmann: *Theodor Storm – Das Persönlichkeitsbild in seinen Briefen*, Bonn 1980

Roebling, 1983, S.99-130

Otto F. Kernberg: »Pathologischer Narzißmus: eine Übersicht«, in: Udo Rauchfleisch (Hrsg.): *Allmacht und Ohnmacht. Das Konzept des Narzißmus in Theorie und Praxis*, Bern 1987, S.12-24

Otto F. Kernberg: *Borderline-Störungen und pathologischer Narzißmus*, 7. Aufl., Frankfurt a. Main 1993

Otto F. Kernberg: *Schwere Persönlichkeitsstörungen. Theorie, Diagnose, Behandlungsstrategien*, 2. Aufl., Stuttgart 1989

Oskar Sahlberg: »Die Selbsterschaffung des Genies. Elemente einer Grammatik der künstlerischen Phantasie«, Freiburger literaturpsychologische Gespräche 4 (1985), S.27-49

Renate Boeschenstein: »Die Lotosesser. Beobachtungen zu den psychischen Implikationen der Gattung Idylle«, Freiburger literaturpsychologische Gespräche 9 (1990), S.153-173

Ludwig Feuerbach: »Gedanken über Tod und Unsterblichkeit«, in: Ludwig Feuerbach: *Gesammelte Werke. Frühe Schriften, Kritiken und Reflexionen (1828-1834)*, hrsg. Werner Schuffenhauer, Berlin 1981

Sigmund Freud: *Gesammelte Werke*, hrsg. Anna Freud, E. Bibring u.a., 8. Aufl., Frankfurt a. Main 1986, Bd.11, S.294f.

2.4.2 Prosa

Volker Knüfermann: *Realismus. Untersuchungen zur sprachlichen Wirklichkeit der Novellen »Im Nachbarhause links«, »Hans und Heinz Kirch« und »Der Schimmelreiter«*, Münster 1967

Brian Coghlan: »Storms Novelleneingänge. Ein Beitrag zur Darstellung seiner späten Erzählkunst«, Schriften 17 (1968), S.72-76

Werner Kohlschmidt: »Die Dichtung Theodor Storms und der Schweizer Realismus. Noch ein Postulat der Forschung«, Schriften 17 (1968), S.58-61

Wolfgang Preisendanz: »Gedichtete Perspektiven in Storms Erzählungen«, Schriften 17 (1968), S.25-37

Thomas Kuchenbuch: *Perspektive und Symbol im Erzählwerk Theodor Storms. Zur Problematik und Technik der dichterischen Wirklichkeitsspiegelung im Poetischen Realismus*, Marburg 1969

Jürgen Sang: *Die Erzählstruktur der Dissoziation in den frühen Novellen Storms*, Tokyo 1969

Terence John Rogers: *Techniques of Solipsism. A Study of Theodor Storm's Narrative Fiction*, Cambridges 1970

Brian Coghlan: »Dauer im Wechsel, Kontinuität und Entwicklung der Stormschen Erzählkunst«, Schriften 20 (1971), S.9-22

Josef de Cort: »Das Raumgefüge als Gestaltungselement in der epischen Dichtung«, Archiv 20 (1971), S.321-340

Jürgen Sang: »Die Auflösung der Wirklichkeitseinheit bei Theodor Storm«, Schriften 20 (1971), S.51-70

Ingrid Schuster: *Theodor Storm. Die zeitkritische Dimension seiner Novellen*, Bonn 1971, 2. Aufl. 1985

Alois Wierlacher: »Situationen. Zu Storms früher Prosa«, Schriften 21 (1972), S.38-44

Werner Kohlschmidt: *Geschichte der Deutschen Literatur vom Jungen Deutschland bis zum Naturalismus*, Stuttgart 1975, hier: S.431-463

Siegfried Rentzsch: »Theodor Storm – Spannung von Ernüchterung und poetischem Gegenentwurf«, in: Kurt Böttcher (Hrsg.): *Geschichte der Deutschen Literatur von 1830 bis zum Ausgang des 19. Jahrhunderts*, Berlin 1975, Bd.8.2., S.817-828

Helmut Richter: »Theodor Storms frühe Novellen«, in: Kurt Böttcher (Hrsg.): *Geschichte der Deutschen Literatur von 1830 bis zum Ausgang des 19. Jahrhunderts*, Berlin 1975, Bd.8.1., S.555-567

Arthur Tilo Alt: »Flucht und Verwandlung: Theodor Storms Verhältnis zur Wirklichkeit«, Schriften 25 (1976), S.9-24

Josef de Cort: »Das Idyllische in Storms Novellistik«, Schriften 26 (1977), S.22-36

W. A. Coupe: »Der Doppelsinn des Lebens: Die Doppeldeutigkeit in der Novellistik Theodor Storms«, Schriften 26 (1977), S.9-21

David Artiss: *Theodor Storm: Studies in Ambivalence. Symbol and Myth in his Narrative Fiction*, Amsterdam 1978

Josef Kunz: Die Deutsche Novelle im 19. Jahrhundert, 2., überarb. Aufl., Berlin 1978, hier: S.134-147

Wolfgang Tschorn: *Idylle und Verfall. Die Realität der Familie im Werk Theodor Storms*, Bonn 1978

David Artiss: »The Microcosmic View. Techniques of Compression in Theodor Storm's Novellen Openings«, in: Jörg Thunecke (Hrsg.): *Formen realistischer Erzählkunst*, Nottingham 1979, S.168-178

Karl Friedrich Boll: »Storm: ›Meine Novellistik ist aus meiner Lyrik erwachsen‹«, Schriften 29 (1980), S.17-32

Günther Ebersold: *Politik und Gesellschaftskritik in den Novellen Theodor Storms*, Bern [u.a.] 1981

Martini, 4. Aufl. 1981, hier: S.630-664

Jürgen Sang: »Novellenforschung und Storm-Literatur in 30 Jahrgängen der ›Schriften der Theodor-Storm-Gesellschaft‹«, Schriften 32 (1982), S.50-60

Nadia Karoussa: *Entstehung und Ausbildung des personalen Erzählens in der Mitte des 19. Jahrhunderts. Grundfragen einer Narrativik deutschsprachiger fiktionaler Texte unter besonderer Berücksichtigung der Erzähltechnik Theodor Storms*, Hildesheim [u.a.] 1983

David S. Artiss: »Theodor Storm. Politics, society and his image of himself as an homme engagé«, German Life and Letters 38 (1984), S.15-29

Joachim Bark: *Biedermeier – Vormärz/Bürgerlicher Realismus*, Stuttgart 1984, hier: S.115-118

Wolfgang Frühwald: »Der Enthusiasmus des Lebens. Individuation und Psychologisierung in Theodor Storms späten Erzählungen«, Schriften 33 (1984), S.9-18

Ulrich Eisenbeiß: *Didaktik des novellistischen Erzählens im bürgerlichen Realismus. Literaturdidaktische Studien zu Gottfried Keller, Wilhelm Raabe und Theodor Storm*, Bern [u.a.] 1985

Rolf Fechner: »Theodor Storm als Inkarnation des künstlerischen Geistes«, in: Rolf Fechner (Hrsg.): *Der Dichter und der Soziologe. Zum Verhältnis zwischen Theodor Storm und Ferdinand Tönnies*. Referate der Arbeitstagung im November 1984 in Husum, Hamburg 1985

Hildegard Lorenz: *Varianz und Invarianz. Theodor Storms Erzählungen. Figurenkonstellationen und Handlungsmuster*, Bonn 1985

Peter Por: »Verrätselung: Perspektiven eines poetischen Verfahrens bei Gérard de Nerval und Theodor Storm«, Deutsche Vierteljahresschrift für Literaturwissenschaft und Geistesgeschichte 59 (1985) 3, S.422-444

J. M. Ritchie: »Theodor Storm und der sogenannte Realismus«, Schriften 34 (1985), S.21-33

Harro Segeberg: »Ferdinand Tönnies' *Gemeinschaft und Gesellschaft* und Theodor Storms Erzählwerk. Zur literarischen Spiegelung eines Epochenumbruchs«, Deutsche Vierteljahresschrift für Literaturwissenschaft und Geistesgeschichte 59 (1985) 3, S.474-496

Jürgen Zander: »Individuelles Unglück aus sozialem Verlassensein. Zur Analogie d. Grundgedankens im Werk v. Theodor Storm u. Ferdinand Tönnies«, in: Rolf Fechner (Hrsg.): *Der Dichter und der Soziologe. Zum Verhältnis zwischen Theodor Storm und Ferdinand Tönnies*. Referate der Arbeitstagung im November 1984 in Husum, Hamburg 1985, S.56-85

Ralf Bartoleit: »Das Verhältnis von Ferdinand Tönnies' *Gemeinschaft und Gesellschaft* zu

Theodor Storms Erzählwerk. Über die Fragwürdigkeit einer naheliegenden Interpretation«, Schriften 36 (1987), S.69-82

Winfried Freund: *Theodor Storm*, Stuttgart 1987

Karl Ernst Laage: »Theodor Storms Chroniknovellen – ein unromantischer Rückgriff in die Vergangenheit«, in: *Geschichtlichkeit und Aktualität. Studien zur deutschen Literatur seit der Romantik. Festschrift für Hans-Joachim Mähl zum 65. Geburtstag*, Tübingen 1988, S.336-343

Ders.: »Theodor Storms *Neues Gespensterbuch*. Eine bisher unbekannt gebliebene Handschrift des Dichters«, in: Laage, 2., erw. und überarb. Auflage 1988, S.142-155

Eckart Pastor: *Die Sprache der Erinnerung. Zu den Novellen von Theodor Storm*, Frankfurt a. Main 1988

Lore M. Amlinger: »Von *Immensee* zum *Schimmelreiter*. Zur Entwicklung Stormscher Helden«, Schriften 38 (1989), S.63-72

David Artiss: »Theodor Storm: Poetic Realist or Realist Poet? Secret Strategies of Art and Realism«, in: In Search of the Poetic Real, Stuttgart 1989, S.23-32

Ders.: »Theodor Storm und das Groteske. Auf dem Hintergrund der Literatur des 19. Jahrhunderts: Von Hoffman und Heine bis Kafka und Hesse«, in: Theodor Storm und das 19. Jahrhundert, Berlin 1989, S.100-107

Clifford A. Bernd: »Storm und der europäische Realismus des 19. Jahrhunderts«, in: Theodor Storm und das 19. Jahrhundert, Berlin 1989, S.18-25

Patricia M. Boswell: »Home and Marriage. Theodor Storm's Poetic Realist Love Poetry«, in: In Search of the Poetic Real, Stuttgart 1989, S.45-65

Brian Coghlan: »Theodor Storms Novelle: eine Schwester des Dramas?«, Schriften 38 (1989), S.26-38

Rüdiger Frommholz: »Theodor Storm«, in: Gunter E. Grimm, Frank Rainer Max (Hrsg.): *Deutsche Dichter*, Stuttgart 1989, Bd.6, S.69-86

Karl Ernst Laage: *Der kritische Storm*, Heide 1989

Wolfgang Preisendanz: »Theodor Storm: Novellistik im Zeitalter des Romans«, in: Theodor Storm und das 19. Jahrhundert, Berlin 1989, S.12-17

Jean Royer: »Storms Verhältnis zum französischen Realismus des 19. Jahrhunderts«, in: Theodor Storm und das 19. Jahrhundert, Berlin 1989, S.133-144

Harro Segeberg: »Noch einmal: Storm – Tönnies. Eine Duplik«, Schriften 38 (1989), S.73-79

Andrew Webber: »The Uncanny Rides Again: Theodor Storm's Double Vision«, Modern Language Review 84 (1989) 4, S.860-873

Siegfried Chowanietz: *Jung und Alt im Konflikt. Generationsprobleme im Leben und in ausgewählten Novellen Theodor Storms*, Bern [u.a.] 1990

Elisabeth Preiß und Josef v. Heukelum: »Theodor Storms Beziehungen zu Adalbert Stifter«, Mitteilungen aus dem Storm-Haus 4 (1991), S.15-22

Marianne Wünsch: »Vom späten ›Realismus‹ zur ›Frühen Moderne‹: Versuch eines Modells des literarischen Strukturwandels«, in: Michael Titzmann (Hrsg.): *Modelle des literarischen Strukturwandels*, Tübingen 1991, S.187-203

David L. Dysart: *The Role of the Painting in the Works of Theodor Storm*, New York [u.a.] 1992

Gerd Eversberg: »Die Bedeutung Theodor Fontanes und seines Kreises für die Entwicklung der Stormschen Erzählkunst«, Fontane-Blätter 54 (1992), S.62-74

Wiebke Strehl: *Vererbung und Umwelt: Das Kindermotiv im Erzählwerk Theodor Storms*, Pennsylvania 1992

Marianne Wünsch: »Experimente Storms an den Grenzen des Realismus: neue Realitäten in *Schweigen* und *Ein Bekenntnis*«, Schriften 41 (1992), S.13-23

Boy Hinrichs: »Theodor Storm: Texte und Kontexte. Thesen zur Rezeptionsforschung«, Schriften 42 (1993), S.67-72

Eckart Pastor: »Vom Instrumentarium des Dichters«, Schriften 42 (1993), S.48-53
Harro Segeberg: »Intermedialität bei Storm. Zur Mediengeschichte des *Schimmelreiter*-Komplexes«, Schriften 42 (1993), S.77-94
Gerd Eversberg: »Einige bisher Storm nicht zugeschriebene Sagen und Geschichtserzählungen«, Schriften 43 (1994), S.75-95
Winfried Freund: *Theodor Storm*, Stuttgart 1994
Andreas Jäggi: *Die Rahmenerzählung im 19. Jahrhundert*, Bern [u.a.] 1994
Monica-Maria Stapelberg: *Der Aberglaube im Erzählwerk Theodor Storms*, Pretoria 1994
David Artiss: »Theodor Storms symbolische Tierwelt – dargestellt an seinen Vorstellungen von Wolf, Hund und Pferd«, Schriften 45 (1996), S.7-22
Barbara Burns: *Theory and patterns of tragedy in the later novellen of Theodor Storm*, Stuttgart 1996
Martin Kreis: *»Die Novelle ist die Schwester des Dramas«. Versuch über das Tragische bei Theodor Storm*, Mainz 1996

Zur Erinnerungsperspektive

Herbert Wegner: *Die Bedeutung der Erinnerung im Erzählwerk Theodor Storms*, Marburg 1953
Clifford Albrecht Bernd: *Die Erinnerungssituation in der Novellistik Theodor Storms. Ein Beitrag zur literarischen Formgeschichte des deutschen Realismus im 19. Jahrhundert*, Heidelberg 1958
Karl Ernst Laage: »Das Erinnerungsmotiv in Theodor Storms Novellistik«, Schriften 7 (1958), S.17-39
Clifford Albrecht Bernd: »Das Verhältnis von erlittenem und überwundenem Vergänglichkeitsgefühl in Theodor Storms Erzählhaltung«, Schriften 10 (1961), S.32-38
Ders.: »Das Erinnerungsmotiv in Storms *In St. Jürgen*«, Schriften 12 (1963), S.27-37
Allen McCormick: *Theodor Storm's Novellen – Essays on Literary Technique*, Chapel Hill 1964
Lloyd Warren Wedberg: *The theme of loneliness in Theodor Storm's Novellen*, London [u.a.] 1964
Paul Böckmann: »Theodor Storm und Fontane. Ein Beitrag zur Funktion der Erinnerung in Storms Erzählkunst«, Schriften 17 (1968), S.85-93
Wolfgang Preisendanz: »Gedichtete Perspektiven in Storms Erzählungen«, Schriften 17 (1968), S.25-37
Fritz-Rüdiger Sammern-Frankenegg: *Perspektivische Strukturen einer Erinnerungsdichtung. Studien zur Deutung von Storms »Immensee«*, Stuttgart 1976
Clifford Albrecht Bernd: »Theodor Storm«, in: Benno von Wiese (Hrsg.): *Deutsche Dichter des 19. Jahrhunderts*, 2. überarb. u. verm. Aufl., Berlin 1979, S.557-578
Roebling, 1983, hier: S.103-105
Robert C. Holub: »Realism and Recollection. The Commemoration of Art and the Aesthetics of Abnegation in *Aquis submersus*«, Colloquia Germanica, 18 (1985), S.120-139
Sven-Aage Jørgensen: »Vergangenheit und Vergänglichkeit. Zur Funktion des Erinnerns in Theodor Storms Novellen«, Schriften 35 (1986), S.9-15
Esther-Beate Körber: »Zeitablauf und Zeitwahrnehmung in den Novellen Theodor Storms«, in: Heidrun Colberg, Doris Petersen (Hrsg.): *Spuren. Festschrift für Theo Schumacher*, Stuttgart 1986, S.363-386
Peter Hasubek: »Auf der Suche nach der Vergangenheit. Zur Erinnerungsstruktur von Heinrich Manns frühen Erzählungen. Heinrich Mann und Theodor Storm«, Heinrich-Mann-Jahrbuch 10 (1992.1993), S.7-32
Michael Schilling: »Erzählen als Arbeit am kollektiven Gedächtnis. Zu Theodor Storms Novellen nach 1865.«, Euphorion 89 (1995) 1, S.37-53

In Kap. II.2.1.1. zitierte Literatur, die über den engeren thematischen Rahmen hinausreicht, in der Reihenfolge ihres Erscheinens im Text:

Sören Kierkegaard: *Gesammelte Werke*, hrsg. Emanuel Hirsch u. Hayo Gerdes, 1. Abteilung, Entweder/Oder. Erster Teil, Bd. 1, Diapsalmata, Gütersloh, 3. Aufl. 1993

Franz Grillparzer: *Sämtliche Werke. Ausgewählte Briefe, Gespräche, Berichte*, hrsg. Peter Frank und Karl Pörnbacher, Bd.4, München 1965

Gottfried Keller: *Sämtliche Werke in sieben Bänden. Der grüne Heinrich. Zweite Fassung*, hrsg. Peter Villwock, Bd.3, Frankfurt a. Main 1996

Literatur zu den einzelnen Prosatexten

Marthe und ihre Uhr:

Stuckert, 1955, hier: S.241-243

Böttger, [1959], hier: S.117-119

Terence John Rogers: *Techniques of Solipsism. A study of Theodor Storm's Narrative Fiction*, Cambridge 1970, hier: S.1-9

Martini, 4. Aufl. 1981, hier: S.638

David A. Jackson: »Theodor Storm's *Marthe und ihre Uhr*«, Trivium 19 (1984), S.39-53

Kommentar in: LL, Bd.1, S.1010-1014

Im Saal

Stuckert, 1955, hier: S.243

Böttger, [1959], hier: S.119f.

Karl Ernst Laage: »Das Erinnerungsmotiv in Theodor Storms Novellistik«, in: Laage, 1985, hier: S.1-3

Kommentar in: LL, Bd.1, S.1015-1017

Immensee

E. O. Wooley: »Two literary sources of *Immensee*«, Monatshefte für Deutschen Unterricht 42 (1950), S.265-272

Stuckert, 1955, hier: S.243-247

Böttger, [1959], hier: S.117-127

E. O. Wooley: »*Immensee* (Ein Beitrag zur Entstehung und Würdigung der Novelle)«, Schriften 9 (1960), S.24-32

J. M. Ritchie & M. A. McHaffie: »Bee's Lake, or the Curse of Silence. A Study of Theodor Storm's *Immensee*«, German Life and Letters 16 (1962) 1, S.36-48

Einleitung in: GW, Bd.1, S.39f.

Kommentar in: GW, Bd.1, S.780-789

Raimund Belgardt: »Dichtertum als Existenzproblem. Zur Deutung von Storms *Immensee*«, Schriften 18 (1969), S.77-88

Thomas Kuchenbuch: *Perspektive und Symbol im Erzählwerk Theodor Storms. Zur Problematik und Technik der dichterischen Wirklichkeitsspiegelung im Poetischen Realismus*, Marburg 1969, hier: S.43-89

Terence John Rogers: *Techniques of Solipsism. A study of Theodor Storm's Narrative Fiction*, Cambridge 1970, hier: S.9-20

Vinçon, 1973, hier: S. 41

Gerald Froeschel: »*Immensee*: Un best-seller sur la sellette«, Travaux et Memoires. Collection Allemand. Université de Limoges, Septembre 1976, S.69-80

Fritz-Rüdiger Sammern-Frankenegg: *Perspektivische Strukturen einer Erinnerungsdichtung. Studien zur Deutung von Storms »Immensse«*, Stuttgart 1976

Herybert Hohn: »Der Stil der Landschaftsdarstellung in Storms Novelle *Immensee*«, Schriften 29 (1980), S.33-43

Heinz-Peter Niewerth: Theodor Storm. In: Karl Konrad Polheim (Hrsg.): *Handbuch der deutschen Erzählung*, Düsseldorf 1981, hier: S. 303-308

David A. Jackson: »In the Lion's Den – Theodor Storm's *Immensee*«, Oxford German Studies 14 (1983), S.1-34

Roebling, 1983, hier: S.100-106

Mark G. Ward: »More than ›Stammesverwandtschaft‹? On Tonio Kröger's Reading of *Immensee*«, German Life and Letters 36 (1983) 4, S.301-316

Holger Brülls: »Der Künstler als Biedermann. Zum Problem der ›Bürgerlichkeit‹ in Theodor Storms *Immensee*«, Wirkendes Wort 35 (1985) 4, S.184-202

Friedrich Heitmann: »Theodor Storms Novelle *Immensee*. Konzeption einer Ausstellung«, Schriften 34 (1985), S.35-38

Freund, 1987, hier: S.44-57

Kommentar in: LL, Bd.1, S.1018-1038

Winfried Freund: »Zerstörte Idyllen. Zeitkritik in Storms novellistischem Frühwerk (*Immensee, Auf dem Staatshof*)«, Der Deutschunterricht 40 (1988) 5, S.107-117

Ellin A. Nickelsen: »Theodor Storms Novellenkunst: Vier Novellen in Einzeldarstellungen. Teil I«, German Studies in India 12 (1988) 4, hier: S.235-242

Pastor, 1988, hier: S.48-69

Lore M. Amlinger: »Von *Immensee* zum *Schimmelreiter*. Zur Entwicklung der Stormschen Helden«, Schriften 38 (1989), S.63-72

Bollenbeck, 1991, hier: S.112f.

Jackson, 1992, hier: S.62-69

Hiroyuki Tanaka: »Zur Interpretation der Novelle *Immensee*«,(in japan. Sprache), in: Dies.: *Neue Studien zur Dichtung von Theodor Storm*, Tokyo 1993, S.23-43

Winfried Freund: *Theodor Storm*, Stuttgart 1994, hier: S.22-29

Vinçon, 13. Aufl. 1994, hier: S.51ff.

Posthuma

Stuckert, 1955, hier: S.248

Marianne Wünsch: »Zum Verhältnis von Interpretation und Rezeption. Experimentelle Untersuchungen am Beispiel eines Theodor Storm-Textes.«, in: Helmut Kreuzer und Reinhold Viehoff (Hrsg.): *Literaturwissenschaft und empirische Methoden*, Göttingen 1981, S.197-225

Kommentar in: LL, Bd.1, S.1039-1040

Robert Leroy und Eckart Pastor: »Von Storm und anderen Erinnerungen. Frühe Texte von Thomas Mann und Arthur Schnitzler«, in: Robert Leroy und Eckart Pastor (Hrsg.): *Deutsche Dichtung um 1890. Beiträge zu einer Literatur im Umbruch*, Bern 1991, S.333-353

Robert Leroy und Eckart Pastor: »›...eine Tote zu lieben‹: Storms frühe Erzählung *Posthuma*«, Schriften 41 (1992), S.51-54

Gregor Ciemnyjewski: »›Natürliche‹ versus ›künstliche‹ Gesellschaftsordnung. Zum Gesellschaftskritischen in Storms *Posthuma*«, Schriften 45 (1996), S.135-138

Ein grünes Blatt

Stuckert, 1955, hier: S.248-251

Böttger, [1959], hier: S.141-145

Frithjof Löding: *Theodor Storm und Klaus Groth in ihrem Verhältnis zur schleswig-holsteinischen Frage*, Neumünster 1985, (besonders: S.81-87)

Kommentar in: LL, Bd.1, S.1041-1052

Pastor, 1988, hier: S.32-47

Im Sonnenschein
Stuckert, 1955, hier: S.253-256
Böttger, [1959], hier: S.161-164
Im Sonnenschein. Hans und Heinz Kirch. Entstehungsgeschichte, Quellen, Schauplätze, Abbildungen, hrsg. Karl Ernst Laage, Heide 1976
Kommentar in: LL, Bd.1, S.1053-1063
Siegfried Chowanietz: *Jung und Alt im Konflikt. Generationsprobleme im Leben und in ausgewählten Novellen Theodor Storms*, Bern [u.a.] 1990, hier: S.120-141
Alain Cozic: »*Im Sonnenschein*: Une Nouvelle – instant de Theodor Storm«, in: Dominique Iehl (Hrsg.): *Images de l'Allemange*, Toulouse 1990, S.87-110

Angelica
Stuckert, 1955, hier: S.256
Böttger, [1959], hier: S.164-166
Einleitung in: GW, Bd.1, S.52f.
Brian Coghlan: »Dauer im Wechsel. Kontinuität und Entwicklung der Stormschen Erzählkunst«, Schriften 20 (1971), hier: S.10-15
Thomas Kuchenbuch: »*Angelika* – oder die gescheiterte Auflehnung. Zur gesellschaftlichen Wurzel der Resignationskunst im Poetischen Realismus«, Schriften 21 (1972), S.68-86
Martini, 4. Aufl. 1981, hier: S.640
Kommentar in: LL, Bd.1, S.1064-1068

Wenn die Äpfel reif sind
Stuckert, 1955, hier: S.258
Kommentar in: LL, Bd.1, S.1069-1071

Auf dem Staatshof
Stuckert, 1955, hier: S.259-263
Böttger, [1959], hier: S.201-204
Einleitung in: GW, Bd.1, S.53f.
Josef de Cort: »Das Raumgefüge als Gestaltungselement in der epischen Dichtung«, Archiv 207 (1971), S.321-340
Dieter Lohmeier:«Erzählprobleme des Poetischen Realismus. Am Beispiel von Storms Novelle *Auf dem Staatshof*«, Schriften 28 (1979), S.109-122
Martini, 4. Aufl. 1981, S.640-642
Ludwig Fischer: »Lokalton, Sozialgeschichte und Macht des Schicksals. Etüde über Theodor Storms Novelle *Auf dem Staatshof*«, in: Wilfried Barner u.a. (Hrsg.): *Literatur in der Demokratie. Für Walter Jens zum 60. Geburtstag*, München 1983, S.390-400
Theodor Storm: *»Auf dem Staatshof«. »Bulemanns Haus«. Novellen,* hrsg. Winfried Freund, Stuttgart 1983, hier: S.65-74
Walburga Freund-Spork: *Theodor Storm. »Auf dem Staatshof«, »Bulemanns Haus«*, Stuttgart 1983, hier: S.1-19
Freund, 1987, hier: S.58-67
Winfried Freund: »Zerstörte Idyllen. Zeitkritik in Storms novellistischem Frühwerk«, Der Deutschunterricht 40 (1988) 5, S.107-117
Kommentar in: LL, Bd.1, S.1072-1087
Jackson, 1992, hier: S.86-91
Theodor Storm: *Auf dem Staatshof. Text, Entstehungsgeschichte, Schauplatz*, hrsg. Dieter Lohmeier, Heide 1993

Späte Rosen
Stuckert, 1955, hier: S.263f.
David Jackson: »Theodor Storm's *Späte Rosen*«, German Life and Letters 38 (1985) 3, S.197-204
Kommentar in: LL, Bd.1, S.1088-1093
David A. Jackson: »Storms Stellung zum Christentum und zur christlichen Kirche«, in: Theodor Storm und das 19. Jahrhundert, Berlin 1989, (besonders S.64)

Drüben am Markt
Stuckert, 1955, hier: S.264-266
Karl Ernst Laage: »*Drüben am Markt*«, Husumer Nachrichten (Nr. 207) vom 6.7. 1969
Günther Ebersold: *Politik und Gesellschaftskritik in den Novellen Theodor Storms*, Bern [u.a.] 1981, S.59-61
Kommentar in: LL, Bd.1, S.1094-1100

Veronica
Stuckert, 1955, hier: S.266-268
Böttger, [1959], hier: S.195-197
Einleitung in: GW, Bd.1, S.55
Ingrid Schuster: *Theodor Storm. Die zeitkritische Dimension seiner Novellen.* 2. Aufl. Bonn, 1985, hier: S.29-32
Kommentar in: LL, Bd.1, S.1101-1107
Jackson, 1992, hier: S.104-107

Im Schloß
Stuckert, 1955, hier: S.268-273
Böttger, [1959], hier: S.205-207
Einleitung in: GW, Bd.1, S.56-58
Kommentar in: GW, Bd.2, S.707-716
Günther Ebersold: *Politik und Gesellschaftskritik in den Novellen Theodor Storms*, Bern [u.a.] 1981, S.47-54
Martini, 4. Aufl. 1981, hier: S.642f.
Ingrid Schuster: *Theodor Storm. Die zeitkritische Dimension seiner Novellen*, 2. Aufl., Bonn 1985, hier: S.87-90
Kommentar in: LL, Bd. 1, S.1108-1133
David Jackson: »Theodor Storm's Democratic Humanitarianism. The novella *Im Schloß* in context«, Oxford German Studies 17 (1988), S.10-50
Ders.: »Storms Stellung zum Christentum und zur christlichen Kirche«, in: Theodor Storm und das 19. Jahrhundert, Berlin 1989, hier: S.69-71
Fritz-Rüdiger Sammern-Frankenegg: »Liebe und Angst im Widerstreit: Bemerkungen zu einer Dialektik in Theodor Storms Novelle *Im Schloß*«, in: In Search of the Poetic Real, Stuttgart 1989, S.197-205
Patricia M. Boswell: »Theodor Storms Heiligenstädter Novelle: *Im Schloß*«, Schriften 40 (1991), S.17-32
Irmgard Roebling: »Storm und die weibliche Stimme«, Schriften 42 (1993), S.54-62

Auf der Universität
Stuckert, 1955, hier: S.273-277
Böttger, [1959], hier: S.207-212
Einleitung in: GW, Bd.1, S.58f.
Kommentar in: LL, Bd.1, S.1134-1165
Pastor, 1988, hier: S.70-96

G. H. Hertling: »Theodor Storms Novelle *Auf der Universität.* Zur Funktion und Bedeutung von ›Tanz‹ und ›Contretanz‹, Schriften 38 (1989), S.83-96

Jackson, 1992, hier: S.115-118

Yoichi Suga: »Der Tanz in die Verderblichkeit – Eine Betrachtung über *Auf der Universität*« (in japan. Sprache), in: Hiroyuki Tanaka (Hrsg.): *Neue Studien zur Dichtung von Theodor Storm,* Tokyo 1993, S.45-60

Malte Stein: »Tod und Weiblichkeit in Theodor Storms Novelle *Auf der Universität.* Eine Textanalyse aus intertextueller Perspektive«, Schriften 45 (1996), S.27-45

Unter dem Tannenbaum

Stuckert, 1955, hier: S.278

Böttger, [1959], hier: S.216

Kommentar in: GW, Bd.2, S.723f.

Frithjof Löding: *Theodor Storm und Klaus Groth in ihrem Verhältnis zur schleswig-holsteinischen Frage,* Neumünster 1985, hier: S.102-106

Kommentar in: LL, Bd.1, S.1166-1178

Abseits

Stuckert, 1955, hier: S.279

Böttger, [1959], hier: S.216-218

Kommentar in: GW, Bd.2, S.725f.

Frithjof Löding: *Theodor Storm und Klaus Groth in ihrem Verhältnis zur schleswig-holsteinischen Frage,* Neumünster 1985, hier: S.106-112

Kommentar in: LL, Bd.1, S.1179-1188

Von Jenseit des Meeres

Stuckert, 1955, hier: S.299-293

Böttger, [1959], hier: S.228f.

Roebling, 1983, hier: S.118-123

Kommentar in: LL, Bd.1, S.1189-1204

Pastor, 1988, hier: S.97-116

Spukgeschichten und Märchen

Karl Ernst Laage: »Theodor Storms Neues Gespensterbuch. Eine bisher unbekannt gebliebene Handschrift des Dichters«, in: Laage, 2., erw. und überarb. Auflage 1988, S.142-155

Theodor Storm: *Neues Gespensterbuch. Beiträge zur Geschichte des Spuks,* hrsg. Karl Ernst Laage, Frankfurt a. Main und Leipzig 1991

Am Kamin

Kommentar in: LL, Bd.4, S.602-618

Winfried Freund: »Der Bürger und das Grauen. Theodor Storms Erzählung *Am Kamin* und die phantastische Literatur im 19. Jahrhundert«, in: Theodor Storm und das 19. Jahrhundert, Berlin 1989, S.108-114

Anrew Webber: »The Uncanny Rides Again: Theodor Storm's Double Vision«, Modern Language Review 84 (1989) 4, hier: S.866

Marie-Claire Mery: »›Ich werde Gespenstergeschichten erzählen‹. Narrateurs et narration dans le recit de Theodor Storm *Am Kamin*«, Le texte et l'idee, 8 (1993.1994), S.79-100

Alain Cozic: »Histoires de fantômes conteés au coin du feu. Fonctionnement et fontions du fantastique chez Theodor Storm. A propos du recueil *Am Kamin*«, in: Dominique Iehl (Hrsg.): *Les Songes de la Raison*, Bern [u.a.] 1995, S.163-190

Zu Storms Märchen und dem Mythos im Realismus im allgemeinen:

Ferdinand Tönnies: »Persönliche Erinnerungen an Theodor Storm«, in: Ders.: *Theodor Storm. Zum 14. September 1917. Gedenkblätter*, Berlin 1917, S.46-72

Hertha Botzong: *Wesen und Wert von Theodor Storms Märchendichtung*, München 1935

Mimi Ida Jehle: *Das deutsche Kunstmärchen von der Romantik zum Naturalismus*, Urbana, Ill. 1935, hier: S.158-174

Böttger, [1959], hier: S.230-238

Einleitung in: GW, Bd.1, S.61f.

Vinçon, 1973, hier: S.48f.

David S. Artiss: »Theodor Storm's Four Märchen: Early Examples of his Prose Technique«, Seminar 14 (1978) 3, S.149-168

Ders.: *Theodor Storm: Studies in Ambivalence: Symbol and Myth in his Narrative Fiction*, Amsterdam 1978

Martini, 4. Aufl. 1981, hier: S.644-646

Nadia Karoussa: *Entstehung und Ausbildung des personalen Erzählens in der Mitte des 19. Jahrhunderts. Grundfragen einer Narrativik deutschsprachiger fiktionaler Texte unter besonderer Berücksichtigung der Erzähltechnik Theodor Storms*, Hildesheim [u.a.] 1983, hier: S.92-137

Jens Tismar: *Kunstmärchen*, 2. Aufl., Stuttgart 1983, hier: S.86f.

Paul-Wolfgang Wührl: *Das deutsche Kunstmärchen. Geschichte, Botschaft und Erzählstrukturen*, Heidelberg 1984

Renate Böschenstein: »Mythologie zur Bürgerzeit. Raabe – Wagner – Fontane«, Jahrbuch der Raabe-Gesellschaft (1986), S.7-34

Kommentar in: LL, Bd.4, S.615-630

Winfried Freund: *Literarische Phantastik. Die phantastische Novelle von Tieck bis Storm*, Stuttgart [u.a.] 1990, hier: S.143-147

Markus Winkler: »Mythisches Denken im poetischen Realismus. Dämonische Frauenfiguren bei Keller, Fontane und Storm«, in: *Begegnung mit dem ›Fremden‹*, Bd. 11, Grenzen-Traditionen-Vergleich. Interkulturelle Fremdheit. Akten des VIII. Internationalen Germanisten-Kongresses, Tokyo 1990, S.147-159

Theodor Storm: *Märchen. Text, Entstehungsgeschichte, Quellen.* Nach den Erstdrucken hrsg. Gerd Eversberg, Heide 1992, hier: S.141-156

Marianne Wünsch: »Experimente Storms an den Grenzen des Realismus: neue Realitäten in *Schweigen* und *Ein Bekenntnis*«, Schriften 41 (1992), S.13-23

Winfried Freund: »Der phantastische Erzähler Theodor Storm«, Literatur für Leser (1993) 4, S.186-196

Hans Bär

Hiroshi Gokita: »Hans Bär und der Hintergrund von Storms Märchen«, Lynkeus 8 (1967), S.76-82

Karl Ernst Laage: »*Hans Bär* wieder aufgetaucht! – Original des Storm-Märchens war verschwunden«, Schleswig-Holstein 7 (1974), S.178

Kommentar in: LL, Bd.4, S.575-578

Der kleine Häwelmann

Hans-Sievert Hansen: »Narzißmus in Storms Märchen. Eine psychoanalytische Interpretation«, Schriften 26 (1977), hier: S.39-42

Kommentar in: LL, Bd.4, S.579-580

Hinzelmeier. Eine nachdenkliche Geschichte

Stuckert, 1955, hier: S.251-253

Böttger, [1959], hier: S.233f.

Margret Rothe-Buddensieg: *Spuk im Bürgerhaus. Der Dachboden in der deutschen Prosaliteratur als Negation der gesellschaftlichen Realität*, Kronberg Ts. 1974, hier: S.118-121
Kommentar in: LL, Bd.4, S.582-601

Die Regentrude
Stuckert, 1955, hier: S.282-284
Böttger, [1959], hier: S.235-237
Hans-Sievert Hansen: »Narzißmus in Storms Märchen. Eine psychoanalytische Interpretation«, Schriften 26 (1977), hier: S.42-45
Petrus W. Tax: »Storms *Die Regentrude* – auch eine nachdenkliche Geschichte«, Modern Language Notes 97 (1982) 3, S.615-635
Paul-Wolfgang Wührl: *Das deutsche Kunstmärchen. Geschichte, Botschaft und Erzählstrukturen,* Heidelberg 1984, hier: S.229-233
Irmgard Roebling: »Prinzip Heimat – eine regressive Utopie? Zur Interpretation von Theodor Storms *Regentrude*«, Schriften 34 (1985), S.55-66
Winfried Freund: »Rückkehr zum Mythos. Mythisches und Symbolisches Erzählen in Theodor Storms Märchen *Die Regentrude*«, Schriften 35 (1986), S.38-47
Freund, 1987, hier: S.68-78
Ulla Wittmann: *»Ich Narr vergaß die Zauberdinge«. Märchen als Lebenshilfe für Erwachsene*, 2. Aufl., Interlaken 1987, hier: S. 226-245
Kommentar in: LL, Bd.4, S.615-630 und S.631-639
Gerd Backenköhler: »Der Weg in die Unterwelt. Über ein Märchenmotiv bei Th. Storm u. H. C. Andersen«, Schriften 38 (1989), S.80-82
Gabriela Scherer: »Theodor Storm. *Die Regentrude*«, in: Rolf Tarot (Hrsg.): *Kunstmärchen. Erzählmöglichkeiten von Wieland bis Döblin*, Berlin 1993, S.217-229
Winfried Freund: *Theodor Storm*, Stuttgart 1994, hier: S.30-35

Bulemanns Haus
Mimi Ida Jehle: *Das Deutsche Kunstmärchen von der Romantik zum Realismus*, Urbana, Ill. 1935, hier: S.167-170
Stuckert, 1955, hier: S.284-287
Böttger, [1959], hier: S.237
Hans-Sievert Hansen: »Narzißmus in Storms Märchen«, Schriften 26 (1977), hier: S.45-47
David S. Artiss: »Theodor Storm's Four Märchen: Early Examples of his Prose Technique«, Seminar 14 (1978) 3, hier: S.149-168
Walburga Freund-Spork: *Theodor Storm. »Auf dem Staatshof«, »Bulemanns Haus«*, Stuttgart 1983, hier: S.19-32
Paul-Wolfgang Wührl: *Das deutsche Kunstmärchen. Geschichte, Botschaft und Erzählstrukturen,* Heidelberg 1984, hier: S.270-273
Freund, 1987, hier: S.58-67
Kommentar in: LL, Bd.4, S. 619-630 u. S.639-645
Winfied Freund: *Theodor Storm*, Stuttgart 1994, hier: S.36-41
J.-J. Pollet: »Maisons hantées: *Das öde Haus, Bulemanns Haus, Das unbewohnte Haus*«, in: Dominique Iehl (Hrsg.): *Les Songes de la Raison*, Bern [u.a.] 1995, S.146-162

Der Spiegel des Cyprianus
Mimi Ida Jehle: *Das Deutsche Kunstmärchen von der Romantik zum Realismus*, Urbana, Ill. 1935, hier: S.164-167
Stuckert, 1955, hier: S.287-289
Böttger, [1959], hier: S.237f.
Hans-Sievert Hansen: »Narzißmus in Storms Märchen«, Schriften 26 (1977), hier: S.47-52

Kommentar in: LL, Bd.4, S.619-630 u. S.645-657
Andrew Webber: »The Uncanny Rides Again: Theodor Storm's Double Vision«, Modern Language Review 84 (1989) 4, hier: S.870
Winfried Freund: *Literarische Phantastik. Die phantastische Novelle von Tieck bis Storm*, Stuttgart 1990, hier: S.133-142

In St. Jürgen
Stuckert, 1955, hier: S.293-297
Böttger [1959], S.247
Clifford Albrecht Bernd: »Das Erinnerungsmotiv in Storms *In St. Jürgen*«, Schriften 12 (1963), S.27-37
Einleitung in: GW, Bd.1, S.77
Kommentar in: LL, Bd.1, S.1205-1217
Andrew Webber: »The Uncanny Rides Again: Theodor Storm's Double Vision«, Modern Language Review 84 (1989) 4, hier: S.866f.
Michael Schilling: »Erzählen als Arbeit am kollektiven Gedächtnis. Zu Theodor Storms Novellen nach 1865«, Euphorion 89 (1995) 1, (besonders: S.41-45)
Jackson, 1992, hier: S.153-156

Eine Malerarbeit
Stuckert, 1955, hier: S.297-300
Böttger, [1959], hier: S.251-255
Einleitung in: GW, Bd.1, S.77f.
Karl Ernst Laage: »Zur Entstehung der Novelle *Eine Malerarbeit*«, in: Laage, 1985, S.20-28
Kommentar in: LL, Bd.2, S.773-784
Walter Zimorski: »Das Selbstbildnis als Doppelporträt: Edde Brunken – der friedfertige Überwinder. Theodor Storms Malernovelle (1867)«, in: Walter Zimorski (Hrsg.): *Theodor Storm. Studien zur Kunst- und Künstlerproblematik*, Bonn 1988, S.7-45
Günter Blamberger: *Das Geheimnis des Schöpferischen oder: Ingenium est ineffabile? Studien zur Literaturgeschichte der Kreativität zwischen Goethezeit und Moderne*, Stuttgart 1991, hier: S.150-170

Zerstreute Kapitel
Stuckert, 1955, hier: S.301-303
Ingrid Schuster »Theodor Storm und E. T. A. Hoffman«, Literaturwissenschaftliches Jahrbuch im Auftrag der Görres-Gesellschaft, N.F. 11 (1970), S.209-223
Jean Royer: »Zu Theodor Storms ›Le capital dissipé‹«, Schriften 35 (1986), S.48-50
Kommentar in: LL, Bd.4, S.658-747

Eine Halligfahrt
Stuckert, 1955, hier: S.303f.
Thomas Kuchenbuch: *Perspektive und Symbol im Erzählwerk Theodor Storms. Zur Problematik und Technik der dichterischen Wirklichkeitsspiegelung im Poetischen Realismus*, Marburg 1969, hier: S.97-187
Kommentar in: LL, Bd.2, S.785-801

Draußen im Heidedorf
Stuckert, 1955, hier: S.305-308
Böttger, [1959], hier: S.270-275
Einleitung in: GW, Bd.1, S.82f.
Josef Kunz: »Theodor Storms Novelle *Draußen im Heidedorf*. Versuch einer Interpretation«, Schriften 22 (1973), S.18-31

Kommentar in: LL, Bd.2, S.802-816
Harro Segeberg: »Theodor Storm als ›Dichter-Jurist‹. Zum Verhältnis von juristischer, moralischer und poetischer Gerechtigkeit in den Erzählungen *Draußen im Heidedorf* und *Ein Doppelgänger*«, Schriften 41 (1992), S.69-82
Eckart Pastor: »›Du bist hier Partei!‹ Theodor Storms Novelle *Draußen im Heidedorf* und ihre Erzähler, Schriften 44 (1995), S.23-40

Beim Vetter Christian
Stuckert, 1955, hier: S.308-311
Böttger,[1959], hier: S.327-330
Einleitung in: GW, Bd.1, S.83
Kommentar in: LL, Bd.2, S.817-829
Michael Schilling: »Erzählen als Arbeit am kollektiven Gedächtnis. Zu Theodor Storms Novellen nach 1865«, Euphorion 89 (1995) 1, besonders: S.45-49

Viola tricolor
Stuckert, 1955, hier: S.313-316
Böttger, [1959], hier: S.247-250
Einleitung in: GW, Bd.1, S.83
Heinz-Peter Niewerth: »Theodor Storm«, in: Karl Konrad Polheim (Hrsg.): *Handbuch der deutschen Erzählung*, Düsseldorf 1981, hier: S.309-312
Kommentar in: LL, Bd.2, S.830-838
Eric Downing: »Repetition and Realism: the ›Ligeia‹ impulse in Theodor Storm's *Viola tricolor*«, Deutsche Vierteljahresschrift für Literaturwissenschaft und Geistesgeschichte 65 (1991) 2, S.265-303
Michael Schilling: »Erzählen als Arbeit am kollektiven Gedächtnis. Zu Theodor Storms Novellen nach 1865«, Euphorion 89 (1995) 1, besonders: S.45-49

Pole Poppenspäler
Stuckert, 1955, hier: S.316-318
Horst Schroeder: »*Pole Poppenspäler* und die Schule«, Schriften 24 (1975), S.36-56
Karl Ernst Laage: »Das Puppenspiel *Dr. Johannes Faust*. Eine Quelle für Storms *Pole Poppenspäler*«, Zeitschrift für deutsche Philologie 99 (1980), S.581-589
Mark G. Ward: »Narrative and Ideological Tension in the Works of Theodor Storm. A Comparative Study of *Aquis submersus* and *Pole Poppenspäler*«, Deutsche Vierteljahresschrift für Literaturwissenschaft und Geistesgeschichte 59 (1985) 3, S.445-473
Karl Ernst Laage: »Entstehung und Schicksal des *Pole Poppenspäler*- Manuskripts«, Schriften 35 (1986), S.30-37
Rüdiger Frommholz: »Pole Poppenspäler – Kinder- oder Künstlergeschichte?«, Schriften 36 (1987), S.19-36
Freund, 1987, hier: S.79-89
Kommentar in: LL, Bd.2, S.839-858
Hartmut Vinçon: »Gefährdete Idylle. Theodor Storm. *Pole Poppenspäler* (1874)«, in: Walter Zimorski (Hrsg.): *Theodor Storm. Studien zur Kunst- und Künstlerproblematik*, Bonn 1988, S.47-75
Gerd Eversberg: »*Pole Poppenspäler* – zensiert«, Schriften 38 (1989), S.55-62
Gabriella D'Onghia: »*Pole Poppenspäler*: commedia umana o teatro di buratini?«, Annali. Studi tedeschi. XXXIII (1990) 3, S.19-38
Theodor Storm: *»Pole Poppenspäler«, Text, Entstehungsgeschichte, Quellen, Schauplätze*, hrsg. Gerd Eversberg, Heide 1992
Winfried Freund: *Theodor Storm*, Stuttgart 1994, hier: S.41-47

Waldwinkel
Stuckert, 1955, S.319-321
Böttger, [1959], hier: S.275-278
Josef de Cort: »Das Raumgefüge als Gestaltungselement in der epischen Dichtung«, Archiv 207 (1971), S.321-340
Kommentar in: LL, Bd.2, S.859-873

Ein stiller Musikant
Stuckert, 1955, hier: S.322f.
Böttger, [1959], hier: S.255-258
J. de Cort: »Zwei arme Spielleute. Vergleich einer Novelle von F. Grillparzer und von Th. Storm *[Ein stiller Musikant]*«, Revue des langues vivantes 30 (1964), S.326-341
Kommentar in: LL, Bd.2, S.874-886
Rüdiger Frommholz: »›Mit Traumesaugen in seiner Zukunft angeschaut‹. Theodor Storms fast vergessene Novelle *Ein stiller Musikant* (1875)«, in: Walter Zimorski (Hrsg.): *Theodor Storm. Studien zur Kunst- und Künstlerproblematik*, Bonn 1988, S.77-100
Boyd Mullan: »Characterisation and Narrative Technique in Grillparzer's *Der arme Spielmann* and Storm's *Ein stiller Musikant*«, German Life and Letters 44 (1991) 3, S.187-197

Psyche
Stuckert, 1955, hier: S.323-327
Böttger, [1959], hier: S.258-262
Hinrich Hudde: »Theodor Storm und Bernardin von Saint Pierre. Zum Einfluß von *Paul et Virginie* auf *Drüben am Markt*, *Pole Poppenspäler* und *Psyche*«, Arcadia 11 (1976), S.178-184
Kommentar in: LL, Bd.2, S.887-901
Winfried Freund: »Die Versöhnung von Stoff und Sinn. Theodor Storms Programm-Novelle *Psyche* (1875)«, in: Walter Zimorski (Hrsg.): *Theodor Storm. Studien zur Kunst- und Künstlerproblematik*, Bonn 1988, S.101-124

Im Nachbarhause links
Stuckert, 1955, hier: S.327-330
Böttger, [1959], hier: S.278-282
Volker Knüfermann: *Realismus. Untersuchungen zur sprachlichen Wirklichkeit der Novellen »Im Nachbarhause links«, »Hans und Heinz Kirch« und »Der Schimmelreiter«*, Münster 1967, hier: S.8-42
Gertrud Brate: »Theodor Storms *Im Nachbarhause links*«, Schriften 21 (1972), S.57-67
Hans-Friedrich Schütt: »Der geschichtliche Hintergrund zu Theodor Storms Novelle *Im Nachbarhause links*«, Schriften 25 (1976), S.53-60
Kommentar in: LL, Bd.2, S.902-912

Aquis submersus
Thea Müller: *Theodor Storms Erzählung »Aquis submersus«*, Marburg 1925
Stuckert, 1955, hier: S.330-339
Böttger, [1959], hier: S.302-306
Karl Friedrich Boll: Das Bonnixsche Epitaph in Drelsdorf und die Kirchenbilder in Theodor Storms Erzählung *Aquis submersus*«, Schriften 14 (1965), S.24-39
Einleitung in: GW, Bd.1, S.86f
Leonard Duroche: »Like and look Alike: Symmetry and Irony in Theodor Storm's *Aquis submersus*, Seminar 7 (1971), S.1-13

David A. Jackson: »Die Überwindung der Schuld in der Novelle *Aquis submersus*«, Schriften 21 (1972), S.45-56
Reinhard Struve: »Funktionen des Rahmens in Theodor Storms Novelle *Aquis submersus*«, Schriften 23 (1974), S.28-32
Karl Friedrich Boll: »Das verschollene Totenbildnis der Kirche in Drelsdorf«, Schriften 24 (1975), S.98-101
W. A. Coupe: »Zur Frage der Schuld in *Aquis submersus*«, Schriften 24 (1975), S.57-72
William L. Cunningham: »Zur Wassersymbolik in *Aquis submersus*«, Schriften 27 (1978), S.40-49
Tatsuji Hirata: »Theodor Storms Novelle *Aquis submersus*. Eine Betrachtung über Motive und Struktur des Werks«, Schriften 27 (1978), S.57-60
Gerhard Kaiser: »*Aquis submersus* – versunkene Kindheit. Ein literaturpsychologischer Versuch über Theodor Storm«, Euphorion 73 (1979), S.410-443 und in: Ders: *Bilder lesen. Studien zu Literatur und bildender Kunst*, München 1981, S.52-75
Martini, 4. Aufl. 1981, hier: S.653f.
W. N. B. Mullan: »Tragic Guilt and the Motivation of the Catastrophe in Storm's *Aquis submersus*«, Forum for Modern Language Studies 18 (1982) 3, S.225-246
Roy C. Cowen: *Der Poetische Realismus. Kommentar zu einer Epoche*, München 1985, hier: S.235-246
Robert C. Holub: »Realism and Recollection. The Commemoration of Art and the Aesthetics of Abnegation in *Aquis submersus*«, Colloquia Germanica 18 (1985), S.120-139
Mark G. Ward: »Narrative and Ideological Tension in the Works of Theodor Storm. A Comparative Study of *Aquis submersus* and *Pole Poppenspäler*«, Deutsche Vierteljahresschrift für Literaturwissenschaft und Geistesgeschichte 59 (1985) 3, S.445-473
Freund, 1987, hier: S.90-103
Kommentar in: LL, Bd. 2, S.913-946
Zhiyou Wang: »Theodor Storms Chroniknovellen – Flucht in die Vergangenheit?«, in: Theodor Storm und das 19. Jahrhundert, Berlin 1989, S.115-119
Elisabeth Bronfen: »Leichenhafte Bilder – Bildhafte Leichen. Zu dem Verhältnis von Bild und Referenz in Th. Storms Novelle *Aquis submersus*«, in: Hans Körner (Hrsg.): *Die Trauben des Zeuxis*, Hildesheim [u.a.] 1990, S.305-333
Theodor Storm: *Aquis submersus. Text, Entstehungsgeschichte, Quellen, Schauplätze, Aufnahme und Kritik*, hrsg. Karl Ernst Laage, Heide 1992
John Pizer: »Guilt, Memory and the Motif of the Double in Storm's *Aquis submersus* and *Ein Doppelgänger*«, The German Quarterly. Menaska, Wis. 65 (1992) 2, S.177-191
Fang-xian Ye: »Ahnung und Mahnung: eine Zentralerfahrung des Untergangs in Storms Novelle *Aquis submersus*«, Michigan Germanic Studies 18 (1992) 1, S.19-28
Achim Nuber: »Ein Bilderrätsel. Emblematische Struktur und Autoreferentialität in Theodor Storms *Aquis submersus*«, Colloquia Germanica 26 (1993), S.227-243
Winfried Freund: *Theodor Storm*, Stuttgart 1994, hier: S.47-53
Gunter H. Hertling: *Theodor Storms ›Meisterschuß‹ »Aquis submersus«. Der Künstler zwischen Determiniertheit und Selbstvollendung*, Würzburg 1995

Carsten Curator
Stuckert, 1955, hier: S.339-343
Böttger,[1959], hier: S.282-285
John Richard Hillier: *Theodor Storms Novelle »Carsten Curator«: An Evaluation of the Terms ›Befreiungsdichtung‹ and ›Das Peinliche‹*, Leicester 1973
Theodor Storm: *Pole Poppenspäler und andere Novellen*, hrsg. Hartmut Vinçon, München 1982, besonders: S.250-253

Joachim Bark: »Novellen im Vergleich. Wilhelm Raabe *Zum Wilden Mann* und Theodor Storm *Carsten Curator*«, in: Joachim Bark (Hrsg.): *Geschichte der deutschen Literatur*, Stuttgart 1984, Bd.3, S.115-118

Kommentar in: LL, Bd. 2, S.947-963

Siegfried Chowanietz: *Jung und Alt im Konflikt. Generationsprobleme im Leben und in ausgewählten Novellen Theodor Storms*, Bern [u.a.] 1990, hier: S.142-167

Winfried Freund: *Theodor Storm*, Stuttgart 1994, hier: S.59-64

Theodor Storm: *Carsten Curator. Text, Entstehungsgeschichte, Quellen, Schauplätze, Aufnahme und Kritik*, hrsg. Karl Ernst Laage, Heide 1994

Karl Ernst Laage: »Die Schuld des Vaters in Theodor Storms Novelle *Carsten Curator*«, Schriften 44 (1995), S.7-22

Renate

Stuckert, 1955, hier S.343-348

Böttger, [1959], hier: S.306-310

Hans Meyer: »Schwabstedter Personen und Örtlichkeiten in Storms Erzählungen *Renate* und *Zur ›Wald- und Wasserfreude‹*«, Schriften 10 (1961), S.39-53

Jan Ulbe Terpstra: »Storms Novelle *Renate* und der Würzburger Hexenprozeß der Renata Singer im Jahre 1749«, Schriften 23 (1974), S.47-54

Alfred Rammelmeyer: »Die geschändete Hostie. Zu einer Motivübereinstimmung in *Rasskaz otca Alekseja* von Ivan Turgenev und Theodor Storms *Renate*«, Frankfurter Abhandlungen zur Slavistik 24 (1977) 2, S.235-262

Klaus Stähler: *Theodor Storm – »Renate«. Der Hexen- und Aberglauben dieser Novelle*, Dornburg 1982

Kommentar in: LL, Bd.2, S.964-996

Winfried Freund: *Theodor Storm*, Stuttgart 1994, hier: S.53-59

Ian R. Campbell: »A subtle tyranny: the father-son relationship in Theodor Storms *Renate*«, Seminar. Toronto 31 (1995) 3, S.189-202

Zur »Wald-und Wasserfreude«

Stuckert, 1955, hier: S.348-351

Böttger, [1959], hier: S.285-288

Hans Meyer: »Schwabstedter Personen und Örtlichkeiten in Storms Erzählungen *Renate* und *Zur ›Wald- und Wasserfreude‹*«, Schriften 10 (1961), S.39-53

Kommentar in: LL, Bd. 2, S.997-1012

Im Brauer-Hause

Stuckert, 1955, hier: S.351-353

Böttger, [1959], hier: S.288-290

Friedrich Boll: »Quellen der Storm-Erzählung *Im Brauerhause*«, Schriften 20 (1971), S.40-50

Ders.: »Mythische Relikte und Aberglauben in Storms Erzählung *Im Brauerhause*«, Nordfriesisches Jahrbuch (1975), S.73-90

Kommentar in: LL, Bd.2, S.1013-1022

Eekenhof

Stuckert, 1955, hier: S.353-357

Böttger, [1959], hier: S.310-315

Kommentar in: LL, Bd.2, S.1023-1042

Die Söhne des Senators

Stuckert, 1955, hier: S.357-360

Böttger, [1959], hier: S.330-333

Kommentar in: LL, Bd. 2, S.1043-1061
Winfried Freund: *Theodor Storm*, Stuttgart 1994, hier: S.64-70

Der Herr Etatsrat
Stuckert, 1955, hier: S.361-364
Böttger, [1959], hier: S.290-293
Wolfgang Tschorn: »Der Verfall der Familie. *Der Herr Etatsrat* und *Ein Doppelgänger* als Beispiele zu einem Darstellungsobjekt Storms«, Schriften 29 (1980), S.44-52
Röbling, 1983, hier: S.113-118
Ingrid Schuster: *Theodor Storm. Die zeitkritische Dimension seiner Novellen*, 2. Aufl, Bonn 1985, hier: S.157-160
Margaret T. Peischl: »Theodor Storm's novella *Der Herr Etatsrat.* A fictional protest against Prussia?«, Modern Language Quaterly 47 (1986) 4, S.366-381
Kommentar in: LL, Bd.3, S.766-793
Pastor, 1988, hier: S.117-140
Siegfried Chowanietz: *Jung und Alt im Konflikt. Generationsprobleme im Leben und in ausgewählten Novellen Theodor Storms*, Bern [u.a.] 1990, hier: S.167-188
Jackson, 1992, hier: S.208-210

Hans und Heinz Kirch
Stuckert, 1955, hier: S.364-369
Böttger, [1959], hier: S.294-297
Benno von Wiese: *Die deutsche Novelle von Goethe bis Kafka*, 2 Bde., Düsseldorf 1962, Bd.2, hier: S.216-235
Volker Knüfermann: *Realismus. Untersuchungen zur sprachlichen Wirklichkeit der Novellen »Im Nachbarhause links«, »Hans und Heinz Kirch« und »Der Schimmelreiter« von Theodor Storm*, Münster 1967, hier: S.44-79
Theodor Storm*: Im Sonnenschein, Hans und Heinz Kirch. Entstehungsgeschichte, Quellen, Schauplätze, Abbildungen*, hrsg. Karl Ernst Laage, Heide 1976
Karl Ernst Laage: »›Nachricht aus der Stadt Heiligenhafen (1743)‹. Eine bisher unbekannte Quelle zu Storms *Hans und Heinz Kirch*«, Schriften 26 (1977), S.72-74
Martini, 4. Aufl., 1981, hier: S.659f.
Heike A. Doane: »Probleme der Kommunikation in Theodor Storms *Hans und Heinz Kirch*«, Schriften 33 (1984), S.45-51
Ulrich Eisenbeiß: *Didaktik des novellistischen Erzählens im bürgerlichen Realismus. Literaturdidaktische Studien zu Gottfried Keller, Wilhelm Raabe und Theodor Storm*, Bern [u.a.] 1985, hier: S.127-170
Ingrid Schuster: *Theodor Storm. Die zeitkritische Dimension seiner Novellen*, 2. Aufl., Bonn 1985, hier: S.160-163
Freund, 1987, hier: S.104-122
Kommentar in: LL, Bd.3, S.794-825
Pastor, 1988, hier: S.146-161
Manfred Weiß-Dasio: »Die Unzulänglichkeit des Ganzen. Zu Theodor Storms Novelle *Hans und Heinz Kirch*«, Literatur für Leser 11 (1988) 3, S.149-162
Siegfried Chowanietz: *Jung und Alt im Konflikt. Generationsprobleme im Leben und in ausgewählten Novellen Theodor Storms*, Bern [u.a.] 1990, hier: S.189-214
Winfried Freund: »Theodor Storm. *Hans und Heinz Kirch.* Eine bürgerliche Tragödie«, in: *Erzählungen und Novellen des 19. Jahrhunderts*, Stuttgart 1990, Bd.2, S.301-332
Hartmut Pätzold: »Der soziale Raum als Ort ›schuldlosen Verhängnisses‹. Zur Kritik der Rezeptionsgeschichte von Theodor Storms Novelle *Hans und Heinz Kirch*«, Schriften 40 (1991), S.33-50
Winfried Freund: *Theodor Storm*, Stuttgart 1994, hier: S.70-76

Schweigen
Stuckert, 1955, hier: S.370-372
Böttger, [1959], hier: S.338-341
Kommentar in: LL, Bd.3, S.826-842
David A. Jackson: »The sound of silence. Theodor Storm's son Karl and the novelle *Schweigen*«, German Life and Letters 45 (1992) 1, S.33-49
Marianne Wünsch: »Experimente Storms an den Grenzen des Realismus: neue Realitäten in *Schweigen* und *Ein Bekenntnis*«, Schriften 41 (1992), S.13-23

Zur Chronik von Grieshuus
Stuckert, 1955, hier: S.372-379
Böttger, [1959], S.315-319
Karl Friedrich Boll: »Auch ist nicht alles Sage... Das Gut Arlewatt in Storms Erzählung *Zur Chronik von Grieshuus*«, Nordfriesland 6 (1972) 2, S.107-115
Ders.: »›Das kleine italienische Motiv‹ – Anstoß zu Storms Novelle *Zur Chronik von Grieshuus*«, Schriften 31 (1982), S.67f.
Freund, 1987, hier: S.123-135
Kommentar in: LL, Bd.3, S.843-892
Herbert Kaiser: »Tod, Erinnerung, Geschichte. Zur Kritik des historischen Bewußtseins in Meyers *Huttens letzte Tage* und Storms *Zur Chronik von Grieshuus*«, Der Deutschunterricht 43 (1991) 4, S.20-31

»Es waren zwei Königskinder«
Stuckert, 1955, hier: S.379-381
Kommentar in: LL, Bd.3, S.893-906

John Riew'
Stuckert, 1955, hier: S.381-383
Böttger, [1959], hier: S.341-343
Kommentar in: LL, Bd.3, S.907-926

Ein Fest auf Haderslevhuus
Stuckert, 1955, hier: S.383-387
Böttger, [1959], hier: S.319-323
Harboe Kardel: »Der geschichtliche und örtliche Hintergrund der Novelle *Ein Fest auf Haderslevhuus*«, Schriften 23 (1974), S.39-46
Heinz-Peter Niewerth: »Theodor Storm«, in: Karl Konrad Polheim (Hrsg.): *Handbuch der deutschen Erzählung*, Düsseldorf 1981, hier: S.313-316
Kommentar in: LL, Bd.3, S.927-975
Hermann Korte: *Ordnung und Tabu. Studien zum poetischen Realismus*, Bonn 1989, hier: S.127-147

Bötjer Basch
Stuckert, 1955, hier: S.388f.
Böttger, [1959], hier: S.343-345
Wilfried Thürmer: »Revozierte Erkenntnis als ästhetisches Problem. Zur Vermittlung historisch-soziologischer und ästhetischer Momente in Theodor Storms Novelle *Bötjer Basch*«, Diskussion Deutsch 10 (1979) 45, S.30-36
Eva Merrett Friedmann: »Amerikaspiegelung in Theodor Storms *Bötjer Basch*«, Schriften 32 (1983), S.55-62
Kommentar in: LL, Bd.3, S.976-998

Ein Doppelgänger
Stuckert, 1955, hier: S.389-394
Böttger, [1959], hier: S.345-347
Ingrid Schuster: »Storms *Ein Doppelgänger* und Brechts *Der gute Mensch von Sezuan.* Eine Gegenüberstellung«, Schriften 23 (1974), S.33-38
Gunter Grimm: »Theodor Storm: *Ein Doppelgänger* (1886). Soziales Stigma als ›modernes Schicksal‹«, in: Horst Denkler (Hrsg.): *Romane und Erzählungen des Bürgerlichen Realismus. Neue Interpretationen*, Stuttgart 1980, S.325-346
Wolfgang Tschorn: »Der Verfall der Familie. *Der Herr Etatsrat* und *Ein Doppelgänger* als Beispiele zu einem zentralen Darstellungsobjekt Storms«, Schriften 29 (1980), S.44-52
Heinz-Peter Niewerth: »Theodor Storm«, in: Karl Konrad Polheim (Hrsg.): *Handbuch der deutschen Erzählung*, Düsseldorf 1981, hier: S.316-318
Brigitte Leuschner: »Erfinden und Erzählen. Funktion und Kommunikation in autothematischer Dichtung«, Modern Language Notes 100 (1985), S.498-513
Manfred Schunicht: »Theodor Storm: *Ein Doppelgänger*«, in: Jutta Kolkenbrock-Netz, Gerhard Plumpe, Hans Joachim Schrimpf (Hrsg.): *Wege der Literaturwissenschaft*, Bonn 1985, S.174-183
Ingrid Schuster: *Theodor Storm. Die zeitkritische Dimension seiner Novellen*, 2. Aufl., Bonn 1985, hier: S.166-171
Theodor Storm: *Ein Doppelgänger – John Glückstadt. Novelle (1886). Text, Wort- und Sachkommentar, Entstehungsgeschichte, Schauplätze, Abbildungen, Rezeptionsdokumente und Bibliographie.* Studienausgabe, hrsg. Walter Zimorski 1986
Eckhardt Meyer-Krentler: »*Stopfkuchen – Ein Doppelgänger.* Wilhelm Raabe erzählt Theodor Storm«, Jahrbuch der Raabe-Gesellschaft (1987), S.179-204
Kommentar in: LL, Bd.3, S.999-1027
Pastor, 1988, hier: S.162-192
Jackson, 1992, hier: S.242-246
John Pizer: »Giult, Memory and the Motiv of the Double in Storm's *Aquis submersus* and *Ein Doppelgänger*«, The German Quarterly 65 (1992) 2, S.177-191
Heinz Rölleke: »Theodor Storms *Ein Doppelgänger* und Annette von Droste-Hülshoffs *Die Judenbuche.* Produktive Rezeption in der Novellistik des Poetischen Realismus«, Zeitschrift für deutsche Philologie 111 (1992) 2, S.247-255
Harro Segeberg: »Theodor Storm als ›Dichter-Jurist‹. Zum Verhältnis von juristischer, moralischer und poetischer Gerechtigkeit in den Erzählungen *Draußen im Heidedorf* und *Ein Doppelgänger*«, Schriften 41 (1992), S.69-82
Winfried Freund: *Theodor Storm*, Stuttgart 1994, hier. S.77-82
Volker Ladenthin: »Erinnerndes Erzählen. Ein Beitrag zur Interpretation der Novelle *Ein Doppelgänger* von Theodor Storm«, Literatur für Leser (1994) 2, S.77-83

Ein Bekenntnis
Stuckert, 1955, hier: S.394-399
Böttger, [1959], hier: S.348f.
Jan U. Terpstra: »Die Motivik des Visionären und Märchenhaften in Storms Novelle *Ein Bekenntnis* als archetypischer Ausdruck des Unbewußten«, Amsterdamer Beiträge zur neueren Germanistik 17 (1983), S.131-168
Kommentar in: LL, Bd.3, S.1028-1048
Marianne Wünsch: »Experimente Storms an den Grenzen des Realismus: neue Realitäten in *Schweigen* und *Ein Bekenntnis*«, Schriften 41 (1992), S.13-23

Der Schimmelreiter
John C. Blankenagel: »Tragic guilt in Storm's *Schimmelreiter*«, The German Quarterly 25 (1952), S.170-181

Franz Stuckert: *Der Dichter in seinem Werk*, 2. überarb. Aufl. Halle 1952, hier: S.108-115

Walter Silz: »Theodor Storms *Schimmelreiter*«, Schriften 4 (1955), S.9-30

Stuckert, 1955, hier: S.399-412

Böttger, [1959], hier: S.350-359

Annemarie Burchard: »Theodor Storms *Schimmelreiter*. Ein Mythos im Werden«, Antaios 2 (1961), S.456-469

Lothar Wittmann: »Theodor Storm: *Der Schimmelreiter*« in: Hinrich Gaese [u.a.] (Hrsg.): *Deutsche Novellen des 19. Jahrhunderts. Interpretationen zu Storm und Keller*, Frankfurt a. Main 1961, S.50-92

Ernst Loeb: »Faust ohne Transzendenz: Theodor Storms *Schimmelreiter*«, in: Erich Hofacker und Lieselotte Dieckmann (Hrsg.): *Studies in Germanic Languages and Literatures. In Memory of Fred O. Nolte*, St. Louis (Miss.), 1963, S.121-132

Jost Hermand: »Hauke Haien. Kritik oder Ideal des gründerzeitlichen Übermenschen?«, Wirkendes Wort 15 (1965), S.40-50 und in: Ders.: *Von Mainz nach Weimar (1793-1919). Studien zur deutschen Literatur*, Stuttgart 1969, S.250-268 und 383f.

Einleitung in: GW, Bd.1, S.96-99

Volker Knüfermann: *Realismus. Untersuchungen zur sprachlichen Wirklichkeit der Novellen »Im Nachbarhause links«, »Hans und Heinz Kirch« und »Der Schimmelreiter« von Theodor Storm*, Münster 1967, hier: S.81-118

David S. Artiss: »Bird Motif and Myth in Theodor Storm's *Schimmelreiter*«, Seminar 4 (1968), S.1-16

John M. Ellis: »Narration in Storm's *Der Schimmelreiter*«, The Germanic Review 44 (1969), S.21-30

Thomas Kuchenbuch: *Perspektive und Symbol im Erzählwerk Theodor Storms. Zur Problematik und Technik der dichterischen Wirklichkeitsspiegelung im Poetischen Realismus*, Marburg 1969, hier: S.189-217

Der Schimmelreier, Sylter Novelle (Entwurf). Text, Entstehungsgeschichte, Quellen, Schauplätze, Abbildungen, hrsg. Karl Ernst Laage, Heide 1970, 4. durchges. und erw. Aufl. 1991

Terence John Rogers: *Techniques of Solipsism. A Study of Theodor Storm's Narrative Fiction*, Cambridge 1970, hier: S.184-193

Karl Ernst Laage: »*Der Schimmelreiter* im ›Danziger Dampfboot‹«, Schriften 20 (1971), S.72-75

Vinçon, 1973, hier: S.64-66

Ilse Langer: »Volksaberglaube und paranormales Geschehen in einigen Szenen des *Schimmelreiter*«, Schriften 24 (1975), S.90-97

Gotthard Lerchner und Hans-Georg Werner: »Probleme einer semantischen Analyse eines poetischen Textes«, Weimarer Beiträge 21 (1975) 10, S.100-136

Reimer Kay Holander: *Theodor Storm. »Der Schimmelreiter«. Kommentar und Dokumentation. Dichtung und Wirklichkeit*, Frankfurt a. Main 1976

Klaus Köhnke: »Storms *Schimmelreiter*: Zur Bedeutung des Rahmens«, Deutschunterricht Südafrika 9 (1978) 1, S.4-20

Karl Ernst Laage: »Der ursprüngliche Schluß der *Schimmelreiter*-Novelle«, Euphorion 73 (1979), S.451-457

Dieter Lohmeier: »Rollwagen – Claußen – Coot. Personalhistorische Anmerkungen zur Geschichte des Deichwesens in Nordfriesland im frühen 17. Jahrhundert«, Nordfriesisches Jahrbuch, N. F. 16 (1980), S.75-90

Wolfgang Frühwald: »Hauke Haien, der Rechner. Mythos und Technikglaube in Theodor Storms Novelle *Der Schimmelreiter*«, in: Jürgen Brummack [u.a.] (Red.): *Literaturwissenschaft und Geistesgeschichte. Festschrift für Richard Brinkmann*, Tübingen 1981, S.438-457

Paul Barz: *Der wahre Schimmelreiter. Die Geschichte einer Landschaft und ihres Dichters Theodor Storm*, Hamburg 1982
Thomas Heine: »*Der Schimmelreiter*. An Analysis of the Narrative Structure«, The German Quarterly 55 (1982) 4, S.554-564
Hans-Werner Peter: *Individuum, Familie, Gesellschaft in Theodor Storms »Schimmelreiter« und Wilhelm Raabes »Akten des Vogelsang«*, Braunschweig 1982, 2. Aufl. 1989
Margaret T. Peischl: *Das Dämonische im Werk Theodor Storms,* Frankfurt a. Main 1983, hier: S.88-94
Winfried Freund: *Theodor Storm. »Der Schimmelreiter«. Glanz und Elend des Bürgers*, Paderborn [u.a.] 1984
Alfred D. White: »Society, Progress and Reaction in *Der Schimmelreiter*«, New German Studies 12 (1984) 3, S.151-173
Roy C. Cowen: *Der Poetische Realismus. Kommentar zu einer Epoche*, München 1985, hier: S.304-316
Karl Ernst Laage: »Der ursprüngliche Schluß der Schimmelreier-Novelle«, in: Laage, 1985, S.29-36
Freund, 1987, hier: S.136-162
Harro Segeberg: *Literarische Technik-Bilder. Studien zum Verhältnis von Technik- und Literaturgeschichte im 19. und frühen 20. Jahrhundert*, Tübingen 1987, hier: S.55-106
Kommentar in: LL, Bd.3, S.1049-1124
Gerd Weinreich: *Theodor Storm. »Der Schimmelreiter«*, Frankfurt a. Main 1988
David A. Jackson: »Storms Stellung zum Christentum und zur christlichen Kirche«, in: Theodor Storm und das 19. Jahrhundert, Berlin 1989, besonders: S.93-97
Karl Ernst Laage: »Zur ersten Buchausgabe von Storms *Schimmelreiter*«, in: In Search of the Poetic Real, Stuttgart 1989, S.169-175
Klaus Hildebrandt: *Theodor Storm: »Der Schimmelreiter«. Interpretation*, München 1990
Volker Hoffmann: »Theodor Storm: *Der Schimmelreiter*. Eine Teufelspaktgeschichte als realistische Lebensgeschichte«, in: *Erzählungen und Novellen des 19. Jahrhunderts*, Stuttgart 1990, Bd.2, S.333-370
Jackson, 1992, hier: S.246-257
Annette Krech: *Schauererlebnis und Sinngewinn. Wirkungen des Unheimlichen in 5 Meisternovellen des 19. Jahrhunderts*, Frankfurt a. Main [u.a.] 1992, hier: S.131-172
Paulin, 1992, hier: S.133-137
Winfried Freund (Hrsg.): *Deutsche Novellen. Von der Klassik bis zur Gegenwart*, München 1993, hier: S.187-198
Isao Matsui: »*Der Schimmelreiter* – Eine Interpretation im Vergleich mit der Stoffsage. (In japan. Sprache)«, in: Hiroyuki Tanaka (Hrsg.): *Neue Studien zur Dichtung von Theodor Storm*, Tokyo 1993, S.145-163
Harro Segeberg: »Intermedialität bei Storm. Zur Mediengeschichte des *Schimmelreiter*-Komplexes«, Schriften 42 (1993), S.77-94
Winfried Freund: *Theodor Storm*, Stuttgart 1994, hier: S.82-89
Vinçon, 13. Aufl. 1994, hier: S.153-155
Michael Schilling: »Erzählen als Arbeit am kollektiven Gedächtnis. Zu Theodor Storms Novellen nach 1865«, Euphorion 89 (1995) 1, (besonders: S.49-53)

Im Text zitierte Literatur, die über den engeren thematischen Rahmen hinausreicht:

Hedwig von Beit: *Symbolik des Märchens. Versuch einer Deutung*, 7. Aufl., Bern 1986
Max Horkheimer: *Gesammelte Schriften, Band 5: ›Dialektik der Aufklärung‹ und Schriften 1940-1950*, hrsg. Gunzelin Schmid Noerr, Frankfurt a. Main 1987

Personenregister

(Das Personenregister erfaßt im wesentlichen die im Text erwähnten Zeitgenossen Theodor Storms, nicht aber die Autoren der Sekundärliteratur und des bibliographischen Teils)

Alberti, Eduard 63
Aristoteles 123, 138

Becker, Wilhelm 41
Beseler, Wilhelm Hartwig 24
Biernatzki, Karl Leonhard 13, 66, 85
Biese, Alfred 9, 63
Bismarck, Otto von 44, 45, 64, 160
Brick, Christine 17
Brinkmann, Hartmuth 18, 21, 22, 26, 27, 30, 35, 36, 38, 39, 45, 51, 52, 53, 61, 69, 73, 77, 81, 83, 87, 102, 105, 109, 112, 172
Brinkmann, Laura, geb. Setzer 18, 22, 26, 36, 51, 52, 73, 172
Brunn, Emil Carl 101, 107
Buchan, Bertha von 11, 13, 14, 15, 16, 18, 52, 68, 86, 170
Buchan, Eduard von 13
Büchner, Ludwig 42, 145

Chamisso, Adalbert von 10
Christen, Ada, eigtl. Christine Rosalia Friederik 60
Christian VIII., König von Dänemark seit 1839 23
Christian IX., König von Dänemark seit 1863 44
Classen, Johannes 8
Claudius, Matthias 60, 68

Darwin, Charles 42, 57, 58, 106, 107, 126, 145, 147
Delius, Nikolaus 12
Diderot, Denis 87
Droste-Hülshoff, Annette von 84, 152
Duncker, Alexander 33, 66, 85, 95, 98, 99, 100, 105

Ebers, Georg 122
Eggers, Friedrich 33, 34, 35, 82
Eichendorff, Joseph von 9, 35, 58, 68, 110
Eichrodt, Ludwig 172
Esmarch, Constanze, s. Storm, Constanze
Esmarch, Elsabe 18, 39, 41
Esmarch, Ernst 18, 41, 46, 172

Feddersen, Elsabe 1, 2
Feuerbach, Ludwig 20, 42, 76, 80, 94, 102, 106, 107, 110
Fontane, Theodor 30, 31, 32. 33, 34, 35, 36, 37, 50, 62, 68, 82, 87, 91, 92, 93, 172
Franzos, Karl Emil 64, 172
Freytag, Gustav 34, 142
Friedrich von Schleswig-Holstein-Sonderburg-Augustenburg 44, 45, 47

Gans, Eduard 11
Geibel, Emanuel 9, 10, 32, 34, 65
Gervinus, Georg Gottfried 87
Glasbrenner, Adolf 60
Goethe, Johann Wolfgang 9, 20, 32, 62, 68, 79, 89, 106
Grillparzer, Franz 93

Grimm, Hermann 160
Groth, Klaus 35, 55, 172
Günther, Johann Christian 10, 68
Gutzkow, Karl 28

Haase, Gustav 37
Haeckel, Ernst 42, 145
Hegel, Georg Wilhelm Friedrich 94, 122
Heine, Heinrich 9, 10, 68, 69, 84, 87, 127
Heyse, Paul 5, 6, 21, 33, 34, 55, 58, 62, 63, 70, 72, 99, 136, 172
Hoffmann, Ernst Theodor Amadeus 116, 131
Homeyer, Karl Gustav 11
Horn, Oskar 57

Jacob, Johann Friedrich 8
Jagow, Gustav Wilhelm von 43
Jensen, Dorothea, s. Storm, Dorothea
Jensen, Friederike, s. Storm, Friederike
Jensen, Wilhelm 9, 33, 63, 65, 136
Jürgens, Sophia Magdalena, genannt Lena Wies 7

Keil, Ernst 45, 105
Keller, Gottfried 55, 56, 61, 62, 63, 67, 93, 99, 112, 144, 172
Kette, Hermann 35
Kierkegaard, Søren 91, 92, 94
Klander, Christian Albrecht 12
Koopmann 12
Kruse, Heinrich 55
Kühl, Emma 11
Kugler, Franz 33, 34, 35, 82, 172
Kuh, Emil 4, 5, 10, 55, 63, 118, 136
Kurz, Hermann 63

Landesmann, Heinrich, Pseudonym Hieronymus Lorm 172
Lenau, Nikolaus 83
Lepel, Bernhard von 34
Lewald, August 66
Liliencron, Detlev von 172
Loewe, Ludwig 41, 172
Lorm, Hieronymus, s. Landesmann, Heinrich
Lüders, Eduard 12
Lütkens, Alexander 12

Magnussen, Johannes Julius 172
Mann, Thomas 2, 3, 8, 74, 82, 175
Mantels, Wilhelm 12
Mauke, Wilhelm 60, 68, 172
Menzel, Adolph 34
Merckel, Wilhelm von 34
Meyer, Conrad Ferdinand 141, 161
Mörike, Eduard 12, 35, 41, 50, 68, 79, 89, 172
Mörike, Margarethe 172
Mommsen, Theodor 12, 13, 17, 24, 26, 35, 46, 59, 62, 70, 73, 85
Mommsen, Tycho 12, 13, 49, 51
Müllenhoff, Karl 13, 85

Niebuhr, Markus Carsten Nikolaus 12
Niendorf, Marc Anton 35, 70, 78
Nieß, Albert 144
Nietzsche, Friedrich 142, 160
Nölting, Christian Adolf 10
Nölting, Henriette 10
Noodt, Guido 12

Paetel, Elwin und Hermann 56, 64, 128
Petersen, Pauline 51
Petersen, Wilhelm 55, 56, 140, 172
Pietsch, Ludwig 39, 41, 47, 48, 49, 50, 51, 52, 54, 59, 60, 105
Polko, Elise 50, 51, 172
Preller, Karl Heinrich 35
Preuschen, Hermione von 21, 172
Putlitz, Gustav Gans Edler zu 34

Pyl, Karl Theodor 60

Raabe, Wilhelm 151
Redwitz, Oskar Freiherr von 34
Regensburg 44
Reinbeck, Georg von 87
Reventlow, Emilie Gräfin zu 172
Reventlow, Ludwig Graf zu 55, 62
Rodenberg, Julius 35, 172
Röse, Ferdinand 9, 10, 11, 12
Rohlfs, Christian 41
Roquette, Otto 34
Rowohl, Therese 14, 15, 16
Rückert, Friedrich 69

Savigny, Karl von 11
Scheffel, Josef Victor 142
Scherer, Georg 172
Scherff, Friederike Henriette 13, 14, 15
Schiller, Friedrich 8, 32
Schindler, Heinrich 50, 68, 98, 100, 101, 107
Schindler, Julius Alexander, Pseudonym Julius von der Traun 60
Schleiden, Heinrich 55, 61, 63, 123, 172
Schlosser, Friedrich Christoph 42
Schmidt, Erich 55, 62, 63, 70, 77, 123, 136, 172, 174
Schnee, Hermann 4, 41
Schnee, Rudolf Hermann 36
Schütze, Paul 64
Schwers 66
Seidel, Heinrich 172
Speckter, Hans 55, 61, 172
Speckter, Otto 55, 172
Stern, Adolf 63
Stolle, Ernst Friedrich 41
Storm, Aemil 2, 41, 51, 57, 64
Storm, Cäcilie 39
Storm, Constanze, geb. Esmarch 4, 5, 11, 16, 18, 19, 20, 21, 22, 24, 28, 35, 37, 38, 39, 40, 49, 50, 51, 52, 59, 72, 73, 74, 99, 128, 170
Storm, Dorothea, geb. Jensen 21, 22, 51, 52, 61, 78, 172
Storm, Elsabe 37, 54, 62
Storm, Ernst 22, 39, 54, 57, 60, 61, 111
Storm, Friederike 52f.
Storm, Friederike, geb. Jensen 22
Storm, Gertrud 9, 18, 19, 38, 49, 65, 168, 171, 175
Storm, Hans 4, 12, 22, 26, 37, 38, 40, 54, 62, 64, 77, 145
Storm, Helene 11
Storm, Johann Casimir 1, 2, 3, 4, 8, 18, 29, 30, 36, 40, 43, 45, 46, 111
Storm, Johannes 22, 41, 51, 61
Storm, Karl 22, 39, 54, 116
Storm, Lisbeth 29, 37
Storm, Lucie, geb. Woldsen, Theodor Storms Mutter 2, 18, 40, 41, 46, 111
Storm, Lucie, Theodor Storms Schwester 6
Storm, Lucie, Theodor Storms Tochter 37, 54
Storm, Otto 36, 40, 56, 61
Strauß, David Friedrich 58
Stuhr, Friedrich Gustav 8, 172
Sunde, Hans Nikolai 40

Tieck, Ludwig 8, 116
Tillisch 44
Tönnies, Ferdinand 9, 58, 59, 62, 64, 113, 120, 126, 149
Traun, Julius von der, s. Schindler, Julius Alexander
Treitschke, Heinrich Gotthard von 160
Turgenjew, Iwan Sergejewitsch 50, 52, 59

Uhland, Ludwig 8, 9

Viardot-Garcia, Pauline 50
Viedert, August von 50
Vogt, Karl 42

Wagner, Theodor 12
Weber, Johann Jakob 110
Weismann, August 145
Westermann, George 56, 59f., 60, 121, 169
Wieland, Christoph Martin 32
Wies, Lena, s. Jürgens, Sophia Magdalena
Willisen, Wilhelm von 25
Woldsen, Friedrich 1
Woldsen, Magdalena, geb. Feddersen 2
Woldsen, Simon 2
Wussow, Alexander von 41, 43, 55, 62
Wussow, Anna von 41

Zola, Émile 63

Angaben zur Autorin

Regina Fasold, geb. 1954; Studium der Germanistik; Promotion über Theodor Storm; zur Zeit wissenschaftliche Assistentin an der Universität Leipzig.

Sammlung Metzler

Mediävistik

SM 7 Hoffmann, *Nibelungenlied*
SM 14 Eis, *Mittelalterliche Fachliteratur*
SM 15 Weber, *Gottfried von Strasburg*
SM 32 Wisniewski, *Kudrun*
SM 33 Soeteman, *Deutsche geistliche Dichtung des 11. und 12. Jh.*
SM 36 Bumke, *Wolfram von Eschenbach*
SM 40 Halbach, *Walther von der Vogelweide*
SM 64 Hoffmann, *Altdeutsche Metrik*
SM 67 von See, *Germanische Verskunst*
SM 72 Düwel, *Einführung in die Runenkunde*
SM 78 Schier, *Sagaliteratur*
SM 103 Sowinski, *Lehrhafte Dichtung des Mittelalters*
SM 135 Kartschoke, *Altdeutsche Bibeldichtung*
SM 140 Murdoch/Groseclose, *Die althochdeutschen poetischen Denkmäler*
SM 151 Haymes, *Das mündliche Epos*
SM 205 Wisniewski, *Mittelalterliche Dietrich-Dichtung*
SM 244 Schweikle, *Minnesang*
SM 249 Gottzmann, *Artusdichtung*
SM 253 Schweikle, *Neidhart*
SM 293 Tervooren, *Sangspruchdichtung*

Deutsche Literaturgeschichte

SM 6 Schlawe, *Literarische Zeitschriften 1898-1910*
SM 24 Schlawe, *Literarische Zeitschriften 1910-1933*
SM 25 Anger, *Literarisches Rokoko*
SM 47 Steinmetz, *Die Komödie der Aufklärung*
SM 68 Kimpel, *Der Roman der Aufklärung (1670-1774)*
SM 75 Hoefert, *Das Drama des Naturalismus*
SM 81 Jost, *Literarischer Jugendstil*
SM 128 Meid, *Der deutsche Barockroman*
SM 129 King, *Literarische Zeitschriften 1945-1970*
SM 142 Ketelsen, *Völkisch-nationale und nationalsozialistische Literatur in Deutschland 1890-1945*
SM 144 Schutte, *Lyrik des deutschen Naturalismus (1885-1893)*
SM 157 Aust, *Literatur des Realismus*
SM 170 Hoffmeister, *Deutsche und europäische Romantik*
SM 174 Wilke, *Zeitschriften des 18. Jh. I Grundlegung*
SM 175 Wilke, *Zeitschriften des 18. Jh. II Repertorium*
SM 209 Alexander, *Das deutsche Barockdrama*

SM 210 Krull, *Prosa des Expressionismus*
SM 225 Obenaus, *Lit. und politische Zeitschriften 1830-1848*
SM 227 Meid, *Barocklyrik*
SM 229 Obenaus, *Lit. und politische Zeitschriften 1848-1880*
SM 234 Hoffmeister, *Deutsche und europäische Barockliteratur*
SM 238 Huß-Michel, *Lit. und politische Zeitschriften des Exils 1933-1945*
SM 241 Mahoney, *Der Roman der Goethezeit*
SM 247 Cowen, *Das deutsche Drama im 19. Jh.*
SM 250 Korte, *Geschichte der deutschen Lyrik seit 1945*
SM 290 Lorenz, *Wiener Moderne*
SM 298, Kremer, *Prosa der Romantik*

Gattungen
SM 9 Rosenfeld, *Legende*
SM 12 Nagel, *Meistersang*
SM 16 Lüthi, *Märchen*
SM 52 Suppan, *Volkslied*
SM 53 Hain, *Rätsel*
SM 63 Boeschenstein-Schäfer, *Idylle*
SM 66 Leibfried, *Fabel*
SM 77 Straßner, *Schwank*
SM 85 Boerner, *Tagebuch*
SM 101 Grothe, *Anekdote*
SM 116 Guthke, *Das deutsche bürgerliche Trauerspiel*
SM 133 Koch, *Das deutsche Singspiel*
SM 145 Hein, *Die Dorfgeschichte*
SM 154 Röhrich/Mieder, *Sprichwort*
SM 155 Tismar, *Kunstmärchen*
SM 164 Siegel, *Die Reportage*
SM 166 Köpf, *Märendichtung*
SM 172 Würffel, *Das deutsche Hörspiel*
SM 177 Schlütter u.a., *Sonett*
SM 191 Nusser, *Der Kriminalroman*
SM 208 Fricke, *Aphorismus*
SM 214 Selbmann, *Der deutsche Bildungsroman*
SM 216 Marx, *Die deutsche Kurzgeschichte*
SM 226 Schulz, *Science Fiction*
SM 232 Barton, *Das Dokumentartheater*
SM 248 Hess, *Epigramm*
SM 256 Aust, *Novelle*
SM 257 Schmitz, *Das Volksstück*
SM 260 Nikisch, *Brief*
SM 262 Nusser, *Trivialliteratur*
SM 278 Aust, *Der historische Roman*
SM 282 Bauer, *Der Schelmenroman*